Psychologie clinique
et
psychopathologie

Nouveau cours de psychologie

Sous la direction de
Serban Ionescu
et
Alain Blanchet

Psychologie clinique et psychopathologie

Volume coordonné
par Michèle Montreuil
et
Jack Doron

PRESSES UNIVERSITAIRES DE FRANCE

ISBN 2 13 056007 5

Dépôt légal — 1re édition : 2006, décembre

6, avenue Reille, 75014 Paris

Liste des auteurs

Marie-Carmen CASTILLO	*Maître de conférences de psychologie clinique et de psychopathologie – Université Paris 8*
Henri COHEN	*Directeur du Laboratoire de psychologie et neurosciences FRE 2987 – CNRS – Université Paris 5. Professeur de psychologie à l'Université du Québec à Montréal*
Jack DORON	*Professeur de psychologie clinique et de psychopathologie – Université Bordeaux 2*
Serban IONESCU	*Professeur de psychopathologie à l'Université Paris 8. Professeur-émérite à l'Université du Québec à Trois-Rivières*
Colette JOURDAN-IONESCU	*Professeure de psychologie de l'enfant et de psychopathologie développementale – Université du Québec à Trois-Rivières*
Muriel LEZAK	*Professeure émérite de neurologie et de psychiatrie – Université de Portland, Oregon, États-Unis*
Michèle MONTREUIL	*Professeure de psychologie clinique et de psychopathologie – Université Paris 8*
Marie-Josée MOURAS	*Maître de conférences de psychologie clinique – Université Paris 5*
Jean-Louis PEDINIELLI	*Professeur de psychologie clinique –Université d'Aix-en-Provence*
Arnaud PLAGNOL	*Maître de conférences de psychologie clinique et de psychopathologie – Université Paris 8*
Monique PLAZA	*Docteur en psychologie, chercheur au Laboratoire de psychologie et de neurosciences FRE 2987 – CNRS – Université Paris 5*
Silke SCHAUDER	*Maître de conférences de psychologie clinique et de psychopathologie – Université Paris 8*
Élisabeth SPITZ	*Professeure de psychologie de la santé – Université de Metz*

AVANT-PROPOS

L'attrait qu'exerce la psychologie fait que les publications qui lui sont consacrées – des magazines « grand public » aux ouvrages scientifiques – connaissent, souvent, de réels succès de librairie. En même temps, de nombreuses personnes de tous âges sont tentées par les études universitaires de psychologie. Les plus motivées et... endurantes vont jusqu'à l'obtention du titre de psychologue !

En 1990, l'Université Paris 8 - Vincennes à Saint-Denis a ouvert un programme d'enseignement à distance de la psychologie. La création, en 1997, de l'Institut d'enseignement à distance de l'Université Paris 8 a contribué de manière significative au développement de ce programme. Ainsi, au cours de l'année universitaire 2005-2006, 3 859 étudiants de 56 pays (en plus de la France et des DOM-TOM) ont suivi les cours dispensés par l'Institut d'enseignement à distance.

Parmi les outils pédagogiques utilisés dans les enseignements à distance, une place importante est occupée par les manuels mis à la disposition des étudiants. Cette année, l'Institut d'enseignement à distance lance un *Nouveau cours de psychologie* qui prend la relève du *Cours* publié, dans les années 1990, sous la direction des professeurs Rodolphe Ghiglione et Jean-François Richard.

Le *Nouveau cours de psychologie* comprend quatre volumes destinés aux étudiants de licence et trois volumes (qui paraîtront en 2007) à l'usage des étudiants des masters de psychologie. Chaque volume est coordonné par un ou deux spécialistes du champ sous-disciplinaire auquel il est consacré. A l'élaboration des quatre premiers volumes du *Nouveau cours de psychologie* ont collaboré 61 collègues de 19 universités françaises mais aussi de l'étranger (de Suisse, du Canada et des États-Unis), ainsi que des chercheurs du CNRS et des praticiens-chercheurs de plusieurs centres hospitaliers universitaires.

Le présent volume – consacré à la psychologie clinique et à la psychopathologie – a été coordonné par Jack Doron, professeur à l'Université Victor-Segalen - Bordeaux 2, et Michèle Montreuil, professeur à l'Université Paris 8. Les coauteurs proviennent de cinq universités françaises – Victor-Segalen - Bordeaux 2, Metz, René-Descartes - Paris 5, Paris 8 et de l'Université de Provence –, du CNRS, de l'Université de l'Oregon (États-Unis) et des Universités du Québec à Montréal (UQAM) et à Trois-Rivières (UQTR). Tout au long du travail d'élaboration des volumes du *Nouveau cours de psychologie*, notre souci permanent a été d'articuler connaissances « classiques » et actualités, d'utiliser un style aussi didactique que possible, d'assurer, en présentant (sans dogmatisme) les bases théoriques, une ouverture du côté de la pratique.

L'édition du *Nouveau cours de psychologie* aux Presses Universitaires de France situe cet ouvrage dans la perspective des grandes séries de publications qui ont tant contribué à la formation universitaire des psychologues en France, dont les repères majeurs sont constitués par les grands *Traités* parus aux Presses Universitaires de France, les traités de Fraisse et Piaget (de psychologie expérimentale), de Reuchlin (de psychologie appliquée) de Daval, Bourricaud, Delamotte et Doron (de psychologie sociale) ou de Widlöcher (de psychopathologie). Nous espérons que ce nouvel ouvrage sera à la hauteur de ceux qui l'ont précédé !

Serban Ionescu et Alain Blanchet
Saint-Denis, août 2006.

INTRODUCTION

La psychologie clinique et pathologique : une approche multidimensionnelle indispensable

Cet ouvrage situe la psychologie clinique et la psychopathologie dans une perspective historique, au plan français et, plus largement, internationale. Notre ambition est de faire connaître, dans une perspective didactique, l'évolution des concepts, des théories et des méthodes de la psychologie clinique et de la psychopathologie.

Si l'influence des grands courants théoriques et leur caractère parfois contradictoire suscitent toujours des querelles d'écoles, la psychologie clinique ne vit pas sur des concepts figés. Elle a puisé des richesses dans les domaines de la philosophie, de l'anthropologie, de la médecine et de la psychanalyse qui représentent un socle incontournable à sa construction présente, mais elle reste ouverte et en perpétuelle évolution. C'est pourquoi, au XXIe siècle, il devient indispensable d'intégrer l'apport des neurosciences.

Les auteurs souhaitent montrer que la psychopathologie est au carrefour de plusieurs modèles théoriques, cliniques et thérapeutiques. Elle est en mesure de formuler un modèle intégratif des phénomènes mentaux et des comportements pathologiques dès lors qu'elle ne s'inféode pas à une approche unique qui la ferait pencher vers le « tout organique » ou le « tout affectif ». L'option des auteurs est de montrer qu'en psychologie clinique et en psychopathologie, un phénomène doit être éclairé par les différents courants existants. Ainsi, lorsque le clinicien choisit un certain type d'approche pour établir un diagnostic ou proposer une thérapie, il parait essentiel qu'il le fasse en gardant à l'esprit toutes les autres modalités d'éclairage possibles.

Cet ouvrage a, également, pour but de sensibiliser à la méthode et aux outils cliniques, et en particulier aux techniques de l'entretien clinique. Les auteurs, tous cliniciens, insistent sur la place centrale du « sujet » qui est au cœur de l'évaluation et de la prise en charge.

En outre, la question de l'intime et de la souffrance propre au champ de la psychologie clinique et de la psychopathologie s'adosse aux règles d'éthique et de déontologie qui restent des préoccupations constantes dans ce volume.

Michèle Montreuil et Jack Doron.

Première partie

HISTOIRE ET BASES

1 histoire, théories et méthodes

PAR JACK DORON
ET JEAN-LOUIS PEDINIELLI

A - HISTOIRE DE LA PSYCHOLOGIE CLINIQUE, par Jack Doron

I - La création du concept de psychologie clinique

La psychologie clinique a été créée en France à la fin du XIXe siècle à partir d'une double origine : la philosophie et la médecine. « La psychologie qui naît de l'étincelle est rigoureuse par la médecine, humaniste par la philosophie » (C. Prévost, 1988, p. 7). Le terme même de psychologie clinique apparaît à la même période aux États-Unis grâce à un psychologue, Lightner Witmer (en 1896), formé auprès de Wundt en Allemagne. Sa proposition novatrice n'eut pas un grand succès dans son pays où les psychologues étaient férus de scientificité et ne s'intéressaient pas encore à une discipline pragmatique qui visait à prendre en charge les personnes en difficulté. À la même époque en France en 1897 était créée la « revue de psychologie clinique et thérapeutique » qui dura jusqu'en 1901, fondée par deux médecins s'inspirant de l'École de Nancy, Hartenberg et Valentin. Son programme est étonnamment moderne et la distingue de la psychologie expérimentale qui « isole et dissocie les éléments de la vie psychique » (*ibid.*, p. 23) : « La psychologie clinique, au contraire, tout en puisant dans les recherches de laboratoire de précieux renseignements, observe la vie psychologique elle-même, considérée comme un tout concret et réel... la tâche n'est pas de schématiser mais d'individualiser » (*ibid.*, p. 23, 24). Il n'est pas inintéressant de remarquer la totalité du titre de cette revue « revue de psychologie clinique et thérapeutique » qui insiste sur une dimension fondamentale de la psychologie clinique, la dimension psychothérapique. En fait, cette revue a été créée par des médecins s'opposant au nom de la psychologie à d'autres médecins (Charcot et le courant de la Salpetrière) grands spécialistes de la suggestion et de l'hystérie. Selon Claude Prévost cette revue bien au courant des travaux de S. Freud s'arrête car la neurologie à ce moment triomphe dans la vie médicale.

II - Le long sommeil

Un courant souterrain a continué à vivre malgré tout après la Première Guerre mondiale. En France la psychologie est une discipline marginale, au sein de la philosophie impériale, partageant avec la sociologie et l'anthropologie le statut de disciplines mineures en voie de développement. Ce qui intéressait l'homme dans sa totalité et dans sa capacité à construire un projet signifiant relevait de la philosophie et de la religion. Les changements en psychopathologie venaient de la phénoménologie et de la psychiatrie, très brillantes en Allemagne, avant la prise du pouvoir par les nazis et qui a perduré en Suisse alémanique. À la fin du XIXe siècle, le seul projet de psychologie clinique réellement novateur fut la psychanalyse dont la vision fut ignorée en France, si ce n'est dans le cercle très restreint et exotique du surréalisme animé par André Breton. Ses écrits sur la révolution surréaliste, en révolte contre la violence et la cruauté des massacres de la guerre 1914-1918, sont un vigoureux plaidoyer pour utiliser la psychanalyse, non dans le but de soigner des malades, mais pour inventer la vie, en utilisant les forces de l'inconscient dans une visée libératrice : « L'homme propose et dispose. Il ne tient qu'à lui de s'appartenir tout entier, c'est-à-dire de maintenir à l'état anarchique la bande chaque jour plus redoutable de ses désirs. La poésie le lui enseigne » (André Breton, 1924, p. 28). Le courant surréaliste, en poésie, en peinture, en sculpture et au cinéma, fut très novateur. Il était en partie lié à la psychanalyse, non comme une discipline bourgeoise cherchant la reconnaissance, mais comme un courant de libération contre l'oppression de la famille, de l'art et de la religion.

On voit bien pourtant un vibrant plaidoyer philosophique de Politzer contre la psychologie expérimentale qui ne se préoccupe que de problèmes très éloignés de ceux des êtres humains. Il insiste avec beaucoup de passion et de justesse sur l'importance du « drame » qui seul permet de comprendre la vérité de l'être humain aux prises avec les difficultés de la vie. La psychologie clinique a disparu en tant que telle. Elle survit chez Janet, en prenant la forme de la psychologie médicale. Il développe pourtant la méthode clinique dans ses travaux et notamment dans un ouvrage, *De l'angoisse à l'extase,* consacré pour l'essentiel à un cas dans lequel il aborde les phénomènes inconscients et la psychasthénie. De même Piaget, dans son ouvrage *La représentation du monde chez l'enfant* (1926), évoque « la méthode clinique » et « l'examen clinique » selon lesquelles les significations données aux faits observés ont plus d'importance que les éventuels liens de causalités construits à partir des résultats de la recherche expérimentale. Enfin les travaux de Binet et Simon et de H. Wallon, s'ils ne relèvent pas directement de la psychologie clinique mais de la psychologie du développement, se sont construits à partir de questions cliniques : que faire pour aider les enfants qui n'apprennent pas à l'école, que faire avec les enfants instables ? Questions toujours d'actualité.

La profession de psychologue clinicien aux États-Unis s'est créée officieusement dans la période de guerre, dans le cadre de l'armée, pour évaluer et sélectionner les contingents, mais aussi pour aider les combattants souffrant de névroses traumatiques.

Ces psychologues décident de créer la profession en 1947 comme des « scientifiques-praticiens » (docteurs en psychologie) pratiquant l'évaluation, le diagnostic et le traitement psychothérapique en s'appuyant non sur des savoir-faire magiques ou idéologiques, mais sur un corpus de savoirs issus de la recherche scientifique.

III - Naissance de la psychologie clinique française

En France en 1949 Daniel Lagache, dans un texte bien connu sur l'unité de la psychologie, définit de manière très claire et novatrice ce que peut être la psychologie clinique en France après la guerre. C'est une discipline qui n'a jusqu'à maintenant jamais existé, qui va progressivement, avec la psychologie, s'émanciper comme toutes les sciences de l'homme, de la philosophie. Le point commun de cette génération de psychologues est d'être à l'origine des philosophes et des médecins. La psychanalyse cette fois n'est plus liée aux débordements si riches du surréalisme mais à la recherche de respectabilité contre laquelle il était de bon ton de faire semblant de se révolter. Comme ces pionniers avaient une formation de philosophes, on peut constater qu'ils avaient toujours gardé un jugement modéré sur la psychanalyse car ils avaient appris à comparer des systèmes de pensée. C'est donc une psychologie clinique innovante qui s'est créée après la guerre dans le cadre des études de psychologie, non sans conflits avec leurs collègues notamment de psychologie expérimentale.

La fameuse complémentarité entre la psychologie expérimentale et la psychologie clinique était perçue comme plus diplomatique ou politique qu'autre chose mais elle a permis un développement, que l'on peut qualifier de parallèle, parsemé de conflits plus ou moins violents. Dans l'optique de D. Lagache et de Favez-Boutonnier le psychologue clinicien devait étudier « l'homme total en situation », ses buts sont : « conseiller, guérir, éduquer ou rééduquer » (1949) puis « prévenir et résoudre un conflit » (1951) (D. Lagache, *in* C. Prévost, 1988, p. 48). La démarche du diagnostic est fondatrice de la discipline : « Le diagnostic est l'acte essentiel de la psychologie clinique ; elle peut se réduire au diagnostic ; si elle le dépasse, à tous les moments, le diagnostic reste la démarche essentielle, parce qu'il établit la base rationnelle et réelle de toute action psychologique » (1951) (*ibid.*, p. 50).

Bien entendu des outils devaient être développés pour faire ces diagnostics psychologiques, et l'on a assisté à un grand développement des tests cognitifs, visuomoteur, de personnalité et des premiers questionnaires d'évaluation de tel ou tel secteur du fonctionnement de la vie psychique. Le principal problème était et reste encore l'évaluation de la fiabilité de ces outils, et l'on peut dire que la profession s'est construite sur leur légitimité et sur la qualité du bilan psychologique. Derrière la scène de ce théâtre somme toute très constructif s'est jouée une tragi-comédie liée à la vie institutionnelle des sociétés psychanalytiques. Les multiples scissions inhérentes à cette discipline empoisonnent les développements de la psychologie clinique qui n'est apparue un temps que comme le lieu d'intrigue des conflits entre les diverses institutions psychanalytiques. Malgré ces luttes qui ne concernent pas directement notre discipline, celle-ci est prise en otage, dans des batailles idéologiques à l'issue incertaine. En mai 1968 cet équilibre très riche et novateur entre psychologie, psychopathologie et psychanalyse s'est rompu, les risques de dérives sectaires se sont aggravés. La toute puissance du « psychanalysme » (R. Castel) s'est développée car elle a permis de rassurer des individus rendus malades par la chute du marxisme, du gauchisme et du catholicisme (Turkle Sherry, 1978). La psychanalyse, si riche du point de vue clinique, est hélas devenue un prêt-à-penser, une scolastique du désir, pour une majorité de psychologues cliniciens et de psychiatres. Les slogans ont remplacé les réflexions, les perspectives critiques liées à la recherche en psychologie, en psychopathologie et en neurosciences devenaient au mieux indifférentes, au pire scandaleuses puisqu'elles portaient atteinte au sujet et sa parole. Fort heureusement chez les cliniciens, y compris chez ceux qui sont compétents en psychanalyse, une tradition de tolérance, d'ouverture et de curiosité intellectuelle avivée par une attention portée à la recherche scientifique a perduré, ce qui a permis de garder l'élan des fondateurs.

B - THÉORIE ET MÉTHODOLOGIE DE LA PSYCHOLOGIE CLINIQUE, par Jean-Louis Pedinielli

Actuellement, dans l'usage courant, le terme « psychologie clinique » recouvre plusieurs sens : un domaine « la clinique », une pratique, une méthode, un savoir. Son originalité réside dans le fait d'être à la fois une activité pratique (diagnostic, évaluation, thérapie...) et un ensemble de connaissances : elle n'est ni la stricte application d'une théorie dans une activité pratique, ni l'édification d'un ensemble de connaissances à partir de l'expérimentation ou du raisonnement. Elle se nourrit de la pratique concrète, de la rencontre, avec des individus ou des groupes en souffrance, en difficulté. Cette pratique se fonde sur un savoir « clinique » qu'elle enrichit.

Aussi, nous considérerons que la psychologie clinique repose sur une méthode respectant certains principes ou s'en inspirant lorsque c'est possible et développe un domaine très vaste (allant de la psychopathologie, à la pathologie à la santé, au développement et au social) dans lequel des techniques plus objectivantes peuvent occasionnellement être utilisées, à condition de rester fidèle à la référence au sujet. Nous faisons nôtre la définition d'Anzieu : « Elle est une psychologie individuelle et sociale, normale et pathologique ; elle concerne le nouveau-né, l'enfant, l'adolescent, le jeune adulte, l'homme mûr, l'être vieillissant et enfin mourant. Le psychologue clinicien remplit trois grandes fonctions : de diagnostic, de formation, d'expert apportant le point de vue du psychologue auprès d'autres spécialistes. Le psychologue clinicien reçoit aussi une formation de base nécessaire mais non suffisante pour devenir éventuellement psychothérapeute, à charge pour lui d'acquérir ailleurs la solide expérience psychanalytique requise, personnelle et technique. Une distinction, plus facile à établir sur le papier que dans la pratique, doit néanmoins être maintenue comme capitale : le psychologue clinicien à affaire à des "effets de transfert", qu'il doit savoir identifier ; seul le psychanalyste travaille sur la “névrose de transfert” » (D. Anzieu, 1983, p. 36). La définition de Didier Anzieu est extensive, mais elle doit cependant être réactualisée puisque les psychologues sont désormais considérés comme des psychothérapeutes, à charge pour eux de compléter leur formation.

On peut considérer, à la suite de Lagache, que le cœur de la méthode clinique est représenté par l'« étude de cas » : rencontre d'un sujet considéré comme singulier, constitué par une histoire spécifique et perçu dans sa totalité (les troubles sont rapportés à l'ensemble de ce qu'il est, et la totalité de la situation est prise en compte dans la rencontre avec lui), refus de l'objectivisme, sensibilité à l'histoire, prise en compte de la relation observateur-observé, le transfert... Certes la méthode clinique qui suit ces différents principes peut s'appliquer dans d'autres domaines que l'étude de cas : examen psychologique, observation des groupes et des individus, recherche, passation de tests, approche de situations institutionnelles... (Guillaumin, 1977 ; Schauder, 2004 ; Emmanuelli, 2004). L'étude de cas (Doron, 2001 ; Pedinielli et Fernandez, 2005) s'appuie, en effet, sur différentes méthodes (entretien, observation, tests...) qui peuvent aussi être utilisées isolément dans certaines situations mais dont l'utilisation reste conforme aux principes de la méthode clinique.

I - L'étude de cas

Sous ce terme, on désigne une construction du clinicien reposant sur une façon de solliciter, puis de considérer, certaines informations émanant du patient : la personne parle d'elle en se posant comme sujet de son discours. L'étude de cas commence donc par la manière dont le sujet parle de lui. Cependant il ne parle pas seul, mais à quelqu'un qui relance son discours, l'écoute, lui fait écho, voire le sollicite en certains points. L'étude de cas n'est donc pas un monologue, mais bien l'effet de la rencontre entre un sujet qui présente un problème, en parle, et un psychologue qui l'écoute et restituera ces éléments sous la forme d'une construction dotée de sens. Le cas peut être conçu en lui-même, comme la manière dont une personne exprime quelque chose d'elle mais aussi comme une situation originale permettant la mise en évidence et la compréhension de phénomènes particuliers : pathologie, souffrance subjective, moment du développement, situation existentielle... La psychologie clinique dont la pratique repose sur l'analyse des cas individuels sans objectivisme construit donc ses connaissances à partir de ces cas, définit des structures, des processus, des régularités, des hypothèses explicatives, des constructions, dont elle met la pertinence (l'heuristique) à l'épreuve d'autres situations (autres cas ou autres groupes de sujets).

L'étude de cas correspond à deux opérations différentes. La première étape est celle du travail clinique concret et s'apparente à une procédure de recueil des informations adaptée à chaque sujet. La seconde étape est l'élaboration de ces informations sous forme d'une construction répondant aux principes fondamentaux de la méthode clinique et visant à présenter les éléments saillants de l'histoire et de la subjectivité ainsi que les modes de résolution des conflits. Dans la pratique, la construction de l'étude de cas est souvent réalisée à l'issue des différents examens ou du suivi du patient. Mais il y a aussi des situations dans lesquelles existent soit des étapes intermédiaires de l'étude de cas, soit des reprises régulières de celle-ci, notamment dans les cas de psychothérapie : le « cas » peut être régulièrement l'objet d'une réflexion dans laquelle les conclusions antérieures sont remises en cause, retravaillées, reconstruites à la lumière des informations nouvelles. L'étude de cas a des particularités qui la distinguent des autres formes de présentation des situations cliniques : la singularité, la totalité, l'histoire, la relation entre les sujets. Ces invariants sont ceux de la méthode clinique telle que la conçoit Lagache.

Le respect de la singularité vise à ce que le cas, c'est-à-dire le sujet, soit traité comme un phénomène inédit et qu'on ne le réduise pas à ce dont il pourrait être l'exemple (type de pathologie, par exemple). Le cas est à la fois unique (tout cas est unique : c'est en fait la démarche qui fait d'un cas « banal » (aux yeux des autres) un cas « unique » dans la mesure où le clinicien insiste sur ce que ce cas a de radicalement original) et singulier (terme désignant à la fois l'individuel, le particulier, ce qui distingue un individu des autres, la rareté). Considérer une histoire de patient comme un « cas singulier », c'est prêter attention à ce qui ne se confond ni avec l'évidence, ni avec l'habitude, ni avec le normal (au sens de ce qui ne pose pas de question). C'est donc le regard, l'écoute du clinicien qui font que le cas devient singulier puisqu'on va faire émerger ce qui échappe au « commun », au « banal », au « conforme ». Mais ce qui est proprement singulier, c'est la « subjectivité », terme qui désigne à la fois la catégorie philosophique de sujet (être entendu comme pourvu d'une conscience de lui-même), la catégorie psychanalytique (division du sujet entre conscient et inconscient) et la dimension de l'intimité, de la construction de son monde, irréductible à la réalité et à l'objectivité que l'on retrouve dans la phénoménologie (ce sont les représentations du sujet qui comptent et pas la réalité telle que la perçoit l'observateur. Par exemple, avec un sujet atteint d'une pathologie somatique, la référence à la subjectivité implique que l'on s'intéresse aux théories personnelles du malade (« maladie-du-malade »), à ce qui s'exprime d'inconscient à travers les discours sur la maladie, à ce qui se transfère sur la médecine, à la représentation que le sujet se fait de la guérison et adhère aux conceptions culturelles de la maladie.

La soumission à la totalité ne vise pas l'exhaustivité (tout dire sur la personne), encore que la richesse des informations reste une préoccupation, mais le fait que le sujet psychologique est une unité indivisible (intra-subjectivité) en interaction avec le monde extérieur (intersubjectivité). Les éléments notés (conflits, angoisses, représentations...) sont toujours à replacer dans le contexte de l'individu et de son monde et ne constituent pas de simples attributs « réduits » à ce qui peut être mesuré et comparable avec d'autres. Un symptôme n'est interprétable, analysable, compréhensible qu'en relation avec le sujet, voire avec son environnement, pris comme un tout : il doit être interprété à la lumière de l'histoire du sujet, de la fonction qu'il remplit dans son existence (se protéger contre l'angoisse, exprimer quelque chose), à ses conséquences (souffrance, bénéfices secondaires) et des représentations qu'il suscite.

La référence à l'histoire est inspirée par la pratique et par les principes qui soutiennent la psychologie clinique. Le discours des sujets met en scène ses difficultés, et les exprime souvent en relation avec une chronologie, un passé, un moment de la vie :

moment de déclenchement du symptôme, place dans sa vie, déroulement, relation avec des événements... Le sujet n'est jamais hors du temps : il parle au présent, mais reconstruit un passé parfois incertain, émaillé de souvenirs et de recherches de significations. C'est à la fois une histoire et son histoire qu'il nous livre. Le psychologue l'aide dans cette reconstruction qui assure à la fois une succession et des discontinuités. Mais la référence à l'histoire provient encore des références théoriques qui guident la pratique : le psychologue postule que les événements ont des effets sur le sujet, voire que l'histoire constitue le sujet.

L'étude de cas n'est pas une étude de dossier, elle se réalise dans une rencontre particulière, une relation où le psychologue, par sa présence, son écoute, est un catalyseur d'émotions, de représentations. Le psychologue ne peut manquer de s'interroger sur le lien qui unit le sujet à lui et sur son rôle dans la production du discours et des autres expressions. Ce que dit le sujet correspond à un déplacement et à une actualisation des processus internes sur la personne du clinicien qui, lui-même, perçoit dans son contre-transfert certains aspects de la position du sujet. Il lui faut alors reconnaître l'adresse (à quelle place le sujet situe-t-il l'autre ?), les différents niveaux de la demande, les reviviscences, déplacements et condensations qui sont compréhensibles à partir de la relation, mais l'observateur influence le système observé et est aussi influencé par ce dernier.

L'étude de cas illustre la méthode clinique et peut s'appuyer sur différents moyens (méthodes) de recueil des données, parmi lesquels l'entretien, l'observation clinique, les tests et les échelles, le jeu, le dessin, les écrits... Ces méthodes peuvent être associées les unes aux autres ou bien utilisées séparément, qu'il s'agisse de pratique clinique ou de recherche.

II - L'entretien

L'entretien clinique est le principal outil utilisé par le psychologue. Hormis quelques situations (enfants, sujets sans langage...), ses informations proviennent du discours du sujet, des proches. Or le langage fait exister les objets, les faits, les situations en dehors de leur présence concrète, et le sujet humain est un être de langage, la parole étant déterminante dans sa constitution.

L'entretien répond à plusieurs finalités : permettre au sujet de dire, écouter, s'informer, mais aussi dire quelque chose au sujet. Il est producteur de faits de langage (Blanchet, 1991) à partir desquels s'instaurent un échange, une reconstruction des faits réels, mais aussi une analyse du discours (forme, construction des énoncés, mécanismes de défense, représentations prévalentes, place du sujet...). En outre, parler, Freud l'a souligné, possède une fonction libératrice (abréaction) qui confère à tout entretien un effet potentiellement thérapeutique.

Le travail concret du psychologue consiste non seulement à savoir recevoir et écouter le discours que lui tient le sujet, mais aussi à le susciter, le soutenir, et à permettre son développement, mais aussi à intervenir. Il s'agit donc d'une rencontre et d'une construction, par le discours, d'un savoir commun permettant au sujet d'évoluer (cas de la thérapie) ou au psychologue de se représenter la souffrance, les modes de résolution des conflits, les défenses... du sujet (Blanchet, 1998).

L'entretien est le meilleur outil (Bénony et Chahraoui, 1999 ; Schmid-Kitsikis, 1999) pour recueillir des informations sur la souffrance ou les difficultés du sujet en apportant des éléments sur ce à quoi il a été réellement ou imaginairement confronté, mais aussi sur sa position à l'égard de ces faits ainsi que sur ce qu'il attend du psychologue, sur la place qu'il lui donne. Il fournit aussi des données sur l'économie psychique, sur l'organisation de ses mécanismes de défense cernables dans le mot à mot de son discours (les dénégations, par exemple), dans les scènes qu'il raconte (les identifications, par exemple) ou encore dans la manière dont il s'adresse au psychologue (les projections) (Gilliéron, 1994). Le discours est encore le terrain sur lequel se reconnaissent les signes pathologiques, dans la plainte énoncée (symptôme névrotique, par exemple), au travers de ce qui est rapporté (idées délirantes, par exemple), dans la construction, la forme ou la syntaxe du discours (troubles du cours de la pensée, aphasie...), ou encore au travers de ce qui véhicule le discours (voix) ou ce qui l'accompagne (ralentissement, émoussement affectif...).

La conduite de l'entretien clinique répond à des principes : écoute attentive en suivant le mot à mot du discours du sujet, « neutralité bienveillante » (l'avis du clinicien ne doit pas intervenir dans l'entretien, attitude ni rigide ni distante), reconnaissance et respect de l'aménagement défensif du sujet (son intervention ne doit pas avoir d'effets préjudiciables), reconnaissance, par le clinicien, de ses réactions émotionnelles. Le clinicien est attentif à l'apparition de certains mécanismes. La psychanalyse a défini le rôle du transfert (déplacement sur la personne de l'analyste de représentations et de désirs inconscients) et du contre-transfert (réaction de l'analyste aux motions transférentielles, désir du clinicien, préconceptions qui orientent son écoute). Par ailleurs certains mécanismes, suscités par la situation angoissante et le conflit qui motive la rencontre, sont plus fréquemment présents chez le sujet que chez le clinicien, la plupart se retrouvent chez les deux interlocuteurs : l'identification, la projection, le clivage, les différentes formes de restriction (scotomisation), la défense par la perception (ou la réalité). En outre, l'entretien suscite, chez le clinicien, des mécanismes d'empathie (immersion dans le monde subjectif d'autrui) et un rôle de contenant capacité, dans l'entretien, d'être un réceptacle stable pour les angoisses du patient, de transformer et de lui restituer à l'intéressé ses difficultés ou ses représentations déplaisantes de manière bonifiée. Tout entretien clinique, même d'évaluation, devrait remplir cette fonction de restitution et de restauration.

III - Les tests et les échelles

Ce sont des instruments standardisés d'évaluation des phénomènes psychiques permettant, le plus souvent, de mesurer les composantes psychologiques, de comparer les sujets entre eux ou à une norme statistique. Il existe de nombreuses formes de tests distingués en fonction de leur objet d'étude : aptitudes, processus cognitifs, troubles, organisation de la personnalité, diagnostiques... Leur but est de faire apparaître certains éléments que les entretiens ne permettraient pas de repérer précisément (production d'informations inaccessibles), de fournir des résultats valides et objectifs, c'est-à-dire non soumis à la subjectivité du psychologue et d'enrichir le bilan clinique (ils ont alors le statut d'examens complémentaires). Les cliniciens ne sont pas les seuls à utiliser ces outils, mais ils ont la particularité de référer les résultats aux principes de l'étude de cas et de ne pas les considérer comme des éléments séparés de l'individu. La construction des tests et des échelles répond à des normes précises, et ils doivent posséder des qualités métrologiques (validité, sensibilité, fiabilité). Les projets de diagnostic (évaluation), de comparaison, voire de sélection, justifient fréquemment l'utilisation des tests. Parmi eux, il faut citer les tests mesurant une aptitude particulière, les tests cognitifs et les tests de personnalité.

Les tests cognitifs (comme les WISC, WAIS, WIPPSI, WCST...) sont plus souvent employés dans la clinique de l'enfant ou de l'adolescent, mais il existe des échelles destinées aux adultes, certaines d'entre elles permettant d'évoquer une atteinte (par exemple démence) des capacités cognitives et de localiser certaines des opérations intellectuelles mises en cause. Malgré la fréquence d'utilisation de ces épreuves, nombre de critiques ont été portées contre elles, tant sur la définition de l'intelligence que sur la capacité des tests à la mesurer ou sur la pertinence de la standardisation. Piaget notamment, a souligné l'aspect formel, partiel et inadapté de certains tests d'intelligence dans l'analyse du raisonnement de l'enfant, ce qui inviterait alors à parler plutôt de tests cognitifs. Certains tests neuropsychologiques mesurent plus spécifiquement des fonctions cognitives : mémoire, jugement, attention, perception, langage... En psychologie clinique, le test n'a pas de valeur en soi, mais ses résultats doivent être interprétés à la lumière de la relation, de l'investissement de la situation par le sujet et comme un élément des capacités du sujet.

Les inventaires de personnalité (MMPI, l'Inventaire de personnalité d'Eysenck, Inventaire de tempérament de Guilford-Zimmerman...) sont des questionnaires dont la construction est analogue à celle des autres tests. Ces tests sont toutefois assez éloignés de la relation clinique, et les cliniciens leur préfèrent souvent les méthodes projectives qui sont une forme d'investigation dynamique de la personnalité qui s'exprime à travers la perception d'un matériel peu structuré que le sujet construit à sa guise. Elles proposent un matériel auquel le sujet donne une ou plusieurs significations, révélatrices de ses modes de résolution des conflits, de son appréhension de la réalité, de ses mécanismes de défense ou de son économie affective.

Parmi elles, on cite le psychodiagnostic de Rorschach (dix planches au matériel non structuré : taches d'encre reproduites sur un fond blanc mais symétriques). La synthèse des résultats fournit une interprétation de l'ensemble des données qui apporte des informations sur la nature de l'angoisse et des relations d'objets, les mécanismes de défense, l'organisation du Moi, le rapport au réel, l'image du corps... Cette interprétation peut aussi apporter des hypothèses psychopathologiques interprétables en termes de diagnostic d'organisation (névrotique, psychotique...). Le Thematic Aperception Test (TAT) propose des planches représentant des scènes souvent banales et peu ambiguës. Le sujet doit « imaginer une histoire à partir de la planche ». Le matériel sur lequel travaille le clinicien est représenté par un discours, et l'interprétation s'apparente donc à une analyse de contenu fondée sur des indicateurs (contrôle, labilité, évitement du conflit, émergence du processus primaire, accrochage au contenu manifeste...) ; l'ensemble des résultats est naturellement référé au sujet et à sa singularité. Comme le Rorschach, le TAT permet de faire des hypothèses diagnostiques mais aussi d'apprécier le fonctionnement psychique de la personne. Avec les enfants, on utilise fréquemment des tests comme le Patte noire (histoire d'un petit cochon qui se distingue des autres par la présence d'une tache noire sur une patte) ou le Children Aperception Test (CAT) dont la structure est celle du TAT dans une forme adaptée aux enfants.

Les méthodes projectives, surtout lorsque leurs interprétations sont fondées sur des conceptions psychanalytiques ou phénoménologiques, respectent en elles-mêmes les principes de la méthode clinique. Mais les techniques plus objectivantes ont leur place à l'intérieur de l'étude de cas qui permet de situer leurs résultats dans la dynamique du sujet. Il en va ainsi des échelles d'évaluation qui ne comparent pas les sujets les uns aux autres mais donnent une note. Elles servent à qualifier et quantifier, de manière standardisée et précise, un état ou un trait en vue d'un diagnostic, d'un examen des effets d'un traitement, ou d'une analyse des processus. Leur intérêt est de faire apparaître des éléments difficiles à percevoir et/ou à apprécier dans un entretien. Mais, comme les tests, elles réduisent les objets cliniques à ce qui est mesurable et elles ne donnent qu'un éclairage partiel qui doit être complété par les données de l'entretien.

IV - L'observation clinique

L'observation est traditionnellement définie comme « l'action de considérer avec une attention suivie la nature, l'homme, la société, afin de les mieux connaître ». En psychologie clinique, l'utilisation de l'observation comme méthode de recueil des données est souvent nécessaire comme complément d'autres informations : le comportement concret du sujet, ses attitudes lors de la rencontre, fournissent d'autres éléments parfois révélateurs ou simplement posant de nouvelles questions. Jean Guillaumin précise que « l'acte d'observation, par quoi nous avons défini l'examen psychologique, correspond (...) à une visée intentionnelle précise. Le psychologue y recherche une connaissance ordonnée la plupart du temps à une action. Les moyens qu'il emploie pour atteindre son but ne peuvent donc que poursuivre, pour l'achever, l'objectivation du sujet, dont le jugement implicite de réalité contient déjà le principe et la base. Aux fins de l'action, l'esprit exige en effet un objet résistant et stable, dont la pratique puisse épouser sans erreur le contour et, guidée par des plans assurés, prévoir les modifications » (p. 249).

L'observation clinique se démarque des conceptions médicales (Ciccone, 1998) car elle tente de décrire non seulement ce qui apparaît, mais aussi de regrouper ces différentes informations en donnant du sens. Mais cette activité est soutenue par un projet de soumission au matériel et de restitution du sens de l'ensemble de l'observation. Elle présente trois risques : la réification (réduire le sujet à ce que l'on observe), l'objectivation extrême et l'absence de validité des interprétations qui en sont tirées (quel sens donner à un comportement sans pouvoir se référer au discours du sujet ?). Elle situe ses résultats dans le cadre de la singularité de la personne et analyse l'influence de l'observateur sur l'observation : l'observation clinique implique une participation de l'observateur, et ses résultats sont pondérés par cette participation dans la mesure où ce ne sont pas uniquement des faits qui sont observés mais surtout un sujet dans une situation à laquelle participe l'observateur. Le projet de l'observation clinique est donc de relever des phénomènes comportementaux significatifs, de leur donner un sens en les re-situant dans la dynamique, l'histoire d'un sujet et dans le contexte de l'observation. Mais ce projet n'implique pas le rejet de toute technique de standardisation de l'observation et de rigueur dans l'interprétation.

L'observation clinique est présente dans certaines méthodes utilisées en clinique, en complément d'une analyse plus spécifique : le jeu, le dessin, les phénomènes de groupe... Ces méthodes impliquent que le clinicien s'intéresse à la manière dont le sujet se comporte – verbalement, physiquement, voire socialement dans le cas du groupe –, dont il investit l'espace et la relation. Avec les enfants, notamment, l'entretien est soit impossible, soit limité. En revanche toutes les activités motrices, expressives, ludiques sont valorisées : l'attitude de l'enfant, ses paroles mais aussi ses productions, son investissement de l'espace et du temps, sa gestuelle... revêtent une importance décuplée et sont reprises dans l'observation clinique qui nécessite, comme l'écoute, l'analyse du contre-transfert et la recherche de sens.

C - LES THÉORIES, par Jean-Louis Pedinielli

La psychologie clinique est à la fois une méthode et un domaine ; elle s'appuie sur des théories, et contribue à les enrichir. On ne peut dire qu'il y a une seule théorie de la psychologie clinique mais il existe des théories de référence. De manière plus spécifique, elle est aussi productrice de théories rendant compte de certains phénomènes observés : pathologies, formes de souffrance, conséquences des drames de la vie (traumas, stress, événements...), groupes et institutions, résilience... Bien qu'il soit difficile de distinguer, à certains niveaux, psychologie clinique et psychopathologie, il existe bien des théories cliniques de la pathologie mentale, du handicap, des effets de la pathologie somatique, du traumatisme qui sont de la psychologie clinique et non de la médecine ou de la psychophysiologie. Sur un plan plus épistémologique, il faut ainsi concevoir que si la psychologie clinique n'est pas productrice d'une théorie (paradigme) générale, les théories de la pathologie (psychopathologie) ou la part psychopathologique de théories plus générales ont, aussi, aidé à sa constitution et ont été enrichies par ses connaissances.

En France, la psychologie clinique s'est historiquement appuyée sur la psychanalyse et, pour une moindre part, sur la phénoménologie dont nous faisons un rappel synthétique. Puis, elle a intégré d'autres modèles théoriques et thérapeutiques : behavioriste, cognitiviste, systémique, humaniste et gestaltiste, modèles décrits de manière détaillée, dans ce même ouvrage, dans le chapitre 2 de Plaza et Cohen.

I - La psychanalyse

La psychanalyse développe une théorie reposant sur la notion d'inconscient, sur le sens autre des discours concrets qui expriment un sens latent. L'origine de la maladie – ou de la souffrance – est à découvrir dans les conflits inconscients du sujet et celle-ci possède un sens. L'Inconscient est formé, en grande partie, par les représentations sexuelles infantiles qui ont été refoulées dans la période oedipienne, du moins chez les névrosés. La maladie repose sur une suite de positions. A / Troubles dans la constitution du moi (premiers mois de la vie pour la psychose, Œdipe pour la névrose) rendant difficile l'accès à l'identité, à l'autonomie, à la séparation ou au désir. B / Une modification interne (pulsionnelle, rupture d'équilibre...) ou externe (traumatismes...) entraîne un conflit, une rupture de l'équilibre protecteur antérieur, avec réapparition de l'angoisse. C / Pour lutter contre cette angoisse, le sujet utilise d'autres systèmes de défense : refoulement, dénégation projection, clivage, déni, forclusion... Leur présence et leur incapacité à réduire l'angoisse témoignent de l'échec de la tentative de guérison et de la phase la plus visible de la maladie. D / Une fois le symptôme installé, d'autres mécanismes permettent de lutter contre ses effets les plus douloureux. Le symptôme est donc un compromis qui possède plusieurs déterminations psychiques et plusieurs sens, il exprime une vérité, un savoir inconscient, et semble produit par une lutte contre l'angoisse structurale puis liée aux échecs des mécanismes de défense La parole, le transfert (reviviscence du conflit) permettent d'avoir accès à ce sens, de dépasser le conflit, d'abandonner certaines défenses coûteuses.

Le champ psychanalytique se décompose en plusieurs systèmes de pensée (écoles) issus de Freud, se différenciant par les conceptions des formations de l'Inconscient : courants kleinien, de l'ego-psychology (A. Freud), lacanien, auxquels on ajoute des courants « marginaux » (Winnicott, Aulagnier...) qui introduisent des constructions originales à partir de ces systèmes. La spécificité de la psychanalyse réside dans sa référence à la « causalité inconsciente », à la prise en compte du « désir » et de la sexualité dans son interprétation de la pathologie. Mais, par son souci de l'histoire, de la parole, du « sujet » et par sa référence à l'intersubjectivité (transfert), elle représente un modèle stimulant pour la théorie et la pratique de la psychologie clinique. Le très intéressant débat épistémologique sur les relations entre science, méthode et psychanalyse a le mérite de poser les questions du statut du « sujet de la science » et du « sujet de l'inconscient ».

II - La phénoménologie

La phénoménologie s'appuie sur une attitude et des conceptions issues des travaux de la philosophie phénoménologique (Husserl, Heidegger, Scheller), mais aussi de la pensée existentialiste (Sartre, Merleau-Ponty). Ces conceptions refusent l'objectivisme des démarches traditionnelles et tentent de comprendre le monde du sujet de l'intérieur, tel qu'il le perçoit et le construit. La psychiatrie phénoménologique (L. Binswanger, E. Minkowski, A. Tatossian, H. Tellenbach, J. Zutt...) tente de décrire l'« être-au-monde » caractéristique de certaines pathologies comme la schizophrénie, la mélancolie, la manie... Le point de départ est la réalité clinique de la maladie que la phénoménologie tente d'interpréter à partir de ses concepts : temps vécu, expérience intérieure, espace, continuité, subjectivité, ressenti, le « pour soi » opposé à l'« en-soi ». L'attitude phénoménologique – qui prend modèle sur l'idée d'une saisie intuitive de la vie intérieure du patient – tente une mise à jour des conditions de possibilités de l'approche thérapeutique Enfin, par le recours – parfois contradictoire – aux notions de « vécu » et d'« éprouvé » elle s'intéresse à la manière dont les réalités sont dotées de sens, expérimentées et organisées par le sujet. Les recours de la psychologie clinique à la « subjectivité », à la totalité, à la singularité, sont aussi des apports de la phénoménologie comme le vécu du malade, la représentation intime de la situation d'entretien, le ressenti du patient, sa construction individuelle... Le courant semble avoir actuellement un regain de vivacité.

La psychologie clinique tire sa richesse et son ambiguïté de ses références plurielles : pratique elle produit des constructions théoriques et s'appuie sur des théories générales différentes, méthode, elle se centre sur les cas singuliers mais produit des constructions générales, elle a pour origine le domaine de la pathologie mais peut produire des théories du normal, elle désigne par « clinique » une situation originale (recherche de la singularité, de la subjectivité, de la totalité des situations, prise en compte de la relation et du transfert), totalement différente de celle de la « clinique médicale » (objectivante), méthode centrée sur la subjectivité, elle peut aussi utiliser des moyens objectifs (tests, échelles, grilles d'observation). Ces paradoxes ne sont qu'apparents : son souci est toujours de se centrer sur le sujet et non de l'intégrer, l'enfermer, dans une conceptualisation, une classification, une situation, définies *a priori*.

D - PSYCHOLOGIE CLINIQUE ET PSYCHOPATHOLOGIE, par Jack Doron

La psychopathologie, c'est une discipline académique qui porte sur la recherche fondamentale ou appliquée, dont le domaine est très vaste parce qu'il va du biologique, voire du biochimique, au culturel en passant par la psychologie. Cette ampleur est telle qu'actuellement il est impossible de proposer une synthèse. À ce titre le mot psychopathologique est un héritage du XIXe siècle, il est intéressant de la prendre en compte dans une perspective historique, mais aussi en tenant compte des évolutions actuelles qui sont très importantes et qui bouleversent nos schémas de pensée.

I - Pratiques cliniques, pratiques de recherche

La fausse opposition bien connue entre psychologie clinique et psychologie expérimentale, fondatrice de la psychologie clinique, confond allègrement deux domaines qui ne peuvent pas s'assimiler l'un à l'autre. La psychologie expérimentale n'existe plus en tant que telle, c'est la méthode expérimentale qui perdure, elle n'est d'ailleurs pas particulière à la psychologie mais à la recherche scientifique. Elle permet, à partir de données recueillies de manière objective, de traiter des informations suivant les normes en vigueur de la recherche. La psychologie clinique n'est pas différente parce que « la méthode clinique » échapperait par essence au réductionnisme scientifique, mais plus simplement parce qu'elle est un métier, non un domaine de recherche, qui cherche à comprendre et à transformer la part humaine des dysfonctionnements psychologiques. On comprend très bien qu'elle se centre, et cela dès sa création en 1896 sur l'individu dans sa totalité. Il n'y a donc pas d'opposition entre la méthode expérimentale et la méthode clinique, il y a des savoirs scientifiques généralisables en psychologie, en psychopathologie, en neurosciences et des savoir-faire pragmatiques, en l'occurrence cliniques, qui permettent de lier en un tout signifiant des faits hétérogènes. Les observations cliniques présentées par Plaza et Cohen illustrent notre propos.

II - Psychopathologie et épidémiologie

a. *Normalité et pathologie*

Si l'on étudie les phénomènes psychopathologiques dans une perspective épidémiologique, on s'aperçoit que les résultats sont souvent surprenants. Toutes les recherches affirment, et c'est une très bonne chose, qu'il n'y aucune possibilité de définir pragmatiquement sur des bases scientifiques ce qu'est être normal : « Il existe un continuum entre les processus que certains qualifieraient soit de normaux, soit de pathologiques » (A. Bourguignon, 1994, p. 240).

Ce constat éclairé fait disparaître une illusion qui a été à l'origine de la définition de la psychologie clinique qui serait celle de l'homme normal, opposée à celle de la psychiatrie qui serait celle de l'homme malade. Cela ne veut pas dire qu'il n'y ait pas de normes de comportement et des jugements d'attribution sociaux, ceux-ci sont très prégnants mais ils sont liés à l'environnement culturel, *a priori* bien réels et changeants suivant les civilisations et l'histoire.

b. *Stabilité, instabilité des symptômes, comorbidité*

Si l'on étudie les normes de la pathologie, on s'aperçoit qu'elles sont essentiellement variables : « Les données épidémiologiques montrent que la répartition des troubles dans une population générale se fait différemment de la manière dont les cliniciens l'imaginent lorsqu'ils l'infèrent à partir des problèmes posés par les personnes qui les consultent. Premièrement, le pourcentage de la population générale remplissant au moins un critère diagnostique est extrêmement élevé. Les derniers résultats confirment, dans des études les plus extensives dans les pays occidentaux, qu'entre un tiers et la moitié de la population générale sera atteint d'au moins un trouble mental dans sa vie. De plus, ces résultats montrent que la majorité des individus présentant des troubles mentaux ne consulte jamais. Cependant, les résultats les plus étonnants issus de ces études épidémiologiques montrent que la majorité des personnes concernées sera confrontée à l'association de deux troubles psychiatriques ou plus. Dans la majorité de la population, les troubles sont fortement associés puisque les personnes ne présentant qu'un trouble sont 20 % des effectifs concernés, ceux qui en présentent deux sont 30 % et ceux qui sont concernés par trois troubles et plus sont 50 %. Cela revient à dire que 80 % des sujets présentant des troubles psychiques sont concernés par le phénomène de comorbidité. Les formes de comorbidité les plus fréquentes concernent les troubles les plus répandus dans la population : anxiété, dépression et alcoolisme. La présence d'un de ces troubles augmente en général par deux ou trois le risque d'apparition d'un des deux autres » (J. Doron, J. Swendsen, 2001, p. 1).

Dans la population générale, la majorité des troubles apparaissent et disparaissent spontanément « les états mentaux dits pathologiques sont généralement transitoires ou intermittents » (A. Bourguignon, 1994, p. 241). Il faut bien comprendre que ces résultats ne portent que sur la répartition des troubles dans une population sans tenir compte des individus, alors que les psychologues rencontrent non des troubles qui peuvent être traités par des médicaments, c'est l'affaire des médecins, mais des individus avec leur particularité et leur histoire, prenant ou non des médicaments. Les lois générales sont toutefois valables, notamment cette variabilité des troubles dans le temps qui rend obsolète la notion de structure.

Nous comprenons bien que les modèles de névrose, de psychose et d'état limite ont une importance historique indéniable permettant de décrire des phénomènes psychopathologiques en train de se stabiliser. Dans la réalité d'une population, c'est au contraire l'instabilité qui prédomine. Elle est en rapport avec des manifestations émotionnelles (angoisse, dépression) et des phénomènes psychopharmacologiques liés à l'utilisation de substances psychoactives. Les mécanismes biologiques, psychologiques et sociaux qui interviennent permettent de comprendre une intuition de S. Freud selon laquelle la dimension psychopathologique ne se manifeste pas à travers tel ou tel fantasme ou mécanisme de défense, mais dans la répétition et l'asservissement à ceux-ci (comportement d'échec, compulsion de répétition, instinct de mort). On n'explique pas pourquoi ces phénomènes apparaissent mais comment ils se manifestent.

c. Interactions bio-psychosociales

Dans cette perspective les faits psychopathologiques qui se manifestent par l'apparition de symptômes mais surtout par la répétition de ceux-ci sont situés dans une perspective plus générale intégrant plusieurs point de vue. Ce qui n'était qu'à l'état d'esquisse ou d'intuition à la fin du XIXe siècle dans les écrits de Freud se vérifie, notamment le primat de l'apparition de l'angoisse qui est confirmé par l'épidémiologie. Par contre, la dépression et les conséquences de l'utilisation des substances psychoactives n'étaient pas vraiment prises en compte. La compulsion de répétition, mise en avant par S. Freud, est un concept très pertinent car il permet de comprendre l'emprise progressive des symptômes sur l'individu. Les théories de l'attachement montrent que l'être humain est d'abord un être social en relation avec d'autres. La qualité et la solidité de la relation avec l'environnement familial et social ont un effet modérateur sur l'apparition et la répétition des symptômes chez un individu. De même, des éléments comme la vulnérabilité et la résilience, qui se construisent dans une interaction biopsychologique, notamment dans la période de la petite enfance, peuvent avoir des conséquences modératrices ou aggravantes sur l'histoire des individus.

III - Diagnostics descriptifs et modèles psychopathologiques

Des difficultés se posent à propos du diagnostic, elles sont de l'ordre de la compréhension de cet acte si important en médecine et en psychologie clinique. Les anciennes catégories nosographiques opposant de manière simpliste névroses et psychoses ont perdu toute légitimité diagnostique sous l'effet de deux types de données. Les systèmes diagnostiques du type DSM-IV ou CIM 10 ne les prennent pas en compte dans cette dichotomie simplificatrice. Les travaux en psychopathologie de l'enfant et de l'adolescent, de langue française, d'inspiration psychanalytique essentiellement, montrent que ces troubles peuvent apparaître ou disparaître sans être structurés comme tels. Il y a en fait une confusion dans les esprits : un diagnostic ne porte que sur une apparition de symptômes et une répétition de ceux-ci, il ne porte en aucune manière sur la personnalité de l'individu concerné.

Pour les cliniciens (psychologues et psychiatres) le problème est plus complexe car il est difficile de prendre en charge les individus sans tenir compte de leur environnement, de leur histoire, de leur personnalité et de la complexité des phénomènes observés. Les concepts de névrose, psychose, d'état limite et de traumatisme gardent leur pertinence non comme diagnostic mais comme modèles permettant l'intégration de l'histoire, de la personnalité et la psychopathologie des personnes que les cliniciens rencontrent. La démarche taxonomique en psychopathologie ne se préoccupe pas des individus, ce qui est normal puisque ce n'est pas son objet, elle permet de nommer et de situer les troubles de ces individus et d'évaluer ainsi leur gravité.

E - CONCLUSION, par Jack Doron

I - Existence, souffrance

La souffrance et la culpabilité, si souvent mises en avant en psychologie clinique, sont d'origine judéo-chrétienne bien que cela soit souvent ignoré ou dénié. Elles mettent l'accent sur une position philosophique existentielle selon laquelle l'homme est déchiré (K. Jaspers), et dont l'authenticité se révèle à travers l'angoisse et le vertige (Pascal, Kierkegaard), « l'angoisse proprement dite est le signe du sentiment authentique de la condition humaine » (E. Mounier, 1962, p. 52). La lucidité devient ainsi difficilement soutenable car nous sommes confrontés à « la finitude et l'urgence de la mort » (*ibid.*, p. 58). La vie, souvent absurde, devient un divertissement (Pascal) psychologique, psychopathologique et social menant à l'aliénation. La dimension transcendantale de l'être humain est difficilement supportable car « l'existence humaine est être-pour-la-mort » (*ibid.*, p. 61). Ce point de vue philosophique, lucide et inconfortable, essaie d'apprivoiser la mort, « présente à chaque moment de ma vie, dans mon acte même de vivre » (*ibid.*, p. 61). La connaissance de la mort et de sa propre mort à venir est une source de déni, d'angoisse, de dépression et de possibilités créatrices qui échappent en partie au domaine pourtant si vaste de la psychopathologie. En effet il n'y a pas de traitement psychopathologique de l'angoisse existentielle, si ce n'est l'engagement dans notre vie même.

Toutes les psychothérapies dans leurs définitions depuis le XIXe siècle, y compris chez Freud, ont pour but de faire disparaître les symptômes et non la souffrance liée aux difficultés de la vie. Selon Jaspers, cette dernière relève de la religion ou de la philosophie personnelle et non de la psychopathologie : « Nous avons vu que la psychothérapie a pris racine dans la médecine, mais qu'à notre époque, elle s'est émancipée. Elle est un témoignage de l'appauvrissement de la foi, au sens de la tradition ecclésiastique, en notre temps. La psychothérapie veut secourir non seulement les névroses, mais la détresse des âmes et l'homme dans son caractère. Elle a un rapport, non de tradition, mais d'esprit, avec la confession, la purification intérieure, la cure d'âme des époques de foi. Ses exigences et ses promesses s'adressent à l'homme en général. Il est difficile de dire ce qu'elle nous réserve » (Jaspers Karl, 1955, p. 42-43).

II - Sujet, éthique

La psychanalyse, qui a longtemps vécu en France dans une relation de dépendance réciproque avec la psychologie clinique et la psychiatrie, a véhiculé un message complexe fait d'observations cliniques, essentiellement anglo-saxonnes et d'une posture philosophique, novatrice à l'époque, valorisant la personne, fidèle en cela à la tradition chrétienne. Elle s'est ensuite appropriée, souvent de manière confuse, la notion philosophique de sujet. Le respect de la personne malade et souffrante, s'il a mis longtemps à se mettre en place d'un point de vue clinique, a été initié en grande partie, du moins en France où les religions sont moins institutionnellement fortes qu'ailleurs, par les associations de malades ou de parents de malades. Ce message est passé, la loi de protection du malade (2002) aussi. Cela a une conséquence : les bonnes pratiques diagnostiques, d'expertise judiciaire et de psychothérapies ne doivent pas être laissées à l'appréciation des seuls cliniciens mais doivent aussi tenir compte des résultats de la recherche scientifique, même si ces derniers peuvent surprendre et choquer les cliniciens ignorant ces réalités par manque de formation continue.

De même la déontologie et l'éthique (O. Bourguignon, 2003) apparaissent dans certains cursus de psychologie clinique. Dans les pratiques actuelles apparaissent d'autres questions dans lesquelles les problèmes éthiques l'emportent sur les problèmes techniques notamment pour les violences et les abus sexuels. De même, lorsque l'on travaille dans des domaines anciens comme la médecine des maladies graves et chroniques, mais aussi plus nouveaux comme le conseil génétique ou les soins palliatifs, la prise en compte de la différence et de la complémentarité entre la technique médicale et psychologique et les questions éthiques confrontent les cliniciens à des problèmes nouveaux et actuellement impossibles à traiter si l'on confond les deux.

III - Pour une renaissance de la psychologie clinique

La psychologie clinique est une discipline composite qui a vécu dans une suite de conflits permanents qui ne sont pas les siens : conflits philosophiques, médicaux, psychanalytiques. Il serait temps qu'elle découvre son existence propre. Pour cela, elle doit abandonner quelques illusions, dont l'unité de paradigme. Si actuellement les psychanalyses sont encore très dominantes en France, il serait dommage que, dans un moment de balancier, la psychologie clinique ne devienne que cognitivo-comportementale, cela nous amènerait à une nouvelle simplification abusive. Le courant éclectique dominant chez les psychologues américains et canadiens nous paraît le plus prometteur car il permet de faire cohabiter chez les enseignants et les professionnels un souci pragmatique qui permet de s'intéresser à des questions ou des problèmes cliniques sans *a priori*, sans réponse toute faite doctrinale. Pour cela, il nous paraît nécessaire d'avoir des relations plus saines et donc plus distantes avec le courant psychanalytique et notamment les nombreux conflits et scissions inhérents à cette discipline. Il est, à ce titre, nécessaire que, dans toute université, l'enseignement de la psychologie clinique ne se limite pas, comme c'est souvent le cas actuellement, à celui de tel courant ou sous-courant d'une psychanalyse en voie de morcellement ou de décomposition, car les étudiants ont droit à la liberté de pensée, de même d'ailleurs que les enseignants.

On peut aisément comprendre qu'il y a toujours eu affrontement dans son histoire entre un naturalisme forcément réductionniste issu de la méthode expérimentale en médecine et en psychologie dont le but est l'action efficace et une attitude holistique essentiellement psychodynamique (phénoménologique, psychanalytique, humaniste) qui regroupe les faits en un tout signifiant. La première manière est de l'ordre du faire « élément masculin », le deuxième est de l'ordre de l'être « élément féminin » (D. W. Winnicott, 1975, p. 112). Ces attitudes ne nous paraissent pas antagonistes mais complémentaires. Cela ne peut bien entendu être compris que dans la mesure où les psychologues cliniciens ont reçu un enseignement de qualité dans lequel ces différents points de vue sont objectivement présentés et réellement maîtrisés.

Une autre illusion dont il est nécessaire de faire le deuil, est celle qui consiste à confondre la recherche scientifique nécessaire pour faire évoluer à moyen terme la spécialité et la pratique clinique dans laquelle les situations abordées sont non seulement réelles, mais complexes. Il n'y a pas de lien de subordination d'une pratique ou d'une autre, même si la recherche reste sur-valorisée dans le cadre universitaire, ce qui est cohérent compte tenu de sa mission. Prendre réellement au sérieux la formation professionnelle suppose que les débouchés soient pris en compte, ce qui est loin d'être le cas actuellement, mais aussi que la formation clinique des psychologues soit développée avec autant d'attention qu'elle peut l'être en recherche.

Il ne sert à rien d'imaginer une discipline se développant sans conflits, sur ce plan la psychologie clinique est inutilement riche. Il semble nécessaire que cette discipline fasse preuve de maturité, ce qui n'est pas encore gagné, en se libérant des conflits qui ne sont pas les siens, en philosophie, en psychiatrie, en neurosciences, en psychologie et en psychanalyse, en utilisant les connaissances issues de la recherche scientifique académique mais aussi des disciplines précitées pour se renouveler. Faute de cela, elle sombrera dans le dogmatisme et l'intolérance. Il n'y a pas une psychologie clinique mais des psychologies cliniques. Certaines font surtout le lien entre le corps, le cerveau et la vie psychique par l'intermédiaire des émotions et des cognitions, d'autres insistent plutôt sur la dimension sociale (familiale et culturelle) des phénomènes observés. La psychopathologie qui est une discipline de recherche, non pragmatique, permet de comprendre, à l'aide des connaissances scientifiques, la complexité des phénomènes observés.

La psychologie clinique française, malgré les passions issues de son histoire, dues au fait que son identité originelle est hétérogène, garde une richesse que l'on ne retrouve pas en Europe. Il serait tragique qu'à un prêt-à-penser essentiellement psychanalytique se substitue une tyrannie cognitivo-comportementale ou un réductionnisme neuropsycho-pharmacologique. L'être humain, pour des raisons éthiques et techniques, doit être pris en compte comme totalité en pratique professionnelle, c'est la définition même de la psychologie clinique. Il est nécessaire par ailleurs qu'un minimum de formation philosophique et anthropologique permette aux psychologues cliniciens de comprendre que leur discipline, notamment les compétences à faire des diagnostics et des psychothérapies, ne soit pas confondue avec l'éthique, la morale et la métaphysique qui sont du ressort de la philosophie et des religions.

LECTURES CONSEILLÉES

Une liste d'ouvrages traite des diverses pratiques de la psychologie clinique : certains s'organisent autour de l'étude de cas (J. Doron, 2001, *La méthode du cas en psychologie clinique et en psychopathologie*) (N. Dumet, J. Ménéchal, 2005, *15 cas cliniques en psychopathologie de l'adulte*) (J.-L. Pédinelli, L. Fernandez, 2005, *L'observation clinique et l'étude de cas*, Armand Colin). D'autres se centrent sur les outils et les pratiques en psychologie clinique (K. Charkaoui, H. Bénony, 2003 ; R. Perron et coll., 1997 ; D. Petot, 2003 ; S. Sultan 2004), d'autres sont centrés sur une perspective psychanalytique (E. Séchaud et coll., 1999). Les ouvrages de W. Huber (1987, 1993), S. Ionescu (1991) et J.-L. Pédinielli (1994, 2005) font un tour d'horizon fort complet des évolutions de la psychologie clinique en Europe et aux États-Unis. Enfin, en ce qui concerne l'histoire même de cette discipline, un ouvrage est incontournable, celui de Claude Prévost (1988, 2003). Il est à la fois court, documenté notamment sur l'histoire, et ouvre sur les évolutions possibles actuelles. La dimension éthique est abordée dans le livre d'O. Bourguignon, *Questions éthiques en psychologie*, 2003.

2 bases théoriques de la psychologie clinique et de la psychopathologie

PAR MONIQUE PLAZA
ET HENRI COHEN

La psychologie clinique s'est constituée vers 1880, à la même époque que la psychopathologie – « étude des maladies mentales » – et, prise en étau entre la psychologie comme « étude scientifique de la vie mentale » et la « clinique » du champ de la médecine, elle traverse depuis sa création des crises récurrentes d'identité.

À l'heure actuelle, la psychologie « clinique » est encore souvent opposée à la psychologie « expérimentale ». La clinique est du côté du soin, de l'individu en souffrance, de la pratique, ce qui explique ses liens étroits avec la psychopathologie. Enseignée dans certaines universités, elle est peu représentée en France dans les instances officielles de recherche (INSERM, CNRS). Les recherches qu'elle initie ont souvent des objectifs appliqués. La psychologie expérimentale, en contraste, est davantage centrée sur la recherche fondamentale et elle ne se préoccupe que depuis peu des applications de ses travaux.

Pendant longtemps, c'est la psychologie clinique qui a étudié les troubles, les dysfonctionnements, la psychopathologie (*pathos* s'enracinant étymologiquement dans la *souffrance*). La psychologie expérimentale ne s'occupait guère des désordres, sources indéniables d'artefacts. Depuis quelques années, la psychologie expérimentale, qui se dit plus volontiers cognitive, s'intéresse aux troubles et aux dysfonctionnements, mais essentiellement pour mettre à l'épreuve des modèles et confirmer des hypothèses de travail concernant le fonctionnement normal. Parfois même, elle a recours à des simulations sur ordinateur pour modéliser certains dysfonctionnements.

Certains chercheurs en psychologie expérimentale rejettent la dimension affective et émotionnelle, assimilant fonctionnement mental et traitement modulaire des informations. Ils conçoivent que les états mentaux sont « réductibles à un nombre restreint de distinctions élémentaires (...), comparables à un système de signes et de symboles organisés dans une combinaison interne, par exemple les formalisations des mathématiciens ou les énoncés des langues naturelles » (Mehler, Dupoux, 1988). Dans un tel modèle théorique, les motivations et les composantes affectives sont considérées comme relevant d'une « psychologie de monsieur tout le monde », une « psychologie spontanée dépourvue de tout fondement » *(ibid.)*. Pourtant, étudier la seule « machinerie cognitive » sans explorer les autres caractéristiques du psychisme humain constitue une démarche scientifique réductrice. Pour paraphraser Damasio, si « l'erreur de Descartes » fut d'accorder une fonction prépondérante au *Cogito*... « Spinoza avait raison » de donner toute sa place à l'émotion dans la cognition (Damasio, 2001, 2003). Il est intéressant de noter que certains tenants de la psychologie expérimentale ont introduit dans leur modèle, à côté de la cognition, le concept de « conation » (Reuchlin, 1990), et reconnaissent l'existence « d'interactions entre les affects et la cognition » (Richard, 1991). Tout un courant de la psychologie cognitive juge indispensable de reprendre l'étude des phénomènes affectifs, en créant de nouveaux paradigmes et de nouvelles méthodes. La psychologie cognitive a d'ailleurs apporté, par rapport au courant behavioriste, une relativisation du concept d'*observable*, qui se trouve tempéré par le concept d'*inférable*. La voie ouverte par ce concept est importante, permettant d'introduire la dimension de l'intentionnalité dans la communication entre locuteurs (Dennett, 1990) et de prendre en compte la « théorie de l'esprit » qui permet d'interpréter les pensées, les désirs et les craintes des autres (Leslie, 1985, 1987 ; Baron-Cohen, 1998).

Entre l'approche clinique et la perspective expérimentale, entre la cognition et l'émotion, entre le fonctionnement normal et la psychopathologie, le fossé n'est cependant pas aussi infranchissable qu'il n'y paraît pour la psychologie.

A - UN POINT D'HISTOIRE

Il est vrai que la psychologie contemporaine s'est constituée à la fin du XIXe siècle en s'affranchissant de la philosophie, en se rapprochant de la physiologie et en revendiquant l'expérimentation comme garant de scientificité. Ainsi, Fechner, Von Helmoltz, Wundt, Galton, Ebbinghaus ont étudié les sensations et les perceptions en laboratoire en utilisant des paradigmes expérimentaux.

Du point de vue de l'enseignement également, l'orientation expérimentale et physiologique a été d'emblée dominante. En 1888, une Chaire de psychologie expérimentale et comparée, créée au Collège de France, fut occupée par Ribot jusqu'en 1901. En 1889, le Laboratoire de Psychologie expérimentale, créé à la Sorbonne, fut dirigé successivement par Beaunis, Binet, Piéron, Piaget, Fraisse. En 1921 s'ouvrit l'Institut de psychologie de l'Université de Paris, à l'initiative de Piéron, pour qui fut créée en 1923 une Chaire de physiologie des sensations au Collège de France. Sous l'influence déterminante de Piéron, la psychologie privilégia le rapprochement avec la physiologie (rappelons que le certificat de psychophysiologie, qui se prépare dans le cadre de la licence, est obligatoire depuis cette période), l'administration de la preuve en laboratoire, et elle rejeta toute forme de « mentalisme » (Reuchlin, 1957).

Lorsque Janet tenta de créer en France une psychologie clinique, autonome de la médecine et de la psychologie expérimentale et amarrée à la psychopathologie, il se heurta à diverses oppositions : son laboratoire de la Salpêtrière fut fermé par Déjerine en 1910 et, en 1912, il fut évincé par Piéron de la direction du laboratoire de psychologie physiologique à la Sorbonne (Prévost, 1973).

D'autres chercheurs comme Wertheimer, Köhler, Koffka tentèrent également de sortir la psychologie du cadre expérimental *stricto sensu* : ils proposèrent à Berlin la Gestalt-théorie (Köhler, 1964) qui mettait en avant le caractère intégré de toute structure, tandis que Binet étudiait les processus intellectuels hors des laboratoires, dans le cadre scolaire, créant voici tout juste cent ans le premier test d'intelligence. Wallon, philosophe et médecin, consacra ses recherches au développement de l'enfant, selon lui influencé par la maturation biologique et le milieu social, et scandé par des crises qui entraînent une réorganisation des structures psychobiologiques. Wallon créa en 1927 le Laboratoire de psychobiologie de l'enfant qu'il dirigea pendant vingt-cinq ans et promut en 1942 le statut de psychologue scolaire (Wallon, 1941).

En 1949, Daniel Lagache – philosophe, psychiatre et psychanalyste – prononça, devant la Société de l'évolution psychiatrique, une conférence intitulée « Psychologie clinique et méthode clinique ». L'enjeu était d'importance : en contrepoint d'une psychologie radicalement expérimentale, il proposait un modèle plus intégratif des processus mentaux. Face à une psychiatrie s'affirmant prépondérante dans l'approche des phénomènes pathologiques, il définissait les contours d'une discipline dotée de ses objets et de ses méthodes propres. À une psychanalyse qui hésitait à se séparer de la médecine, Lagache proposait d'entrer dans la psychologie (Lagache, 1949).

Cet élargissement hors du cadre médical généra en France un conflit institutionnel majeur. En 1951, le Conseil de l'ordre des médecins intenta un procès à une psychanalyste qui n'était pas médecin. Certains psychiatres proposèrent d'intégrer la psychanalyse à la médecine ; d'autres (dont Daniel Lagache, Jacques Lacan, Juliette Favez-Boutonier ou Françoise Dolto) revendiquèrent le principe de « l'analyse laïque » – la « laïcité » étant ici synonyme d'indépendance à l'égard de la médecine (Roudinesco, 1982).

Cependant, contesté par nombre de psychiatres, le projet fédérateur de Lagache fut également vivement mis en cause par le philosophe Georges Canguilhem. Dans une conférence intitulée « Qu'est-ce que la psychologie ? », Canguilhem exprima la crainte que la psychologie ne devienne un « empirisme composite, littérairement codifié aux fins d'enseignement », qu'elle ne mélange « à une philosophie sans rigueur une éthique sans exigence et une médecine sans contrôle », et qu'elle ne fasse sienne « quelque idée de l'homme ». Selon lui, le projet d'unité de la psychologie formulé par Lagache « ressemble davantage à un pacte de coexistence conclu entre professionnels qu'à une essence logique », la psychologie ne gagnant rien à s'affranchir du contrôle épistémologique de la philosophie (Canguilhem, 1966).

Malgré ces diverses critiques, le projet d'une psychologie clinique se maintint. Des questions nouvelles (la criminalité, la délinquance, l'échec scolaire, la psychopathologie des enfants, l'éducation sexuelle) se posaient dans le champ social et ne trouvaient guère de lieu pour être prises en compte et traitées. La psychologie clinique, qui se proposait d'être une approche « totale » de l'individu « en situation » et articulait plusieurs axes théoriques et pratiques, parut pouvoir donner un cadre à ces questions.

L'enseignement de Lagache se poursuivit et se prolongea. En 1959, fut créé à la Sorbonne le premier « Laboratoire de psychologie clinique » sous la direction de Juliette Favez-Boutonier, médecin, philosophe et psychanalyste. Comme Canguilhem, Favez-Boutonier mit en garde la psychologie clinique contre la tentation de l'empirisme et affirma, beaucoup plus clairement que ne l'avait fait Lagache, le danger d'inféoder la psychologie au concept d'adaptation : « Une science du psychisme humain ne peut pas se fonder sur une philosophie déguisée. Si l'on doit se référer à des normes, il faut savoir d'où elles viennent » (Favez-Boutonier, 1959, 1962).

J. Favez-Boutonier, qui définissait la psychologie clinique comme une discipline articulant pratique et recherche, était entrée en 1942 dans un Laboratoire de philosophie du CNRS (sous la direction de Bachelard) et elle s'occupait simultanément d'enfants psychiquement troublés dans le Service du Pr Heuyer. Elle articulait dans son enseignement ces deux versants, théoriques et pratiques, de la psychologie clinique – comme continuent aujourd'hui à le faire les chercheurs cliniciens.

La psychologie clinique était pour Favez-Boutonier « une approche contrôlée de l'homme par l'homme dans une situation d'implication réciproque », ce qui est antinomique de l'approche expérimentale et du dispositif clinique, qui tendent tous deux vers l'objectivation. Mais comment acquérir cette capacité d'implication et en contrôler les effets ? Le cursus universitaire n'y préparant guère, Favez-Boutonier préconisait des formations diverses (groupes Balint, rêve éveillé, psychanalyse), l'acquisition de connaissances sociologiques, culturelles et philosophiques permettant au psychologue clinicien d'élargir son champ de compréhension.

Les années 1960 consacrèrent au plan institutionnel l'éclatement de la psychologie en France. Au CNRS, en 1964, la psychologie qui était jusqu'alors partie prenante des « Sciences humaines » se rattacha aux « Sciences de la vie » et elle développa des paradigmes exclusivement expérimentaux dans les laboratoires. La section des Sciences de la vie du CNRS s'ouvrit progressivement à la psychologie cognitive, aux neurosciences. La clinique devint un domaine repoussé hors des limites de la scientificité institutionnelle. L'année suivante, en 1965, le Laboratoire de psychologie clinique migra de la Sorbonne vers le Centre Censier. Dirigé par Juliette Favez-Boutonier puis par Claude Revault d'Allones, ce laboratoire fut pendant quelques dizaines d'années le point de départ d'un enseignement et d'une recherche diversifiés, intégrant la psychopathologie, la psychologie lewinienne, la phénoménologie, les techniques projectives, la Gestalt-théorie et la psychanalyse.

En 1968, la psychologie clinique fut l'objet de critiques croisées. D'un côté, le psychologue clinicien fut accusé par certains philosophes et sociologues d'être un « agent du contrôle social » (celui que l'on appela sur les bancs des universités le « testeur psychoflic »). De l'autre, le Conseil de l'ordre des médecins indiqua en 1970 que les psychologues sont des auxiliaires médicaux autorisés à administrer des tests que les médecins sont seuls habilités à interpréter, et qu'il leur est interdit de voir des malades, de faire des diagnostics et des psychothérapies : « Il faut qu'il leur soit imposé d'être docteurs en médecine », « le problème sera résolu le jour où ces psychologues seront médecins ». Enfin, la psychologie clinique connut une crise d'identité par rapport à la psychanalyse, parente proche et partenaire de plus en plus hégémonique (Plaza, 1989).

Attaquée sur un flanc par la psychologie expérimentale parce que mettant au centre de son dispositif la notion d'observation et d'observateur impliqués, accusée d'illégitimité par la médecine, reniée par la psychanalyse du fait de la multiplicité de ses références théoriques et pratiques, la psychologie clinique s'ouvrit à de nombreuses questions, s'intéressant aux classes sociales, au genre, aux spécificités culturelles, à l'ennui, aux situations d'enfermement, à l'habitat, à la procréation, au suicide (Huber, 1987 ; Prévost,

1988). Cependant, si cette ouverture était intéressante pour l'enseignement et la recherche, elle ne résolvait guère le problème de la pratique clinique.

En effet, en soumettant à la critique les bases et les fonctions de l'examen psychologique, les psychologues cliniciens furent pris d'une inhibition grandissante à l'idée de faire passer des tests. En rejetant les nosographies où les malades étaient rangés sur un mode botanique, ils s'écartèrent de la psychiatrie et d'une certaine forme de psychopathologie. Il ne restait plus dès lors aux psychologues cliniciens que deux rôles dans le domaine de la santé : celui de modérateur dans les institutions et celui de psychothérapeute, avec le passage alors quasiment obligé par la psychanalyse. Depuis quelques années, le divan psychanalytique n'est plus cependant aussi exclusif, puisque l'on a vu apparaître des formations aux thérapies cognitives ou comportementalistes, en France, la plupart du temps dispensées hors des universités.

Au début des années 1980, les enseignants, chercheurs, chercheurs praticiens qui défendaient la psychologie clinique conférèrent deux fonctions principales au psychologue clinicien. Pour les uns, comme Jacques Gagey (1980), celle de psychothérapeute (formé à la psychanalyse) ; pour d'autres, comme Perron, Perron-Borelli (1970) ou Guillaumin (1977), celle de spécialiste de l'examen psychologique. Ces derniers soulignèrent l'impasse dans laquelle s'enferment les psychologues cliniciens lorsqu'ils refusent de répondre à une demande d'examen et de diagnostic. La psychologie clinique se doit d'avoir une approche critique de ses outils, de sa démarche, de ses fondements.

L'évolution du statut et de la profession de psychologue contribua à mieux définir ses attributions et son champ de compétences. La première mission du psychologue clinicien est la participation à l'approche diagnostique, la seconde est la prise en charge des patients.

B - PSYCHOLOGIE CLINIQUE ET DÉMARCHE DIAGNOSTIQUE

Sa dépendance à l'égard de la psychanalyse, son refus de pratiquer des tests ont conduit une partie de la psychologie clinique française à adopter une conception purement psychoaffective des troubles. Se défiant des approches jugées « objectivantes », toute une génération de psychologues cliniciens a négligé un concept fondamental : celui de diagnostic différentiel, appliquant à tous les troubles le même type d'approche théorique et thérapeutique. Or la psychologie clinique a des atouts pour participer au diagnostic en articulant rigueur et complexité.

I - La pratique nuancée des tests

Prenons comme premier exemple les tâches, tests et épreuves qui permettent une objectivation (mesure des moyennes et écarts types) de certaines capacités cognitives, linguistiques, perceptives ou émotionnelles des enfants. Il est indispensable de recourir à ces outils, correspondant à des registres que l'on souhaite explorer et objectiver, mais sans être tributaire d'un mode d'interprétation trop réducteur. Ainsi, la plupart des tests dits projectifs ou de personnalité ont été élaborés avec une grille d'interprétation de type psychanalytique, qui ne permet pas d'analyser finement l'expérience de l'enfant. Ces tests se centrent en effet sur certaines dimensions symboliques (les imagos paternelle et maternelle, les expériences d'Œdipe et de castration, l'identification sexuelle, les jalousies et rivalités fraternelles) et non sur les mécanismes psychiques que l'enfant met en œuvre pour organiser son expérience et lui donner un sens. On peut cependant utiliser certaines de ces épreuves (comme le test de *Rorschach*) pour analyser par exemple le mode de structuration visuelle d'un enfant.

La question que se pose le clinicien – au-delà de l'évaluation indispensable des performances et compétences – est de savoir quel sens l'enfant donne à ces tâches, comment il se représente la situation qui lui est proposée, et comment il module sa réponse en fonction de ce qu'il en imagine. Comme le soulignait Reuchlin, la psychologie expérimentale du développement n'a pas tenu compte pendant longtemps des différences individuelles entre les sujets de ses études et elle a écarté des salles d'expérience les enfants qui s'agitaient et pleuraient, bouleversant l'agencement des moyennes et étendant à l'infini les marges des écarts types (Reuchlin, 1990). Le psychologue clinicien doit, pour sa part, être attentif à la façon dont l'enfant réalise les tâches proposées : en situation d'examen, les scores du sujet peuvent en effet être infléchis par l'inattention, l'absence de motivation, la peur de l'échec, l'agitation. La réticence d'un enfant, son inhibition, son silence ou son mutisme, l'absence de sourire, son agitation, son impatience, son inattention, ses ruptures de contact, la fuite de son regard, ses pleurs, ses colères, son apparente désinvolture, sont des comportements que le clinicien peut recueillir, codifier et introduire dans son observation, à côté des résultats aux épreuves cognitives, projectives ou langagières. La modification des comportements au cours d'une même séance, ou dans le temps, est également un élément d'observation pertinent.

Les questionnaires sont des techniques qui tentent de recueillir, sur un mode quantitatif, des données qualitatives. Sont-ils pour autant des outils complètement objectifs et rigoureux, notamment lorsqu'ils touchent les domaines de l'émotion, des aspirations, de l'affectivité ? En effet, le sujet questionné répond en fonction de ce qu'il interprète et de ce qu'il veut communiquer de la situation. Un questionnaire rempli par des parents sur leur enfant ne donne pas une description des enfants, mais une image des enfants, dans le cercle familial, image plus ou moins déformée, plus ou moins floue, selon le type d'interactions parents/enfants, et selon la représentation que les parents ont de leur enfant. Tâches et questionnaires mettent donc en jeu des éléments dont l'approche clinique peut contribuer à évaluer le poids (Plaza, 1996).

II - Dysfonctionnements élémentaires, troubles complexes

Il est nécessaire de considérer les troubles et dysfonctionnements comme des modes d'organisation complexes, et non comme de « purs » désordres psychoaffectifs. En effet, l'essor conjoint de la psycholinguistique, de la neuropsychologie, des sciences cognitives et des techniques d'imagerie cérébrale a permis ces vingt dernières années le développement de nouveaux modèles dans le domaine de nombreux troubles qui relevaient classiquement de l'axiomatique psychiatrique. Or la mise en évidence de perturbations affectant certains mécanismes élémentaires – le traitement visuel des enfants autistes, par exemple (Mottron, 1998) – permet de mieux comprendre certains de leurs comportements.

Les enfants psychotiques présentent des moments d'absence et d'apparent désintérêt, ils peuvent s'automutiler comme s'ils ne sentaient rien. Pourtant, des expériences évaluant leurs réactions psycho-galvaniques montrent que leur seuil de sensibilité est extrêmement élevé (ils réagissent très fortement à des stimuli très ténus, de l'ordre de la caresse légère) qui contraste avec leur comportement d'apparente insensibilité à la douleur. Si l'on ignore ce que cache cette apparente insensibilité, on peut y répondre lors des consultations par des feedbacks qui augmentent la douleur et le profond sentiment d'insécurité de ces enfants. Le psychologue clinicien qui participe au diagnostic différentiel doit toujours avoir à l'esprit ces hypothèses de travail lorsqu'il est amené à tester un enfant qui présente des troubles complexes, et ne pas hésiter à exprimer son incertitude en demandant que soient pratiquées des explorations complémentaires dans des domaines qui ne sont pas de son ressort direct mais dont il doit connaître la fonction (électroencéphalogrammes, exploration de la vision, de l'audition...).

III - L'analyse des interactions et des feedbacks dans l'anamnèse

Il est important lors de l'établissement de l'anamnèse de tenir compte des éléments relevant de l'interaction et des modalités de feedbacks. Le terme de feedback, employé originellement en cybernétique, désigne « l'action de contrôle en retour ». Il apporte à la psychologie clinique et à la psychopathologie deux dimensions que les théories psychanalytiques et psychodynamiques ont parfois négligées : celle des interactions réciproques adultes/enfants et celle des compétences précoces des nourrissons.

Les expériences menées avec des femmes enceintes montrent que le fœtus, dont le système auditif est quasiment mature dès l'âge de 24 semaines, réagit par des accélérations ou des décélérations du rythme cardiaque à certains changements acoustiques qui semblent infimes, comme l'ordre de présentation de deux syllabes entendues par la femme enceinte : « biba » n'est pas « babi » (Lecanuet *et al.*, 1987). Probablement perçoit-il également les bouleversements somatiques et psychologiques que ressent la femme qui le porte. De façon parallèle, la femme enceinte réagit par différents affects, sentiments et réactions physiologiques aux sensations qui traversent son corps durant la grossesse, aux mouvements du fœtus et aux événements heureux ou malheureux de sa vie. On peut donc supposer que dès la grossesse, un système de feedback positif et négatif se met en place, système qui va donner une certaine tonalité aux premiers échanges entre l'enfant nouveau-né et son environnement.

Dès le premier jour de vie, l'humain est pour le bébé un « stimulus » privilégié (au sens positif de « personne qui intéresse » et non pas seulement « d'objet qui capte l'attention »). En effet, la distinction entre personne et objet est très précoce. Progressivement, le bébé développe des préférences visuelles : cibles en mouvement, colorées, à configuration complexe et à luminosité moyenne, aux contours curvilignes plutôt qu'à angles droits, lignes verticales plutôt qu'horizontales, figures asymétriques plutôt que symétriques, cibles comportant de gros éléments ou beaucoup d'éléments. Il manifeste très tôt une préférence visuelle pour le visage de sa mère, sauf si ce dernier est entouré de façon inhabituelle par une capuche ou coiffé d'un bonnet. La réaction de distance qu'il manifeste envers la personne étrangère n'est pas une résistance, mais sans doute un moyen de se familiariser de façon progressive avec l'autre, d'intégrer l'extrême diversité des autres. Le bébé a également des préférences auditives : il semble plus attentif à sa langue maternelle qu'aux autres langues, il est plus sensible aux paroles qui lui sont adressées qu'à celles qui ne lui sont pas destinées. Enfin, il a des préférences gustatives et olfactives : il « goûte » par exemple le lait maternel, il reconnaît les odeurs de la mère ou du tenant lieu de mère (de Schoenen et Livet, 1999 ; Streri, 1999 ; Lécuyer *et al.*, 1994 et 1996).

Les relations dyadiques précoces sont complexes et influencent fortement le devenir de l'enfant, qui y joue une part active. Il devient le partenaire d'une série d'échanges qui sont à la base de son développement social ultérieur. Ainsi, il ajuste peu à peu ses rythmes biologiques à ceux de son entourage (état de veille et de sommeil, allaitement avec alternance de succions et de pauses, régulée par chacun des partenaires). Les partenaires de l'échange mettent en place des interactions face à face fondées sur le regard, les expressions faciales, les vocalisations, le toucher. L'enfant acquiert de plus en plus de compétence pour réguler l'interaction, il devient un partenaire émetteur et destinataire de la communication, communication qui, selon Stern, a pour principale fonction d'établir et de réguler un « accordage affectif » entre l'enfant et ses proches (Stern, 1989).

Le psychologue clinicien doit être très attentif à ces éléments lorsqu'il établit l'histoire d'un enfant. Il est en effet important qu'il n'impute pas *a priori* les difficultés de l'interaction enfants/parents aux seuls parents et qu'il soit attentif au type de feedback précoce apporté ou non par l'enfant.

Emma était une petite fille atteinte d'une grave psychose : elle présentait une absence de parole et de langage, un retard moteur massif, un trouble sévère des interactions sociales. Ses interlocuteurs privilégiés étaient des animaux familiers qu'elle cherchait à imiter et auxquels elle s'identifiait (elle se traînait à quatre pattes et jappait comme son chien). La maman d'Emma avait déjà un grand fils et se pensait « infertile » lorsqu'elle apprit qu'elle était enceinte. Ce fut d'abord une surprise un peu contrariante (son mari et elle se sentaient un peu « âgés »), puis une joie lorsqu'une petite fille naquit. La maman d'Emma se remémorait les premiers mois de l'interaction avec l'enfant avec un grand sentiment de culpabilité : il lui était souvent arrivé, lorsqu'elle nourrissait le bébé (ce qui lui prenait beaucoup de temps) de s'endormir, à tel point qu'elle avait failli un jour laisser le nourrisson tomber par terre. Elle se voyait comme une mère incapable de porter son enfant, une « mauvaise » mère dépourvue de « préoccupation maternelle précoce » selon l'expression de Winnicott. Or Emma avait été un bébé très atone, toujours assoupi, qui ne tétait pas, qui ne criait jamais, qui ne cherchait pas le regard de l'adulte penché au-dessus d'elle et qu'il fallait sans cesse stimuler. Ce petit bébé endormi, absent, passif, ne parvenait pas à communiquer avec sa mère, contribuant probablement à générer chez cette dernière un état de somnolence, d'absence.

Cependant, si l'enfant est coacteur de l'accordage, il est aussi dans un état de dépendance objectif à l'égard des adultes. Un élément est fondamental dans le développement de l'enfant : c'est la mise en place de la communication référentielle, qui permet d'échanger avec une personne à propos d'un élément extérieur à la dyade. Elle commence à la fin de la première année et va occuper la seconde année, période au cours de laquelle apparaissent les premiers mots. Elle se manifeste par l'attention visuelle conjointe et le geste de désignation. Au début, ces pratiques sont initiées par l'adulte, l'enfant pouvant exclusivement porter son attention sur ce qui est dans son champ de perception. Ensuite, l'enfant pourra s'intéresser lui-même à l'objet de l'attention de l'adulte. De la même façon, devant une situation ambiguë, l'enfant recourt à une autre personne comme source d'information et il agit ensuite en fonction de l'appréciation positive ou négative que cette personne a donnée de la situation (Ricard *et al.*, 1999). C'est dire à quel point les interactions et les feedbacks proposés par l'environnement aident l'enfant à trouver ses points de repère pour regarder, écouter et comprendre le monde autour de lui.

Les modalités d'attachement développées par l'entourage peuvent cependant être très variables. Certaines peuvent être dominées par la sécurité, d'autres par l'anxiété et l'évitement, d'autres par la désorganisation. Si l'on suit la classification de Lautrey (1980) les familles se répartissent en trois catégories. Le type « souple » propose des règles stables pour certaines activités (repas, sommeil, devoirs) tout en s'adaptant aux circonstances. Le type « rigide » ne déroge jamais aux règles. Le type « à structuration faible » ne propose pas de règles. Dans ce type de modèle, la structuration familiale la plus favorable au développement de l'enfant serait (du moins dans certaines cultures) la structure souple. Interviennent également la cohésion au sein du groupe familial et l'ouverture sur le groupe social large, les idées que les parents se font du développement et de l'éducation, les réseaux sociaux où sont insérés les enfants. De plus, intervient évidemment l'environnement physique proximal : espace disponible, bruits plus ou moins intenses, absence, présence ou pléthore de jouets, mode d'investissement que les adultes ont de l'espace. Certains chercheurs ont identifié comme facteurs déterminants d'un attachement sécurisant : l'attention de l'adulte aux signaux émis par l'enfant ; l'interprétation adéquate de ces signaux ; la production d'une réponse appropriée et une capacité à la fois de contrôle et de compromis dans les relations mutuelles. Lorsque ces éléments facteurs de sécurité font défaut, l'enfant peut réagir de diverses façons en fonction de son tempérament, de ses ressources cognitives, de sa maturité, c'est-à-dire de sa personnalité propre. Il peut par exemple crier jusqu'à ce qu'il obtienne une réponse adéquate, ou bien se replier sur lui-même (Tourrette, 1999).

Le fonctionnement et l'importance de l'interaction face à face sont illustrés par diverses expériences visant à observer les réactions que provoque chez l'enfant la modification de l'interaction normale : ainsi, l'interruption subite d'un échange ou le refus de l'interaction de la part de l'adulte par la présentation d'un visage « impassible » entraînent chez l'enfant des réactions diverses, de l'ordre de la détresse, de la confusion ou du désintérêt. Ces réactions de l'enfant montrent qu'il est attentif au comportement des adultes et aussi qu'il maîtrise certaines des règles concernant leurs échanges. Tout se passe comme s'il s'attendait à ce que l'adulte réponde de manière cohérente et active à ses propres conduites (Mercelli et Catheline, 1999). Ces expériences « frustrantes » reflètent ce qui est susceptible de se passer pour un enfant qui subit de façon répétée les effets de la pathologie de son entourage. Les feedbacks négatifs peuvent prendre la forme de réponses inadéquates, de violence symbolique ou physique qui sont susceptibles de générer, chez un jeune enfant dépendant, des difficultés de compréhension, des errances de décryptage des situations et des formes de perdition psychique.

Les psychologues cliniciens sont généralement attentifs à ces différentes formes négatives d'interaction. Mais ils doivent se souvenir que chaque être humain peut développer des capacités de résistance, de résilience, face à des systèmes de feedbacks familiaux extrêmement négatifs. Cela est possible parce que les interactions d'un enfant ne se nouent pas avec un seul mais avec plusieurs adultes, et qu'il développe ses compétences sociales, cognitives et langagières à travers les comportements d'imitation et de communication avec les autres enfants (Nadel, 1986). Tout enfant peut faire de « bonnes rencontres » qui lui apportent des feedbacks positifs et lui permettent de trouver des étayages et d'édifier des repères narcissiques suffisants. Mais cela n'est possible que s'il dispose de ressources cognitives et psychoaffectives suffisantes et s'il ne souffre pas d'une maladie neurologique, d'un handicap cognitif ou sensoriel sévère qui entraîneraient chez lui fragilité et vulnérabilité.

Ainsi, lorsqu'un enfant souffre de troubles profonds de langage et de parole, il peut se répéter pour se faire comprendre, utiliser les gestes et le regard ou bien s'enfermer dans un mutisme profond auquel l'adulte peut réagir en encourageant l'enfant, en reformulant ses propos pour montrer qu'il a compris le message (feedback positif) ou en se désintéressant de lui (feedback négatif). Le ressenti de l'enfant, son rapport à des difficultés, sa représentation de lui-même sont évidemment fonction de sa personnalité et du type de feedback qu'il a reçu.

IV - La notion de psychopathologie secondaire

La notion de psychopathologie secondaire est une notion opératoire particulièrement pertinente dans le cadre des troubles d'apprentissage. Elle permet de rendre compte des souffrances de l'enfant confronté à un échec, souffrances qui s'inscrivent certes dans l'histoire de l'enfant, mais qui sont surtout réactionnelles à ses difficultés.

Sophie, âgée de 8 ans 9 mois, bénéficiait depuis un an d'une rééducation orthophonique pour un trouble sévère de la lecture lorsqu'elle souffrit de malaises spectaculaires, avec pertes de connaissance, qui entraînèrent une hospitalisation. Après le diagnostic d'un « malaise vagal », il fut décidé de procéder à de nouveaux bilans psychologiques. Lors de la première consultation psychologique, Sophie se présenta comme une petite fille très inhibée, avec un visage triste et pâle. Cette petite fille intelligente et perfectionniste ne pouvait apprendre à lire, plongeant dans la perplexité et l'impuissance totale l'orthophoniste qui tentait de l'aider. Depuis plusieurs mois, l'enfant n'avait fait aucun progrès. Sophie ne connaissait pas toutes les correspondances entre les phonèmes et les graphèmes, elle peinait pour associer une voyelle et une consonne, et elle ne reconnaissait globalement qu'un petit nombre de mots. Elle était convaincue d'être sotte et anormale, ne comprenant pas pourquoi, en dépit de l'aide attentive de son institutrice, de ses parents et de l'orthophoniste, elle n'arrivait pas à acquérir une compétence somme toute banale. L'enfant souffrait d'un profond sentiment de dévalorisation, elle avait perdu toute estime de soi et s'enfonçait dans une forme de dépression.

Lors de consultations diagnostiques régulières, la psychologue et Sophie cherchèrent à comprendre « comment elle s'y prenait pour lire ». L'enfant présentait un trouble dyslexique de type phonologique, elle n'utilisait pas la médiation phonologique, elle identifiait les mots sur un mode plutôt logographique. Elle bénéficia alors de toutes sortes de tests cognitifs et d'épreuves linguistiques, dont tous les résultat lui furent communiqués, ainsi qu'à ses parents. Sophie comprit qu'elle n'était ni sotte ni anormale : elle avait une difficulté d'apprentissage, dont un certain nombre d'autres enfants souffraient. L'orthophoniste essaya une nouvelle méthode plus interactive, et Sophie réamorça très activement ses processus d'apprentissage de la lecture, ce qui lui permit de progresser. Les consultations psychologiques cessèrent lorsque Sophie annonça, rayonnante, qu'elle avait commencé à écrire son journal secret.

La question était de savoir pourquoi l'apprentissage de la lecture de Sophie s'était totalement interrompu pendant plus d'une année et comment l'enfant avait repris son processus d'apprentissage et acquis certaines procédures de décodage qui lui faisaient au départ totalement défaut. Le suivi diagnostique prolongé permit de comprendre que Sophie recourait à des procédures métacognitives pour compenser ses difficultés d'apprentissage, mais que ces procédures compensatoires, permettant de pallier certains déficits localisés, avaient été à un certain moment inhibées par des processus psychopathologiques. La levée de cette inhibition avait permis à l'enfant d'aménager son apprentissage en dépit de déficits cognitifs persistants (Plaza, 1995).

C - PSYCHOLOGIE CLINIQUE ET PSYCHOPATHOLOGIE

Les liens entre psychologie clinique et psychanalyse sont restés très forts en France, alors que la médecine, la psychologie expérimentale et la psychologie cognitive ont développé d'autres approches théoriques et thérapeutiques. Or, le rôle du psychologue clinicien étant de contribuer au diagnostic et à la prise en charge des troubles psychopathologiques, il ne peut, pour des raisons déontologiques et théoriques, ignorer les différentes conceptions et les différentes approches de la psychopathologie.

Les interrogations sur l'origine des normes et sur ce qu'est le comportement « inadapté » sont fondamentales pour toute approche diagnostique. Un grand nombre de comportements que nous considérons comme anormaux reflètent en fait la grande variabilité des conduites humaines ; les conduites rares et singulières ne doivent donc pas être considérées comme relevant de la psychopathologie. Le *Manuel diagnostique et statistique des troubles mentaux (Diagnostic and Statistical Manual of Mental Disorders ; DSM-IV)* définit le désordre mental comme une perturbation cliniquement significative qui survient chez un individu, qui est associée « à une détresse, une incapacité ou un risque significativement accru de mort, de souffrance, d'impuissance ou d'une importante perte de liberté » et qui est « la manifestation d'un dysfonctionnement comportemental, psychologique ou biologique inhérente à l'individu. Ni les comportements déviants, ni les conflits entre l'individu et la société ne constituent des troubles mentaux, à moins que la déviance ou le conflit ne soient le symptôme d'une dysfonction propre à l'individu » (APA, 1994). Comme le soulignait Stoller (1984), la perversion se définit comme un mouvement de destruction dont l'autre est l'objet. Elle n'est pas assimilable aux conduites sexuelles dites déviantes : elle s'appréhende comme une intentionnalité destructrice qui peut prendre la figure du racisme, de la misogynie, de la petite tyrannie quotidienne, ou bien exploser dans le meurtre (Plaza, 1990).

La psychopathologie est un domaine traversé par de nombreuses controverses : ses spécialistes ne s'accordent pas sur le diagnostic des troubles mentaux, leurs causes, leurs conséquences, leurs traitements. Certains par exemple considèrent la schizophrénie et l'autisme comme des maladies d'origine génétique et cérébrale, d'autres comme des troubles psychoaffectifs précoces. Certains tentent de guérir les troubles anxieux par la pharmacologie, alors que d'autres travaillent sur les éléments psychogènes. Les écoles de psychothérapie sont extrêmement diverses, reposant sur des conceptions parfois opposées.

Un recensement des approches thérapeutiques réalisé voici une dizaine d'années montre qu'il existe plus de 400 écoles de psychothérapie pour les adultes et 200 pour les enfants (Kazdin, 1994) qui se regroupent en quatre modèles officiels : 1 / le modèle biomédical ; 2 / le modèle psychanalytique (et l'approche psychodynamique qui en a découlé) ; 3 / le modèle environnementaliste, qui comprend l'approche comportementale, l'approche cognitive et les théories systémiques, et 4 / le modèle humaniste.

I - Le modèle biomédical

L'approche biomédicale est née vers la fin du XVIIIe siècle. Grâce aux autopsies réalisées sur des personnes ayant souffert de troubles mentaux, les médecins mirent en relation certains troubles psychiques et des perturbations biologiques affectant le système nerveux. L'infection syphilitique fournit un modèle neurobiologique : les personnes atteintes présentaient des manifestations de manie, d'euphorie et de délire de grandeur, symptômes qui précédaient une détérioration démentielle du fonctionnement cérébral, une paralysie et la mort. Les recherches sur cette maladie démontrèrent les liens étroits qui peuvent exister entre une atteinte infectieuse, des perturbations biologiques, la dégénérescence des tissus nerveux et l'apparition de troubles mentaux.

Bien que l'étiologie de la plupart des pathologies psychiques n'apparaisse pas toujours de manière aussi évidente, l'existence d'interactions entre dérèglement physiologique et dérèglement mental encouragea la création d'un modèle biomédical de l'anormalité, qui ne cesse de se développer avec l'avancée des neurosciences et de la génétique.

Les nouvelles techniques d'imagerie cérébrale, telles que la tomographie informatisée (CT), l'imagerie par résonance magnétique (IRM), la tomographie par émission de positons (TEP) et la tomographie informatisée par émission de photon unique (SPECT), permettent de mettre en évidence des anomalies cérébrales (par exemple l'anévrisme, les tumeurs) susceptibles d'expliquer certains symptômes ou syndromes spécifiques. Ainsi, l'imagerie cérébrale a permis de mettre en corrélation le déclin cognitif observé chez les patients atteints de la maladie d'Alzheimer à une atrophie corticale progressive (dans les lobes frontaux, temporaux et pariétaux) ainsi qu'à une atteinte sous-corticale (dans le noyau basal de Meynert). Ces techniques ont également permis de montrer les relations existant entre l'amnésie, les affabulations et les déficits des fonctions intellectuelles présents dans le syndrome de Korsakoff et des lésions au niveau des noyaux dorsomédians du thalamus, des formations hippocampiques, des noyaux amygdaliens et des corps mamillaires secondaires à une déficience en thiamine (Courtois, 1991).

Le modèle biomédical conçoit que le système nerveux contrôle tous les comportements cognitifs, émotionnels et moteurs. Ainsi, les comportements déviants et les troubles de la pensée seraient liés à des altérations chimiques ou anatomiques du cerveau. Ces modifications du fonctionnement neuronal peuvent être déclenchées ou maintenues par des facteurs biologiques – déséquilibre hormonal, anomalie congénitale, vieillissement – mais également par des conditions externes – événement traumatique, accident, drogue, abus de médication. Les troubles de l'attention, l'incapacité à s'adapter à de nouvelles situations ou la dépression sont conçus comme des déséquilibres somatiques. Des traitements biologiques (principalement pharmacologiques) sont proposés aux patients afin de réguler le fonctionnement du système nerveux et normaliser les émotions et les conduites.

Au plan neuro-anatomique, dans la mesure où le système nerveux central se divise en plusieurs parties impliquées dans des processus aussi spécifiques que la respiration, le tonus musculaire, la vigilance, le langage, l'attention, la mémoire, les capacités visuo-spatiales, toute atteinte (tumorale, infectieuse, traumatique) de l'une de ces régions est susceptible d'entraîner des perturbations comportementales et psychologiques variées.

Au niveau neurochimique, chacun des réseaux formés par les différents neurotransmetteurs sous-tend des fonctions spécifiques (acétylcholine et apprentissage et mémorisation ; noradrénaline et processus d'attention, d'éveil, de cycles veille et sommeil ; système dopaminergique et initiation et déclenchement de réponses motrices (Bear, Connors et Paradiso, 1997). On peut donc concevoir que des perturbations de la communication neuronale puissent générer des troubles psychiques. Dans cette perspective, certains symptômes dépressifs, agressifs ou suicidaires seraient liés à un faible métabolisme de la sérotonine (Poirier-Littre, 1990), alors que les déficits psychomoteurs et cognitifs de la schizophrénie seraient liés à des excès dopaminergiques (Moore, West et Grace, 1999).

Au plan génétique, l'ADN procure un code génétique unique, régulant la mise en place de chacune des cellules des structures corporelles durant le développement prénatal et s'assure du fonctionnement et du maintien des circuits neuronaux qui sous-tendent tous les aspects de la conduite. En conséquence, une anomalie ou la mutation d'un gène ou du segment d'un gène serait susceptible d'augmenter la vulnérabilité d'un individu à une pathologie.

Cependant, le fonctionnement du cerveau – dont le psychologue clinicien se doit d'avoir une connaissance basique – est plus complexe et interconnecté que la neurologie ne l'a d'abord supposé (Houdé *et al.*, 2002). Non seulement tous les comportements « adaptés » et « inadaptés » impliquent l'interaction de divers neurotransmetteurs (Depue et Zald, 1993), mais on sait que des conditions psychologiques et environnementales peuvent influencer l'activité neurochimique, activer ou rendre silencieuse l'expression d'un gène, favoriser les mécanismes de la connectivité et de la plasticité cérébrale, et ainsi permettre ou éviter l'éclosion d'un trouble. Les techniques d'imagerie cérébrale sont très intéressantes dans l'expertise qu'elles apportent au diagnostic différentiel, même si l'on sait qu'il existe des dissociations : un trouble cognitif ou mental peut n'être lié à aucune neuropathologie et une atteinte neurologique peut ne s'accompagner d'aucune manifestation psychopathologique.

Les thérapies biomédicales abordent les troubles mentaux par analogie avec les maladies somatiques. Il s'agit de modifier l'expérience psychologique au moyen d'interventions physiologiques. Après avoir établi le diagnostic en se fondant sur les dires du patient, de l'entourage, sur l'observation des symptômes et sur l'anamnèse, le praticien prescrit un traitement biomédical dont il assure le suivi. Ce traitement peut consister en médicaments psychotropes, en électro-convulsivothérapie (dans les cas les plus réfractaires) – la psychochirurgie la plus radicale (lobotomie) ayant été abandonnée après avoir fait l'objet de vives et pertinentes critiques.

Si le modèle biomédical explique la psychopathologie en termes d'atteinte organique, principalement du système nerveux, plusieurs troubles mentaux surviennent sans raison physiologique apparente. Pour les comprendre, il est nécessaire de considérer l'influence des composantes émotionnelles, motivationnelles, socioculturelles. À ce niveau, certains modèles de la psychologie clinique éclairent ces troubles sous un autre angle.

II - Le modèle psychanalytique

Durant le XIXe siècle et le début du XXe siècle, l'hystérie devint le modèle princeps de la psychopathologie. Freud et Breuer, tous deux neurologues, avaient d'abord utilisé l'hypnose afin de traiter l'hystérie. Le cas de Bertha Pappenheim, mieux connue sous le pseudonyme d'Anna O., permit le développement d'une nouvelle psychopathologie. Anna O. présentait plusieurs symptômes hystériques sévères (mutisme, paralysie, surdité, troubles de la vision, hallucinations) sans atteinte organique apparente. Les séances d'hypnose de Breuer amenèrent la patiente à verbaliser des expériences traumatiques qui suscitaient de fortes réponses émotionnelles. Le fait de vivre sous hypnose des événements non accessibles à la conscience – donc considérés comme refoulés – atténua les symptômes de la patiente, qui trouva elle-même l'expression « ramonage de cheminée » pour désigner son traitement, dénommé « catharsis » par Breuer.

Freud adopta l'hypnose pendant un certain temps, mais il comprit rapidement les limites de cette méthode. Il encouragea les patients à parler sans contrainte de tout ce qui leur venait à l'esprit, afin de donner libre cours à leurs sentiments, motivations et autres aspects inconscients de leur vie mentale. Cette méthode des associations libres devint la pierre angulaire du traitement psychanalytique, permettant au sujet de mettre en correspondance des représentations et des affects qui avaient été déliés et ainsi d'abréagir des souvenirs refoulés et pourtant actifs. Le support de cette méthode, psychiquement (et économiquement) coûteuse pour le patient, était la relation affective singulière (transférentielle) qu'il nouait avec son thérapeute (ce dont Breuer n'avait pu assumer les effets chez Anna O.). Pour mieux comprendre les problèmes émotionnels, Freud analysa également les rêves, les lapsus et les actes manqués, qu'il considéra comme des expressions de l'inconscient. Puis il construisit un modèle de plus en plus complexe et de plus en plus large de la personnalité (dans la première et la seconde topiques). Et bien que Freud fût neurologue et gardât toute sa vie la conviction que de nombreux processus mentaux pourraient faire l'objet, un jour ou l'autre, d'une description physiologique, la psychanalyse développa une approche non expérimentale et non physiologique, d'abord fondée sur la psychopathologie, l'expérience clinique et médicale, puis s'élargissant à toutes les dimensions de la vie psychique, sociale et culturelle.

Plusieurs contemporains de Freud ne partageaient pas ses conceptions de la sexualité comme fondement du développement normal et des névroses et critiquèrent l'importance que Freud accordait à la dimension fantasmatique au détriment de l'expérience psychosociale. Jung développa le concept d'« inconscient collectif », mettant en jeu des archétypes, et Adler mit l'accent sur le « complexe d'infériorité » contre lequel l'individu lutte toute sa vie durant. Karen Horney et Harry Stack Sullivan soulignèrent l'importance du contexte social dans l'émergence de problèmes psychologiques et l'influence de la relation parent-enfant dans la détermination des relations interpersonnelles de l'adulte. La théorie des relations objectales (Fairbairn, Winnicott, Melanie Klein, Margaret Mahler) souligna l'importance des processus d'introjection des figures symboliques (qui sont fondateurs de l'identité de l'enfant mais peuvent être aussi source de dysfonctionnements en cas de défaillance parentale) et du processus de séparation/individuation. Alors que Freud mettait l'accent sur l'influence du « ça » dans l'émergence de conflits intra-psychiques, certains théoriciens de « l'Ego psychologie » (dont Hartmann ou Anna Freud) analysèrent la façon dont le « moi » accomplit ses fonctions. Cette « psychologie du moi », bien que tenant compte des motivations inconscientes, attribua une place prépondérante aux éléments conscients de la personnalité. Le moi y était vu comme une structure indépendante, jouant un rôle dans la perception, la mémoire et la réflexion, et s'investissant dans un processus d'adaptation afin de favoriser l'équilibre entre la personne et l'environnement.

La théorie de l'attachement de John Bowlby accorda aux relations étroites entre parents et enfants une place centrale dans le développement. Selon Bowlby, le besoin de relations étroites est un trait humain naturel, nécessaire au fonctionnement normal et possédant même une valeur de survie (Bowlby, 1978).

Les modifications apportées à la théorie psychanalytique firent varier les techniques de traitement. Par exemple, les analystes du moi orientent davantage le processus thérapeutique sur l'exploration du moi, en amenant les patients à analyser l'influence de leurs mécanismes de défense sur les conflits interpersonnels. Les thérapeutes des relations objectales aident les personnes à séparer leurs propres valeurs et sentiments des éléments qu'elles ont empruntés aux autres. Ils utilisent leur relation thérapeutique avec le patient comme outil pour comprendre et traiter les difficultés psychologiques découlant de traumatismes lointains ou de relations infantiles non structurantes. Ils donnent ainsi à la personne une occasion de bâtir des relations plus harmonieuses.

La thérapie psychodynamique présente plusieurs similitudes avec la psychanalyse : elle s'intéresse au dynamisme interne de la personne et elle laisse le patient choisir à son rythme les problématiques qu'il désire aborder. Elle est cependant plus brève, elle est davantage axée sur ce qui a trait aux relations présentes et elle s'appuie sur un dispositif différent : le thérapeute est assis face au patient et il est plus interactif dans le processus de traitement. Par ailleurs, tout comme la thérapie psychanalytique freudienne, les thérapies psychodynamiques ont fait l'objet de certaines critiques : par exemple, la fin de la thérapie consisterait en une adhésion/aliénation au système de croyances du clinicien. Cependant, quel que soit leur caractère interprétatif, les conceptualisations apportées par la relation thérapeutique peuvent donner à l'individu des notions plus positives de lui-même et l'aider à affronter ses difficultés.

III - Le modèle béhavioriste

La psychologie expérimentale, loin d'expliquer les actions par l'influence d'éléments inconscients, a établi des lois d'apprentissage dans des laboratoires de recherche. Watson (reprenant en partie les travaux de Pavlov sur le réflexe conditionné) et Skinner ont tenté de substituer une psychologie du comportement à une psychologie introspective (Watson et Rayner, 1920 ; Skinner, 1953). Watson se proposait de promouvoir la psychologie comme une science disposant de moyens objectifs pour étudier les conduites humaines. Son approche fut appelée béhaviorisme, parce qu'il était convaincu que l'observable, c'est-à-dire le comportement manifeste, représentait l'unique objet de la science psychologique. Il rejeta ainsi l'étude des émotions, des cognitions et de toutes les expériences subjectives puisqu'elles pouvaient difficilement être observées et mesurées. Il émit l'hypothèse que les actions humaines, adaptées ou déviantes, sont induites et modifiées par les interactions avec l'environnement.

Les premiers béhavioristes étaient environnementalistes : pour eux, tous les comportements étaient appris à partir des expériences. Les conduites déviantes, issues de mauvais conditionnements, pouvaient être générées artificiellement en laboratoire et, de la même façon, désapprises et corrigées. La phobie servit d'exemple princeps à Watson, qui supposa que toutes les phobies résultaient d'expériences de conditionnement classique. Or ce type de conditionnement ne peut pas expliquer plusieurs caractéristiques des troubles psychologiques, en particulier leur caractère persistant. S'appuyant notamment sur les travaux de Thorndike et de Skinner sur le « conditionnement opérant », O. Hobart Mowrer (1947) suggéra que deux types d'apprentissage interviennent lors de l'acquisition et du maintien des phobies. D'abord, une réponse de peur face à un stimulus auparavant neutre est instaurée par conditionnement classique. Ensuite, la personne évite ce stimulus conditionnel. Cet évitement constitue un renforcement négatif, puisqu'il entraîne une réduction de l'anxiété, et prévient l'extinction de la réaction phobique. Le principe de conditionnement opérant de Skinner stipule que tout comportement, normal ou non, est fonction de ses conséquences : il augmente s'il est récompensé et diminue s'il est pénalisé.

Durant les années 1960, de nombreuses thérapies béhavioristes se sont développées, visant à appliquer les principes du conditionnement à toute une gamme de troubles psychopathologiques : phobies, troubles sexuels, dépressions, alcoolisme, psychopathie. Leur objectif était, par la mise en œuvre d'un contre-conditionnement, de modifier les réponses comportementales et émotionnelles par la suppression des réactions indésirables et l'apprentissage de conduites adaptées. Il s'agissait d'approches scientifiques orientées vers le présent, qui s'intéressaient aux résultats, à l'évaluation empirique, aux changements mesurables et observables. Elles étaient conçues comme des formes d'éducation, dont le but est de modifier les contingences environnementales pour fournir des expériences d'apprentissage plus appropriées. Leurs méthodes étaient fondées sur l'exposition (particulièrement sous forme de désensibilisation systématique par aversion ou immersion), l'approche par sous-tâches graduées, l'analyse et la résolution de problèmes sociaux, l'administration de récompenses et de punitions (dans le cadre de structures fermées, voire carcérales), le contrôle du stimulus, le jeu de rôles (pour développer les relations interpersonnelles), la thérapie de groupe, la relaxation musculaire, la représentation imaginaire de l'élément générateur de troubles (conditionnement imagé), ou la confrontation directe aux situations génératrices de dysfonctionnements.

L'approche béhavioriste semble répondre à des critères scientifiques : les comportements à modifier peuvent être clairement identifiés et objectivés, la méthode de traitement est bien définie et les résultats facilement évalués. Les principes selon lesquels elle opère (lois d'apprentissage, conditionnement) ont une validité scientifique, le coût et la durée de la thérapie sont moindres parce qu'elle est orientée vers des manifestations symptomatiques spécifiques. Cependant, le modèle béhavioriste est réducteur : il n'est concerné que par les symptômes et il ne rend pas compte de la complexité de l'expérience psychique, qu'il conçoit comme une « boîte noire ». Il tend à ignorer des motifs de consultation qui sont pourtant importants, et il ne rend pas compte de la complexité des modes d'interaction entre le patient et le thérapeute, même s'il est fait état par certains du contrat entre le thérapeute et le patient, voire d'une relation thérapeutique de soutien (O'Leary et Wilson, 1987).

IV - Le modèle cognitiviste

La révolution cognitive eut lieu vers la fin des années 1960. À cette période, des psychologues et des psychiatres (notamment Beck, Ellis) affirmèrent que les pensées, bien que non observables, représentent des formes de comportement. De nos jours, peu de thérapeutes se disent strictement béhavioristes. Ils se présentent plutôt comme étant d'orientation cognitive comportementale, soulignant l'importance de la cognition dans la recherche et la psychothérapie. La théorie cognitive comportementale, née du mouvement béhavioriste, suppose que le conditionnement joue un rôle dans l'étiologie et le maintien de problèmes psychologiques, mais elle attribue une importance fondamentale aux processus médiateurs qui modifient les effets des stimuli objectifs et qui sont la cible des thérapies : pensées, conceptions, souvenirs, croyances, perceptions, attributions, évaluations, attitudes, auto-affirmations et émotions. Pour les cliniciens cognitivistes, les dissonances cognitives, ou patterns de pensée inappropriés et déformés, sont de possibles sources de troubles psychologiques.

Beck s'est intéressé aux schémas cognitifs (façons de se percevoir et d'interpréter le monde) appris souvent dès le tout jeune âge, qui guident le traitement de l'information. Selon lui, l'évaluation subjective de nos actes et nos interprétations des situations influencent inconsciemment nos réactions émotionnelles. Les schémas inadaptés, qui se développent en fonction d'expériences d'apprentissage défavorables, peuvent infléchir la vision que la personne a d'elle-même, sa compréhension des événements et même générer des déformations de la pensée telles qu'on les retrouve dans les désordres dépressifs, anxieux, les troubles de la personnalité. Ainsi, un individu qui s'évalue négativement interprétera les compliments d'autrui comme de simples signes de politesse (Beck, 1976).

Beck s'est attardé aux « fausses perceptions » liées à la dépression après avoir remarqué que des idées auto-punitives extrêmes et sans nuance étaient souvent exprimées par les personnes dépressives. Ces patterns cognitifs sont souvent exacerbés par un sentiment d'impuissance, c'est-à-dire l'impression de ne pas pouvoir contrôler ou modifier son environnement. Elles aboutissent à une faible estime de soi et à une humeur dysphorique (Beck et Valin, 1953).

Pour Ellis, ce ne sont pas les événements malheureux qui génèrent les difficultés psychologiques, mais bien les croyances irrationnelles concernant ces expériences (Ellis, 1962). Ces fausses croyances se présentent souvent sous la forme d'obligations, d'attentes pessimistes ou irréalistes, qui amènent à se conduire de façon inefficace et qui suscitent la déception. La réponse émotionnelle découle non pas de la réalité mais d'auto-exigences inaccessibles. Les croyances irrationnelles, qui concordent peu avec l'expérience, déforment les perceptions et font envisager des conséquences déplaisantes, augmentent le sentiment d'impuissance et provoquent des réponses pathologiques comme l'anxiété ou la dépression.

V - Le modèle systémique

Dans les années 1970 et quatre-vingt, l'école américaine dite de Palo Alto a joué un rôle moteur dans l'élaboration de ce modèle. Sous l'impulsion notamment de Bateson, les théories systémiques ont tenté d'articuler les données de la cybernétique et la théorie des systèmes généraux (Bateson, 1977 et 1980). Ces recherches ne s'intéressaient pas à la dimension intra-psychique de la personnalité. Elles se focalisaient sur les aspects phénoménologiques de l'interaction dans la cellule familiale, tels qu'ils apparaissent dans les communications et les transactions se produisant dans l'ici et maintenant. Ainsi que le résumait Watzlawick, « il n'est pas besoin d'avoir recours à des hypothèses intrapsychiques, en fin de compte invérifiables, et on peut se borner à observer les relations entre les entrées (input) et les sorties (output) d'information, autrement dit à la communication. Les symptômes sont considérés comme une sorte d'entrée d'information dans le système familial, et non comme l'expression d'un conflit intra-psychique » (Watzlawick *et al.*, 1972). Les recherches systémiques américaines et européennes ont ainsi décrit certains mécanismes de la distorsion familiale : le double lien, le schisme et la déviance parentale, la pseudo-mutualité et la barrière de caoutchouc, la masse de moi indifférenciée, la mystification, le défaut d'individualité intégrée, la famille à transaction schizophrénique, la triangulation rigide (Watzlawick, 1979).

L'objectif des thérapies familiales issues de ce modèle était de modifier la dynamique intra-familiale ou bien de se centrer sur l'évolution du patient, avec la perspective toutefois de changer aussi le fonctionnement familial (Benoit, 1980 ; Selvini *et al.*, 1983).

VI - Le modèle humaniste

Le mouvement humaniste, apparu dans les années 1950 et 1960, a été porté par Carl Rogers, Abraham Maslow et Frederich Perls. Pour ces auteurs, le comportement n'est pas prédéterminé par des éléments internes et externes prévisibles mais il est guidé par la perception que chaque personne a d'elle-même et du monde dans lequel elle évolue, par la façon d'agir qu'elle choisit d'adopter, c'est-à-dire par son libre arbitre. Ces choix, qui permettent à chacun de développer des valeurs fondées sur ses propres expériences plutôt que sur celles d'autrui, reflètent le code moral et guident l'accomplissement personnel. Chaque personne possède des traits et des talents qui donnent lieu à des sentiments et des besoins particuliers et qui sous-tendent sa propre vision de la vie. Lorsque ces perceptions sont réalistes, la personne peut vivre de façon authentique et efficace. Mais lorsque de fausses suppositions ou un désir exagéré de satisfaire les attentes des autres se font jour, des dysfonctionnements peuvent apparaître.

La psychologie humaniste a une conception unitaire et positive de l'humain. Elle considère que les perturbations psychiques sont liées à des influences sociales néfastes (pauvreté, répression sociale) ou à des obstacles rencontrés dans la quête de la réalisation de soi. L'anxiété, la dépression ou d'autres troubles constituent des modes d'adaptation à des structures culturelles et sociales qui entravent l'expression de la personnalité (May, 1981). Cependant, chacun a la responsabilité de trouver un sens à sa vie et de résoudre ses dilemmes, en reconnaissant et en acceptant ses besoins et sentiments. C'est donc par un changement des perceptions négatives de l'individu et/ou de ses conditions sociales que le trouble peut être prévenu ou traité.

La « thérapie centrée sur la personne » de Rogers repose sur l'idée que les gens tendent de façon innée au développement, au maintien et à la réalisation de leur être. Tous les comportements humains, déviants ou non, constituent des efforts vers la réalisation de soi et des tentatives d'adaptation au monde tel qu'il est perçu. Dans des conditions normales, les individus se comportent de façon rationnelle et constructive pour une pleine réalisation d'eux-mêmes. En revanche, des événements de la vie perçus comme pénibles affectent la confiance de la personne en ses expériences et modifient sa perception d'elle-même et de ce qu'elle vit. Le sentiment même de soi, base sur laquelle reposent les choix et décisions, est alors altéré, ce qui aboutit à des dysfonctionnements (Rogers, 1961). Les personnes se fondent sur leurs propres sentiments, mais également sur les jugements des autres, pour effectuer leurs évaluations. En fait, elles recherchent la considération positive des autres, même si cela implique d'intégrer des façons de faire et de penser contraires à leurs propres opinions. Cette tendance se développerait dès le tout jeune âge, lorsque les parents réagissent positivement seulement si l'enfant se conduit d'une certaine façon. Ce désir de plaire aux autres allant à l'encontre de la réalisation personnelle, les personnes tentent de déformer la réalité afin de faire disparaître la dissonance. La réalisation de soi est alors compromise par le reniement d'expériences internes : l'énergie psychique est dirigée vers le déni et non vers l'évolution. Ces conditions, qui empêchent la prise de conscience des valeurs et caractéristiques personnelles, éloignent de l'expérience véritable, mènent à la frustration et font le lit du comportement anormal. Selon Rogers, l'inconfort psychologique est proportionnel à l'écart existant entre le vécu interne réel et le concept de soi. À l'inverse, plus le concept de soi est congru avec l'expérience de vie, plus les personnes s'acceptent et adoptent de nouvelles perspectives. Le but premier de la thérapie est de supprimer ces non-congruences, en amenant le « client » (terme employé par ces thérapeutes) à intégrer les différentes facettes de sa personnalité. La pleine acceptation entraîne la résolution des difficultés.

Selon Rogers, la chaleur, l'empathie et l'authenticité du thérapeute sont des conditions indispensables et suffisantes à la réussite du processus thérapeutique. Rogers a souligné la nécessité de l'empathie, processus qui implique d'adopter la perspective d'autrui afin de mieux comprendre ses sentiments et de les lui communiquer. Pour pouvoir partager un vécu qui demeure inexprimé, le thérapeute s'appuie essentiellement sur ses propres expériences. La relation empathique n'est pas fondée sur une expertise acquise dans un cadre universitaire mais sur une expérience humaine partagée. Le thérapeute, qui doit faire preuve d'un soutien inconditionnel et sans *a priori* à l'égard du patient, évite de contrôler le processus thérapeutique et utilise des techniques non directives.

Maslow considérait également que les gens sont naturellement capables de réaliser leur potentiel en satisfaisant certains besoins, qu'il percevait sous une forme pyramidale : la base est constituée des besoins les plus primaires (physiologiques), puis viennent le besoin de sécurité, l'appartenance à une unité sociale (qui englobe les sentiments d'amitié et d'affiliation), le désir d'être estimé, reconnu et valorisé par autrui (qui permet l'internalisation d'une estime de soi solide) et la reconnaissance de la réalisation de soi. Le comportement anormal résulte d'un échec dans la réalisation du potentiel. Selon Maslow, les gens sont fondamentalement bons et ils ne se comportent de façon déviante qu'en raison de mauvaises expériences qui les détournent de cet objectif fondamental (Maslow, 1954).

La Gestalt-thérapie est fondée sur la notion de structure, envisagée comme un ensemble significatif de relations entre les stimuli et les réponses. Cette approche souligne l'unité du corps et de l'esprit, de la pensée, du sentiment et de l'action. Ce modèle appréhende les phénomènes dans leur totalité, sans prétendre dissocier les éléments de l'ensemble où ils s'intègrent et hors duquel ils ne signifient plus rien. D'abord appliquée à la perception (Köhler), cette théorie s'est étendue à la psychologie et à la médecine. Les gestaltistes pensent que tous les phénomènes constituent des ensembles ayant une structure et des lois propres : le tout est plus que la somme de ses parties. Les éléments s'intègrent dans l'ensemble qui commande leur équilibre. L'être humain est indécomposable, et le thérapeute doit s'adresser à l'ensemble de la personnalité. La thérapie gestaltiste, qui vise notamment à développer l'acceptation de soi, insiste sur des éléments manifestes du comportement afin de favoriser la conscience du soi total et de l'environnement. Le praticien se montre plus directif que les thérapeutes humanistes dans le processus de traitement. Il souligne les attitudes et sentiments qui lui semblent inauthentiques chez le patient dans l'espoir de provoquer une émotion plus sincère. Pour Perls, le fait de parler d'émotions que l'on ne ressent pas véritablement représente un comportement factice. Lorsque le patient parvient à exprimer un sentiment authentique, le thérapeute soutient alors le patient et partage son expérience. Perls a développé certaines stratégies afin de provoquer une conscience accrue des émotions authentiques. L'une de ces stratégies est la technique de la chaise vide : le client parle de ses sentiments à une autre partie de lui-même qu'il imagine être assise sur une chaise face à lui. Il peut ensuite changer de chaise afin d'exprimer des émotions opposées. Cette technique amène l'individu à reconnaître et accepter les parties antagonistes de sa personnalité. Finalement, Perls soulignait l'importance de vivre le moment présent, auquel le passé se trouve incorporé (Perls, 1969).

Les humanistes ont développé une conception optimiste du genre humain et ont attribué à chacun une part importante de responsabilité dans l'émergence de ses comportements, tant normaux qu'anormaux. Les difficultés psychologiques peuvent être générées par l'assujettissement aux autres, mais également par le poids des perceptions que les gens ont d'eux-mêmes et de leur expérience. La thérapie cherche à élargir le champ de conscience des individus et à changer leur perspective afin qu'ils prennent leurs propres décisions et surmontent leurs problèmes. Elle s'intéresse donc à l'expérience présente, à l'ici et maintenant aux capacités de résilience (Brun et Scelles, 2002 ; Cyrulnic, 1999). Ce sont les patients et non les psychothérapeutes qui prennent la responsabilité de la direction et du succès du processus thérapeutique ; le clinicien guide, facilite et soutient afin de permettre des choix de vie éclairés. Pour ce faire, le thérapeute tente d'augmenter le niveau de conscience émotionnelle de la personne. Il l'encourage à devenir plus attentive à ses émotions, à les reconnaître, même lorsqu'elles sont cachées, à les vivre et à les contrôler. L'accent est mis sur les sentiments présents (et non passés). L'humaniste utilise l'empathie afin de voir le monde à travers le cadre de référence du patient. Il demeure non directif au cours de la discussion mais s'efforce de centrer le processus thérapeutique sur des questions émotionnelles. Bien qu'il n'incite pas directement la personne à changer ses conduites, il s'attend à ce qu'elle modifie certaines habitudes, signe d'une plus grande authenticité de ses émotions et d'une flexibilité dans ses choix de vie. Finalement, un aspect propre à la psychothérapie humaniste est l'importance de la relation thérapeutique. Le traitement progresse grâce à une relation authentique entre le psychologue et le patient. Cette relation n'est donc pas un simple véhicule de traitement : elle est en soi thérapeutique.

Peu de recherches ont pu démontrer l'efficacité de la thérapie centrée sur la personne ou de la méthode gestaltiste (Greenberg, Elliott et Lietaer, 1994). L'expérience consciente sur laquelle les humanistes mettent l'accent est un phénomène subjectif et la validité des informations qui en découlent demeure contestable. Toutes ces notions ne peuvent être directement observées ni mesurées. Pour toutes ces raisons, il est difficile d'évaluer l'efficacité d'un tel modèle.

Toutes ces approches thérapeutiques sont partielles car elles privilégient une certaine perspective. L'approche biomédicale établit une analogie forte entre les maladies physiques et mentales, minimisant l'impact des facteurs psychologiques et sociaux. Le modèle psychanalytique a une vision sexualisée, très normative et insuffisamment psychosociale du développement humain et repose sur des histoires de cas plutôt que sur des recherches systématiques. La théorie béhavioriste se concentre de façon stricte sur les événements observables et les influences externes, en négligeant tous les processus mentaux et émotionnels. L'approche cognitive comportementale compense cependant en partie cette lacune. Enfin, on reproche à la perspective humaniste de ne pas être scientifique et de s'attarder sur des concepts trop vagues et difficiles à définir. Bref, quel que soit le modèle que l'on privilégie, on encourt le même risque : celui de demeurer concentré sur un seul plan et de négliger des indices relevant d'une autre approche. C'est pourquoi la plupart des thérapeutes contemporains se disent éclectiques, c'est-à-dire qu'ils se réfèrent à plusieurs modèles des troubles mentaux.

La question de la validation des méthodes thérapeutiques devient de plus en plus importante. La méta-étude du Consumer Reports de 1995 a conclu que : 1 / la psychothérapie en soi est efficace ; 2 / le traitement à long terme est meilleur que le traitement à court terme ; 3 / aucune modalité de traitement n'est significativement meilleure pour la plupart des troubles ; 4 / une médication conjointe à une psychothérapie n'est pas plus efficace qu'une psychothérapie seule ; 5 / les effets curatifs à long terme de la psychothérapie sont souvent plus durables que ceux de la médication ; 6 / l'utilisation efficace de la psychothérapie peut réduire certains troubles physiques ; 7 / on ne sait pas clairement si les psychiatres, psychologues et travailleurs sociaux diffèrent dans l'efficacité des traitements qu'ils prodiguent, et 8 / les patients dont la durée et le choix de la thérapie sont limités par des problèmes économiques ont des résultats moins satisfaisants que ceux qui ne sont pas soumis à de telles contraintes (Seligman, 1995).

Somme toute, il importe d'ajuster la thérapeutique aux caractéristiques et aux dysfonctionnements du patient, qui doit toujours être informé de l'existence de traitements alternatifs. L'indication du traitement doit être claire pour le thérapeute et pour le client. De plus, si un thérapeute n'est pas à même d'offrir l'approche qu'il juge la plus efficace, il doit conseiller au patient de consulter un collègue dont la formation est appropriée. D'une manière générale, pour être scientifiquement rigoureuse, la psychologie clinique devrait être à même de préciser quelles approches sont efficaces pour tel ou tel trouble psychologique.

D - VERS UNE APPROCHE INTÉGRATIVE

L'un des premiers objectifs de la psychologie clinique scientifique devrait être de créer un système cohérent englobant des approches diagnostiques, étiologiques et thérapeutiques diverses. Dans une optique déterministe étroite, on suppose qu'une cause unique (par exemple génétique, biologique ou psychoaffective) sous-tend le trouble. Dans une optique large, on considère que les troubles mentaux sont déterminés par une combinaison de plusieurs facteurs d'ordre biologique, psychologique et/ou social et l'on admet que des causes variées puissent sous-tendre un même désordre psychologique. Il est clair que la psychologie clinique, qui prend en compte l'être humain dans la totalité de son expérience, ne peut adopter qu'une perspective large.

I - L'exemple de la dyslexie

La dyslexie suscite aujourd'hui encore en France un grand nombre de travaux scientifiques et de controverses. Cette situation doit être mise en regard avec le fait que, contrairement à d'autres pays d'Europe et d'Amérique du Nord, la France a reconnu très tardivement – en juillet 2000 – l'existence officielle des « troubles spécifiques du langage » (Ringard, 2000).

La psychologie clinique a été particulièrement lente pour identifier et prendre en charge le caractère spécifique de ces troubles. Les psychologues scolaires comme les psychologues cliniciens rencontraient bien des enfants qui souffraient de graves troubles de la lecture, mais la conception qu'ils avaient de ces troubles était fortement influencée par les théories psychanalytiques. Ils interprétaient les difficultés d'apprentissage du langage écrit des enfants à travers l'histoire affective et familiale, et apportaient des réponses le plus souvent d'ordre psychothérapique. Ils jugeaient qu'il était très réducteur de s'intéresser au seul « symptôme », et d'y répondre sur le mode « instrumental » et « orthopédique » de la rééducation. Ils redoutaient le caractère « stigmatisant » du diagnostic, et la mise à l'écart des enfants dans des classes spéciales.

Dans un tel contexte, la publication du livre de Debray-Ritzen et Melekian sur la dyslexie suscita en France une violente polémique au début des années 1970. Revendiquant une démarche résolument organiciste, les auteurs dénonçaient les errances de l'approche psychoaffective. Se revendiquant du courant médical qui s'était développé depuis le XIXe siècle, les auteurs faisaient de ce trouble une véritable maladie (Debray-Ritzen et Melekian, 1970). Le livre suscita une violente opposition parmi les psychologues cliniciens qui y virent un retour à l'approche naturaliste et à l'instrumentation des processus mentaux. Ainsi interpellée, la psychologie clinique, plutôt que de se poser en de nouveaux termes la question des troubles spécifiques du langage écrit, resta convaincue du bien-fondé de son approche interprétative. Les enfants en mal de lecture continuèrent leur parcours du combattant, souffrant d'être incompris par les psychologues et par le système scolaire.

En parallèle, cependant, les études de psycholinguistique et de psychologie cognitive montraient les liens existant entre langage oral et langage écrit, analysaient les composantes cognitives des activités de lecture, décrivaient les étapes et les stratégies de l'apprentissage de la lecture. Les études de neuropsychologie de l'adulte révélaient l'existence de voies et stratégies de lecture pouvant être affectées de façon dissociée. L'analyse fine des profils cognitifs et linguistiques des enfants dyslexiques mettait en évidence l'existence de capacités intellectuelles générales efficientes, associées cependant à un certain nombre d'altérations cognitives et linguistiques (troubles de l'accès au lexique, limitation de la mémoire à court terme et de la mémoire de travail auditive, défaillance de la stratégie séquentielle, dysfonctionnements des processus phonologiques, lenteur du traitement intermodal, difficultés métalinguistiques).

On venait de découvrir l'importance de ce que la linguistique avait conceptualisé sous le terme de « phonologie » (Jakobson, 1968, 1970). Des spécialistes de la psychologie cognitive et de la psycholinguistique démontrèrent que si la lecture est une activité (apparemment) globale chez le lecteur expert, elle requiert chez l'enfant un apprentissage analytique des unités graphémiques et de leurs correspondances phonologiques. Dans le cadre des langues alphabétiques, la maîtrise des correspondances entre graphèmes (lettres ou groupes de lettres) et phonèmes (plus petites unités linguistiques) est essentielle, car elle permet à l'enfant d'acquérir la médiation phonologique grâce à laquelle il peut déchiffrer de nombreux mots de la langue. Cette stratégie d'identification indirecte, appelée « assemblage », est suivie ou accompagnée par une stratégie directe, appelée « adressage », qui permet de reconnaître directement le mot qui est fixé en mémoire avec sa forme graphique, son sens et sa prononciation. La constitution de ce lexique mental n'est possible que si l'enfant a bien maîtrisé les règles de l'assemblage, qui permettent d'automatiser les mécanismes d'identification des mots écrits.

L'émergence des sciences cognitives, le développement de la neuropsychologie, l'essor des nouvelles techniques d'imagerie cérébrale et de définition du génome ont depuis quelques années ramené au premier plan la notion de dyslexie « maladie » pour laquelle avait guerroyé Debray-Ritzen voici trente ans. Les parents d'enfants dyslexiques, lassés d'être accusés d'être les responsables des troubles de leurs enfants, excédés d'avoir été si longtemps culpabilisés, désolés de voir leurs enfants échouer dans des classes sans perspective, conçoivent que la représentation de la dyslexie comme un dysfonctionnement d'origine cérébral et/ou génétique est une avancée, car elle brise le circuit de culpabilisation où ils étaient enfermés.

Et c'est ainsi que, faute d'avoir su être plus flexible et plus ouverte, la psychologie clinique s'est elle-même dessaisie de la question des troubles d'apprentissage. Du même coup, l'expérience psychologique de l'enfant s'est trouvé rejetée, ou reléguée comme « secondaire » par des théories segmentaires, modulaires, qui considèrent le cerveau comme la terre première des troubles. Or la lecture et l'orthographe sont des activités très complexes : leur apprentissage s'inscrit dans le rapport de l'enfant au langage, il peut être altéré par des éléments génétiques ou neurophysiologiques, il nécessite la mise en œuvre de différents mécanismes cognitifs, il est influencé par l'appartenance sociale et culturelle de la famille, il est tributaire des méthodes pédagogiques dont l'enfant a bénéficié à l'école, il permet le développement de compétences diverses. Pour construire un modèle théorique général des troubles d'apprentissage, la psychologie clinique doit garder en perspective tous ces éléments, même si elle choisit de se focaliser sur l'un ou l'autre aspect.

Les théories modulaires, génétiques ou cérébrales trop exclusives tendent en effet à confondre parfois corrélat cérébral et cause d'une activité mentale, et elles envisagent rarement l'interrelation de ces deux dimensions. Or si un enfant – pour des raisons diverses – a appris à lire avec une stratégie atypique, il est évident que les schémas d'activation de son cerveau seront différents de ceux que l'on observera chez un enfant qui a appris à lire normalement. Comme l'a écrit Morais : « C'est parce que certaines procédures cognitives se développent de manière insuffisante ou anormale, entraînant éventuellement l'utilisation par compensation d'autres procédures, que l'activité cérébrale montre un patron inhabituel. D'ailleurs, les apprentissages cognitifs ont des effets non seulement sur l'activité du cerveau, mais aussi sur la matière cérébrale elle-même. Le cerveau d'un illettré est différent du cerveau d'un lettré, puisque l'apprentissage (y compris celui de la lecture) et l'exercice intensif de la nouvelle habileté affectent les connexions synaptiques entre neurones et l'embranchement dendritique » (Morais, 1994, p. 251). Cette notion d'interaction entre le cerveau et l'expérience de l'individu est particulièrement importante à prendre en compte lorsque l'on s'intéresse à l'enfant, dont le cerveau est en développement.

L'étude clinique d'enfants présentant certaines pathologies cérébrales montre qu'un enfant peut développer un langage écrit efficient, alors même qu'il a souffert de troubles cérébraux affectant des zones impliquées dans le traitement de l'écrit, parce qu'il a pu mettre en place des stratégies compensatoires efficaces. Les prises en charge proposées aux enfants développent précisément ces stratégies compensatoires, en prenant appui sur la plasticité du cerveau et sur son caractère synergique, interconnecté. Il ne s'agit donc pas de nier la composante cérébrale d'un trouble, mais d'en montrer le caractère relatif.

La psychologie clinique pourrait également apporter une contribution majeure en montrant en quoi la mise en exergue de mécanismes élémentaires tend à infléchir la prise en charge vers des modes de traitement de type instrumental très spécialisés. Ainsi, des méthodes d'évaluation et de prise en charge des dysfonctionnements du « module » phonologique ont été créées, séduisant par leur dimension segmentaire (on évaluerait l'élément premier, quasiment physiologique, d'une fonction), par leur aspect économique (une série limitée de séances suffirait) et par leur apparente objectivité (on pourrait valider les interventions réalisées, mesurer leur effet sur les dysfonctionnements). En fait, ces méthodes d'intervention (par exemple Tallal *et al.*, 1996) n'interviennent que sur un type de dysfonctionnement, et elles ne semblent modifier que la compétence sur laquelle elles agissent, sans se généraliser à la lecture. Leur validation scientifique est tributaire du champ clinique, dans la mesure où la définition des critères d'exclusion et d'inclusion des populations d'enfants « dyslexiques » qui y sont impliquées implique le recours à des examens et à des épreuves cliniques qui échappent en grande partie à la recherche expérimentale. En outre, les enfants enrôlés dans ces études ont des profils cognitifs, linguistiques très divers et ils font chez eux et en classe des expériences très diverses du langage, de la langue, de l'écrit, de l'apprentissage, éléments qui ne sont pas pris en compte lorsque sont évalués les effets des traitements spécialisés qui leur sont proposés. De ce fait, la validation scientifique de ces méthodes de type expérimental (constitution de groupes cliniques supposés « similaires », application d'une méthode de rééducation totalement paramétrée versus application d'un traitement « placebo ») est sans doute plus difficile à établir qu'il n'y paraît.

La définition de la dyslexie comme un trouble modulaire et neurologique infléchit la politique de prévention et de dépistage qui est conçue pour ces troubles.

— Le premier infléchissement consiste en une médicalisation de la question des troubles de la lecture, dont le signe le plus visible réside dans le fait que la Commission Interministérielle (qui met en œuvre le plan d'intervention pour les troubles du langage) a choisi en France de confier aux médecins scolaires le dépistage de ces troubles dans le cadre de l'école. Or les médecins, au cours de leur formation, n'acquièrent guère de notion du développement du langage de l'enfant et de ses troubles, et ils ne sont absolument pas formés à la pratique des tests. En dépit de cela, ils sont invités à dépister les troubles du langage (avec l'aide des infirmières scolaires) en utilisant des épreuves psychométriques pour l'application desquelles ils sont formés durant quelques heures.

— Le deuxième infléchissement réside dans le choix des « indices prédictifs » ou « marqueurs » évalués et recherchés au cours du dépistage précoce de ces troubles. Plus la théorie sous-jacente est segmentaire, plus les « marqueurs » se rétrécissent. C'est ainsi que certains préconisent un dépistage aux premiers jours de la vie, par l'étude des potentiels évoqués cérébraux (Molfese, 2000). Sans aller jusqu'à ces extrêmes, la focalisation sur l'hypothèse phonologique a conduit à axer le dépistage des troubles du langage écrit sur des épreuves de « conscience phonologique ». Or la « conscience phonologique », qui est définie depuis une quinzaine d'années comme l'un des éléments prédictifs les plus puissants de la lecture, est tributaire du niveau général de langage des enfants et dépend donc fortement de leur appartenance socioculturelle ; de plus, elle se développe en grande partie en parallèle à l'acquisition de la lecture dont elle est l'écho. Si l'on prend en compte d'autres variables cognitives et linguistiques que la conscience phonologique, comme la capacité de traitement intermodal visuel/verbal, l'accès au lexique, la mémoire de travail auditive, l'attention visuelle fine ou l'aptitude métalinguistique (capacité de l'enfant à se décentrer du sens pour se fixer sur la forme), on a un tableau beaucoup plus complexe des « pré-requis » impliqués dans l'activité de lecture et des « marqueurs » de son dysfonctionnement... ce qui du même coup complexifie le dépistage proposé aux enfants. Enfin, comme le signale Inizan, il est troublant de constater que les « pré-requis » développés aujourd'hui par les enfants de maternelle sont supérieurs à ce qu'ils étaient voici 17 ans, mais qu'en revanche les compétences de lecture et d'orthographe à la fin du CP sont beaucoup plus faibles qu'elles ne l'étaient alors (Inizan, 2000). Cela montre que les « pré-requis » ne sont peut-être pas aussi préparatoires à la lecture qu'on ne le pensait, et que d'autres facteurs devraient être pris en compte, dont en particulier les modalités de l'enseignement de la lecture en cours préparatoire.

La question centrale est de savoir pourquoi et comment un enfant se bloque dans l'apprentissage de la lecture. En amont, on connaît l'influence des troubles du langage oral, qui « font le lit » de la dyslexie. D'où l'importance de dépister précocement ces troubles, y compris dans leur dimension parfois génétique. Mais souvent, on ne retrouve pas dans l'anamnèse des enfants dyslexiques la présence de troubles avérés du langage oral ou de troubles particuliers des processus cognitifs. C'est en analysant finement le profil linguistique et neuropsychologique actuel de ces enfants que l'on découvre des troubles discrets d'accès au lexique, d'évocation et de représentation du mot, de compréhension des phrases complexes sur le plan syntaxique. Si l'on peut supposer que de tels troubles sont pour une part la conséquence de leur retard de lecture, on peut aussi penser qu'ils sont antérieurs à l'apprentissage du langage écrit, et qu'ils sont l'indice d'une vulnérabilité linguistique et cognitive primaire de l'enfant.

Mais si cette vulnérabilité (y compris sous son versant génétique) s'est actualisée, c'est parce qu'elle a rencontré des conditions favorisantes. Et c'est à ce niveau qu'il faut prendre en compte l'expérience de l'enfant au moment où il a été confronté de façon quotidienne et obligatoire au langage écrit. Le « mauvais départ » dans l'apprentissage est source de graves difficultés. On dit et répète aujourd'hui que la dyslexie ne s'origine nullement dans des conditions socioculturelles ou pédagogiques défavorables (c'est l'un des éléments de la définition). Mais cette exclusion *a priori* des éléments environnementaux est excessive et scientifiquement injustifiée. Les conditions socioculturelles et les méthodes pédagogiques ne sont pas des « causes » de dyslexie, mais elles sont cependant des éléments qui peuvent contribuer au « mauvais départ » dans la lecture.

De ce fait, les prises en charge proposées aux enfants présentant des troubles du langage écrit devraient être multidimensionnelles, mettant en jeu un travail spécifique sur le langage et sur la cognition, sur les modalités d'apprentissage, un accompagnement culturel pour les enfants des milieux défavorisés et un travail sur la motivation – variable qu'il ne faut surtout pas oublier.

Il serait important que la psychologie clinique s'ouvre à la connaissance de ces troubles, afin d'éviter que le balancier ne passe, après la vogue du « tout psychoaffectif », du côté du « tout instrumental » ou du « tout cérébral ». Ainsi simplifiée, la notion de dyslexie deviendrait réductrice, voire néfaste, dans la mesure où elle déresponsabiliserait l'école, médicaliserait à l'extrême les difficultés des enfants, dénierait l'influence des facteurs sociaux.

Afin d'éviter les querelles stériles et les conflits rhétoriques qui entachent encore le débat sur la dyslexie, il serait nécessaire que les intervenants impliqués dans ce champ (chercheurs, cliniciens, psychologues, linguistes, orthophonistes, neurologues, pédagogues) confrontent leurs hypothèses et les articulent sur un mode multidisciplinaire afin d'établir une synthèse comparative. Les chercheurs doivent rester modestes et prudents lorsqu'ils établissent des corrélations entre des variables cognitives et linguistiques, ou entre des données anatomo-physiologiques et des données comportementales. Ils doivent se souvenir qu'ils segmentent, parcellisent et dissocient des éléments qui sont intimement liés dans l'expérience de l'enfant. C'est précisément sur cette notion d'expérience de l'enfant qu'il faut revenir afin de bien analyser pourquoi un enfant se bloque devant l'apprentissage d'un code, pourquoi il ne peut mettre en correspondance mots parlés et mots écrits. De la précision et de la complexité de nos réponses dépend en effet la nature de l'aide qui pourra être apportée à cet enfant (Plaza, 2001).

II - Cognition, émotions et neurosciences

Pour terminer ce chapitre, nous prendrons deux exemples de situations dans lesquelles le psychologue est confronté simultanément aux registres cognitif, affectif et cérébral dont il lui faut intégrer les composantes.

La première situation concerne un garçon âgé de 12 ans qui présentait des troubles comportementaux (jalousie, colères clastiques), faisait des cauchemars récurrents dans lesquels il se sentait happé par « une grosse tache », et se plaignait d'avoir le sentiment que quelqu'un se tenait toujours derrière lui. Il avait des difficultés d'apprentissage scolaire en dépit de compétences intellectuelles moyennes. Une évaluation des processus cognitifs montra que l'enfant, qui pouvait s'appuyer sur des processus séquentiels et de mémoire à court terme efficients, était défaillant lorsqu'il lui fallait synthétiser des informations. À l'échelle des processus simultanés du *K-ABC,* il obtint une note globale de 72, avec des difficultés majeures lors des épreuves de *reconnaissance des formes* et de *triangles,* et il eut un blocage émotionnel majeur devant l'un des items de l'épreuve *séries de photos,* qui déstabilisa le reste de son activité. À l'échelle des connaissances, il fut en difficulté lors des épreuves d'*arithmétique* (comptant sur ses doigts et ne pouvant planifier les opérations à réaliser) et de *lecture et compréhension* (où il peina à synthétiser les énoncés et à leur trouver une expression gestuelle adéquate). La reproduction de la *figure complexe de Rey* fut extrêmement lacunaire, alors que la copie avait été moyenne. Il fut proposé à l'enfant une épreuve projective (le *Rorschach*), afin d'analyser comment la saisie perceptive de la forme s'effectuait à partir d'un matériel visuel propice à susciter l'implication projective. L'analyse du protocole montra que les réponses formelles de l'enfant n'avaient pas une bonne qualité structurale et combinatoire, avec un recours massif à des formes inadaptées. L'enfant eut une réaction d'angoisse devant l'une des planches, disant qu'il retrouvait là exactement « le truc noir qui l'emportait » dans ses cauchemars. Un électroencéphalogramme nocturne révéla des bouffées paroxystiques généralisées de pointes, évocatrices d'un dysfonctionnement de type épileptique. Des explorations par IRM et scanner n'apportèrent aucun élément en faveur d'une pathologie lésionnelle.

La confrontation des différentes données permit de montrer l'existence d'un trouble cognitif et affectif complexe. Sur le plan cognitif, l'enfant avait une difficulté très importante lorsqu'il devait construire ou inférer la représentation d'une forme visuelle. Cette défaillance était constante pour les stimuli abstraits, et semblait alors relever d'une profonde défaillance opératoire (comme le montrait également la quasi-incapacité de l'enfant à résoudre des problèmes arithmétiques). Sur le plan psychique, l'enfant semblait ne pas parvenir à construire une forme visuelle harmonieuse. Cette forme qui ne trouvait pas ses limites n'était pourtant pas absente : elle apparaissait comme pléthorique, engloutissant ou poursuivant l'enfant. Une défaillance de la représentation visuo-spatiale semblait donc affecter sur un mode isomorphique les représentations cognitives et affectives de l'enfant. Pour compenser ses défaillances, l'enfant utilisait divers mécanismes : 1 / il privilégiait une stratégie séquentielle et analytique pour traiter l'information ; 2 / il projetait le percept non élaboré vers l'extérieur ; 3 / il étayait le visuel sur le moteur ; 4 / il tentait de communiquer la nature de son organisation perceptive particulière en donnant un sens à l'informe qui l'envahissait.

Le statut du dysfonctionnement cérébral était délicat à définir. Dans la mesure où les symptômes diagnostiqués comme épileptiques de l'enfant étaient diffus, sans localisation lésionnelle, il était difficile de les attribuer à un type précis de trouble cérébral, et de leur conférer une fonction déterminante dans les désordres cognitifs et affectifs de l'enfant. Une telle démarche aurait été d'autant plus hasardeuse qu'en l'état actuel des connaissances, l'incidence cognitive précise de l'épilepsie, dont les formes sont très diverses, demeure une question controversée. Néanmoins l'intensité et la spécificité des troubles de l'enfant ont engagé à introduire dans la réflexion la composante cérébrale de sa souffrance. La notion de participation cérébrale sembla pertinente, permettant de relier les symptômes d'hallucinose de l'enfant (sentiment d'être poursuivi par quelqu'un), ses moments d'intense fatigue, ses crises clastiques, et le profil très spécifique de son protocole de Rorschach (avec la présence de « signes organiques », même en l'absence d'une lésion organique démontrée).

Cette étude de cas permit d'analyser certains des mécanismes par lesquels le style cognitif de l'enfant (défaillance dans l'inférence visuelle), sa symptomatologie (distorsion de la projection visuelle) et la spécificité de son activité cérébrale nocturne (évocatrice d'un dysfonctionnement cérébral) étaient en relation de cooccurrence (Plaza et Guitton, 1997).

Le syndrome de Landau-Kleffner, qui met en jeu de façon explicite et simultanée des dysfonctionnements cérébraux, des troubles du comportement, des difficultés de langage et des défaillances cognitives, permet de confirmer l'intérêt d'un modèle intégratif. Nous évoquerons ici la situation d'une petite fille, M..., qui s'était développée de façon harmonieuse jusqu'à l'âge de 6 ans. Vive et volontaire, elle venait d'entrer au cours préparatoire et commençait à apprendre à lire lorsqu'elle présenta des difficultés de langage et des troubles du comportement. Un neurologue consulté constata que l'électroencéphalogramme était très perturbé et lui prescrivit un traitement anti-épileptique. L'état psychique de l'enfant se dégrada. M... présenta des comportements psychopathologiques spectaculaires (elle ne communiquait plus, cherchait à s'étrangler, était constamment agitée). Envoyée en psychothérapie pour des troubles diagnostiqués comme « psychotiques », l'enfant perdit complètement le langage. Au bout de six mois, le diagnostic de syndrome de Landau-Kleffner fut posé. Ce syndrome associe une aphasie, une agnosie auditive, un électroencéphalogramme perturbé et des troubles comportementaux. Après quelques mois d'un traitement à base de corticoïdes et d'anticonvulsivants, M... retrouva progressivement l'audition, le langage, et son agitation décrut.

Lors des premières consultations, l'enfant ne parlait pas du tout, était extrêmement agitée et semblait sourde profonde (bien que ses organes auditifs fussent intègres). Elle ne supportait pas que l'on approche d'elle un micro et interrompait systématiquement le son de la télévision. Lorsque quelqu'un lui parlait, elle lui mettait la main sur la bouche pour le faire taire. Le syndrome de Landau-Kleffner s'accompagne souvent, à la période aiguë, d'une agnosie auditive majeure qui déconnecte totalement l'enfant du monde. M..., petite fille volontaire, tentait de maîtriser à sa façon l'agnosie qui lui était imposée : si elle n'entendait pas, c'était en quelque sorte de son fait. L'agitation incessante de l'enfant peut être mise en relation avec les perturbations cérébrales dont témoignait l'électroencéphalogramme et avec la déconnexion auditive, productrice d'isolement. Mais un troisième élément entre en ligne de compte : c'est l'expérience de l'agnosie. Un jeune homme de 17 ans qui a présenté durant l'enfance un syndrome de Laudau-Kleffner a rapporté que, lors des parties du test des écoutes dichotiques où il ne pouvait traiter le son, il entendait des craquements très désagréables qui lui rappelaient le souvenir douloureux de sa maladie. On peut donc supposer que l'agnosie auditive de ces enfants au plus fort de la crise n'est pas vécue comme un « blanc » (le silence), mais comme une nuisance sonore insoutenable. On comprend leur agitation devant ce monde qu'ils ne peuvent plus décoder, leur recours à la vision et aux gestes, et on comprend aussi le désir de M... de « couper le son ».

Ces deux situations montrent l'intérêt pour le psychologue clinicien de travailler avec un modèle intégratif de co-occurrence et non de causalité simple, en cherchant les correspondances entre les différents registres, afin de contribuer à un véritable diagnostic différentiel. Cela implique une connaissance des différents troubles (en intégrant les données de la psychopathologie et des neurosciences), une solide maîtrise des tests, une capacité à travailler de façon pluridisciplinaire avec d'autres spécialistes (psychiatrie, psychomotricité, orthophonie, neuropsychologie, neurologie, génétique) et une aptitude à intégrer sur un mode dynamique toutes ces informations afin d'en rendre compte aux consultants d'une manière claire.

deuxième partie

PSYCHOPATHOLOGIE GÉNÉRALE

3 les troubles du développement de l'enfant

PAR COLETTE JOURDAN-IONESCU ET SERBAN IONESCU

Prolégomènes à une psychopathologie de l'enfant

• L'enfant ayant longtemps été considéré comme un adulte en réduction, ce sont les connaissances acquises à propos des adultes qu'on appliquait aux jeunes enfants. L'intérêt porté aux enfants et à leur développement remonte aux publications consacrées à l'éducation des enfants difficiles comme par exemple l'ouvrage d'Itard *(L'enfant sauvage)*[1]. La mise en place de l'école obligatoire a accéléré le besoin de connaissances sur le développement normal et atypique de l'enfant.

• Les connaissances en psychopathologie de l'enfant sont elles aussi récentes, elles ne datent que du milieu du XXe siècle (Dumas, 2002). Auparavant, on inférait la compréhension des troubles des enfants à partir des connaissances de la psychopathologie adulte. Cela explique pourquoi, dans les classifications, la psychopathologie de l'enfant occupe souvent encore une place réduite.

• Lorsqu'on parle de pathologie chez l'enfant, on parle de trouble s'éloignant de la norme. Il est donc essentiel de connaître le développement normal des enfants, de fréquenter des enfants qui se développent bien, pour pouvoir être attentif à ce qui est différent dès qu'on est en présence d'un enfant qui vient consulter pour un trouble.

• Comme l'enfant est un être en développement, il est confronté à des déséquilibres qui peuvent entraîner des crises et des « pathologies normales », comme les cauchemars des enfants d'âge préscolaire. Lors de ces crises, l'enfant peut même régresser. L'important est que l'enfant traverse ces crises et que ces pathologies dites « normales » ne s'installent pas... D'autre part, l'enfant étant un être en développement, les symptômes observés à une période donnée peuvent changer, voire disparaître rapidement. On parle donc de trouble seulement quand l'enfant présente une symptomatologie assez stable et qui entraîne une souffrance. On veut ainsi éviter le danger d'une stigmatisation précoce, alors que le développement de l'enfant peut évoluer et rentrer dans la norme.

1. On peut se référer à l'excellent film de François Truffaut *L'enfant sauvage*, basé sur le *Mémoire et rapport sur Victor de l'Aveyron* de Jean Itard (1806) dont François Truffaut tient le rôle.

• Le normal et le pathologique ne doivent pas être considérés comme deux états distincts qu'un large fossé séparerait, mais bien plus comme deux champs qui s'interpénètrent, incluant le « pathologiquement normal » (par exemple, des enfants hypermatures de parents ayant des troubles de santé mentale) et le « normalement pathologique » (bégaiement du début du langage, phobies de la petite enfance, conduites de rupture de l'adolescence, etc.). C'est donc bien plus un continuum sur lequel l'enfant « se promène » durant son évolution.

• Il faut considérer les différences individuelles qui sont importantes dans le développement de l'enfant, d'autant plus que le développement ne se fait pas de manière synchrone (Beauchesne, 1978). Les différences entre les garçons et les filles en constituent un exemple, les garçons privilégiant le développement moteur au détriment de celui du langage, alors que les filles surinvestissent, habituellement, le langage. Pour un enfant particulier, il est donc nécessaire de cerner l'ensemble de son développement avant d'émettre un diagnostic concernant un retard de développement dans un secteur précis, comme celui du langage.

• Des différences culturelles existant au plan de l'expression des symptômes chez l'enfant (de l'anxiété, par exemple) et de leur prévalence (différences mises en évidence, par exemple, dans les études interculturelles conduites avec le *Child Behavior Checklist* de Achenbach (1991) et rapportées par Serafica et Vargas (2006)).

• Tout trouble de l'enfant a une répercussion sur une partie ou sur l'ensemble de son environnement (parents, fratrie, famille élargie, voisin, amis, camarades de classe, collègues de travail des parents, etc.) et est influencé en retour par les réactions de son entourage. La labilité des troubles chez les enfants peut être en lien avec la recherche de la réaction des parents (un enfant présentant des troubles alimentaires d'origine psychogène peut les régler lui-même si ses parents n'y réagissent pas trop, des troubles du sommeil perturbant obligatoirement le sommeil de ses parents seront peut-être plus efficaces comme appel à être entendu).

• Lorsqu'on cherche l'étiologie d'un trouble, il faut souvent réfléchir en termes de pluri-déterminisme impliquant des facteurs de risque individuels (biologiques, de tempérament, par exemple), familiaux (héréditaires, éducatifs, etc.) et environnementaux (réseau de soutien social, accès aux soins, etc.) qui peuvent être associés à l'impact d'événements de vie (aussi simple que la naissance d'un puîné, un déménagement, une séparation, une maladie, un deuil).

• Il est important de situer les troubles de l'enfant dans le cadre de la psychopathologie développementale (Cicchetti, 1990 ; Cowan et Pape Cowan, 2006) afin de prendre en compte les trajectoires de risque pouvant mener de troubles développementaux de l'enfant à des problèmes de santé mentale chez le futur adulte.

• Chez l'enfant, l'évolution de certains troubles peut être très favorable, grâce au processus de maturation et aux capacités de s'appuyer sur des facteurs de protection. Il est donc important de fournir précocement le traitement le plus approprié possible, combinant des interventions avec l'enfant, sa famille et son environnement.

Une démarche d'évaluation diagnostique permettra de recueillir l'information nécessaire à l'établissement d'un diagnostic. Pour cela, il est essentiel d'éclaircir la demande et de recueillir le maximum d'informations sur le développement de l'enfant, notamment par l'anamnèse. L'établissement d'un psychodiagnostic par une évaluation multidimensionnelle (prenant en compte les différents aspects du développement psychomoteur, affectif, cognitif, langagier, social) permet de situer l'enfant/l'adolescent sur le continuum de la santé mentale et de porter un jugement professionnel sur les troubles présentés.

Plusieurs rencontres permettent de juger la labilité propre au développement des enfants et de voir l'évolution de la relation ou la capacité à s'adapter. L'évaluation doit se faire de diverses manières : par le recueil de témoignages de l'entourage (parents, éducatrice, enseignante, médecin, etc.) ; par le recours à l'évaluation dite « armée » d'une batterie d'instruments complémentaires : dessins, tests (dont les qualités psychométriques sont prouvées et qui ont des normes auxquelles on comparera le score de l'enfant), tests projectifs, questionnaires et grilles d'observation.

Pour des raisons didactiques, des exemples d'outils émailleront le chapitre pour mieux s'appliquer aux différents troubles présentés.

A - LES TROUBLES DU DÉVELOPPEMENT DANS LES GRANDES CLASSIFICATIONS INTERNATIONALES

La mise en place de classifications pour regrouper les troubles du développement a permis de développer un langage commun entre les spécialistes de tous les pays. Chaque avancée des connaissances ayant un revers, les spécificités et détails cliniques développés au fil des années sur ces troubles (en France, par exemple) se sont retrouvés en partie « gommés » par les regroupements des classifications internationales. On constate un appauvrissement des éléments cliniques, notamment de la description des caractéristiques diagnostiques. Dans le cadre de la psychopathologie de l'enfant et de l'adolescent, il est encore plus dérangeant de devoir se restreindre à un code et à une description figée ne pouvant rendre totalement compte de la variabilité individuelle du trouble et de la labilité des symptômes propres à ces étapes du développement. Le risque de stigmatisation est donc grand lorsqu'un diagnostic est inscrit rapidement au dossier. La prudence est donc recommandée afin d'éviter qu'un enfant ne se retrouve trop vite étiqueté (« à vie ») pour un trouble qui pourrait disparaître dans les semaines qui suivent.

L'emploi de codes provenant de ces classifications facilite pourtant la standardisation du recueil de signes et les statistiques que l'on doit en faire (données épidémiologiques permettant de situer l'importance d'un trouble). Il est donc important de consigner les codes diagnostiques dans les dossiers médicaux. Cela permet, en effet, une homogénéisation des diagnostics entre spécialistes (communication du diagnostic facilitée). De plus, la réalisation des études épidémiologiques est grandement facilitée, le recueil de données et le traitement des statistiques afférentes se faisant sur des bases uniformes.

Dans la *Classification internationale des maladies* (CIM-10 ; Organisation mondiale pour la santé, 1992/1993), les troubles du développement psychologique se caractérisent par :

— un début obligatoire dans la première ou la deuxième enfance ;
— une altération ou un retard du développement de fonctions étroitement liées à la maturation biologique du système nerveux central ;
— une évolution continue sans rémission ni rechute (ce qui contraste avec l'évolution de nombreux troubles mentaux).

Sous le titre de troubles du développement psychologique sont décrits plusieurs catégories de troubles :

1 / *troubles spécifiques du développement de la parole et du langage* (troubles spécifiques de l'acquisition de l'articulation, troubles du langage de type expressif ou réceptif, aphasie acquise avec épilepsie (syndrome de Landau-Kleffner)) ;
2 / *troubles spécifiques des acquisitions scolaires* (lecture, orthographe, arithmétique) ;
3 / *trouble spécifique du développement moteur* dont la caractéristique essentielle est une altération importante du développement de la coordination motrice (débilité motrice de l'enfant, dyspraxie du développement, trouble de l'acquisition de la coordination) ;
4 / *troubles spécifiques mixtes du développement,* catégorie caractérisée par la présence simultanée d'un trouble spécifique du développement de la parole ou du langage, d'un trouble des acquisitions scolaires ou d'un trouble du développement moteur, sans qu'aucun de ces troubles ne prédomine suffisamment pour pouvoir constituer le diagnostic principal ;
5 / *troubles envahissants du développement,* catégorie qui regroupe principalement l'autisme infantile, le syndrome de Rett, le trouble désintégratif de l'enfance et le syndrome d'Asperger ;
6 / *autres troubles du développement psychologique* (comme l'agnosie du développement) ;
7 / *trouble du développement psychologique sans précision.*

Chacune de ces catégories est repérable dans la CIM par un code composé d'une lettre et de deux chiffres (par exemple, allant de F70 à F79 pour les différentes formes du retard mental). Un quatrième caractère s'ajoute au code afin de spécifier la gravité des troubles. Habituellement, les chiffres 8 et 9 de ce quatrième caractère regroupent les autres troubles (.8) et les troubles sans précision (.9). Le fait de manquer de données d'évaluation valides peut entraîner ces cotations.

Dans le *Manuel diagnostique et statistique des troubles mentaux* (DSM-IV-TR ; American Psychiatric Association, 2000/2003), la catégorie « Trouble du développement » n'existe pas. Les troubles mentionnés ci-dessus à partir de la CIM-10 figurent dans le DSM-IV-TR dans la catégorie « Troubles habituellement diagnostiqués pendant la première enfance, la deuxième enfance ou l'adolescence ». Tous les troubles inclus dans cette catégorie – à l'exception du retard mental – sont notés sur l'Axe I de la classification DSM-IV-TR.

Plusieurs observations sont à faire. Tout d'abord, des remarques de terminologie :

— ce qui est désigné dans la CIM-10 comme « Troubles spécifiques du développement de la parole et du langage » apparaît dans le DSM-IV-TR comme « Troubles de la communication » ;

— les « Troubles spécifiques des acquisitions scolaires » sont désignés comme « Troubles des apprentissages » ;
— le « Trouble spécifique du développement moteur » est dénommé « Trouble des habiletés motrices » ;
— la catégorie « Troubles spécifiques mixtes » ne figure pas dans le DSM-IV-TR ;
— il n'y a pas de différence entre la CIM-10 et le DSM-IV-TR concernant la désignation des « Troubles envahissants du développement ».

Dans le DSM-IV, les troubles ont un code composé, quant à lui, de quatre ou cinq chiffres (pouvant inclure les sous-types du diagnostic).

Enfin, dans la seule classification consacrée aux enfants et adolescents – *la Classification française des troubles mentaux de l'enfant et de l'adolescent révisée* (CFTMEA – R-2000 ; Misès et Quemada, 2002) –, trois chapitres sont concernés par des troubles du développement : le chapitre 1 « Autisme et psychoses » incluant le syndrome d'Asperger et les troubles désintégratifs de l'enfance ; le chapitre 5 « Déficiences mentales » et le chapitre 6 « Troubles du développement et des fonctions instrumentales » (incluant les « troubles de la parole et du langage », les « troubles cognitifs et des acquisitions scolaires », les « troubles psychomoteurs »).

Un ajout très pertinent et original de la dernière révision de la CFTMEA est l'axe 1 Bébé (0-3 ans) incluant, notamment, « Bébés à risque de troubles sévères du développement ». Signalons une autre originalité de cette classification, très adaptée au développement de l'enfant et de l'adolescent, la catégorie 9 « Variations de la normale ».

Dans la CFTMEA – R-2000, la codification des différents troubles inclut la catégorie principale du trouble, le recours à une catégorie complémentaire (par exemple, pour mentionner l'association d'une psychose précoce déficitaire avec un déficit intellectuel) ou des éléments comme le niveau de retard mental.

Dans ce chapitre, nous avons choisi de présenter les principaux troubles du développement regroupés selon la CIM-10. Nous donnerons aussi, lorsqu'il est différent, le nom spécifique du trouble équivalent dans le DSM-IV-TR, ainsi que dans la CFTMEA – R-2000. Les codes dans les classifications respectives seront aussi présentés. Ces codes seront regroupés dans un encadré permettant rapidement de retrouver les troubles dans les classifications respectives. Malgré le fait que dans le DSM-IV-TR, tout comme dans la CFTMEA – R-2000, le code correspondant du trouble dans la CIM-10 est cité, les correspondances ne sont pas forcément aisées à trouver. En effet, les différences entre les terminologies ne rendent pas toujours facile le repérage d'une même séméiologie au sein des trois grandes classifications.

Afin de rendre la présentation du chapitre la plus didactique possible, les mêmes divisions sont reprises pour chaque trouble : Séméiologie[1], Épidémiologie, Étiologie,

1. « Dans le langage courant, les mots sémiologie et séméiologie sont souvent utilisés de manière indifférenciée. Toutefois, certains auteurs, comme Guiraud (1973), recommandent de ne pas confondre *séméiologie* – étude des symptômes et indices naturels par lesquels se manifestent les maladies – avec la *sémiologie*, définie, d'après de Saussure, comme la science qui étudie des signes (langues, codes, signalisation) au sein de la vie sociale (la sémiologie constituerait une partie de la psychologie générale). Bien que les deux termes mentionnés coexistent en psychiatrie et en psychopathologie, nous avons retenu, pour le titre de ce texte, le terme de séméiologie, qui décrit mieux, à notre avis, le contenu présenté » (Ionescu, 1993, p. 236).

Diagnostic différentiel, Traitement et Évolution. Comme pour certains troubles, les informations disponibles dans les publications existantes sont beaucoup plus nombreuses que pour d'autres, les différentes parties de ce chapitre sont de taille inégale. Parfois, certaines données sont même absentes.

B - TROUBLES SPÉCIFIQUES DU DÉVELOPPEMENT DE LA PAROLE ET DU LANGAGE (CIM) OU TROUBLES DE LA COMMUNICATION (DSM) OU TROUBLE DE LA PAROLE ET DU LANGAGE (CFTMEA)

Le développement du langage est altéré alors qu'il n'y a pas d'anomalie neurologique, de l'appareil phonatoire, de trouble sensoriel ou de déficience intellectuelle. On doit aussi vérifier que le trouble n'est pas simplement lié à l'environnement (l'enfant étant tout à fait capable de bien parler, mais ses parents ayant ce trouble d'articulation, par exemple).

La catégorie des troubles du développement de la parole et du langage fait l'objet de désaccords en ce qui concerne la classification de tous les troubles (Dumas, 2002 ; Rogé et Chabrol, 2003). Les critères diagnostiques reflètent mal la complexité des problèmes rencontrés : certains troubles semblent avoir disparu (dysphasie de développement), alors que d'autres peuvent se recouper d'une classification à l'autre (trouble de type expressif et mixte dans le DSM-IV-TR). Des études longitudinales permettant de préciser la trajectoire développementale de ces troubles apparaissent nécessaires. Ces désaccords ont entraîné une perte manifeste de détails cliniques concernant certains troubles autrefois très bien décrits (par exemple, le bégaiement ou le zézaiement).

I - Troubles spécifiques de l'acquisition de l'articulation (CIM) ou troubles phonologiques (DSM) ou trouble isolé de l'articulation (CFTMEA)

CIM-10	F80.0
DSM-IV-TR	315.39
CFTMEA – R-2000	6.00

a. Séméiologie

L'enfant possède un niveau linguistique normal, mais son utilisation des phonèmes montre un retard de développement, son langage ressemble donc à celui d'un enfant plus jeune. L'enfant articule et prononce mal ; selon la gravité du trouble, il est plus ou moins difficile à comprendre.

On relève des difficultés d'articulation de certains phonèmes, des omissions, des substitutions ou déformations de phonèmes et des variations dans la combinaison des phonèmes.

b. Épidémiologie

Les estimations varient avec l'âge :

— environ 2 % des enfants de 6-7 ans présentent un trouble phonologique de modéré à sévère, malgré une prévalence plus élevée des formes légères ;
— la prévalence tombe à 0,5 % vers l'âge de 17 ans.

Ce trouble est plus fréquent chez les sujets de sexe masculin.

c. Étiologie

Un caractère familial a été mis en évidence dans certaines formes du trouble phonologique. Ajuriaguerra et Marcelli (1982) évoquaient aussi la signification psychoaffective visible de certains de ces troubles.

d. Traitement

La prise en charge précoce du trouble spécifique de l'acquisition de l'articulation est essentielle en raison du retentissement de ce trouble sur les apprentissages scolaires et sur les relations sociales (moqueries habituelles). Une prise en charge orthophonique ainsi qu'une implication des parents est nécessaire. Les parents sont entraînés à parler à leur enfant en articulant bien et à leur faire répéter les phonèmes mal prononcés.

II - Troubles de l'acquisition du langage de type expressif (CIM et DSM) ou retard de parole (CFTMEA)

CIM-10	F80.1
DSM-IV-TR	315.31
CFTMEA – R-2000	6.010

a. Séméiologie

Les enfants qui présentent ce trouble comprennent bien le langage parlé, mais ont des difficultés à s'exprimer. Aussi bien au plan quantitatif (significativement moins grand nombre de mots acquis que la moyenne des enfants du même âge), que pour la structure des phrases (phrases incomplètes, mal formées, règles grammaticales non respectées), le langage et sa fluidité sont limités. Ce trouble s'accompagne souvent de difficultés d'articulation et de troubles de mémoire (difficultés à se rappeler des mots).

b. Épidémiologie

Les estimations varient avec l'âge :

— retards de langage assez fréquents chez les enfants de moins de trois ans (chez 10-15 % des enfants) ;
— troubles moins fréquents à l'âge scolaire (3-7 %).

On note, ici aussi, une plus grande fréquence du trouble chez les sujets de sexe masculin.

c. *Étiologie*

La forme développementale est plus courante que la forme acquise et plus susceptible de survenir chez les sujets ayant des antécédents familiaux de troubles de la communication ou de troubles des apprentissages. On note aussi une possible carence environnementale dans la genèse de ces troubles.

d. *Diagnostic différentiel*

Pour faire ce diagnostic, on doit prendre soin de vérifier que l'enfant ne présente pas de problème au plan des capacités de communication sociale non verbale, de l'emploi de signes non verbaux (mimiques, gestes) et de langage intérieur s'exprimant dans les jeux d'imagination. Le diagnostic d'autisme est alors rejeté.

III - Troubles de l'acquisition du langage de type réceptif (CIM) et trouble du langage de type mixte réceptif-expressif (DSM) ou dysphasie (CFTMEA)

CIM-10	F80.2
DSM-IV-TR	315.31
CFTMEA – R-2000	6.012

a. *Séméiologie*

La difficulté rencontrée par l'enfant pour comprendre montre que son langage est inférieur à celui des enfants de même âge. On parle souvent de trouble mixte réceptif-expressif car on note habituellement la présence concomitante de troubles phonétiques. L'enfant semble perdu dès qu'il doit suivre des consignes (qu'il ne comprend pas). Ce trouble s'accompagne souvent aussi de difficultés d'articulation et mnésiques.

b. *Épidémiologie*

Trouble moins fréquent que le trouble du langage de type expressif. Les estimations varient avec l'âge :

— jusqu'à 5 % des enfants d'âge préscolaire présentent ces troubles ;
— troubles moins fréquents à l'âge scolaire (3 %).

c. *Étiologie (du trouble mixte réceptif-expressif)*

Une composante génétique peut être inférée de la fréquence plus grande que, dans la population générale, chez les garçons et chez les apparentés biologiques de premier degré de sujets présentant ce trouble.

d. Diagnostic différentiel

Les formes plus graves de trouble de l'acquisition du langage de type réceptif se retrouvent chez des enfants qui peuvent répondre par écholalie aux paroles sans sens pour eux et qui présentent un retard au plan du développement social. Par contre, même s'ils semblent ressembler aux enfants autistes, ils ont des interactions sociales normales, jouent à des jeux de faire semblant et apparaissent normalement attachés à leurs parents.

IV - Aphasie acquise avec épilepsie (syndrome de Landau-Kleffner) (CIM) ou aphasie acquise avec épilepsie (CFTMEA)

CIM-10	F80.3
DSM-IV-TR	–
CFTMEA – R-2000	6.020

a. Séméiologie

Trouble caractérisé par un premier développement normal du langage qui est suivi par une perte des acquisitions langagières aussi bien au plan réceptif qu'expressif. On note lors de la survenue du trouble (habituellement perte brutale des habiletés entre trois et sept ans) des anomalies paroxystiques à l'électroencéphalogramme et, dans la majorité des cas, des crises d'épilepsie. Dans sa forme développementale, l'altération du langage expressif n'est pas liée à une lésion neurologique post-natale d'origine connue. Les enfants ayant cette forme commencent souvent à parler tardivement et abordent les différentes étapes de l'acquisition du langage expressif plus lentement que la norme.

b. Épidémiologie

Le syndrome de Landau-Kleffner et d'autres variantes de formes acquises sont relativement rares.

c. Étiologie

L'étiologie du trouble est inconnue, on suppose d'après les symptômes qu'il pourrait s'agir d'un processus encéphalitique inflammatoire, conséquence d'une maladie neurologique ou d'une affection médicale générale (par exemple, encéphalite, traumatisme crânien, irradiation).

d. Évolution

L'évolution est très variable ; dans un tiers des cas, on note une guérison complète, alors que, dans les deux autres tiers, les enfants gardent un déficit langagier plus ou moins important sur le plan réceptif.

V - Autres troubles du développement de la parole et du langage (CIM et CITMEA)

CIM-10	F80.8
DSM-IV-TR	–
CFTMEA – R-2000	6.08

Selon la CIM est inclus ici le zézaiement. Ajuriaguerra et Marcelli (1982) décrivent deux sigmatismes :

— le sigmatisme interdental (plus communément connu sous le terme de *zézaiement*) qui se caractérise par une mauvaise position de la langue trop proche ou entre les incisives et

— le sigmatisme latéral (*schlintement* ou *chuintement*) caractérisé par un écoulement d'air latéral. Dans ce cas, il est important de faire le diagnostic différentiel d'un trouble consécutif à une malformation de la voûte palatine qui devra être traitée médicalement.

Le DSM-IV-TR inclut toutefois dans le trouble phonologique la blésité (mauvaise articulation des sifflantes).

VI – Mutisme électif (CIM), mutisme sélectif (DSM et CFTMEA)

CIM-10	F94.0
DSM-IV-TR	313.23
CFTMEA – R-2000	6.031

a. Séméiologie

Trouble caractérisé par le fait que l'enfant ne parle pas dans certaines conditions. Il peut s'agir d'un *mutisme intra-familial* envers certaines personnes (par exemple, l'enfant ne parlant, en chuchotant, qu'à sa mère), mais le plus souvent, il s'agit d'un *mutisme social* ou *extra-familial* (à la garderie, en groupe, à l'école, etc.). Le trouble interfère avec la réussite scolaire et avec la communication sociale. Les enfants présentant ce trouble sont souvent timides et ont tendance à faire preuve d'attachement excessif et de retrait social.

b. Épidémiologie

Le trouble est relativement rare et, selon le DSM, légèrement plus fréquent chez les filles.

c. Diagnostic différentiel

Pour faire ce diagnostic, on doit éliminer les périodes de changement (par exemple, première semaine après l'entrée en garderie ou arrivée dans un pays dont l'enfant ne parle pas la langue) et les autres troubles de la parole et du langage pouvant expliquer ce mutisme (par exemple, le bégaiement).

VII - Bégaiement

CIM-10	F98.5
DSM-IV-TR	307.0
CFTMEA – R-2000	6.04

Le bégaiement est regroupé dans la CIM-10, parmi les autres troubles du comportement et autres troubles émotionnels apparaissant habituellement durant l'enfance ou à l'adolescence, avec des troubles très divers comme l'énurésie, l'encoprésie, le trouble de l'alimentation de la première et deuxième enfance, le pica, les mouvements stéréotypés. Dans le DSM-IV-TR, il est plus logiquement inclus dans les troubles de la communication. De même, dans la CFTMEA, le bégaiement figure dans les troubles de la parole et du langage. Enfin, Michel Lemay (1999) situe le bégaiement dans les troubles articulatoires.

a. Séméiologie

Ce trouble du langage se définit par une altération marquée de la fluence verbale caractérisée par des répétitions de sons ou de syllabes. Suivant Ajuriaguerra et Marcelli (1982), on peut distinguer deux formes de blocage dans le discours :

— le bégaiement clonique qui est marqué par une répétition involontaire, saccadée et explosive d'un phonème, souvent le premier de la phrase (« je-je-je-je-je-je pense... ») et

— le bégaiement tonique qui se caractérise par un blocage et une impossibilité d'émettre un son pendant un certain temps. Des efforts et des syncinésies[1] pour reprendre le cours du discours sont observables.

Les deux types de bégaiement coexistent très souvent.

Progressivement, l'enfant prend conscience de son trouble très handicapant au plan des relations sociales, et cela entraîne une modification de ses interactions avec les autres. Confronté à l'échec, il vit des états de tension qui s'accentuent dans les moments les plus importants pour lui. Cela peut l'amener à renoncer à toutes sortes d'opportunités. Lorsque l'enfant chante, récite une comptine ou un poème qu'il a appris, habituellement le bégaiement s'estompe.

Le bégaiement peut être associé à d'autres troubles du langage.

b. Épidémiologie

De 1 % chez les enfants, la prévalence du bégaiement diminue à 0,8 % chez les adolescents. Selon le DSM, la sex ratio est de 3G : 1F.

c. Étiologie

Les études sur les jumeaux et dans les familles apportent des arguments en faveur d'un facteur génétique (probabilité d'un risque de bégaiement trois fois supérieur chez les apparentés du premier degré de sujets atteints). On peut aussi voir des cas de bégaiement apparaissant après un traumatisme.

1. Contraction involontaire d'un muscle lors d'un mouvement volontaire.

d. Diagnostic différentiel

Il est très important de distinguer le bégaiement des altérations normales de la fluence qui sont retrouvées chez les jeunes enfants au cours de l'acquisition du langage. Ajuriaguerra et Marcelli (1982) parlent même de « bégaiement physiologique » entre trois et cinq ans. L'enfant a alors du mal à exprimer tout ce qu'il a à dire.

e. Traitement

Au plan préventif, il est essentiel d'être attentif aux premiers signes d'apparition du bégaiement. Lorsque l'enfant est jeune et que le trouble n'est que transitoire, il est important de favoriser sa disparition : conseils aux parents (demander à l'enfant de respirer profondément avant de parler, surtout lorsqu'il est énervé et veut vite communiquer une information essentielle) et relaxation. Lorsque le trouble est installé, chez l'enfant plus âgé, de la rééducation orthophonique et une psychothérapie doivent être entreprises.

f. Évolution

Apparaissant insidieusement au cours du développement du langage (entre deux et sept ans), le bégaiement se transforme progressivement en problème chronique. Quand l'enfant prend conscience de son trouble et qu'il en constate les conséquences sociales, il met en place des stratégies d'évitement : linguistiques (éviter certains mots, modifier le rythme de son discours pour ne pas devoir parler vite), situationnelles (éviter de parler en public, de faire des exposés, de parler au téléphone ou dans toutes les autres situations qui le mettent mal à l'aise).

La disparition spontanée du trouble constatée chez certains jeunes (pouvant aller jusqu'à 60 % des cas) ne justifie pas de laisser de côté l'abord préventif précoce et le traitement. Ceux-ci sont, en effet, nécessaires en raison des sérieuses conséquences individuelles et sociales du trouble. Le bégaiement peut être guéri dans 80 % des cas et habituellement avant la fin de l'adolescence.

C - TROUBLES SPÉCIFIQUES DES ACQUISITIONS SCOLAIRES (CIM) OU TROUBLES DES APPRENTISSAGES (DSM)

I – Trouble mixte des acquisitions scolaires

CIM-10	F81.3
DSM-IV-TR	–
CFTMEA – R-2000	–

a. Séméiologie

Le trouble mixte des acquisitions scolaires (F81.3 dans la CIM-10) est inclus ici puisque ce sont les troubles pour lesquels on relève à la fois des difficultés significatives en lecture ou orthographe et mathématiques ; plus communément appelés troubles des apprentissages.

On parle de troubles des acquisitions scolaires lorsque les modalités habituelles d'apprentissages sont perturbées dès le début de la scolarité. Le diagnostic de troubles des apprentissages est fait lorsque le sujet présente une performance nettement inférieure (à moins deux écart types de la moyenne) à des tests scolaires standardisés (lecture, écriture, mathématiques) selon son âge, son niveau scolaire et son niveau intellectuel. En effet, un retard de lecture d'un an n'a pas la même valeur à sept et à quatorze ans. Une faible estime de soi et des difficultés dans la vie courante (où il faut compter, lire ou écrire) sont souvent associées. Dans la majorité des cas, on a noté auparavant des troubles du langage. Il est important de considérer les stimulations reçues dans l'environnement familial et les aides apportées à l'école avant d'émettre un tel diagnostic.

b. Épidémiologie

La prévalence est comprise entre 2 et 10 % selon les modalités d'évaluation et les définitions employées. Environ 5 % des élèves des écoles publiques aux États-Unis sont repérés comme ayant un Trouble des apprentissages. De façon générale, « les garçons ont plus de problèmes de lecture et d'autres difficultés d'apprentissage » (Zahn-Waxler *et al.,* 2006, p. 88).

c. Étiologie des troubles d'apprentissage

Les diverses manifestations de ces troubles correspondent aux différentes influences de facteurs biologiques, psychologiques, éducatifs et sociaux.

d. Diagnostic différentiel

Certaines vérifications sont importantes avant de poser le diagnostic de trouble d'apprentissage. S'agit-il plutôt de l'impact d'un trouble visuel ou auditif ? Il est donc nécessaire de faire un bilan de la vision et de l'audition. Ce trouble ne cache-t-il pas une baisse d'investissement de la scolarité suite à un événement stressant ou à un traumatisme ? L'anamnèse permet d'apporter la réponse à cette question. S'agit-t-il bien de difficultés d'apprentissage à l'école sans fonctionnement intellectuel inférieur à la norme et sans problème de développement social ? Un examen psychologique du niveau intellectuel et des comportements adaptatifs permettra de rejeter l'hypothèse de déficience intellectuelle et de vérifier que les performances sont normales dans tous les secteurs (notamment visuo-spatial). L'enfant pleure-t-il très souvent sans raison, en lien avec les difficultés d'apprentissage ? Si c'est le cas, il faudra alors plutôt envisager un trouble dépressif. L'enfant présente-t-il un déficit d'attention ? Une évaluation psychologique avec des tests d'attention ainsi qu'une description détaillée du contexte d'apparition des symptômes apportera des réponses à cette question.

e. Traitement

Il s'agit de proposer à l'enfant une aide en classe, un soutien pour les devoirs, l'amélioration de ses apprentissages grâce à différents jeux (il existe toutes sortes de jeux pédagogiques pour apprendre les mots, pour jouer avec les chiffres, etc. Même les simples jeux de cartes permettent de se familiariser avec les chiffres). Les parents doivent valoriser les efforts de l'enfant et travailler de concert avec l'enseignant (en lui demandant, au besoin, un allégement des devoirs pour se centrer sur les principales difficultés de l'enfant).

f. Évolution

Si les troubles d'apprentissage ne sont pas pris en charge, le risque est que l'enfant désinvestisse l'école. On peut alors penser qu'il pourra y avoir abandon scolaire, dévalorisation sociale, non professionnalisation et risque de marginalisation.

II - Trouble spécifique de la lecture (CIM), trouble de la lecture (DSM) ou trouble lexicographique avec dyslexie isolée (CFTMEA)

CIM-10	F81.0
DSM-IV-TR	315.00
CFTMEA – R-2000	6.10

Même si les symptômes de ce trouble peuvent être retrouvés dès l'âge préscolaire, beaucoup d'enfants affectés par ce trouble ne sont dépistés que tardivement (CM1 ou même plus tard) ou même non diagnostiqués alors qu'ils ont éprouvé de grandes difficultés d'apprentissage de la lecture. Bien qu'il constitue la difficulté d'apprentissage la plus répandue, ce trouble est donc insuffisamment dépisté.

Très employé dans le langage courant, le terme dyslexie (apparu dès 1835) semble avoir disparu des classifications internationales actuelles (à l'exception de la CFTMEA). Cela rejoint les difficultés terminologiques associées aux troubles d'apprentissage évoquées par Van Grundenbeeck (1999).

a. Séméiologie

Les enfants qui manifestent ce trouble présentent des difficultés de lecture : difficultés à déchiffrer les mots et à les reconnaître, à lire et à comprendre ce qu'ils lisent. Sans problème d'ordre intellectuel ni visuel, ils présentent des omissions dans la lecture ou l'épellation (*arbe* pour *arbre* ; *ta* pour *table*), des substitutions (*main* pour *doigt*), des inversions (*ro* pour *or, cir* pour *cri*), des additions de mots ou de parties de mots (*escapade* devient *cascapade*), des confusions de graphèmes dont la correspondance graphique ou phonétique est proche (*b-d, p-q, s-ch, l-m, f-v, a-an,* etc.). La lecture stagne au décodage lent (avec difficultés de suivi des lignes) et la compréhension de ce qui est lu est difficile. Les enseignants repèrent ces enfants surtout par la confusion des sons, l'inversion de syllabes ou de lettres. Des difficultés de mémoire immédiate, la persistance de fautes lors du recopiage, des difficultés temporo-spatiales sont d'autres signes qui attirent l'attention. Ce trouble se manifeste habituellement dès les premières années de scolarité, mais c'est seulement lors de la deuxième année de scolarité de primaire que l'on peut faire ce diagnostic, l'ensemble des enfants du cours préparatoire faisant ce type d'erreurs lors de l'apprentissage de la lecture.

Les enfants ayant un trouble spécifique de la lecture peuvent souffrir d'une faible estime de soi, de démoralisation et d'habiletés sociales déficitaires. Cela entraîne des difficultés d'adaptation à l'école (Heim et Benasich, 2006). Certains outils permettent de repérer ces signes : le test de l'alouette de Lefavrais, le *Boder test of reading-spelling pattern* de Boder et Jarrico (voir Rainville et Volle, 1998) ou bien le test de dyslexie de Griffin-Walton-Ward).

b. Épidémiologie

La prévalence du trouble de la lecture est difficile à établir car beaucoup d'études s'intéressent à la prévalence des troubles des apprentissages sans prendre soin de différencier les troubles spécifiques de la lecture, du calcul ou de l'expression écrite. Or, le trouble de la lecture est le plus commun des troubles d'apprentissage (80 % des cas) et peut être associé aux autres troubles d'écriture ou de mathématiques. La prévalence du trouble de la lecture aux États-Unis est estimée à 4 % des enfants d'âge scolaire. Rogé et Chabrol (2003) évoquent une prévalence du trouble de lecture variant entre 2 et 8 % chez les enfants d'âge scolaire. Pour Habib (2004), la dyslexie touche de 6 à 15 % de la population des enfants d'âge scolaire. Un profil d'incidence et de prévalence plus bas peut être retrouvé dans certains pays où des critères plus stricts sont utilisés. On note une prédominance des garçons présentant des difficultés d'apprentissage de la lecture (3 à 5 pour une fille). Les demandes de consultation sont souvent biaisées en faveur de l'identification des garçons, car ceux-ci présentent plus souvent des comportements perturbateurs associés au trouble de la lecture ; mais on estime que 60 à 80 % des sujets pour lesquels est porté le diagnostic sont de sexe masculin. Lorsqu'on utilise une procédure diagnostique soigneuse et des critères stricts, plutôt que les méthodes habituelles de diagnostic fondé sur le signalement scolaire, on constate que le trouble survient avec une fréquence égale chez les garçons et les filles.

c. Étiologie

Différentes étiologies sont citées. L'étiologie génétique est appuyée par le fait qu'un trouble de la lecture est retrouvé dans une même famille chez plusieurs personnes (incidence dans la fratrie de 40 % et chez les ascendants au premier degré de 25 à 49 %) et que ce résultat est confirmé par les études conduites sur les jumeaux. On note qu'un défaut de maturation du cerveau, des anomalies fonctionnelles voire structurelles des circuits cérébraux du langage, des déficits phonologiques, de la mémoire à court terme, un temps de traitement de l'information plus long et des déficits d'ordre visuel, spatial, mnésique peuvent être dépistés. Selon Habib (2004), une particularité morphologique peut être retrouvée dans le cerveau dyslexique (niveau pariétal, aire de Broca ou cervelet). On note aussi pour certains enfants un trouble de nature perceptive auditive (Habib, 2004). On ne doit pas négliger l'expérience psychologique de l'enfant et son rapport au langage qui peuvent être altérés par des éléments génétiques et neuropsychologiques (voir Plaza et Cohen, chap. 2 de ce même ouvrage).

La prématurité, le retard de croissance intra-utérin, la souffrance néo-natale ou des anomalies génétiques ou hormonales risquent d'altérer la répartition des fonctions de chaque hémisphère cérébral et de constituer des causes du trouble. Le contexte familial a été souvent incriminé à tort. Toutefois, des facteurs familiaux aggravants sont parfois constatés : encadrement pédagogique inadéquat, mauvaises conditions d'apprentissage (devoirs scolaires avec la télévision allumée) et absence de modèle de la part des parents (qui ne lisent jamais, n'encouragent pas les efforts de leur enfant pour l'apprentissage de la lecture et pour l'investissement de l'école, dévalorisent les enseignants).

d. Traitement et évolution

Un dépistage et une prise en charge précoce (dès la maternelle) permettent d'offrir toutes les chances à l'enfant de dépasser son trouble. Les parents participent au traitement par des stimulations musicales, des voix enregistrées, des exercices grapho-auditifs (basés entre autres sur la méthode Borel-Maisonny qui établit une relation entre le geste de l'écriture d'un son et le phonème correspondant). Une non-prise en charge peut conduire à l'échec scolaire, l'analphabétisme et à leurs nombreuses conséquences sociales.

III - Trouble spécifique de l'arithmétique (ou du calcul, d'apprentissage des mathématiques ou dyscalculie) (CIM et CFTMEA), trouble du calcul (DSM)

CIM-10	F81.2
DSM-IV-TR	315.1
CFTMEA – R-2000	6.11

a. Séméiologie

Compte tenu de l'âge de l'enfant, de son niveau intellectuel, on doit relever :

— une note inférieure à deux écarts types du niveau escompté à des tests standardisés de calcul (ou retard d'un an pour les difficultés légères d'apprentissage des mathématiques et de deux ans pour les difficultés graves) ;
— une interférence courante avec la réussite scolaire et les activités quotidiennes ;
— l'absence de trouble de lecture[1] ;
— la présence de difficultés dès le début de la scolarité (cependant, le trouble est souvent révélé seulement en CE2 ou CM1 lorsque les apprentissages deviennent plus complexes).

1. Toutefois, la comorbidité est très fréquente.

b. Épidémiologie

Le trouble du calcul isolé (c'est-à-dire non associé à d'autres troubles des apprentissages) constitue environ 1/5 des troubles des apprentissages. On estime que de 1 à 5 % des enfants d'âge scolaire ont un trouble spécifique de l'arithmétique, aucune différence n'étant apparente selon le sexe.

IV - Trouble de l'orthographe (ou de l'expression écrite ou dysorthographie) (CIM), trouble de l'expression écrite (DSM) ou trouble de l'orthographe sans trouble de la lecture (CFTMEA)

CIM-10	F81.8
DSM-IV-TR	315.2
CFTMEA – R-2000	6.101

La CIM décrit un trouble ciblé sur l'orthographe (rejetant les difficultés de lecture souvent associées). D'autres auteurs regroupent la dysorthographie avec la dyslexie ou le trouble d'apprentissage de la lecture car ceux-ci entraînent une dysorthographie. Toutefois, des problèmes de dysorthographie peuvent être retrouvés chez des enfants sans trouble de lecture.

a. Séméiologie

En l'absence de déficit sensoriel et intellectuel, on constate des capacités d'expression écrite à des tests d'orthographe standardisés nettement inférieures (moins deux écart types sous la moyenne) à ce qui est attendu en fonction de l'âge et du niveau intellectuel de l'enfant. Ce trouble interfère avec la réussite scolaire et les activités de la vie courante. Banales au début de l'apprentissage, on constate des difficultés au niveau de la copie de texte, des dictées et de la production de textes. De nombreuses fautes d'orthographe, des confusions de genre et de nombre, des erreurs de grammaire, des fautes de ponctuation, de construction de paragraphe et de plan de texte sont constatés. Les enfants qui présentent ce trouble ont de gros problèmes pour écrire à la main (dysgraphie). Le trouble de l'expression écrite est rarement isolé, il est normalement associé à un trouble de lecture.

b. Épidémiologie

Comme ce trouble n'apparaît pratiquement pas isolé, on retrouve très peu de données épidémiologiques. Toutefois, Plaza (1999) évoque 5 à 6 % des enfants scolarisés qui auraient des troubles spécifiques de langage écrit.

c. Traitement

Une intervention au plan scolaire (soutien en classe, aide orthopédagogique) et familiale (encadrement, soutien et attentes réalistes des parents envers l'enfant) sont essentielles. Du counseling peut être ajouté pour soutenir à long terme la motivation de l'enfant et de la famille.

d. Évolution

Le trouble doit être diagnostiqué à la fin du cours préparatoire. Il entraîne des répercussions importantes sur la scolarité des enfants. Si le trouble est pris en charge précocement, il peut évoluer favorablement, sinon des répercussions socioprofessionnelles sont évidentes.

D - TROUBLE SPÉCIFIQUE DU DÉVELOPPEMENT MOTEUR (CIM), TROUBLE DE L'ACQUISITION DE LA COORDINATION (DSM) OU RETARD PSYCHOMOTEUR (TROUBLES SPÉCIFIQUES DU DÉVELOPPEMENT MOTEUR) (CFTMEA)

CIM-10	F82
DSM-IV-TR	315.4
CFTMEA – R-2000	6.20

Dans les classifications internationales, ce trouble exclut l'instabilité ou le trouble déficit de l'attention/hyperactivité.

a. Séméiologie

La caractéristique majeure de ce trouble est une perturbation importante du développement de la coordination motrice, sans affection neurologique spécifique. Cela explique sans doute pourquoi, dans le DSM-IV-TR, la seule entité décrite dans le domaine moteur est appelée « Trouble de l'acquisition de la coordination ».

Les manifestations de ce trouble varient en fonction de l'âge et du niveau de développement. Les plus jeunes enfants peuvent présenter une maladresse et des retards dans les étapes du développement psychomoteur (par exemple, ramper, s'asseoir, marcher). Cela peut se manifester aussi par une démarche maladroite, par le fait d'être lent à apprendre à courir, à sauter ou à monter et à descendre les escaliers. L'enfant peut avoir des difficultés pour apprendre à nouer ses lacets, à boutonner et déboutonner ses vêtements, à lancer et à attraper des balles. Il peut présenter une maladresse qui s'exprime dans une tendance à laisser tomber les objets, à trébucher, à buter sur des obstacles. Les enfants plus âgés peuvent présenter des difficultés à assembler des puzzles, à construire des maquettes, à utiliser le clavier de l'ordinateur ou à écrire à la main. On note fréquemment des difficultés dans le domaine visuo-spatial.

La coordination motrice de l'enfant peut être évaluée avec des épreuves standardisées de motricité fine ou globale. Le diagnostic peut être fait lorsque les résultats sont significativement inférieurs au niveau attendu pour l'âge et le niveau intellectuel de l'enfant (le score seuil est situé à deux écart types au-dessous du niveau escompté).

Le diagnostic n'est fait que si la perturbation de la coordination interfère de manière significative avec la réussite scolaire ou les activités de la vie courante. La perturbation du développement de la coordination motrice n'est pas imputable à un retard intellectuel global ou à une affection neurologique spécifique (infirmité motrice cérébrale, hémiplégie ou dystrophie musculaire). Dans le DSM-IV-TR, il est mentionné que des problèmes de coordination peuvent être associés à des troubles neurologiques spécifiques (par exemple, infirmité motrice cérébrale, lésions progressives du cervelet), mais que dans ce cas, il existe une lésion neurologique définie et des anomalies à l'examen neurologique. S'il existe un retard intellectuel, les problèmes de coordination dépassent ceux habituellement associés à ce trouble.

Le trouble spécifique du développement moteur peut être associé à des troubles de l'articulation (trouble phonologique), à des troubles du langage de type expressif ou mixte réceptif-expressif.

Dans les troubles des conduites motrices, on peut aussi citer la débilité motrice isolée il y a un siècle par Dupré (caractérisée par l'association d'une grande maladresse gestuelle, de syncinésies importantes et d'une paratonie[1] exagérée) et la dyspraxie associant, à la maladresse, des perturbations du schéma corporel et de la représentation spatio-temporelle, un échec scolaire et des aspects dépressifs.

b. Épidémiologie

On estime que la prévalence du trouble de l'acquisition de la coordination peut atteindre 6 % des enfants âgés de 5 à 11 ans.

c. Traitement

Une rééducation psychomotrice associée à de la relaxation permet de rendre la coordination de meilleure qualité. Une thérapie de soutien associée aidera l'enfant à améliorer son estime de soi, à surmonter les moqueries dont il est l'objet, à soutenir sa motivation et à valoriser les progrès effectués.

d. Évolution

L'évolution est variable et liée à la prise en charge précoce. Dans certains cas, le manque de coordination persiste à l'adolescence et à l'âge adulte.

E - TROUBLES ENVAHISSANTS DU DÉVELOPPEMENT

L'expression « troubles envahissants du développement » reflète l'impact d'un trouble qui se manifeste précocement et touche toutes les fonctions de base entraînant d'autres perturbations en cascade (Rogé et Chabrol, 2003). Dans le DSM-IV, les troubles envahissants du développement regroupent le trouble autistique, le syndrome de Rett,

1. Grande difficulté, voire impossibilité à obtenir un relâchement musculaire actif.

le trouble désintégratif de l'enfance, le syndrome d'Asperger et le trouble envahissant non spécifié. Cet ensemble de troubles est hétérogène par le degré d'altération, par la présence de troubles associés (déficience intellectuelle, épilepsie ou troubles du comportement). Le nombre d'enfants diagnostiqués comme ayant un trouble envahissant du développement a beaucoup augmenté ces dernières années grâce à une meilleure connaissance des symptômes, de la définition et à un dépistage plus efficace.

I - Autisme infantile (CIM) ou trouble autistique (DSM) ou autisme infantile précoce - type Kanner (CFTMEA)

CIM-10	F84
DSM-IV-TR	299.00
CFTMEA – R-2000	1.00

Décrit pour la première fois par Kanner en 1943 sur un groupe de 11 enfants, l'autisme se caractérise par trois types de perturbations (triade autistique) : anomalies qualitatives de l'interaction sociale, anomalies qualitatives de la communication et intérêts restreints avec comportements répétitifs et stéréotypés (Rogé, 2003).

a. Séméiologie

• *Anomalies qualitatives de l'interaction sociale ou isolement autistique :* on note une absence d'attitude anticipatrice (absence de dialogue tonique du bébé qui donne l'impression d'être un « sac de farine » et ne tend pas les bras), de contact par le regard, de réponse par le sourire ou la mimique. La gamme des expressions faciales et gestuelles est restreinte ; il semble y avoir une indifférence aux autres, une absence d'attachement sélectif (les parents sont peinés de voir que leur enfant ne semble pas les reconnaître).

• *Anomalies qualitatives de la communication ou trouble des communications verbales et non verbales :* la moitié des autistes ne parlent jamais, si le langage se développe il n'a souvent aucune valeur de communication, de plus la communication non verbale est limitée, voire absente. Il y a des anomalies du rythme et de l'intonation du langage ; on note souvent la présence d'écholalie et d'une utilisation inadéquate des pronoms personnels (les autistes n'emploient pas le « je » qui est remplacé par tu ou le prénom de l'enfant).

• *Intérêts restreints avec comportements répétitifs et stéréotypés ou besoin d'immutabilité :* outre une résistance au moindre changement d'environnement et d'horaire, on note des jeux répétitifs très différents des jeux des autres enfants (avec manipulation pauvre et usage répétitif des objets, absence d'imitation à caractère social, pas de « faire semblant »). S'ils parlent, les autistes posent souvent les mêmes questions (pas forcément appropriées dans la communication, par exemple, « toi, combien tu pèses ? »), font des mouvements stéréotypés (comme des balancements du corps, des battements des bras, des mouvements des mains devant les yeux).

Ces symptômes apparaissent avant l'âge de 36 mois. Toutefois, les signes de l'autisme peuvent être relativement discrets lorsque l'enfant est jeune. Plus l'enfant grandit et se confronte aux apprentissages (langage, scolarisation), plus il se distingue tout en révélant de grandes différences individuelles.

Il existe d'autres signes comme des réponses perturbées aux stimuli sensoriels (réactions surprenantes aux stimulations de l'environnement ou à des sensations internes, par exemple, rire en faisant tourner un objet), des anomalies motrices, des affects inappropriés, des troubles au niveau du sommeil et de l'alimentation (alimentation passive, rejet des aliments solides, refus des changements, rigidité des choix, etc.), des crises en relation avec les difficultés de compréhension et, pour quelques-uns, des performances exceptionnelles dans un domaine comme les mathématiques ou la musique (voir, par exemple, la mémoire exceptionnelle du personnage joué par Dustin Hoffman dans le film classique sorti en 1989, « Rain man », de Barry Levinson).

Évidemment, les conséquences de ce trouble sur la vie familiale sont importantes et les parents peuvent vivre de l'épuisement. Il est très difficile pour les parents de garder un équilibre entre leur vie de couple, leur vie personnelle, la vie centrée sur l'enfant autiste, les autres enfants de la fratrie et la société.

Dans le cas de l'autisme, l'évaluation multidimensionnelle peut inclure :

— une anamnèse permettant le recueil des informations sur les problèmes rencontrés durant le premier développement ;
— un entretien avec les proches centré sur la séméiologie présentée et les conséquences pour la famille ;
— un dessin afin de voir quelles sont les capacités graphiques et d'expression de l'enfant ;
— une observation d'une situation de jeu afin d'observer si l'enfant utilise les jouets selon ce qui est habituel, si il joue à faire semblant, etc. ;
— une échelle standardisée pour évaluer les caractéristiques de l'autisme ;
— une observation, durant l'évaluation, des communications de ses besoins et intérêts, de la relation avec l'évaluateur, etc. ;
— une observation de l'enfant en relation avec d'autres enfants, des interactions de jeu et de communication.

b. Épidémiologie

Les fréquences habituellement rapportées pour le trouble autistique sont comprises entre 2 et 20 cas pour 10 000 individus, avec une majorité de garçons (4-5G/1F). Toutefois, Zahn-Waxler *et al.* (2006) rappellent que la sex-ratio varie selon le niveau intellectuel (presque autant de filles que de garçons de QI bas, alors que pour les autistes de haut niveau on peut trouver une sex-ratio de 27 G/1F).

Les publications des dix dernières années mettent en évidence des prévalences beaucoup plus élevées. En Suède, par exemple, Kadesjoe *et al.* (1999) constatent, lors d'une étude régionale menée sur les enfants de 7 ans, une prévalence de l'autisme de 60 cas sur 10 000 et une prévalence, pour l'ensemble des troubles envahissants du développement, de 121 sur 10 000.

Dans un article qui n'est pas passé inaperçu et où il se proposait de répondre à la question « Y a-t-il une épidémie d'autisme ? », Fombonne (2001) considère que la hausse des taux de prévalence de l'autisme notée dans les recherches récentes, comparativement aux données obtenues il y a trente ans, serait due à l'élargissement du concept d'autisme, à la reconnaissance du fait qu'il y a des autistes avec un niveau intellectuel tout à fait normal et au meilleur dépistage des personnes ayant ce diagnostic grâce à la mise sur pied de services compétents et en nombre suffisant. Nous rajouterons aux explications de Fombonne la sensibilisation du public par des actions, notamment dans les médias, visant à faire connaître l'autisme et les troubles envahissants du développement.

c. Étiologie

L'étiologie mettant en cause les parents – l'autisme étant conçu comme une réaction à un environnement hostile – est actuellement rejetée. Cette hypothèse était soutenue notamment par Bruno Bettelheim qui faisait le parallèle avec les effets du vécu en camp de concentration. En reprenant l'expression de Kanner de « parents acceptables », Bettelheim tentait plutôt de rendre compte de la difficulté d'être des parents acceptables (1988). Il faisait la promotion dans son école orthogénique de Chicago d'un bon environnement permettant de soigner les enfants autistes. Malheureusement, de nombreux parents ont été accusés durant des années d'être coupables de la situation de leur enfant. Aujourd'hui, on conçoit seulement que l'environnement peut aggraver ou améliorer le pronostic.

La piste génétique se confirme de jour en jour. Plusieurs arguments viennent soutenir cette thèse : *a)* le risque plus élevé d'apparition de l'autisme (45 fois plus grand que celui constaté dans la population générale) chez les frères et sœurs des autistes ; *b)* les taux de concordance élevés pour l'autisme chez les jumeaux (60 % pour les monozygotes) ; *c)* l'association relativement fréquente de l'autisme avec des affections d'origine génétique (la sclérose tubéreuse de Bourneville, par exemple) ou avec des anomalies chromosomiques (comme le syndrome du X fragile) ; *d)* les résultats obtenus dans le cadre de l'étude du génome dans les familles comptant au moins deux personnes atteintes. Le Consortium international pour l'étude de la génétique moléculaire de l'autisme (regroupant des chercheurs de huit pays) a pu identifier deux zones spécifiques situées, l'une sur le chromosome n° 2, l'autre sur le chromosome n° 7 (sur lequel siège d'ailleurs un gène en relation avec des pathologies graves du langage). Deux autres régions, apparemment à implication moindre, ont été identifiées sur les chromosomes 16 et 17 (International Molecular Genetic Study of Autism Consortium ou IMGSAC, 2001).

d. Diagnostic différentiel

Il est important d'établir un diagnostic différentiel, chez le jeune enfant, entre l'autisme et la surdité. Pour cela, on fera un examen audiologique et on vérifiera si l'indifférence sélective existe. Rollande Cloutier (1989) rapporte un exemple d'indifférence sélective qui concerne sa fille Chantal présentant un diagnostic d'autisme, qui semblait sourde. Elle adorait le fromage et il était difficile d'en conserver dans le réfrigérateur car elle le mangeait entièrement. Son père raconte un jour (Chantal étant présente, indifférente, à côté de ses parents) à des amis qu'il a trouvé une cachette dans le réfrigérateur du sous-sol, pour conserver du fromage. À peine rentrée à la maison, Chantal se précipite au sous-sol et revient avec du fromage et un grand sourire...

Il faut aussi différencier l'autisme de la déficience intellectuelle (dans ce dernier cas, le développement est retardé de façon relativement homogène, l'indifférence affective n'existe pas, le contact est facile). Notons que l'autisme apparaît souvent en comorbidité avec la déficience intellectuelle (jusqu'à 75 % des cas associent les deux), le QI de l'autiste étant alors inférieur à 70.

Il y a aussi comorbidité de l'autisme avec le trouble obsessif compulsif et, enfin, avec la dépression et l'anxiété chez les adolescents autistes, surtout chez ceux dits de haut niveau.

e. Évolution

Le plus mauvais pronostic concerne les autistes qui à cinq ans n'ont pas de langage à valeur communicative et qui ne jouent pas de façon adaptée avec les jouets (un tiers des sujets). Par contre, pour un tiers des sujets – ceux dont le QI est supérieur à 70 et qui parlent –, on peut assister à une adaptation sociale suffisante (travail régulier et indépendance relative). Entre les deux, restent les personnes qui n'atteindront qu'une autonomie partielle.

II - Autisme atypique (CIM) ou autres formes de l'autisme (CFTMEA)

CIM-10	F84.1
DSM-IV-TR	–
CFTMEA – R-2000	1.01

Trouble envahissant du développement qui ne répond pas à tous les critères de l'autisme : soit il survient plus tardivement, soit les manifestations pathologiques n'existent pas dans les trois domaines (interactions sociales, communication, intérêts restreints). C'est souvent le cas des enfants présentant un retard mental profond pour lesquels le diagnostic d'autisme ne peut être confirmé au plan des comportements spécifiques anormaux. L'autisme atypique est inclus dans la DSM dans la catégorie Trouble envahissant du développement non spécifié (299.80).

III - Syndrome de Rett (CIM et DSM) ou trouble désintégratif de l'enfance (CFTMEA)

CIM-10	F84.2
DSM-IV-TR	299.80
CFTMEA – R-2000	1.05

a. Séméiologie

Après un développement normal dans un premier temps (développement psychomoteur normal au cours des cinq premiers mois), on constate un arrêt du développement puis une régression rapide. Il y a comme une perte d'intérêt pour les personnes de l'entourage et l'apparition de différents signes : diminution de l'évolution du périmètre crânien, perte de coordination manuelle et stéréotypies manuelles caractéristiques (mouvements symétriques, gestes de lavage des mains), anxiété face aux changements brutaux, mouvements du tronc et des membres, hyperventilation paroxystique, épisodes de rigidité importante avec tremblements, ataxie (incoordination du tronc), bruxisme (grincement des dents) et mouvements de la langue, incoordination motrice et difficultés à maintenir l'équilibre, retard psychomoteur important, régression du langage. Un état de déficience intellectuelle grave s'installe avec des troubles vasomoteurs des membres inférieurs. L'apparition des signes se fait durant les quatre premières années.

b. Épidémiologie

Les données épidémiologiques sont limitées à quelques séries de cas isolés et il semble que le syndrome de Rett soit beaucoup moins fréquent que le trouble autistique. Le trouble a été rapporté principalement chez les filles. Rogé et Chabrol (2003) mentionnent l'existence de très rares cas de garçons présentant le syndrome de Rett.

c. Étiologie

Anomalies génétiques.

d. Évolution

Le syndrome persiste toute la vie, avec une augmentation des troubles, une détérioration motrice progressive.

IV - Autre trouble désintégratif de l'enfance (syndrome de Heller ou démence infantile, psychose désintégrative, psychose symbiotique) (CIM), trouble désintégratif de l'enfance (DSM et CFTMEA)

CIM-10	F84.3
DSM-IV-TR	299.80
CFTMEA – R-2000	1.05

a. Séméiologie

On note une forte régression du développement (psychomoteur et langagier) après une évolution normale durant les deux premières années. On relève de plus les signes de la triade autistique et l'apparition d'une déficience intellectuelle grave.

b. Épidémiologie

Les données épidémiologiques sont limitées, mais le trouble désintégratif de l'enfance semble être très rare et beaucoup moins fréquent que le trouble autistique, bien que le diagnostic n'en soit probablement pas assez porté. Bien qu'un taux de prévalence similaire a été mentionné pour les deux sexes, toutefois, des données récentes suggèrent que l'affection serait plus fréquente chez les garçons.

c. Étiologie

L'altération du développement s'apparente à un processus démentiel entraînant la dégradation des comportements (Rogé, 2003).

V - Syndrome d'Asperger

CIM-10	F84.5
DSM-IV-TR	299.80
CFTMEA – R-2000	1.03

a. Séméiologie

Il y a trois principales catégories de signes permettant de faire le diagnostic de syndrome d'Asperger :

a) une altération qualitative des interactions sociales est constatée, comme en témoignent au moins deux éléments suivants :
   - comportements non verbaux déficitaires (contact visuel, mimiques, gestes et postures) ;
   - incapacité d'établir des relations avec les pairs de même niveau développemental ;
   - non-recherche de partage de ses plaisirs et intérêts ;
   - manque de réciprocité sociale ou émotionnelle ;

b) le caractère restreint, répétitif et stéréotypé des comportements, intérêts et activités est notée : habitudes ou rituels inflexibles, centres d'intérêts restreints, maniérismes moteurs. Dans son chapitre intitulé « Ma vie avec le syndrome d'Asperger », Stephen Shore (2003) insiste sur les distorsions sensorielles (vécues comme des violations) qui caractérisent les autistes et les personnes avec syndrome d'Asperger. Selon lui, ces distorsions encouragent ces jeunes à s'en tenir à des routines rigides rassurantes ;

c) une altération du fonctionnement social/professionnel est présente.

Ces signes sont associés au fait que le jeune ne présente pas de retard général de langage, ni de retard développemental global ou cognitif.

b. Épidémiologie

Concernant la prévalence du syndrome d'Asperger, il n'y a pas encore de données définitives. Le diagnostic du trouble est beaucoup plus fréquent (au moins cinq fois plus) chez les garçons que chez les filles.

c. Étiologie

Bien que les données familiales soient limitées, il semble exister une fréquence accrue du syndrome d'Asperger chez les apparentés de sujets atteints. Il se peut également qu'il y ait un risque accru de trouble autistique, ainsi que de difficultés sociales plus générales dans la famille.

d. Diagnostic différentiel

On mentionne que le syndrome d'Asperger se différencie de l'autisme par le fait qu'il ne s'accompagne pas d'un retard ou d'une déficience du langage ou du développement cognitif. La CIM-10 considère que le syndrome d'Asperger est un trouble de validité nosologique incertaine. Macintosh et Dissanayake (2004) font le bilan des publications visant à comparer et différencier autisme et syndrome d'Asperger. Ils montrent que les personnes présentant le diagnostic de syndrome d'Asperger se distinguent très peu des profils d'autistes de haut niveau et qu'au moment de leur recherche, aucune preuve ne venait appuyer la distinction de ces deux diagnostics.

e. Évolution

Le syndrome d'Asperger est diagnostiqué plus tard que le trouble autistique, les difficultés au plan des relations sociales apparaissant dans le contexte scolaire. Des intérêts spécifiques sont alors perçus. Le syndrome persiste toute la vie, les adultes ayant le syndrome d'Asperger devant trouver des aménagements socioprofessionnels leur convenant (emploi dans l'informatique, par exemple).

F - RETARD MENTAL (CIM ET DSM), DÉFICIENCE MENTALE (CFTMEA)

CIM-10	F70 à F79[1]
DSM-IV-TR	317 à 319[2]
CFTMEA – R-2000	5.0x à 5.4x[3]

La terminologie employée pour nommer la déficience intellectuelle a évolué au fil du temps pour répondre à la recherche de termes neutres (on parlait, par exemple, au début du XXe siècle d'*idiot*, d'*imbécile*, de *débile*, d'*arriérés mentaux*, on a ensuite parlé de *déficience mentale*, puis de *déficience intellectuelle* ou de *retard mental*). Selon les pays, des termes différents sont employés (par exemple, on peut parler d'arriération mentale dans un pays et de déficience intellectuelle dans un autre). Enfin, le modèle sous-jacent influence le terme choisi (par exemple, le terme *oligophrénie* reflétait l'influence du modèle médical). Dans les pays francophones, on tend à privilégier l'expression « déficience intellectuelle ».

1. F70 pour retard mental léger, F71 retard mental moyen, F72 grave et F73 profond. Dans le cas d'un retard mental non spécifié on cote F79.
2. Dans la DSM, le code de retard mental léger est 317, de retard moyen 318.0, de retard grave 318.1 et, pour finir, 318.2 pour retard mental profond ; 319 signifie que la sévérité du déficit n'est pas spécifiée.
3. Dans la CFTMEA, les codes correspondent à des niveaux de QI : 5.0x QI 50-69 ; 5.1x 35-49 ; 5.2x 20-34 ; 5.3x inférieur à 20 ; 5.4x QI non spécifié.

a. Séméiologie

La déficience intellectuelle est « un arrêt, un ralentissement ou un inachèvement du développement se manifestant par la présence concomitante d'un fonctionnement intellectuel significativement inférieur à la moyenne *et* d'un comportement adaptatif déficitaire, déterminés par des facteurs étiologiques biologiques et/ou socio-environnementaux qui peuvent agir à partir du moment de la conception jusqu'à la fin de la maturation psychomotrice. » (Ionescu, 1987, p. 29).

Trois critères permettent de faire le diagnostic :

- fonctionnement intellectuel général significativement sous la moyenne (QI habituellement inférieur à 70[1]) ;
- déficits concomitants du fonctionnement adaptatif dans au moins deux secteurs (parmi les secteurs suivants : communication, autonomie, vie domestique, aptitudes sociales et interpersonnelles, mise à profit des ressources de l'environnement, responsabilité individuelle, utilisation des acquis scolaires, travail, loisirs, santé et sécurité) ;
- début avant l'âge de 18 ans.

Les besoins de soutien de la personne dans son environnement sont ajoutés dans la définition de l'American Association on Mental Retardation (1994).

Selon le degré du handicap – léger (code CIM F70), moyen (code F71), grave (code F72), profond (code F73) – on peut établir une classification décrivant les caractéristiques des personnes déficientes intellectuelles (tableau 1). Dans les cas où il est très difficile, voire impossible d'évaluer le degré de retard (par exemple, en raison d'un handicap sensoriel ou physique associé), on code F78 Autres formes de retard mental. Si on ne possède pas d'informations suffisantes pour classer le trouble, on code F79, retard mental sans précision. La CIM recommande d'ajouter au code la gravité des troubles de comportements associés (en notant .0 signifiant l'absence de troubles du comportement ; .1 pour troubles du comportement significatifs nécessitant une surveillance ou un traitement ; .8 autres troubles du comportement et .9 pour manque de précision concernant les troubles du comportement).

L'évaluation doit donc inclure, en plus de l'anamnèse, un test d'intelligence reconnu (plutôt du style Stanford-Binet ou Nemi que les échelles Wechsler, car pouvant convenir à tout âge), une échelle de comportements adaptatifs (par exemple, la seconde édition des échelles Vineland de comportement adaptatif ou l'*Échelle québécoise de comportements adaptatifs* qui a l'avantage d'inclure une partie sur les comportements inadéquats). L'évaluation doit prendre en compte le milieu socio-économique et culturel du sujet.

b. Épidémiologie

Le taux de prévalence du retard mental est estimé aux alentours de 1 % (plus fréquent chez les sujets de sexe masculin, sex ratio de 1,6 G/1 F) dont une majorité de

1. Selon l'instrument utilisé pour réaliser le diagnostic (toujours en passation individuelle), il faut moduler les scores de ± 5 points.

Tableau 1. — *Classification des degrés de déficience intellectuelle*

Degré de déficit	*QI*	*Prévalence*	*Caractéristiques*
Léger	Entre 50-55 et 69	80-85 % des personnes présentant une déficience intellectuelle	Langage permettant une bonne communication Lecture et écriture simples Apprentissages scolaires laborieux et grandes difficultés au niveau collégial Insertion sociale et professionnelle possible Autonomie minimale Difficultés à gérer son budget ou à faire des choix
Moyen	Entre 35-40 et 49-55	10-12 %	Niveau concret de la communication orale Apprentissages scolaires limités et niveau de scolarité de début de primaire Lecture de phrases simples, des enseignes Besoin d'entraînement social et professionnel Autonomie limitée Besoin de soutien
Grave	Entre 20-25 et 34-40	4-7 %	Retard global important Reconnaissance de mots et de symboles Apprentissages assez limités Pas de connaissances de la monnaie Surveillance et guidance nécessaire
Profond	Inférieur à 20-25	1-2 %	Association fréquente à un trouble neurologique Langage quasi inexistant Nombreux déficits Assistance et surveillance constamment nécessaire Grande dépendance

déficients légers (Tassé et Morin, 2003). Cependant, diverses études ont rapporté des taux de prévalence différents, qui dépendent des définitions utilisées, des méthodes d'évaluation et des populations étudiées.

c. Étiologie

Comme il existe de nombreuses formes de déficience, on relève des étiologies multiples qui peuvent agir isolément ou être associées. Afin d'illustrer la diversité des formes cliniques de la déficience intellectuelle, nous citons ici deux exemples, la *sclérose tubéreuse de Bourneville* et la *trisomie 21*.

L'hérédité (environ 5 % des cas) inclut :

— les erreurs innées du métabolisme héritées pour la plupart sur un mode autosomique récessif (par exemple, maladie de Tay-Sachs) ;

— des maladies monogéniques de transmission mendélienne et d'expression variable (par exemple, sclérose tubéreuse de Bourneville, voir encadré) ;

— les aberrations chromosomiques (par exemple, translocation du syndrome de Down, voir encadré).

La *sclérose tubéreuse de Bourneville* est décrite pour la première fois par Von Recklinghausen en 1862[1]. Elle prendra le nom de Bourneville qui, en 1880, décrit des zones de sclérose (tissus altérés d'un organe) d'aspect tubéreux (avec des ramifications) dans le cerveau d'une personne épileptique ayant un retard mental (Livet, 1990).

Séméiologie

Comme pour l'autisme, on parle de la triade classique des symptômes qui permettent de faire le diagnostic de la sclérose tubéreuse de Bourneville (STB). Il s'agit des lésions cutanées, de l'épilepsie et de la déficience intellectuelle. La STB se présente sous différentes formes regroupant donc des symptômes dermatologiques (tâches hypomélaniques ou achromiques ou taches blanches présentes dès la naissance, angiofibromes faciaux ou adénomes de Pringle (tumeurs arrondies blanches ou rouges prédominant aux ailes du nez apparaissant après l'âge de six ans et s'aggravant habituellement avec l'âge), peau de chagrin (peau gaufrée sur la partie lombaire) ainsi que des tumeurs de Koënen (tumeurs sous les ongles, plus souvent observées chez les femmes)), ophtalmologiques (tumeurs bénignes sur la rétine et plus rarement dépigmentation de l'iris), viscéraux (tumeurs polykystiques et angiomes au niveau des reins, du cœur et des poumons), neurologiques (épilepsie avec crises focales et généralisées chez la grande majorité des personnes présentant la STB, hypertension intracrânienne en raison de tumeurs cérébrales provoquant de l'hydrocéphalie), associés la plupart du temps à un retard mental. Ce retard mental varie de léger à profond (il semble plus sévère si l'épilepsie a un début précoce). Ce retard s'accompagne d'un retard au plan du développement (marche, langage, propreté, etc.) et de difficultés d'apprentissage. Au plan comportemental, on note des troubles de comportement : agressivité, automutilation (se frapper sur la tête, se mordre), cris (en réaction à de la frustration) et hyperkynésie ; maladresse motrice, regard fixe, absence de jeu imaginaire, écholalie, interactions sociales limitées et comportements ritualisés communs avec les autistes. On relève enfin des troubles du sommeil (difficultés à s'endormir ou réveil très tôt).

Afin de confirmer le diagnostic, on emploie habituellement la tomodensitométrie qui permet d'identifier précocement les zones de calcification des nodules. L'imagerie par résonance magnétique permet, en cas de doute, de détecter les calcifications et tubercules invisibles au scanner (Livet, 1990).

Étiologie

Cette anomalie congénitale du développement embryonnaire a une transmission autosomique dominante. Lorsqu'un des parents est porteur, les enfants ont 50 % de risque d'être atteints. Cette anomalie implique la mutation du gène TSC 1 localisé sur le chromosome 9 et du gène TSC 2 situé sur le chromosome 16.

Épidémiologie

Ce syndrome est relativement rare ; Aunos *et al.* (2002) évoquent une prévalence variant de 1 cas sur 10 000 à 1 sur 50 000 naissances. Toutefois, ces auteurs mentionnent que certaines formes très atténuées peuvent ne pas être diagnostiquées.

1. http://www.snof.org/maladies/bourneville.html, en ligne le 19 août 2006.

Les progrès en génétique permettront probablement d'identifier un nombre croissant de formes héréditaires de déficience intellectuelle.

Les diverses causes de la déficience intellectuelle peuvent être regroupées selon la période d'action (Dumas, 2002) : période prénatale (aberrations chromosomiques, mutations génétiques conduisant à des erreurs du métabolisme, embryopathies, fœtopathies, prématurité, post-maturité), période périnatale (complications liées à l'accouchement : anoxie, hémorragie intracrânienne) et période post-natale (encéphalopathies d'origine virale, toxique, dégénérative ou traumatique et facteurs socio-économiques). En plus des facteurs cités précédemment, notons les maladies infectieuses de la mère (rubéole, par exemple), l'action de certains facteurs toxiques (drogues, alcool, tabac, médicaments), des traumatismes (chutes, tentatives d'avortement) et des médiocres conditions de vie (stress sévère, carences alimentaires de la mère, carences en stimulation du bébé).

La *trisomie 21* est probablement la forme la plus connue de déficience intellectuelle. Décrite par Seguin en 1846 sous le nom d'idiotie furfuracée, connue dans les pays anglo-saxons sous le nom de syndrome de Down, cette forme de déficience intellectuelle a été qualifiée de mongolisme par John Langdon Down (1866) en raison de la ressemblance du faciès des trisomiques avec celui caractéristique du peuple mongol. Cela explique pourquoi actuellement le terme mongolisme tend à disparaître. En 1959, Lejeune, Gauthier et Turpin montrent qu'il s'agit d'une anomalie chromosomique caractérisée par la présence d'un troisième chromosome 21, d'où le nom de trisomie 21.

La *séméiologie* est caractéristique dès la naissance : tête légèrement plus petite, visage arrondi avec un nez petit et plat à la partie supérieure, yeux bridés avec des fentes palpébrales obliques avec épicanthus (petit repli à l'angle interne de l'œil), iris tacheté (tâches de Brushfield), petite bouche (avec langue qui tend à sortir) et petites oreilles (peu ourlées), petites dents anormalement implantées, cou court avec excès de peau sur la nuque, petites mains avec un seul pli palmaire et des doigts courts, pieds courts et trapus (avec le gros orteil très séparé), gros ventre avec hernie ombilicale, hypotonie musculaire et hyperlaxité ligamentaire. Le retard mental (de degré variable, QI pouvant aller de 20 à 80) et le retard psychomoteur (tenue assise vers 1 an, marche vers 2 ans, etc.) deviennent visibles au cours du développement. La personnalité souriante, de bonne humeur des personnes trisomiques est souvent rapportée (par exemple, Tassé et Morin, 2003). Les enfants porteurs d'une trisomie 21 présentent en général des fragilités au plan physique (tendance aux infections oto-rhino-laryngologiques, aux cardiopathies congénitales, aux infections respiratoires, aux cataractes, etc.). Grâce aux progrès médicaux, l'espérance de vie d'un enfant trisomique a beaucoup augmenté (espérance de vie de seulement 20 ans dans les années 1950 ; plus de 60 ans aujourd'hui).

Épidémiologie

Aberration chromosomique la plus fréquente (8 millions de personnes dans le monde, 1 naissance sur 650). La probabilité d'avoir un enfant trisomique augmente avec l'âge de la mère (1/2 000 naissances si la mère a 20 ans environ ; 1/100 si la mère a 40 ans).

Étiologie

Affection congénitale, due à la présence d'un chromosome 21 surnuméraire, la personne possédant donc 47 chromosomes. On relève une trisomie libre dans 95 % des cas : en raison d'un problème lors de la division cellulaire, lors de la méiose, un des gamètes garde les deux chromosomes 21 et se fusionne avec le gamète du sexe opposé, réalisant ainsi une cellule trisomique. Dans d'autres cas, une erreur de distribution survient lors de la deuxième division cellulaire engendrant la coexistence de cellules normales et de cellules trisomiques, ce qui donne la trisomie 21 mosaïque. Dans d'autres cas, enfin, le troisième chromosome 21 résulte d'une translocation impliquant habituellement le chromosome 14. Nous parlons alors de trisomie 21 par translocation. Depuis mai 2000, on a décrypté le chromosome 21 qui ne compte que 225 gènes dont certains sont responsables de la trisomie 21 ; c'est aussi ce chromosome qui est impliqué dans la maladie d'Alzheimer, dans certains cancers et certaines formes de cécité ou de surdité.

Dépistage et diagnostic anténatal

Il existe trois formes de dépistage de la trisomie 21 : test sanguin au 4e mois de grossesse ; amniocentèse avec recherche de caryotype et caryotype chez un enfant suspecté de trisomie.

Dans la CIM-10 (OMS, 1992/1993), lorsque l'étiologie du retard mental est connue, elle doit être notée avec un code de la CIM (par exemple, retard mental sévère (E72) en lien avec un syndrome d'insuffisance thyroïdienne congénitale (E00)).

d. Diagnostic différentiel

La déficience intellectuelle doit être distinguée des troubles d'apprentissage, des troubles de la communication. Dans ces cas, on ne retrouve pas un QI global significativement inférieur à la moyenne, ni de déficit au plan des comportements adaptatifs. Le diagnostic différentiel entre autisme et déficience intellectuelle, déjà abordé, est parfois difficile, d'autant plus qu'une comorbidité est fréquente entre les deux troubles.

e. Intervention

Après un dépistage qui doit être fait précocement, une intervention précoce individualisée permet d'apporter les stimulations nécessaires au meilleur développement de l'enfant (cela peut inclure une diétothérapie, comme dans le cas de la maladie de Fölling) et du soutien aux parents. Une intégration scolaire et sociale est préconisée pour favoriser la participation sociale des personnes vivant avec une déficience intellectuelle.

G - RETARD MENTAL AVEC TROUBLES DU COMPORTEMENT SIGNIFICATIFS NÉCESSITANT UNE SURVEILLANCE OU UN TRAITEMENT + UN CODE ÉVENTUEL POUR LE TROUBLE NEUROLOGIQUE (CIM), DÉFICIENCE AVEC POLYHANDICAP SENSORIEL ET/OU MOTEUR (CFTMEA)

CIM-10	F73.1
DSM-IV-TR	–
CFTMEA – R-2000	5.X7

Certains enfants classés déficients profonds se caractérisent par des déficits multiples. Dans le cas des enfants polyhandicapés (Barat, 1996) on observe habituellement l'association de troubles moteurs, de dysmorphies, d'épilepsie, de déficits sensoriels (le plus fréquent étant la cécité), de déficits moteurs (paralysie, troubles du tonus, mouvements anormaux involontaires), de problèmes respiratoires et de troubles de la déglutition, de problèmes stomatologiques, de problèmes cutanés, de comportements atypiques (traits psychotiques), le tout accompagné de déficit intellectuel profond et d'absence de langage verbal. Dans ces cas, l'intervention doit se centrer sur la prévention des handicaps secondaires (expériences impossibles empêchant les acquis) et tertiaires (retentissement psychologique, affectif et social) et prendre en compte le retentissement de la lourdeur de la prise en charge sur la famille.

H - TENDANCES CONCERNANT LA PRISE EN CHARGE

Les progrès en matière de techniques diagnostiques, le développement d'un réseau de structures destinées au diagnostic et à la prise en charge, la sensibilisation de la population (notamment grâce aux médias) font qu'actuellement les troubles du développement sont, généralement, dépistés de plus en plus tôt. Lorsque c'est possible – comme c'est le cas pour les jeunes enfants présentant des retards de développement précurseurs, dans de nombreux cas de retards mentaux – les praticiens disposent de programmes d'intervention précoce.

Les arguments en faveur de la mise sur pied de tels programmes nous sont fournis par des disciplines différentes : les neurosciences, la psychologie du développement, les sciences de l'éducation. Le plus souvent sont, ainsi, cités : la plasticité plus grande du cerveau du jeune enfant, le fait que les premières années de vie représentent la période de développement maximal des capacités psychomotrices, cognitives, langagières et socio-affectives de l'enfant, l'importance du milieu naturel familial dans la réussite des programmes d'éducation compensatoires.

Il existe différentes modalités de regrouper les programmes d'interventions pour enfants présentant des retards de développement. Souvent, ces programmes sont considérés comme se situant sur un continuum qui va d'une conception humaniste à une conception comportementaliste du développement de l'enfant. Les programmes de type humaniste sont caractérisés par un minimum de structures formelles. En revanche, ceux de type comportementaliste comportent des activités très structurées. En réalité, des programmes ayant d'autres fondements théoriques sont disponibles et ont été appliqués avec succès. Citons, parmi les programmes classiques, le programme de stimulation psychomotrice du nourrisson de Herren et Herren (1980) qui utilise un système de communication multicanal (gestuel, tonique, mimique, oculaire, somesthésique, auditif) et favorise un bon accordage intervenant-jeune enfant.

L'intervention précoce poursuit plusieurs objectifs qui doivent être individualisés. Parmi ces objectifs, citons le fait de :

— stimuler le développement du jeune enfant (psychomoteur, langagier, relationnel, etc.) ;
— aider le développement des compétences parentales, favoriser chez eux une attitude positive envers leur enfant (encouragement, valorisation, reconnaissance de ses forces et de ses faiblesses, adaptation de leurs attentes aux capacités de l'enfant) et les aider à se forger une identité positive de parent ;
— développer l'*empowerment*[1] chez les parents et chez l'enfant ;
— bien utiliser les ressources existantes (médicales, psychologiques, scolaires, sociales, de loisirs, associations de parents dont l'enfant présente le même trouble, etc.) et briser l'isolement social des familles et des enfants (par exemple, en offrant des rencontres de groupe).

1. L'*empowerment* (Dunst et Paget, 1991 ; Dunst *et al.*, 1988 ; Lachapelle et Wehmeyer, 2003) inclut deux aspects : acquérir la capacité de se prendre en charge soi-même et s'approprier les conséquences de ses conduites (ici, on peut penser à prendre conscience des limites de son enfant, de ses propres limites et de l'importance de l'intervention précoce).

Une approche d'intervention précoce, réalisée en partenariat entre la famille et les spécialistes, de conception écosystémique et orientée vers le développement des facteurs de protection (Jourdan-Ionescu, 2003) permet de développer la capacité de résilience de l'enfant et de son système familial.

Les résultats positifs des programmes d'intervention précoce ont mis en évidence un problème important : les effets obtenus n'étaient pas consolidés par l'implication des enfants dans d'autres programmes élaborés en fonction de leur développement. Dans beaucoup de cas, l'intervention ne doit pas être discontinuée. Dans une perspective développementale, il est nécessaire de concevoir des projets individualisés, répondant aux besoins particuliers de chaque enfant.

À cette articulation de différents programmes, dans le temps, correspond, aussi, la nécessité d'employer différentes méthodes et techniques complémentaires. D'une part, la diversité des besoins des enfants et des jeunes présentant des troubles développementaux rend nécessaire l'utilisation simultanée et successive, de différentes méthodes et techniques d'intervention. D'autre part, le même problème ne peut, souvent, être résolu que par une équipe d'intervention.

Les résistances, souvent manifestées à l'égard de l'emploi de méthodes et techniques complémentaires, s'expliquent par la formation que les intervenants ont reçue. Dans la majorité des cas, cette formation privilégie une approche théorique au détriment des autres. Pour cette raison, il nous paraît utile de développer l'ouverture d'esprit, la conscience que toute approche a ses limites, l'acceptation des alternatives, même si celles-ci sont pratiquées par d'autres intervenants ou si leur réussite apporte des arguments en faveur d'une approche dont les fondements théoriques sont différents de la nôtre.

En liaison avec l'intervention, l'évaluation tend à occuper une place de plus en plus importante dans la pratique courante. Nous pouvons même parler d'un véritable *couple évaluation-intervention* (Ionescu, 1987). Cette démarche d'évaluation pratiquée au départ et ensuite périodiquement – contestée par certains cliniciens qui vont jusqu'à parler d'une « obsession de l'évaluation » – permet d'établir les indications en matière d'intervention, d'objectiver les résultats de celle-ci et même, en cas d'échec, d'amorcer une analyse des causes de celui-ci et de faire des corrections.

Nous mentionnerons, finalement, une autre tendance importante en matière de prise en charge des troubles du développement : l'intervention en milieu institutionnel tend à être remplacée par l'intervention en famille et dans des milieux ouverts. Ce changement important coïncide avec une diminution progressive de l'impact du modèle médical d'intervention auprès de l'enfant ayant des troubles du développement. Il est, en même temps, l'effet d'un scepticisme croissant quant aux résultats des institutions spéciales et des arguments en faveur de l'intégration, notamment scolaire, des enfants présentant des troubles du développement.

LECTURES CONSEILLÉES

Dumas, J. E. (2002). *Psychopathologie de l'enfant et de l'adolescent.* Bruxelles : De Boeck & Larcier.

Rogé, B., & Chabrol, H. (2003). *Psychopathologie de l'enfant et de l'adolescent.* Paris : Belin.

4 sémiologie en psychopathologie de l'adulte

PAR ARNAUD PLAGNOL

La *sémiologie* – étude des signes – devrait être l'outil permettant de décrire les troubles psychiques qu'étudie la *psychopathologie*. Mais qu'est-ce qu'un trouble psychique ? Comment définir le normal et le pathologique ? Peut-on étudier objectivement ce qui est éminemment subjectif ? Quels sont les poids respectifs de l'organique et du mental dans ce qui constitue une entité pathologique ?

Ces questions n'ont cessé de nourrir des controverses au cours de l'histoire de la pensée et retentissent sur la sémiologie. En contraste avec la conception dominante de la médecine organique en Occident, pour laquelle les maladies sont des entités naturelles susceptibles d'une description neutre, l'abord des troubles psychiques semble devoir être infiltré par des choix conceptuels interdisant l'objectivité.

Pour remédier à cette infiltration, est-il possible de restituer un point de vue purement descriptif sur les troubles psychiques, indépendant de toute prise de position théorique les concernant ? Une telle ambition s'affirme par exemple dans la classification américaine des troubles mentaux (DSM) censée reposer sur le pur regroupement statistique de manifestations pathologiques reconnaissables par tous les cliniciens, d'où un terrain commun où pourraient être confrontés scientifiquement les modèles de la psychopathologie.

Cependant, cette approche semble reposer sur un dogme contestable assimilant *trouble psychique* et *maladie* sur le modèle de la médecine organique. Or, si ce modèle a une certaine efficacité pour la pathologie du corps, est-il pertinent pour la psychopathologie où la subjectivité intervient de façon essentielle ?

La méfiance vis-à-vis d'une démarche purement classificatoire peut s'étendre à la notion même de sémiologie. Dans la mesure où l'analyse sémiologique reflète un souci de description objective et neutre, elle manquerait d'emblée ce qui fonde la clinique, à savoir l'expérience d'une relation intersubjective qui engage de façon irréductible la singularité du patient et celle du clinicien[1]. L'étude de la sémiologie, peut-être adaptée à la

1. Nous utiliserons le terme de « patient », faute d'un meilleur vocable disponible. D'origine médicale, ce terme est critiquable car il suggère à tort la passivité relativement au clinicien.

biothérapie, n'aurait guère d'intérêt en psychopathologie, voire serait suspecte en entravant le clinicien dans son appréhension de la relation où sa propre subjectivité est engagée. Reliquat d'un aliénisme désuet, l'enseignement de la sémiologie serait même toxique pour la formation du futur thérapeute.

Pourtant certains obstacles attendent l'étudiant en psychologie lorsqu'il fait ses premiers pas dans un service de soins s'il ignore les éléments de base de la démarche diagnostique. Non seulement cela ne facilite pas ses échanges avec l'équipe soignante ou la compréhension des méthodes thérapeutiques, mais cela peut rendre plus délicat la première élaboration de son expérience clinique.

En fait, la modestie de la sémiologie a son mérite propre. Outre qu'elle peut faciliter le dialogue entre cliniciens d'obédience différente, en maîtriser les éléments classiques ouvre déjà sur une première compréhension de la psychopathologie. Par exemple, bien appréhender la notion de conviction délirante permet de comprendre l'inutilité de vouloir « corriger » le patient de son erreur, le lien du délire avec l'angoisse, l'importance de l'écoute. Une chose est de rejeter l'assimilation d'un trouble psychique à une entité naturelle figée, une autre est de s'interdire tout outil de description de ce qui se donne dans le regard clinique, dès lors que ce regard est animé d'une conscience critique de sa propre implication dans la relation. On peut même soutenir que refuser par principe l'emploi d'un tel outil risque de conduire au plaquage de sa propre subjectivité sur le patient, celui-ci se réduisant alors à l'objet d'une lecture inspirée par un dogme sclérosé.

Nous essaierons ici d'articuler sémiologie et psychopathologie en proposant une description des troubles guidée par la logique élémentaire organisant les symptômes. Un axiome sous-tendra notre exposition de cette logique : *tout phénomène pathologique a une fonction dans la vie psychique du sujet*[1], *c'est-à-dire une valeur de défense*. Autrement dit, nous adopterons un point de vue *psychodynamique* au sens où la vie psychique est animée par une tension susceptible de déterminer angoisse et conflits, dont les symptômes sont le reflet défensif.

Dans l'histoire récente de la psychopathologie, un tel point de vue psychodynamique a d'abord émergé dans le cadre de la psychanalyse avec l'œuvre de Freud, au point que l'on fait parfois de cette émergence l'acte de naissance de la psychopathologie comme telle. Cependant, nous pensons qu'il existe un niveau de compréhension des syndromes où leur logique élémentaire peut être appréhendée sans préjuger d'une causalité plus fondamentale. Par exemple, appréhender un délire comme le fruit d'une menace de fragmentation psychique ne nous semble pas devoir engager le clinicien dans tel ou tel modèle causal des psychoses, et, s'il désire tenter d'expliquer l'origine profonde du délire, au-delà de cette menace de fragmentation, une telle appréhension ne lui interdira pas de recourir à telle ou telle théorie du développement psychosexuel, de l'apprentissage de schémas cognitifs, ou de la formation des systèmes familiaux. Prendre pour perspective un niveau de *psychopathologie élémentaire,* où l'on raisonne en termes d'*angoisse* et de *défenses,* nous semble donc rester compatible avec les principaux cadres conceptuels utilisés en psychopathologie.

1. Ou, éventuellement, dans la vie d'un système de sujets en relation.

Certes, une telle perspective implique une démarche qui s'écarte de celle des classifications empiriques. Adopter l'axiome de la défense pour organiser le recueil des données, c'est renoncer à la neutralité absolue. Mais nous assumons ce choix d'autant plus résolument qu'il nous semble en accord avec la réflexion épistémologique contemporaine.

En effet, c'est devenu un lieu commun de souligner que la saisie des données est toujours pré-orientée par des éléments théoriques, et que même la démarche expérimentale est guidée par un cadre conceptuel qui n'est jamais neutre. Cela devient évident en psychopathologie où la subjectivité de l'observateur intervient de façon essentielle. Par exemple, appréhender un visage figé comme un signe de dépression met en jeu : *a)* la perception du clinicien et son propre état psychique ; *b)* une inférence sur l'état psychique du patient non observable directement ; *c)* un cadre conceptuel où la notion de dépression a un sens ; *d)* un environnement historique et culturel, etc.

La neutralité des classifications empiriques est donc illusoire et leur diversité – nosographies « classiques », DSM, CIM, avec leurs multiples versions... – en témoigne. Faut-il déplorer cette diversité ? N'atteste-t-elle pas la richesse de la psychopathologie ? Aucun système de représentation ne peut circonscrire la subjectivité humaine et ses aléas.

En abordant la sémiologie selon notre perspective de psychopathologie élémentaire, nous tenterons de restituer quelques intuitions profondes qui ont guidé la catégorisation classique des troubles psychiques – tout en invitant le lecteur à rester bien conscient des pièges associés à toute catégorisation. Nous chercherons à mettre en évidence certaines notions séminales – *e.g.* la dissociation *(Spaltung)* dans la schizophrénie – qui éclairent la logique défensive sous-jacente à des symptômes. La compréhension de ces notions offre un point de départ solide pour acquérir une première intuition des principaux types de troubles psychiques, même si rien n'empêche ensuite de remanier cette intuition à la lumière de l'apport offert par des modèles plus raffinés.

Après avoir précisé les bases de l'articulation entre sémiologie et psychopathologie dans la démarche clinique, nous envisagerons quelques grandes classes de troubles psychiques.

A - SÉMIOLOGIE, PSYCHOPATHOLOGIE ET DÉMARCHE CLINIQUE

La démarche clinique constitue la méthode fondamentale en psychopathologie. Cette méthode est essentiellement empirique car elle se définit par l'*expérience d'une rencontre avec un sujet singulier*. Le plus souvent, cette rencontre donne lieu à un « entretien » via la parole mais il arrive que d'autres modalités d'échange soient fécondes (*e.g.* dessin ou jeu avec le jeune enfant). Inspirée à l'origine par le modèle médical, la méthode clinique s'en autonomise en psychopathologie dans la mesure où la prise en compte de la relation intersubjective clinicien-patient devient cruciale.

Pour élaborer ce qui se donne dans une rencontre clinique, il est utile en première instance de distinguer deux niveaux d'analyse, l'un correspondant à la description sémiologique, l'autre à la compréhension psychopathologique. Bien sûr, dans une rencontre concrète avec un patient, il n'y a pas un premier temps pour l'observation sémiologique suivi d'un second temps pour la lecture psychopathologique. De plus, il n'y a pas de pures données sémiologiques, car leur recueil dépend déjà d'un système de représentation qui n'est pas neutre. Enfin, la sémiologie ne saurait être une finalité en soi, et la démarche clinique ne prend son sens véritable qu'avec l'analyse psychopathologique. Toutefois, il est heuristique de présenter séparément les deux niveaux d'analyse : d'une part, cela aide à mieux saisir leur pertinence respective, même si leur intrication est inévitable ; d'autre part, cela se révèle didactique pour l'étudiant en formation[1].

I - La description sémiologique

La sémiologie, étude des signes qui permettent de reconnaître un état pathologique, constitue le premier niveau d'analyse de la démarche clinique.

— Le point de départ est le repérage de *symptômes*, c'est-à-dire de phénomènes permettant d'induire la présence d'un état pathologique. Par exemple, un ralentissement de la pensée peut être un symptôme de dépression.
— Un symptôme isolé n'a pas grande valeur. Par exemple, une insomnie peut refléter aussi bien une dépression qu'un état d'euphorie maniaque. Seul le regroupement des symptômes est pertinent. Un regroupement significatif de symptômes est un *syndrome*.
— Un même syndrome peut s'observer dans des tableaux cliniques distincts, correspondant à différents *diagnostics*. Par exemple, un syndrome délirant persistant peut s'observer dans une schizophrénie, dans une paranoïa, etc. Le diagnostic définit le trouble qui est attribué au patient.
— Un diagnostic n'a de sens que relativement à l'ensemble des autres diagnostics, donc en référence à une classification des troubles ou *nosographie*.
— Lorsqu'on parvient à un diagnostic, il est important de discuter les autres diagnostics qui pourraient être envisagés, avant de mieux les écarter. Cette démarche est appelée *diagnostic différentiel*.
— Les troubles ont une dimension *diachronique*, c'est-à-dire qu'ils évoluent dans le temps. En effet, le sujet humain, doué de mémoire, s'inscrit dans une temporalité. Les troubles ont donc une histoire ou *anamnèse* essentielle à retracer, et qui peut renvoyer à un passé lointain, voire au développement infantile. L'anamnèse est intimement liée à l'histoire du sujet qui se précise tout au long du suivi clinique.
— Les troubles ont une dimension *synchronique*, c'est-à-dire qu'ils surviennent dans un *contexte* familial, social, culturel, très important à prendre en compte.
— Le diagnostic permet en principe de proposer une *thérapeutique*, c'est-à-dire une méthode de traitement. Cependant le choix thérapeutique ne procède pas seulement de la description sémiologique : il dépend de l'analyse psychopathologique et, en pratique, se révèle fortement lié aux options théoriques du clinicien.

1. Nous ne présentons ci-dessous que quelques éléments de la démarche clinique liés à la thématique générale de ce chapitre. Nous laisserons dans l'ombre des aspects aussi fondamentaux que la prise en compte des éléments transférentiels/contre-transférentiels, abordés dans d'autres chapitres de ce manuel.

II - Éléments sur l'analyse psychopathologique

L'analyse psychopathologique vise à comprendre les processus mentaux sous-jacents aux symptômes[1]. Ceux-ci reflètent en effet un fonctionnement psychique dépendant de la structure de la personnalité et de l'histoire du sujet.

Rappelons l'axiome énoncé en introduction et dont nous admettrons qu'il peut guider la réflexion du clinicien : *tout phénomène pathologique a une fonction dans la vie psychique du sujet*[2], *c'est-à-dire une valeur de défense dans la dynamique de son rapport à lui-même et au monde.*

À l'époque contemporaine, Freud est le premier à avoir mis en évidence l'importance de la notion de défense en lien avec les résistances rencontrées dans les cures des patients : si un trouble psychique a une valeur défensive pour le sujet, la progression du traitement, en tendant à lever les symptômes, suscite des résistances, avec un risque de rechute. Cependant, la notion de défense est généralisable en dehors du cadre de la psychanalyse, au moins à un certain niveau d'abstraction : les autres grands modèles en psychopathologie font appel à des notions qui reflètent la même idée fondamentale selon laquelle la tension d'un système psychique (ou familial) peut être limitée par la mise en œuvre de processus qui déterminent la forme des symptômes (*e.g.* la notion de *coping* dans les modèles cognitifs ou la notion de *rétroaction homéostasique* dans les modèles systémiques)[3]. Cela justifie la présentation que nous allons faire de quelques éléments de l'analyse psychopathologique, même s'il faut souligner qu'elle ne prétend pas à la neutralité théorique et implique un certain nombre de choix qui ne font pas l'unanimité[4].

Admettre qu'un symptôme a une fonction défensive implique qu'on lui reconnaît une certaine valeur positive pour le sujet, ce qui peut paraître parfois étrange au non-clinicien : comment un phénomène d'allure pénible ou dommageable pourrait avoir une valeur positive ? Cependant, cette fonction reconnue au symptôme est ce qui pourra amorcer l'explication de sa présence. Par exemple, si un sujet se croit persécuté par la CIA, c'est peut-être une souffrance pour lui (ou pour ses voisins s'il tire sur eux), mais cette croyance relative à une menace extérieure le protège probablement contre quelque chose de ressenti inconsciemment comme une menace plus grave encore, tel un effondrement interne. De même, si un sujet commet une tentative de suicide, il est possible que son geste le protège psychiquement contre une tension plus insupportable que celle suscitée par l'idée de sa mort.

Une comparaison avec la pathologie organique peut aider à saisir la notion de défense : en cas d'agression externe par un agent infectieux (*e.g.* virus de la rougeole), nous disposons d'un « système immunitaire » dont les réactions dominent le tableau cli-

1. Nous ne présentons que quelques indications sur cette analyse (cf. note précédente).
2. Ou, éventuellement, dans la vie d'un système de sujets.
3. Bien entendu, il ne s'agit pas d'occulter les contrastes profonds entre ces différents modèles : chacun met en œuvre cette idée fondamentale dans un cadre conceptuel propre associé à une méthode spécifique et les désaccords peuvent être vifs quant à leur pertinence respective. Soulignons notamment des conceptions très différentes quant aux processus inconscients.
4. Par exemple, la notion de *structure* que nous allons introduire est loin d'être admise par tous. L'analyse psychopathologique est en fait fortement dépendante de l'orientation théorique du clinicien.

nique (fièvre, éruption...), voire posent des problèmes thérapeutiques spécifiques (maladies immunitaires).

On peut transposer cette idée en psychopathologie où l'« agression » n'est jamais purement « externe », car un événement extérieur est toujours médiatisé par la mémoire du sujet. En raison de la mémoire, le psychisme d'un sujet humain a une complexité telle que des *conflits intrapsychiques* surviennent et suscitent une tension s'exprimant par l'*angoisse*. En réaction à l'angoisse, le sujet présente des *défenses* dont la forme dépend de son organisation psychique. Dans certains cas, ces défenses sont elles-mêmes sources de conflit et d'angoisse, d'où un risque de cercle vicieux, et c'est ce qui se produit dans un trouble psychique : les symptômes sont le reflet de défenses qui enferment le sujet dans un fonctionnement rigide.

Il faut bien comprendre qu'un processus de défense n'est pas en soi pathologique. Au contraire, étant donné la complexité de notre psychisme et de nos interactions avec l'environnement – à commencer par les relations intersubjectives –, une certaine conflictualité est inévitable, d'où l'importance des processus défensifs : ceux-ci limitent les tensions et permettent au sujet de les supporter, tandis que peut s'opérer l'élaboration des sources tensionnelles. Sans défense, toute tension serait par définition intenable !

Tout sujet a donc recours à des défenses, mais dans un trouble psychique, elles se caractérisent par leur rigidité. En effet, un symptôme protège le sujet contre une tension trop forte, mais cette protection peut aussi avoir pour effet négatif d'« enfermer le sujet » dans le fonctionnement défensif. Par exemple, lors d'une dépression, le sujet présente souvent un ralentissement psychomoteur qui limite les risques de tension avec l'environnement mais bloque ses possibilités d'évolution. Dans un cas pathologique, les symptômes constituent un cercle vicieux dont le sujet ne peut sortir sans un point d'appui extérieur (que peut offrir l'intervention thérapeutique). Le pathologique peut précisément se définir par la rigidité des défenses, et, inversement, la souplesse du fonctionnement psychique reflète la puissance de la capacité d'adaptation, donc l'aptitude à l'autonomie et à la liberté.

a. Notion de structure

Si l'on accepte l'axiome de la défense, l'analyse psychopathologique doit s'efforcer d'apprécier les *types de conflit, d'angoisse et de défense* prépondérants dans le fonctionnement psychique, étroitement associés les uns aux autres ainsi qu'au *mode de relation aux objets d'investissement* (car ceux-ci déterminent les sources de tension). Ces divers éléments caractérisent l'*organisation* profonde du psychisme, le terme de *structure* étant utilisé pour désigner une organisation stable (Bergeret)[1]. On peut distinguer trois grands types d'organisation :

— Dans la *structure psychotique*, la problématique fondamentale est celle de l'unité de base du sujet (ou unité du Soi). Tout se passe comme si une menace de fragmentation pesait sur le psychisme, associée à une *angoisse de morcellement*. La réalité extérieure, c'est-à-dire essentiellement la rencontre avec Autrui, est source de conflits

1. Notre présentation de la notion de structure emprunte beaucoup à Bergeret (2004) même si nous pouvons nous en écarter sur des points notables.

intenses en raison du *mode de relation fusionnel* du sujet : l'aspiration à l'union indifférenciée avec l'objet investi est le corrélat de la menace de fragmentation. L'objet investi n'est donc pas pleinement appréhendé comme distinct du Soi (avec son propre monde subjectif vecteur d'un désir autonome). L'angoisse de morcellement suscite des défenses dont la plus caractéristique est le *déni,* c'est-à-dire un processus par laquelle le sujet écarte de son psychisme conscient un *fragment entier de la réalité,* comme s'il ne le percevait pas, c'est-à-dire *comme si ce fragment n'existait pas.* (Cette réalité peut être constituée par les propres impulsions érotiques ou agressives du sujet.)

— Dans la *structure névrotique,* la problématique fondamentale est celle de la culpabilité liée à des *conflits entre désirs et interdits.* La rencontre avec Autrui peut être source de conflits intenses en raison des impulsions érotiques ou agressives se heurtant à des interdits intériorisés mais *Autrui est constitué comme sujet* auquel est attribué un monde vecteur d'un désir autonome : le mode de relation aux objets d'investissement est *intersubjectif* ou *érotisé.* L'*angoisse de culpabilité* suscite des défenses dont la plus caractéristique est le *refoulement,* c'est-à-dire un processus par laquelle le sujet écarte de son psychisme conscient un *fragment psychique heurtant un interdit* : un fantasme érotique ou agressif est « repoussé » dans l'inconscient. (Le refoulement est un processus de défense plus élaboré que le déni car il présuppose la possibilité de conflit *intériorisé* entre désirs et interdits symboliquement représentés, tandis que le déni écarte d'emblée un fragment de la réalité.)

— Dans *l'organisation limite,* la problématique fondamentale est celle de la valeur du sujet, liée à celle de ses objets d'investissement. En raison d'un conflit entre l'Idéal du Je et la réalité (dont les impulsions du Je), le sujet est menacé d'un effondrement narcissique, avec une *angoisse d'abandon* par l'objet investi que le sujet craint de décevoir. Le *clivage de valeurs* est le processus de défense caractéristique de l'organisation limite : deux attitudes de valeur opposée (*e.g.* amour/haine) coexistent psychiquement tout en étant maintenues dans deux compartiments séparés en mémoire. L'image de Soi est ainsi clivée en un « bon » Soi et un « mauvais » Soi, de même que l'objet investi est clivé en un « bon » objet et un « mauvais » objet. Le sujet bascule d'un compartiment à l'autre, ce qui s'exprime cliniquement par une alternance d'extrêmes, notamment sur le plan de l'humeur. Tout éloignement de l'objet réactive la menace narcissique, d'où une relation de dépendance qualifiée d'*anaclitique.* Autrui est bien différencié du Soi – ce qui contraste avec la fusion psychotique –, mais, n'étant là que pour combler la faille narcissique, n'est pas reconnu dans son désir autonome et n'est donc pas pleinement constitué comme sujet.

La structuration du psychisme permet une certaine prédictivité du risque de trouble psychique et de la forme qu'un tel trouble peut prendre. En effet, dans la mesure où la structure reflète les éléments de base du fonctionnement psychique, elle détermine les modalités de réaction aux événements et situations vitales.

Un *événement traumatique* est un événement débordant les capacités d'élaboration du sujet[1]. Le caractère traumatique d'un événement est donc fonction non seulement de sa

1. La notion d'événement n'implique pas ici une durée temporelle brève : il peut très bien s'agir d'une situation vitale répétée ou durable (*e.g.* une situation d'abus dans l'enfance).

nature intrinsèque, mais aussi de l'organisation de la mémoire subjective et de la structure psychique. Ainsi, le même événement (*e.g.* un accident de voiture, une maladie, une rencontre érotique...) entraînera un trouble psychique chez tel sujet et ne suscitera qu'une réaction anodine chez un autre. Lorsqu'un événement interagit avec la structure subjective au point d'entraîner un trouble psychique, on parle de *décompensation.*

La structure détermine donc un potentiel de décompensation ou *vulnérabilité.* Cette notion de vulnérabilité peut être éclairée par une métaphore célèbre de Freud qui comparait le psychisme à un bloc de cristal. Certains chocs peuvent déborder la résistance du bloc au point que celui-ci se brise, et la façon dont il se brise est déterminée par les lignes de force inapparentes qui caractérisent la structure du bloc. Par exemple, une structure psychotique induit un risque de trouble psychotique lorsque le sujet est confronté à des événements traumatiques.

Soulignons que la structure psychique ne détermine qu'une vulnérabilité : celle-ci ne se révélera qu'en fonction de la gravité des événements traumatiques rencontrés. La normalité symptomatique, c'est-à-dire l'absence de trouble psychique patent, est compatible avec toute structure psychique. Des sujets psychotiques quant à la structure de leur fonctionnement peuvent, avec un environnement favorable, traverser la vie sans décompensation. Mais plus la structure du sujet est associée à une angoisse profonde (telle l'angoisse de morcellement), plus le maintien d'une normalité apparente est coûteux défensivement, et plus le risque de décompensation est élevé.

La notion de structure peut être critiquée pour autant qu'on l'utiliserait de façon trop rigide avec le risque d'enfermer un sujet dans une catégorie figée, lui déniant ainsi tout potentiel d'évolution – potentiel que la prise en charge thérapeutique est censée contribuée à ouvrir. On peut alors être tenté de substituer au terme de « structure » le terme plus dynamique d' « organisation » sur le modèle de ce que propose Bergeret à propos de l'organisation limite[1]. Mais, de toute façon, de telles catégories ne fournissent que des points de repères conceptuels pour décrire le fonctionnement d'un sujet et n'ont pas une valeur absolue. L'espace psychique associé à la mémoire subjective d'un individu singulier est assez riche pour comporter une infinité dynamique de « régions » associées à des modalités de fonctionnement variées, en interaction avec un environnement évolutif[2]. C'est avec cette prudence que nous emploierons par la suite les termes de « structure » ou d' « organisation », nous limitant à indiquer par là un mode dominant de fonctionnement.

b. Sémiologie et structure

La distinction entre description sémiologique et analyse psychopathologique prend toute son importance lorsqu'on aborde les relations complexes entre diagnostic et structure.

En effet, un même tableau sémiologique peut correspondre à des structures différentes. Une décompensation dépend certes de la structure psychique, mais aussi des

1. Pour Bergeret, les expressions de *structure psychotique* ou *structure névrotique* sont légitimes en raison des possibilités restreintes d'évolution offertes par les organisations qu'elles désignent, par opposition aux possibilités permises par l'organisation limite qui serait plus instable.
2. Voir Plagnol (2004) pour une théorie de l'espace subjectif.

caractéristiques intrinsèques des événements auxquels est confronté le sujet : d'une part, un trouble d'allure grave ne reflète pas forcément une organisation profondément perturbée si le sujet a été confronté dans son passé récent à des événements objectivement intenses ; d'autre part, un sujet présentant une organisation profondément perturbée peut avoir recours à des défenses plus élaborées que ne semblent le permettre cette organisation si les événements auxquels il est confronté ne débordent pas ces premières défenses.

Il est donc essentiel de ne pas déduire une structure (ou organisation) à partir d'un diagnostic (et *a fortiori* à partir d'un seul symptôme), malgré une terminologie parfois trompeuse.

Ainsi, certaines entités sémiologiques qui appartiennent à la classe des « troubles psychotiques » ne correspondent pas nécessairement à une structure psychotique. Par exemple, une bouffée délirante aiguë ne signifie pas forcément que l'organisation psychique du sujet est commandée en profondeur par une menace persistante sur l'unité du Soi : il peut très bien s'agir d'une brève décompensation liée à un ensemble de circonstances particulières ayant temporairement dépassé les capacités défensives du sujet.

De même, des entités sémiologiques que l'on range plutôt dans la classe des troubles névrotiques comme les phobies ou les obsessions ne surviennent pas nécessairement dans le cadre d'une structure névrotique, et peuvent très bien représenter des défenses temporaires, voire persistantes, survenant sur un fond de structure psychotique ou d'organisation limite seulement partiellement décompensée.

En fait, le fonctionnement psychique du sujet et l'organisation sous-jacente seront essentiellement appréhendés à travers la relation clinique et ses aléas au cours d'un suivi prolongé, et non à partir d'une catégorisation sémiologique.

c. Vulnérabilité et histoire

La vulnérabilité a été définie comme le potentiel de décompensation face aux événements que le sujet rencontre, c'est-à-dire face à l'histoire actuelle du sujet, mais d'où vient la vulnérabilité ? Fonction de la mémoire subjective, la vulnérabilité reflète en fait l'histoire traumatique inscrite dans cette mémoire.

Rappelons qu'un événement traumatique a été défini comme un événement débordant les capacités d'élaboration du sujet. Ainsi, très schématiquement, plus un sujet a connu de traumatismes antérieurs, plus il est vulnérable, plus il risque de connaître de nouveaux traumatismes. À travers cette « loi », quelle que soit la prudence avec laquelle on la formule, transparaît la problématique de la *répétition* qui est une des composantes du caractère *tragique* de la pathologie mentale[1].

Précisons un peu ce qui sous-tend une telle loi. Le potentiel traumatique d'un événement E est défini par le rapport entre l'excitation associée à E et les capacités d'élaboration du sujet. Si les capacités d'élaboration sont débordées, le sujet a recours à des défenses, efficaces pour limiter la tension actuelle suscitée par E, mais accroissant le risque de nouveaux traumatismes car : 1 / l'élaboration de E étant limitée, E reste au moins partiellement une source de tension ; 2 / ces défenses se manifestent parfois par

1. Voir Plagnol (2003).

des symptômes eux-mêmes source de tension ; 3 / un « frayage » se produit, c'est-à-dire que des événements analogues à E tendront à susciter des défenses analogues.

Par exemple, un processus de déni, en écartant du psychisme conscient un fragment de la réalité traumatique, diminue la tension psychique actuelle, mais suscite des tensions potentielles importantes avec la réalité, ne serait-ce que par le poids conflictuel des symptômes qu'il peut entraîner (*e.g.* des idées délirantes), et de nouveaux processus de déni peuvent être d'autant plus facilités qu'un frayage s'est instauré.

Remarquons qu'un traumatisme ne correspond pas forcément à un événement « négatif » (comme une situation de violence physique) : il peut aussi s'agir d'une excitation érotique débordante. De plus, une surprotection peut freiner le développement de capacités défensives élaborées : celles-ci ne se forment que *via* la confrontation au monde extérieur (*i.e.* à travers les relations et leurs aléas). De ce point de vue, il faut souligner que tout événement traumatique peut aussi favoriser l'émergence de nouvelles capacités défensives : les temps de crise sont occasion de décompensation, mais aussi de maturation.

Nosographies

Les classifications des troubles mentaux ne reposent pas sur un principe naturel unique, avec des espèces bien définies et mutuellement exclusives comme cela peut être le cas en botanique. Les troubles observés et le regard porté sur ces troubles se modifient en fonction des cadres de référence théoriques, eux-mêmes liés à un environnement historique et culturel.

Il existe donc de multiples classifications des troubles psychiques. Limitons-nous ici à évoquer les nosographies sémiologiques, c'est-à-dire basées sur le regroupement des symptômes observés empiriquement[1]. On peut distinguer :

— *La nosographie « classique »* qui correspond à la psychiatrie clinique issue du début du XXe siècle, où l'on distingue quelques grandes classes de troubles : psychoses, névroses, troubles de l'humeur, troubles de la personnalité... Cette nosographie est en fait une fiction car de nombreux systèmes plus détaillés ont été proposés au cours de l'histoire de la clinique. Néanmoins, dans la mesure où ces grandes classes de troubles sont elles-mêmes restées assez constantes, il est commode de parler de « la » nosographie classique par opposition aux nosographies plus récentes utilisant des critères de diagnostic.

— *La classification nord-américaine du* DSM (la version actuelle est le DSM-IV-TR). Cette classification se veut « athéorique », un de ses principes étant de ne pas préjuger de l'étiologie du trouble pour se borner à une simple description du patient utilisable quelle

1. Les classifications sémiologiques sont parfois opposées aux classifications psychopathologiques fondées sur le fonctionnement psychique et l'organisation qui le détermine. Par exemple, la psychanalyse distingue névroses, psychoses et perversions (ou organisations limites selon certains). Toutefois, le souci de catégorisation ne doit jamais préempter l'appréhension du sujet singulier dans la relation clinique : cela, déjà valable au niveau sémiologique, vaut *a fortiori* pour la compréhension psychopathologique, d'où une méfiance de beaucoup d'auteurs vis-à-vis de l'obsession classificatoire.

que soit l'orientation théorique du clinicien. Toutefois, cet athéorisme est contesté, ce d'autant que le DSM rejette des concepts aussi classiques que ceux de *psychose* ou de *névrose*. Par ailleurs, cette classification utilise des critères précis de diagnostic dans le but d'améliorer la fidélité du diagnostic, ce qui peut être utile pour des objectifs de recherche, mais induit une certaine rigidité inadaptée à la variété infinie des patients.

— *La Classification internationale des maladies* (« CIM-10 » car il s'agit actuellement de la 10e version). Cette classification, proposée par l'Organisation Mondiale de la Santé, est proche du DSM mais n'utilise pas de critères aussi stricts, ce qui la rend un peu plus souple d'emploi, ce d'autant qu'elle est moins dépendante de la culture nord-américaine.

Dans les sections suivantes, nous nous limiterons à aborder les éléments sémiologiques permettant de repérer quelques grands types de troubles : psychoses, troubles de l'humeur, névroses, troubles de la personnalité, syndromes psycho-traumatiques[1]. Nous nous baserons sur « la » nosographie classique en raison de sa souplesse liée à son hétérogénéité historique. Une présentation bien articulée selon une ligne directrice aurait demandé certains choix théoriques plus forts que ceux que nous avons jusqu'ici assumés. Et, si l'on veut respecter la logique de la découverte, il est préférable d'aborder la sémiologie en reprenant une façon usuelle de présenter les grandes classes de troubles psychiques. Étant entendu que la sémiologie n'est pas une finalité, le questionnem[illegible] psychopathologique pourra ainsi s'amorcer sans être d'emblée marqué par un m[illegible] théorique univoque.

B - TROUBLES PSYCHOTIQUES

Dans la nosographie classique, les troubles psychotiques se définissent par la présence de quatre caractéristiques étroitement liées :

— une altération globale du fonctionnement psychique ;
— une perte du contact avec la réalité extérieure ;
— une non-conscience de certains symptômes. (Le sujet peut avoir conscience d'être dans un état pathologique mais n'en discerne pas tous les éléments.)
— un caractère d'étrangeté pour Autrui.

Les *syndromes délirants* présentent de façon paradigmatique ces caractéristiques, au point qu'on identifie souvent troubles délirants et troubles psychotiques[2]. En effet, une

1. Ces types de troubles sont choisis en raison de leur valeur de repères fondamentaux pour la clinique, notamment pour la compréhension d'autres classes de syndromes (perversions, addictions...) dont l'importance s'est accrue à notre époque mais pour lesquels nous ne pouvons ici que renvoyer à la bibliographie. De même, nous ne pouvons évoquer la clinique de l'enfant (abordée dans d'autres chapitres de ce manuel). Enfin, nous ne traiterons pas des outils d'évaluation de la sémiologie (*e.g.* échelles, questionnaires...) car ceux-ci sont surtout utilisés pour des objectifs de recherche et il est essentiel qu'un trouble psychique soit appréhendé avant tout dans la rencontre intersubjective.
2. Cette identification est abusive dans la mesure où l'on observe parfois des troubles psychotiques sans délire apparent (« psychoses blanches »). Par exemple, un sujet schizophrène ne présente pas toujours de délire manifeste, même si une décompensation délirante est toujours possible.

idée délirante est par définition un symptôme dont le sujet n'a pas conscience car il s'agit d'une *croyance en opposition avec la réalité et à laquelle le sujet attache une conviction absolue.* Insistons sur cet élément de conviction : à la différence d'une erreur, le sujet ne peut remettre en question sa croyance délirante (et il est vain d'argumenter avec lui).

La force de la conviction délirante est liée à la valeur défensive du délire. Sur le plan psychopathologique, une idée délirante est le produit des mécanismes de *déni* par lequel le sujet écarte de sa conscience des fragments entiers de la réalité. Il peut reconstruire ainsi une néo-réalité, celle du délire, plus conforme à ses impulsions inconscientes profondes. De telles reconstructions utilisent souvent la *projection,* c'est-à-dire un mécanisme de défense par lequel ce qui est inacceptable pour le psychisme est attribué à Autrui (*e.g.* une impulsion agressive est transformée en idée de persécution).

Pour mettre en œuvre des mécanismes de défense assez puissants pour reconstruire la réalité, il faut que le sujet soit menacé dans les fondations de son être : les troubles psychotiques relèvent d'une *angoisse de morcellement,* c'est-à-dire d'une menace sur l'unité profonde du Soi. Dans certains cas, la fragmentation psychique est déjà réalisée en partie ; dans d'autres cas, le sujet réussit à maintenir une unité minimale autour d'une idée délirante fondamentale *(e.g. Il y a un complot contre moi),* mais au prix d'un déni de plus en plus large de la réalité extérieure. Le mode de relation du sujet psychotique est *fusionnel,* c'est-à-dire que toute différence avec les objets d'investissement préférentiels tend à être effacée, car une telle différence est source de tensions trop importantes : Autrui tend à n'être pas appréhendé comme tel avec son monde subjectif distinct de celui du Soi.

Devant un sujet présentant un trouble psychotique, certaines questions orientent l'évaluation clinique et la thérapeutique :

— Le mode de fonctionnement psychotique est-il transitoire, lié à une situation vitale aiguë qui a débordé les défenses habituelles, de sorte que le sujet a dû temporairement recourir à des défenses plus primitives comme le déni et la projection ?

— Ou bien ce fonctionnement est-il stable, c'est-à-dire que le sujet présente une structure psychotique ?

— Dans ce second cas, la fragmentation du psychisme profond est-elle déjà entamée ou le sujet préserve-t-il une unité minimale au prix de l'extension de son délire ?

La description sémiologique peut aider à répondre à ces questions. En effet, analyser le trouble observé en fonction de quelques critères classiques permet non seulement d'évoquer un diagnostic, mais aussi d'amorcer la réflexion psychopathologique sur le fonctionnement psychique du sujet. (Ce fonctionnement sera bien sûr appréhendé et progressivement précisé dans la relation patient-clinicien.) Nous détaillons un peu ces critères avant de décrire les principaux troubles psychotiques.

I - Classification des syndromes délirants

Quatre critères permettent de classer les syndromes délirants : évolution, organisation, mécanismes, thèmes[1].

a / L'évolution est *aiguë* ou *persistante* :

— Un délire aigu a une durée inférieure à quelques semaines, étant réversible si le sujet est traité. Il s'agit d'une expérience intense qui envahit la vie psychique, mais qui n'engage pas nécessairement les assises fondamentales du psychisme. Il existe quatre types de délire aigu : confusion, mélancolie, manie, bouffée délirante aiguë.

— Un délire persistant a une durée dépassant plusieurs mois. Un tel délire peut être moins spectaculaire qu'un délire aigu mais indique généralement une structure psychotique : l'unité psychique du sujet est menacée en profondeur. Le pronostic est alors orienté vers une psychose persistante (schizophrénie, paranoïa...).

b / L'organisation est *systématisée* ou *non systématisée* :

— Un délire systématisé est marqué par une forte cohérence interne, étant souvent centré sur un thème précis. Un tel délire marque le succès d'une intuition délirante qui réorganise toute la réalité autour d'elle, ce qui maintient l'unité du psychisme au risque d'un engagement persistant dans la psychose.

— Un délire non systématisé est un délire incohérent, sans idée directrice, hermétique pour Autrui. Dans ce cas, les idées délirantes sont des tentatives infructueuses de lutte contre la menace de fragmentation. Les délires non systématisés s'observent soit dans les états délirants aigus, lorsqu'une fragmentation temporaire se produit sous la pression des circonstances vitales, soit dans les états délirants persistants lorsque l'unité du sujet est déjà altérée en profondeur (dissociation schizophrénique).

c / Cinq *mécanismes délirants* sont décrits :

— Une *intuition* est une croyance qui s'impose d'emblée au sujet avec évidence (comme une révélation). On retrouve toujours une intuition initiale lors de la formation d'un monde délirant.

— Une *interprétation* est l'attribution d'une signification erronée à un fait réel (*e.g.* le sujet aperçoit des voisins bavarder et croit qu'ils se moquent de lui). Les interprétations enrichissent le monde délirant à partir d'intuitions initiales.

— L'*imagination* est la construction d'un monde délirant qui paraît totalement imaginaire à Autrui (mais constitue la réalité pour le sujet délirant). À la différence de l'interprétation, l'imagination ne part pas de faits réels pour développer l'intuition initiale.

— Une *illusion* est une perception déformée à partir d'un objet réel.

— Une *hallucination* est une perception sans objet, étant en principe entièrement produite par le psychisme du sujet à la différence de l'illusion (mais des intermédiaires entre illusions et hallucinations s'observent).

1. Ces critères remontent au fameux *Traité de psychiatrie* d'E. Kraepelin (huit éditions de 1883 à 1915).

Illusions et hallucinations peuvent concerner les différentes modalités sensorielles (auditives, visuelles, tactiles...). On distingue classiquement les *hallucinations psychosensorielles,* pour lesquelles la source de la sensation est localisée par le sujet à l'extérieur de son psychisme, et les *hallucinations psychiques,* qui sont des représentations mentales imposées (*e.g.* « voix dans la tête », « images forcées »). Toutefois, on peut considérer que les hallucinations psychiques ne sont pas de véritables hallucinations dans la mesure où elles ne mettent pas en jeu la sensorialité : il s'agit plutôt de l'autonomisation de zones parasites dans la mémoire subjective, reflétant un début de fragmentation psychique.

On peut rattacher les hallucinations psychiques au *syndrome d'automatisme mental,* décrit par Clérambault en 1908 et très souvent observé dans la genèse des syndromes délirants. Trois degrés d'automatisme mental sont possibles :

— sentiment de perte du contrôle de la pensée (*e.g.* dévidage automatique, écho de la pensée) lié à la formation d'une zone parasite en mémoire ;
— sentiment que le psychisme est connu d'Autrui, ce qui correspond à une défense par projection contre le parasitage, avec intuition persécutive : impression de devinement ou de vol de la pensée, de commentaire des actes... ;
— sentiment que le psychisme est imposé par Autrui (hallucinations psychiques) : pensées, images, émotions, voire actes imposés.

d / Les thèmes délirants – *i.e.* les contenus des idées délirantes – peuvent être très variés : persécution, mégalomanie, érotomanie, jalousie, hypochondrie... La thématique délirante reflète étroitement les impulsions déniées ou projetées ainsi que les tentatives de reconstruction de l'unité psychique. Par exemple, un thème érotomaniaque exprime une impulsion érotique envers un objet investi mais inaccessible : le sujet dénie cette impulsion narcissiquement insupportable et la projette sur l'objet.

II - Bouffée délirante aiguë

Décrite par Magnan en 1866, la *bouffée délirante aiguë* (BDA) se définit par la survenue brutale d'un syndrome délirant, d'évolution brève, favorable à court terme si le sujet est soigné, et ne relevant pas d'une causalité organique ni d'un trouble premier de l'humeur[1].

D'un point de vue psychopathologique, une BDA est liée à une fragmentation fonctionnelle aiguë du psychisme survenant chez un sujet soumis à des tensions particulièrement intenses relativement à sa structure psychique profonde (ou organisation).

Une BDA est donc déterminée par une interaction entre des événements vitaux E et une vulnérabilité V reflétant la structure subjective. Les poids respectifs des facteurs de ce « produit » E × V déterminent le pronostic à long terme : très schématiquement, plus le sujet a connu des événements intenses dans la période précédant l'éclosion de la BDA, plus il est compréhensible qu'il ait pu « disjoncter », et moins cela indique une

1. Le DSM-IV parle de *trouble psychotique bref* et la CIM-10 de *trouble psychotique aigu.*

vulnérabilité structurale importante[1]. Inversement, un sujet qui développe une BDA après des circonstances d'allure minime – *e.g.* sa collègue de travail ne lui a pas adressé la parole en le croisant – a sans doute une structure fragile, et, éventuellement, une structure psychotique, d'où un risque de rechute, voire de décompensation persistante.

Le problème de la structure psychique sous-jacente à une BDA détermine le pronostic à long terme. Par contre, à court terme, le sujet est en danger mais guérit s'il est hospitalisé et soigné. Les soins sont d'autant plus urgents que plus la BDA perdure, plus l'imprégnation délirante par frayage dans la mémoire subjective peut aggraver la vulnérabilité structurale.

a. Éléments sémiologiques

Classiquement, une BDA survient chez un sujet jeune (15-35 ans), parfois très brutalement (« coup de tonnerre dans un ciel serein »), mais cela est loin de constituer la règle.

Le plus souvent, on retrouve un prodrome de quelques jours avec insomnie, irritabilité, anxiété, bizarrerie, parfois euphorie (par défense maniaque).

Puis, rapidement, apparaît le syndrome délirant « d'emblée armé de pied en cap » (Magnan), envahissant tout le champ de conscience avec une forte charge affective et désorganisant gravement le comportement. En fait, un automatisme mental associé à des idées de référence subdélirantes précède souvent pendant plusieurs jours le délire proprement dit.

L'expérience délirante entraîne une adhésion totale, quasi onirique. Le délire est non systématisé, et la thématique est polymorphe : persécution, érotomanie, mégalomanie... Les variations de la thématique délirante reflètent la pression de l'angoisse de morcellement et les tentatives défensives erratiques. Comme les projections persécutives ou érotomaniaques sont elles-mêmes angoissantes, le sujet est dans un cercle vicieux et ne peut se rétablir spontanément.

Sous le délire polymorphe, la dépersonnalisation (altération du sentiment d'identité) transparaît, associée à une déréalisation et à un vécu d'étrangeté. Cette déstructuration peut aller jusqu'à des thèmes délirants de filiation, de transformation corporelle, de désincarnation. Tous les mécanismes délirants peuvent s'associer : des intuitions tentent de contrôler l'angoisse de morcellement, des interprétations s'engrènent de façon erratique sur ces intuitions et aggravent l'angoisse, un automatisme mental signe souvent l'activité intense de zones de mémoire parasites, illusions et hallucinations psychosensorielles reflètent une expérience délirante assez puissante pour commander les perceptions.

Le fonctionnement cognitif est perturbé en raison de la captation de l'attention par le délire, mais la vigilance est en principe normale. La dynamique émotionnelle est bouleversée, en corrélation étroite avec le délire : tous les affects peuvent s'observer, de la panique à l'extase, avec une haute variabilité dans le temps. Les fluctuations thymiques reflètent le contenu des idées délirantes (et, sous-jacentes à ces idées, la pression de

1. « L'explosion d'une bombe peut rendre fou n'importe quel humain. » (S. Ferenczi).

l'angoisse de morcellement ou les réactions défensives). L'angoisse est toujours massive avec un risque de passage à l'acte auto ou hétéro-agressif. Le comportement désorganisé confirme l'urgence de soins, d'autant que le retentissement somatique est rapide en raison de l'incurie.

Les formes cliniques sont infinies : ralentissement et tristesse d'allure mélancolique, excitation et euphorie évoquant la manie, désorganisation comportementale suggérant une confusion. Les autres délires aigus constituent les diagnostics différentiels : dans la mélancolie, le ralentissement et la douleur morale sont plus constants ; dans la manie, l'excitation et l'euphorie prédominent plus nettement ; dans la confusion, on observe une altération de la vigilance avec désorientation spatiale. En fait, tous les intermédiaires entre ces syndromes peuvent s'observer, car ces entités nosographiques ne sont que des points de repère conceptuels et leur association est aisément compréhensible quand on se place sous un angle psychopathologique. Un patient singulier peut très bien présenter une expérience de type bouffée délirante, avec des éléments dépressifs liés aux circonstances déclenchantes, une réaction maniaque par excitation défensive, et un appoint confusionnel dû à une prise de toxiques (*e.g.* alcool, haschisch...).

b. Le problème de l'évolution

Par définition, une bouffée délirante évolue favorablement à court terme (environ un mois), ce d'autant que le sujet est soigné rapidement. L'hospitalisation et la prescription de neuroleptiques permettent de contrôler rapidement l'intensité du délire, ce qui favorise l'instauration d'une relation thérapeutique de qualité. Une réaction dépressive s'observe souvent au décours, non péjorative en elle-même, car elle peut indiquer une prise de conscience par le sujet de ses difficultés.

Un élément essentiel du pronostic est la possibilité de « critique » par le sujet de son expérience délirante, c'est-à-dire la capacité d'élaboration de cette expérience (par opposition au déni), dont une expression concrète est l'investissement d'une psychothérapie au-delà de la période aiguë (outre une prise de médicaments conseillée d'au moins six mois). À long terme, trois évolutions sont schématiquement possibles :

— dans 40 % des cas, l'épisode est unique et le sujet ne développera pas d'autre pathologie psychique grave ;
— dans 35 % des cas, le sujet présentera plus tard dans sa vie d'autres épisodes délirants aigus, souvent sous la forme d'épisodes maniaques ou mélancoliques s'inscrivant dans un trouble bipolaire (psychose maniaco-dépressive) ;
— dans 25 % des cas, le sujet développera progressivement une schizophrénie, c'est-à-dire une psychose persistante non systématisée.

On considère que le risque de schizophrénie est d'autant plus élevé que :

— les circonstances déclenchantes de la BDA sont minimes et le sujet présentait des éléments pathologiques antérieurs (*e.g.* personnalité schizoïde) ou des antécédents familiaux ;
— le délire est très hermétique avec un retrait affectif important, évocateur d'un repli autistique défensif contre l'angoisse de morcellement ;

— l'évolution est lente, dépassant un mois, avec une critique peu élaborée de l'épisode (voire absente) ;
— la réinsertion socioprofessionnelle ou scolaire – reflet des capacités d'adaptation et d'échange – est retardée, voire impossible.

III - Schizophrénies

Dans la nosographie classique, les *schizophrénies* peuvent se définir comme les *psychoses persistantes non systématisées.* Des définitions plus précises sont parfois données en référence à deux syndromes « fondamentaux » qu'avait dégagés Bleuler dans sa fameuse description initiale en 1911 :
— la *dissociation (Spaltung),* c'est-à-dire la perte de l'unité de base de la personnalité ;
— l'*autisme,* c'est-à-dire le repli sur le monde intérieur (d'où la perte du contact vital avec la réalité externe et la rupture de la communication avec Autrui).

Depuis cette description de Bleuler, on n'a cessé de s'interroger sur l'unité des schizophrénies, ce diagnostic étant attribué à des sujets d'allure très différente, avec de fortes variations évolutives et des facteurs étiologiques invoqués très hétérogènes.

En fait, ce débat est largement artificiel. Bleuler concevait lui-même les schizophrénies comme un groupe de troubles variés dont le point commun est la dynamique engendrée par la dissociation et l'autisme, les tentatives de réorganisation psychique se manifestant par des symptômes dits « accessoires » bien que souvent au premier plan des préoccupations cliniques immédiates (délire, hallucinations, troubles du comportement...).

Cette conception nous paraît garder toute sa pertinence. En effet, du point de vue de la psychopathologie élémentaire, les schizophrénies apparaissent comme des fragmentations persistantes du psychisme, sur fond de structure psychotique, les défenses n'ayant pas réussi à protéger complètement de la menace de morcellement. Le morcellement est déjà *en partie* réalisé, d'où la dissociation. Le repli autistique reflète de puissantes défenses contre la menace de morcellement (ou la menace de son aggravation), la coupure relationnelle tentant de pallier aux tensions extrêmes suscitées par l'échec de l'aspiration fusionnelle.

Mais dissociation et autisme induisent un cercle vicieux : 1 / un psychisme fragmenté, s'il permet de réduire la tension immédiate, est très vulnérable à de nouvelles circonstances traumatiques ; 2 / l'autisme, en supprimant l'échange avec Autrui et la réalité extérieure, entraîne un appauvrissement interne, ce qui favorise également la vulnérabilité aux événements vitaux avec le risque de nouvelles fragmentations. Le délire et les autres symptômes « accessoires » apparaissent alors comme la résultante des forces de fragmentation et des tentatives défensives. Ainsi, il y a bien une unité des schizophrénies, au sens où il s'agit toujours d'un syndrome de fragmentation persistante du psychisme, mais un tel syndrome n'est qu'une voie évolutive finale marquée par le cercle de la dissociation et de l'autisme : une infinité de formes cliniques est possible, tandis qu'une multitude de facteurs étiologiques peuvent jouer un rôle dans l'apparition ou l'aggravation de ces syndromes (en favorisant des tensions assez puissantes pour contribuer à une telle fragmentation).

a. Sémiologie classique

Lorsque la schizophrénie est constituée avec plusieurs années d'évolution, la dissociation et l'autisme se manifestent à tous les niveaux du fonctionnement du sujet :

— La pensée est marquée par un *relâchement des associations*, expression directe de la dissociation, d'où un discours diffluent (perte du fil conducteur), avec parfois *barrages* (suspension brève et non motivée du discours) ou *fading* (ralentissement intermittent de la parole).

— Le contenu de cette pensée est en partie impénétrable en raison du repli autistique. Le sujet schizophrène donne l'impression de ne pas prendre en compte la perspective subjective de ses interlocuteurs, avec certains troubles du langage évocateurs (*e.g.* référence à des personnes inconnues). Un *rationalisme morbide* peut être la trace d'une tentative de restauration d'unité.

— Le délire est également l'expression des tentatives de maintien d'une unité psychique. Il s'agit d'un *délire paranoïde* (la pression dissociative ne permettant pas de constituer un monde délirant cohérent) et *hermétique* (en raison du repli autistique). Des thèmes variés peuvent s'observer mais manifestent toujours une *dépersonnalisation* profonde (*e.g.* délire de filiation, de transformation corporelle...) reflétant la perte de l'unité du Soi. Tous les mécanismes délirants sont présents, avec une grande fréquence de l'*automatisme mental* (expression de zones parasites actives en mémoire). Parfois, des hallucinations cénesthésiques (relatives à la sensibilité interne profonde) indiquent une altération des strates fondamentales du Soi.

— L'*ambivalence* massive est le reflet affectif de la fragmentation qui suscite des impulsions contradictoires et simultanées. La relation est caractéristique avec un mélange de désir fusionnel et d'agressivité s'exprimant souvent par des idées érotomaniaques *et* persécutives en raison du déni défensif[1].

— Les défenses autistiques suscitent un *émoussement apparent des affects*, d'où une impression fréquente de distance et de froideur affective qui peut aller jusqu'à une réelle abrasion dans les schizophrénies évoluées. Toutefois, ces défenses se heurtent à la réalité, ce qui entraîne des décharges émotionnelles démasquant brutalement une angoisse extrême. Une *discordance* entre les affects et la pensée peut s'observer (*e.g.* sourires immotivés).

— Les bizarreries de la présentation (maniérisme) ou la *désorganisation des conduites* peuvent être liées à la pression de fragmentation, aux préoccupations délirantes tentant d'assurer une unité psychique, aux manifestations de repli autistique (apragmatisme, retrait social, négativisme, voire mutisme ou clinophilie). Des manifestations impul-

1. Il importe cependant de souligner que la plupart du temps, à travers ses aléas, cette relation est d'une grande richesse en raison de la vive sensibilité de ces sujets malgré les défenses autistiques. Et si l'on parle de « sujet schizophrène », le fonctionnement schizophrénique peut très bien être intermittent et ne se manifester que relativement à certaines situations traumatiques liées à l'histoire subjective.

sives brutales sont possibles lorsque les défenses autistiques sont débordées, avec risque de passage à l'acte auto-agressif (automutilations, tentatives de suicide), et, plus rarement, hétéro-agressif.

b. Formes de début

Il existe une infinité de formes de début, la symptomatologie étant fonction de la pression dissociative et des stabilisations temporaires permises par les défenses ou les premières mesures thérapeutiques. De façon purement didactique, on peut distinguer :

— Les formes à début aigu, reflétant une déstructuration rapide : bouffée délirante ou trouble de l'humeur atypique (manie marquée par l'étrangeté des idées, dépression où le repli prédomine sur la douleur morale...).

— Les formes à début insidieux, s'étendant sur des mois et des années, avec souvent des symptômes retrouvés dans d'autres pathologies, expression de défenses qui contrôlent temporairement l'angoisse de morcellement (avant que leur échec face à la pression dissociative n'entraîne le recours au déni et à la projection) :

- formes pseudo-névrotiques avec symptômes phobiques ou obsessionnels focalisant l'angoisse et souvent atypiques (absence de critique) ;
- plaintes hypocondriaques, conversions, dysmorphophobies (*i.e.* crainte sur l'intégrité corporelle) polarisant l'angoisse sur le corps et sans ouverture relationnelle à la différence d'une pathologie névrotique ;
- conduites addictives (toxicomanies, anorexies bizarres, comportements à risque...) frappant par leur étrangeté. Dans de tels cas, la dépendance à l'objet addictif colmate temporairement la menace de morcellement au-delà de l'angoisse d'abandon ;
- réduction progressive des activités avec retrait social, rupture de la scolarité ou de la vie professionnelle, investissements ésotériques, conduites étranges... Parfois, un passage à l'acte révèle brutalement la pathologie (tentative de suicide « impulsive », exhibition sexuelle froide...).

c. Formes évolutives

Selon la logique dissociative, une schizophrénie est plutôt marquée au début par des symptômes paranoïdes, lorsque les intuitions délirantes ont une certaine puissance unificatrice dans un espace psychique encore peu fragmenté, tandis que le repli autistique reste fonctionnel sans altérer en profondeur la structuration de la mémoire subjective. À un stade très avancé, toute excitation devient traumatisante, sur fond d'une fragmentation multiple qui rend inefficace les intuitions délirantes, et l'autisme devient abrasif avec des séquelles irréversibles.

La rapidité de ce processus est fonction de l'intensité de la pression dissociative dont le reflet direct est la présence d'un automatisme mental avec hallucinations psychiques. Les moments féconds d'activité délirante intense peuvent être suscités par une mobilisation hors des défenses autistiques mais comportent un risque d'aggravation brutale de la fragmentation par déstructuration aiguë.

Autrefois, après quelque temps à l'hôpital psychiatrique, les schizophrénies évoluaient le plus souvent vers des formes à symptômes « négatifs » catatoniques (désorganisation psychomotrice) ou hébéphréniques (appauvrissement émotionnel d'aspect déficitaire).

De nos jours, l'activité parasite et les épisodes de déstructuration sont généralement contrôlés avec les médicaments antipsychotiques, et la prise en charge psychothérapeutique et sociale permet fréquemment au sujet de se stabiliser. Les deux formes prépondérantes actuelles sont donc :

— Les formes paranoïdes, marquées par les symptômes « positifs », c'est-à-dire l'activité délirante et les hallucinations.
— Les formes résiduelles, lorsque le sujet ne présente plus de production délirante intense, mais conserve une forte vulnérabilité, avec une dépendance aux soins, parfois organisée sur un mode ritualisé pseudo-obsessionnel.

Schématiquement, un sujet schizophrène commence par présenter des phases paranoïdes où les moments productifs alternent avec des périodes plus stables sous traitement, les rechutes survenant souvent après une interruption de la prise en charge, celle-ci étant difficile à accepter initialement, ne serait-ce qu'en raison du déni. Puis, après quelques réhospitalisations, un suivi thérapeutique mieux toléré peut permettre le passage à une « forme résiduelle ». Par contre, il semble illusoire de vouloir « guérir » d'une fragmentation persistante qui a par définition longtemps imprégné la mémoire subjective, et c'est souvent le renoncement à cette guérison, aussi douloureux soit-il, qui facilite un meilleur équilibre vital.

Cependant, des évolutions étonnamment positives, même après bien des années de « schizophrénie » sont parfois observées. Cela soulève alors le problème de savoir s'il s'agissait d'une authentique schizophrénie avec une fragmentation profonde de la mémoire subjective, ou bien d'un syndrome purement fonctionnel malgré sa persistance, auquel le sujet, étayé par quelque rencontre, est parvenu à mettre fin un beau matin.

Quoiqu'il en soit, il faut souligner l'importance d'attendre longtemps après le début des troubles avant de se risquer à un diagnostic de schizophrénie (au moins dix-huit mois[1]). Chez l'adulte jeune, et, *a fortiori*, chez l'adolescent, bien d'autres troubles beaucoup plus fréquents doivent être écartés auparavant, même en présence d'une symptomatologie bruyante : dépression, personnalité limite, accès maniaque, prise de toxiques... De plus, même si l'on craint une évolution schizophrénique, les prises en charge actuelles permettent probablement de l'éviter souvent, les potentialités psychiques de cette période de la vie permettant de spectaculaires rétablissements.

IV - Délires persistants systématisés

Une construction délirante peut parvenir à préserver l'unité psychique de base d'un sujet menacé de morcellement. Dans ce cas, le délire est par définition cohérent et s'accorde avec l'affectivité et le comportement. Selon la logique de tels syndromes, tout événement potentiellement traumatique est assimilé en fonction d'une intuition fonda-

1. Ce délai est ramené à six mois dans le DSM-IV.

mentale assez puissante pour préserver l'unité psychique, et le sujet n'a pas besoin de recourir aux défenses autistiques (le monde intérieur absorbant dynamiquement toute la réalité).

Cependant, il faut bien comprendre que le fonctionnement sous-jacent est de type psychotique, associant angoisse de morcellement, déni et mode de relation fusionnel. Si la tension avec la réalité devient trop forte pour le maintien d'une construction délirante cohérente, le sujet peut connaître un moment de déstructuration aiguë. Les formes intermédiaires avec les schizophrénies sont donc fréquentes[1].

Nous allons brièvement évoquer les principaux tableaux cliniques décrits dans la nosographie classique, différenciables par leur mécanisme caractéristique, et qui constituent des points de repères conceptuels bien plutôt que des catégories absolues, étant entendu qu'une multitude de formes mixtes est possible.

a. Délires interprétatifs (type paranoïaque)

Les paranoïas constituent les délires persistants les plus systématisés, formant une véritable carapace absorbant toute source de tension. Tout conflit est dénié, toute impulsion inadmissible narcissiquement est projetée sur l'extérieur. Ces sujets ne présentent en principe guère d'automatisme mental ni d'hallucinations car la puissance de l'intuition délirante fondamentale permet d'unifier tout élément perturbant au monde délirant avant la constitution de zones parasites ou l'envahissement de la perception.

La relation thérapeutique est difficile : le sujet paranoïaque, ne pouvant tolérer ni défaillance ni conflit, risque d'intégrer dans son système le thérapeute comme élément persécuteur. Des phases dépressives peuvent indiquer une mobilisation de la carapace, mais se révèlent parfois insupportables narcissiquement pour le sujet, d'où un risque de déstructuration aiguë et/ou de passage à l'acte.

Le début est marqué par une intuition initiale (*e.g.* idée de persécution) agissant comme une révélation, parfois après une longue période de doute, puis les événements potentiellement traumatiques (*e.g.* rencontre avec un objet d'investissement) sont interprétés en fonction de ce postulat de base. On peut distinguer artificiellement deux sous-types (entre lesquels tous les intermédiaires sont possibles) :

— Les paranoïas « en secteur » ou « passionnels » dans lesquels une « idée prévalente » liée à l'intuition initiale est investie passionnément, suscitant une exaltation qui peut devenir dangereuse, tandis que le reste de la vie sociale est préservé. Différents syndromes sont distingués selon le thème de l'idée prévalente : jalousie, érotomanie, hypocondrie, revendication (idéalistes passionnés, inventeurs méconnus, quérulents procéduriers)...

— Les délires « en réseau » dans lesquels aucun secteur de la vie n'est préservé, la thématique étant généralement persécutive (complot). Toutes les situations, toutes les sensations, tous les événements sont interprétés, sans hasard possible (« folie raisonnante »).

1. Ainsi, il n'est pas rare qu'un sujet paranoïaque présente des phases dissociatives, et, inversement, qu'un sujet schizophrène présente un délire persécutif assez structuré. Il est parfois absurde de trancher entre schizophrénie et paranoïa malgré leur contraste apparent.

b. Délires imaginatifs (type paraphréniques)

Les délires paraphréniques sont des cas de fragmentation psychique partielle entre un secteur délirant qui conserve une unité interne (à la différence de la dissociation schizophrénique) et un secteur qui reste adapté à la réalité.

Ici, le mécanisme principal est l'imagination : à partir d'intuitions initiales, le sujet réussit à construire un monde aussi luxuriant qu'imaginaire (mais qui constitue la réalité pour lui), la thématique étant souvent fantastique (science-fiction, mysticisme, filiation extraordinaire...).

Le secteur délirant assure le maintien de l'unité psychique en équilibrant les tensions suscitées par la réalité, et le sujet peut donc très bien ne pas rencontrer les circuits de soins. Toutefois, en raison de la fragmentation déjà entamée, des évolutions vers une dissociation schizophrénique sont possibles, lorsque le sujet se heurte à des circonstances trop traumatiques pour être « écopées » par l'imagination.

c. Psychoses hallucinatoires chroniques

Les psychoses hallucinatoires chroniques surviennent chez des sujets isolés socialement (*e.g.* personnes âgées sans contacts familiaux). La souffrance due à cet isolement entraîne le recours à des processus défensifs par déni et projection, et le sujet s'estime victime de l'intrusion d'Autrui (*e.g.* un voisin) dans son espace propre, avec une thématique dominante de persécution.

Cette problématique d'intrusion se manifeste par des hallucinations psychosensorielles (auditives, olfactives, cénesthésiques...) prouvant au sujet qu'Autrui exerce sur lui une « action à distance », ainsi que par un automatisme mental révélateur de la présence de zones parasites actives en mémoire, sans que la structuration profonde de la mémoire subjective ne soit nécessairement perturbée.

De fait, si les soins ne sont pas trop tardifs, l'évolution est souvent favorable (à la différence des délires paranoïaques) car : 1 / la prise en charge thérapeutique rompt l'isolement ; 2 / les antipsychotiques agissent efficacement pour contrôler les zones parasites et réduire les hallucinations (même si un secteur délirant enkysté peut persister sur un mode paraphrénique). Une telle « guérison » indique alors que la psychose hallucinatoire « chronique » ne relevait que de processus fonctionnels, sans infiltration grave de la mémoire subjective.

d. Le problème des réactions paranoïaques

Nombre de manifestations délirantes, bien que persistant plusieurs mois, reflètent une utilisation temporaire de défenses psychotiques, sans pour autant relever d'une infiltration irréversible de la mémoire subjective sur fond de structure psychotique. Outre le cas déjà envisagé de certaines psychoses hallucinatoires « chroniques », on peut mentionner :

— certaines dépressions proches de la mélancolie ;
— les réactions persécutives à l'isolement social, notamment chez des sujets transplantés culturellement (Certains des « délires sensitifs » décrits par Kretschmer, marqués par une thématique d'humiliation, s'y rattachent probablement) ;
— certaines psychoses déclenchées par la prise plus ou moins prolongée de toxiques (cocaïne, crack, amphétamines, haschisch, alcool...).

Une bonne part des « troubles délirants » décrits par le DSM-IV – qui ne fixe qu'une durée minimale d'un mois comme critère temporel de diagnostic – ou même par la CIM-10 – qui étend ce critère à trois mois – relèvent de « simples » réactions paranoïaques.

Bien entendu, ce n'est pas n'importe quel sujet qui à recours a des défenses psychotiques, même en présence d'événements de vie intenses. Comme toujours, il faut apprécier les poids respectifs des circonstances et de la personnalité dans la décompensation pour évaluer le risque de structure psychotique et d'engagement dans une psychose persistante.

C - TROUBLES THYMIQUES

La *thymie* ou *humeur* se définit comme la tonalité affective de base reflétant l'accord global du sujet et du monde, tel qu'on peut le projeter sur un axe allant de la douleur la plus intense à la joie la plus profonde.

Dans cet accord global intervient une infinité d'éléments psychologiques, mais aussi biologiques et environnementaux, étroitement intriqués les uns aux autres. L'axe de l'humeur étant à l'intersection de toute la vie mentale, il est très fréquent qu'un trouble psychique se manifeste par une perturbation thymique, celle-ci pouvant prendre la forme d'un syndrome dépressif, maniaque ou mixte.

Lorsque ces syndromes surviennent isolément, ils définissent la classe des troubles thymiques. Cependant, une perturbation de l'humeur peut être associée à n'importe quel type de trouble mental ou organique.

I - Syndrome dépressif

Le syndrome dépressif est aisé à reconnaître lorsqu'il associe une *douleur morale* et un *ralentissement psychomoteur*. Sous-jacente à ce ralentissement, l'*inhibition* psychique éclaire la valeur défensive du syndrome dépressif en limitant le potentiel d'événements traumatiques. La vie « ordinaire » peut d'ailleurs comporter des phases de « repos » psychique avec une filtration des événements par inhibition partielle pendant que le psychisme se réorganise en profondeur. Mais, lors d'une dépression, la relative protection assurée par l'inhibition constitue un piège sans issue : le syndrome dépressif est comparable à un *puits* – métaphore fréquente chez les patients – car les tentatives d'en « sortir » raniment l'angoisse et se retournent douloureusement contre le sujet qui *rechute* et se ralentit à nouveau défensivement.

Trois groupes de symptômes peuvent être distingués :

— La douleur morale est l'expression directe de l'humeur dépressive. Il s'agit d'une tristesse durable, peu sensible au réconfort, et qui frappe par son association avec une *perte de l'estime de soi* (sentiment d'incapacité et d'échec, la honte se profilant sous la culpabilité)[1]. L'*anhédonie* désigne l'impossibilité du plaisir. Le *pessimisme* ferme l'horizon sur un passé ruminé de façon pénible. Les *idées noires* (*i.e.* idées de mort) peuvent être envahissantes au point d'imposer une hospitalisation.

— Le ralentissement psychomoteur est parfois seul présent : visage figé, voix monotone, asthénie, apragmatisme, aboulie (*i.e.* absence de désir), repli social, bradypsychie (*i.e.* ralentissement de la pensée) avec troubles de la mémoire et appauvrissement idéique.

— Des signes non spécifiques sont très souvent observés, fonction de l'équilibre entre souffrance psychique et défenses. L'*angoisse* est toujours présente, même si elle peut être masquée par le ralentissement. L'anorexie avec amaigrissement est classique, mais l'on constate parfois une hyperphagie avec obésité. De même, l'insomnie liée à la douleur morale est fréquente, mais le ralentissement peut au contraire entraîner une hypersomnie. La diminution de la libido est constante (si l'on met à part les défenses maniaques).

II - Formes cliniques de la dépression

De multiples formes de la dépression ont été décrites, ce qui signifie que l'on rattache au syndrome dépressif des tableaux cliniques fort variés. Un tel rapprochement est justifié :

- soit parce que l'on retrouve une souffrance psychique de même type que la douleur morale ;
- soit parce que les symptômes semblent être une défense contre une telle souffrance, qu'il s'agisse d'un mode particulier d'inhibition ou d'un autre type de défense.

Énumérons les formes les plus souvent rencontrées :

- formes somatiques (« dépression masquée »), bien connues des médecins généralistes : céphalées, douleurs dorsales, troubles digestifs... ;
- formes comportementales, fréquentes chez les adolescents : fugues, attitudes ordaliques, conduites antisociales... ;

1. Cette perte de l'estime de soi est un élément clef sur le plan psychopathologique, signant une vulnérabilité narcissique au-delà des événements qui ont pu déclencher la dépression. Selon Freud (1917-1996), seule une perte inconsciente d'objet, vis-à-vis duquel le Moi est ambivalent et *auquel il s'identifie partiellement,* peut rendre compte de l'effondrement du sujet jusqu'à l'intense désir de mort.

— formes cognitives, classiques chez les personnes âgées – l'inhibition intellectuelle pouvant en imposer à tort pour une démence – mais responsables aussi de nombre d'échecs scolaires chez les plus jeunes ;
— formes addictives : bien des conduites addictives (*e.g.* alcoolisme, anorexie mentale, boulimie, toxicomanies...) reflètent une défense contre une menace dépressive, au point qu'il est parfois justifié de parler d' « équivalents dépressifs » ;
— formes névrotiques : nombre de symptômes obsessionnels, phobiques ou hystériques constituent une protection contre la souffrance dépressive ;
— formes psychotiques ou *mélancolies* : un syndrome délirant aigu est alors au premier plan du tableau.

Détaillons le dernier cas en raison de son importance psychopathologique et thérapeutique :

— La mélancolie typique est aisément reconnaissable en raison de l'intensité extrême de la douleur morale et du ralentissement. Le syndrome délirant est alors congruent à l'humeur : idées de faute impardonnable, de catastrophe, de ruine, de châtiment...
— Les idées délirantes sont parfois plus trompeuses : thématique persécutive, mystique ou hypocondriaque...
— Le syndrome de Cotard comporte en principe un délire de négation des organes, voire du corps entier, ou même de la totalité du monde extérieur, avec parfois idées de damnation au-delà de la mort.
— Dans certaines mélancolies, l'angoisse suscite une agitation intense au lieu d'un ralentissement.

III - Syndrome maniaque

Le syndrome maniaque semble être le contraire du syndrome dépressif en raison de l'état d'excitation du sujet. En fait, un état maniaque est généralement une défense contre une menace dépressive comme le suggèrent plusieurs éléments cliniques souvent présents : circonstances conflictuelles (*e.g.* « manie de deuil »), amorce dépressive, versatilité de l'humeur, virage dépressif post-maniaque. L'excitation permet au sujet de fuir provisoirement la dépression.

Un état maniaque typique débute par un bref prodrome (insomnie, irritabilité...), puis le tableau complet apparaît :

— L'*euphorie* s'accompagne d'éléments évocateurs : optimisme débordant, sentiment d'omnipotence et d'absence de limites, exaltation, ludisme, surestimation de soi, mégalomanie. Toutefois, le sujet peut présenter de brusques phases agressives ou dépressives (« versatilité ») démasquant ce qui le menace.
— L'*excitation psychomotrice* est patente : présentation extravagante, rires, hyperactivité « stérile », projets multiples avec risque de dépenses inconsidérées, désinhibition (familiarité intrusive, propositions érotiques « déplacées »...), distractibilité, tachypsychie (accélération du cours de la pensée), fuite des idées, logorrhée, associations superficielles (jeux de mots, coq-à-l'âne), insomnie sans fatigue.

Dans le déni de toute difficulté, le sujet maniaque ne reconnaît aucun trouble. Après l'épisode, le sujet peut même éprouver la nostalgie d'un état où tout était possible, ce d'autant que la personnalité est souvent marquée par le doute narcissique. Un virage dépressif post-maniaque est fréquent.

Le syndrome maniaque prend une allure délirante quand le sujet n'a plus aucune distance vis-à-vis des thèmes mégalomaniaques. Dans des formes plus atypiques, le sujet présente des thèmes mystiques ou érotomaniaques, voire de persécution, et tous les intermédiaires sont possibles avec les bouffées délirantes aiguës.

La pratique clinique montre la fréquence de formes mineures *(hypomanie)* : le sujet est excité mais conserve son adaptation au monde. (Toutefois, l'évolution peut se faire vers un état maniaque franc ou un état dépressif.)

IV - Syndrome mixte

Un syndrome mixte est défini par la coexistence ou l'alternance rapide de composantes maniaques et de composantes dépressives (*e.g.* excitation psychique associée à des idées sombres). Bien que manie et dépression paraissent être deux contraires, les syndromes mixtes s'observent assez souvent, ce qui est compréhensible si l'on admet qu'une réaction maniaque représente une défense contre une menace dépressive.

V - Dépressions primaires

Lorsqu'un syndrome dépressif ne dépend pas d'un trouble psychique ou organique plus fondamental, la dépression peut être qualifiée de « primaire ». On peut distinguer deux types de dépression primaire : les dépressions psychogènes et les dépressions endogènes.

— Les *dépressions psychogènes,* les plus fréquentes, sont encore appelées « névrotico-réactionnelles », car elle résultent d'une combinaison variable de facteurs déclenchants et de facteurs liés à une personnalité vulnérable. Lorsque le poids des événements traumatiques est évident, on parle de dépression « réactionnelle ». (Un tel événement traumatique peut être en apparence « heureux » – *e.g.* dépression après une promotion professionnelle ou une naissance...) Lorsque le poids des facteurs de personnalité paraît important, on utilise parfois l'expression trompeuse de « dépression névrotique ».

— Les *dépressions endogènes* sont opposées aux précédentes parce qu'on n'y retrouverait ni événement déclenchant notable, ni personnalité problématique. En fait, ce qui justifie l'isolement des dépressions endogènes est surtout la *forme mélancolique* caractéristique, la fréquence des antécédents personnels et familiaux dépressifs ou maniaques, l'efficacité des antidépresseurs. Dans la nosographie classique, les dépressions endogènes se rattachent en effet à la *psychose maniaco-dépressive,* trouble au long cours caractérisé par la survenue d'épisodes tantôt maniaques, tantôt mélancoliques, avec une guérison en principe complète entre les accès, la périodicité de ceux-ci étant très variable. La gravité des conséquences des épisodes maniaques ou mélancoliques justifie la prévention par des médicaments thymorégulateurs, souvent difficiles à accepter initialement pour le sujet.

La psychose maniaco-dépressive est le trouble psychique pour lequel des facteurs génétiques ont été évoqués avec le plus de constance, au moins dans certaines formes familiales. En réalité, si l'on ne peut exclure que de tels facteurs interviennent dans quelques cas, la violence des épisodes dépressifs ou des réactions maniaques peut également être le reflet de mécanismes de défense puissants, le plus souvent de type clivage contre une angoisse d'abandon, mais allant parfois jusqu'aux processus psychotiques de déni contre une angoisse de morcellement. Nombre de cas de psychose maniaco-dépressive sont ainsi liés à une organisation limite, voire à une structure psychotique, même si la personnalité de base paraît « ordinaire »[1]. Et la fréquence des antécédents familiaux n'est pas nécessairement à interpréter dans un sens héréditaire, étant donné le poids psychique transgénérationnel de ces antécédents qu'aucune étude génétique n'a jamais pu prendre en compte.

Plus généralement, les psychoses maniaco-dépressives apparaissent comme des cas particuliers d'oscillations maniaco-dépressives de faible fréquence mais particulièrement intenses, et une infinité de variations bipolaires plus mineures peuvent être observées. Les nosographies récentes comme le DSM-IV ou la CIM-10 ne retiennent d'ailleurs plus la notion de psychose maniaco-dépressive, préférant distinguer plusieurs types de *troubles bipolaires* en fonction de la sévérité des antécédents maniaques, outre la *cyclothymie* caractérisée par l'alternance d'épisodes hypomanes et de phases subdépressives.

Signalons aussi qu'un autre diagnostic est parfois porté sur le long cours, celui de *dysthymie* lorsque la dépression persiste des mois, voire des années.

VI - Dépressions secondaires

Une dépression est *secondaire* lorsque le syndrome dépressif survient sur fond d'un autre trouble psychique *(dépression associée)* ou d'un trouble organique *(dépression somatogène).*

Toute pathologie mentale peut être associée à des phases dépressives, pour différentes raisons souvent intriquées : insuffisance des symptômes quant à la protection vis-à-vis d'une menace dépressive, vécu douloureux des troubles, amélioration symptomatique privant le sujet de ses défenses...

Mentionnons quelques situations bien connues de décompensations dépressives liées à ces différentes raisons :

— pression des circonstances entraînant l'aggravation d'une névrose obsessionnelle ou phobique ;

1. Ou d'autant plus qu'elle le paraît, c'est-à-dire que le sujet maintient une apparence de « normalité » au prix d'efforts défensifs coûteux qui s'effondrent brutalement lors de circonstances d'allure minime (ou se radicalisent par un décollage maniaque).

— événements débordant les défenses habituelles par clivage chez certaines personnalités limites ou psychopathiques constamment menacées par la dépression en raison d'une angoisse d'abandon ;
— périodes précédant l'éclosion d'un délire dans les troubles psychotiques (l'inhibition dépressive protège temporairement contre l'angoisse de morcellement) ;
— phases de prise de conscience des troubles et/ou de sédation du délire dans les troubles psychotiques ;
— périodes de post-sevrage dans les troubles addictifs (alcoolismes, toxicomanies, boulimies...) ;
— phases d' « atterrissage » dans la réalité après un état maniaque.

De même, une pathologie organique peut être associée à un syndrome dépressif pour de multiples raisons : mécanismes biologiques de certaines pathologies somatiques (cancers, sida, hypothyroïdie...), réactions psychologiques à la maladie, effets secondaires de certains traitements (*e.g.* corticoïdes).

Soulignons que la catégorisation des syndromes dépressifs ne vise qu'à fournir quelques points de repère. Une dépression peut très bien être à la fois cause et conséquence d'un autre trouble psychique (*e.g.* alcoolisme) ou bien comporter des éléments psychogènes (primaires et/ou secondaires) et des éléments somatogènes. De plus, tous les intermédiaires existent entre les pathologies thymiques et d'autres types de troubles *(e.g. trouble schizo-affectif)*. Le clinicien s'attachera surtout à analyser les différentes composantes en jeu dans un syndrome dépressif, en fonction de sa valeur psychodynamique pour le sujet.

VII - États maniaques et états mixtes

Un épisode maniaque ou un épisode mixte franc est généralement lié :
— soit à une psychose maniaco-dépressive (trouble bipolaire de type I pour le DSM-IV). L'expérience clinique montre en effet qu'un sujet présentant un tel épisode – qui peut refléter de puissants processus de déni – a de fortes chances de présenter plus tard des épisodes analogues ou des épisodes mélancoliques.
— soit à des facteurs somatiques : prise de toxiques (haschisch, cocaïne, amphétamines...), effets médicamenteux (antidépresseurs, corticoïdes...), perturbations induites par certaines maladies (hyperthyroïdie, tumeurs frontales...). Dans les cas de prise de toxiques, un terrain d'organisation limite est fréquent.

Devant un tel épisode maniaque ou mixte, il faut donc évaluer soigneusement le poids des facteurs somatiques, car la proposition de thymorégulateurs est indiquée si le rôle de ces facteurs paraît mineur (la probabilité de terrain maniaco-dépressif étant alors élevée).

L'hypomanie peut par contre être associée à tout type de terrain, d'une façon comparable à la dépression contre laquelle elle constitue le plus souvent une défense.

D - TROUBLES NÉVROTIQUES

Dans la nosographie classique, la définition générale des troubles névrotiques s'effectue de façon vague et négative, par opposition aux troubles psychotiques :

— dans les troubles névrotiques, l'adaptation à la réalité est relativement conservée de même que le sentiment d'identité. (En particulier, le sujet ne présente pas d'idées délirantes) ;
— le sujet névrosé a conscience de ses symptômes : il reconnaît ce qui est pathologique chez lui et s'en plaint.

Bien que ces deux critères suggèrent une gravité le plus souvent moindre que dans les psychoses, les troubles névrotiques peuvent entraîner une souffrance extrême et de profondes perturbations de la vie sociale. Par ailleurs, si le sujet se plaint de ses symptômes, cela ne veut pas dire qu'il en appréhende l'origine, ces symptômes étant un compromis inconscient entre l'angoisse et les processus de défense.

Afin de préciser cette définition générale, il est tentant de recourir à des critères psychopathologiques. En effet, le plus souvent les symptômes névrotiques sont le produit d'une angoisse de culpabilité liée à des conflits entre désirs et interdits : une intuition érotique ou un fantasme agressif est écarté du psychisme conscient et revient de façon détournée sous la forme de symptômes.

Cependant, les symptômes névrotiques ne surviennent pas nécessairement sur un terrain de structure névrotique caractérisée par l'angoisse de culpabilité. Par exemple, il peut s'agir de défenses contre une angoisse de morcellement préservant d'un effondrement psychotique, au moins provisoirement. Ou bien les manifestations névrotiques peuvent refléter un mode de défense temporaire au cours d'une dépression survenant sur un terrain d'organisation limite. Au-delà des symptômes, il importe donc d'étudier l'organisation psychique sous-jacente. Par ailleurs, dans la nosographie classique, on parle surtout de « névrose » lorsque les symptômes névrotiques sont associés à une personnalité pathologique, mais la plupart des symptômes névrotiques surviennent en fait en dehors d'un tel terrain. Il nous paraît donc préférable de décrire les troubles névrotiques en termes de syndromes, ceux-ci ne préjugeant par eux-mêmes ni d'un type d'organisation psychique, ni d'un type de personnalité.

I - Syndromes anxio-phobiques

Rappelons que l'angoisse (ou l'anxiété[1]) peut être définie comme un sentiment de menace non fondé objectivement (par opposition à la peur). En fait, l'angoisse est l'émotion psychique par excellence, c'est-à-dire ce qui met en mouvement la *psyché*,

1. Certains auteurs réservent le terme d'« angoisse » pour les phénomènes accompagnés de manifestations physiques.

reflet de son ambiguïté constitutive liée à la complexité de la mémoire subjective. L'angoisse a donc une valeur de mobilisation souvent créatrice et ne devient pathologique que si les défenses qu'elle suscite enferment le sujet dans la répétition.

L'angoisse est présente dans tout trouble psychique, soit directement exprimée dans les symptômes, soit à l'arrière-plan lorsqu'elle est masquée par les défenses. Cependant, il arrive que l'angoisse domine l'ensemble du tableau clinique, ce qui est le cas dans les syndromes anxio-phobiques.

Les nosographies isolent quelques syndromes bien caractérisés que nous allons évoquer. Cependant, il faut indiquer d'emblée que la réalité clinique est plus complexe, les syndromes intermédiaires ou les associations étant bien plus fréquents que la survenue isolée d'un de ces syndromes caractérisés.

a. Crise d'angoisse et trouble panique

Une *crise d'angoisse* (ou *attaque de panique*) survient par définition brutalement, avec le développement en quelques minutes d'un sentiment de malaise ou de menace intense échappant à la réassurance : crainte d'une catastrophe, de devenir fou, de mourir, de perdre le contrôle de soi...

Des signes somatiques bien connus sont le plus souvent présents : pâleur, sensation d'étouffement, palpitations, vertiges, céphalées, sueurs, tremblements, sécheresse de la bouche, nausées, vomissements... Le sujet garde une conscience critique du caractère non fondé de sa crainte, mais cela ne le rassure pas, au contraire : il s'angoisse d'être angoissé, et ce cercle vicieux peut induire un sentiment de dépersonnalisation, voire des troubles du comportement ou des accidents organiques.

Le paroxysme est atteint rapidement, et la crise ne dure pas plus de quelques heures, laissant un souvenir pénible avec l'appréhension d'un nouvel épisode, avec parfois le développement d'une agoraphobie secondaire.

Dans le *trouble panique*, les crises d'angoisse surviennent à répétition, de façon imprévisible, sans facteur déclenchant net.

b. Anxiété généralisée

Dans l'*anxiété généralisée*, les sujets gardent un fond d'anxiété permanent pendant plusieurs mois ou années, si ce n'est toute leur vie. Cette angoisse est « flottante » ou « libre », n'étant pas liée à un souci bien précis, mais elle peut se polariser transitoirement sur une situation plus déterminée comme la crainte d'un malheur pour un proche.

Le sujet a conscience de l'absence de danger objectif mais ne peut s'empêcher de ressentir un sentiment d'insécurité. Cet état s'accompagne de difficultés de concentration, d'irritabilité, d'hypervigilance, d'insomnie. Outre une tension musculaire constante, le sujet peut présenter des somatisations variées. Les décompensations dépressives ou les conduites addictives secondaires sont fréquentes.

La classique *névrose d'angoisse* associe crises d'angoisse et anxiété généralisée. En fait, tous les intermédiaires/associations existent entre ces deux syndromes.

c. Phobies

Une *phobie* se définit comme la crainte d'être en présence d'une situation extérieure déterminée, dénuée de dangerosité objective : l'angoisse est ici « liée » à un stimulus extérieur précis.

Le sujet phobique a conscience du caractère excessif de son appréhension mais ne peut la surmonter. Une crise d'angoisse se déclenche en cas de confrontation à la situation redoutée, ce que le sujet anticipe, d'où l'adoption de conduites d'*évitement*, s'étendant progressivement et pouvant devenir très invalidantes. Le recours à des *objets contraphobiques* permet souvent au sujet d'affronter la situation.

Trois types de phobie sont distingués de façon artificielle :

— La notion d'*agoraphobie* était autrefois réservée à la crainte des espaces publics découverts (rue, place...), mais s'étend avec le DSM-IV ou la CIM-10 à la crainte de toute situation sans issue ou sans secours facilement accessible (notamment au cas où une crise d'angoisse surviendrait) : foules, files d'attente, stades, transports en commun...

— Les *phobies sociales* sont liées à la crainte d'être exposé à l'observation d'Autrui. Le sujet redoute de se comporter de façon humiliante ou embarrassante en public. L'évitement peut entraîner un retentissement social important, d'autant que la phobie est souvent liée à l'activité professionnelle (enseignants, artistes...).

— Les *phobies « simples »* comprennent toutes les phobies qui ne relèvent ni de l'agoraphobie, ni des phobies sociales. Leur liste est illimitée : acrophobie (crainte des hauteurs), phobie du sang, stomatophobie (crainte des soins dentaires), phobie des injections, phobie d'animaux (souris, serpents, araignées...), phobie de l'orage, phobie de l'avion, phobie des examens...

Dans la nosographie classique, on parle de *névrose phobique* lorsque les symptômes phobiques dominent le tableau et sont durables, avec un retentissement important. On retrouve alors assez souvent une *personnalité phobique* ou *évitante,* marquée par l'inhibition sociale malgré le désir de relations. Cependant, les symptômes phobiques surviennent très souvent dans d'autres contextes qu'une névrose phobique. Donnons quelques exemples :

— dépressions : la phobie est alors liée à l'inhibition globale du sujet ;
— schizophrénies : la phobie – qui focalise l'angoisse de morcellement – est alors « atypique » (caractère étrange, retrait plus qu'évitement, absence de critique véritable...) ;
— autres troubles névrotiques : hystérie, névrose obsessionnelle... ;
— psychopathologie « quotidienne » : la phobie relève de l'héritage phylogénétique, d'un moment clef du développement psychique, de la trace d'un événement traumatique ancien, de la pression de la vie ordinaire...

La grande fréquence des phobies et la variété de leurs contextes de survenue reflètent l'efficacité psychique du processus de défense par *déplacement* (qui sous-tend le symptôme) : l'investissement d'un objet est transféré vers un objet susbstitutif lié par association mais moins conflictuel (même s'il suscite une crise d'angoisse). Malgré son absurdité apparente, le symptôme phobique a toujours une signification dans l'espace subjectif, repérable notamment à travers les bénéfices secondaires obtenus par l'évitement ou le recours aux objets contraphobiques.

II - Syndromes obsessionnels-compulsifs

Un élément psychique conflictuel, d'abord écarté de la conscience par un processus de défense, peut rester actif et « revenir » via des substituts faire et intrusion dans la conscience. Les *obsessions* constituent de telles intrusions à partir d'éléments refoulés (*e.g.* impulsion érotique ou agressive). Une obsession étant elle-même conflictuelle, le sujet peut tenter de l'*annuler* aussitôt par un acte ou une pensée *compulsive*. Mais le conflit n'étant pas élaboré en raison de cette annulation défensive, de nouvelles intrusions obsessionnelles peuvent alors se produire, suscitant de nouvelles compulsions, etc., d'où un cercle vicieux définissant un syndrome obsessionnel-compulsif. Ces syndromes montrent ainsi de façon exemplaire comment un conflit psychique peut induire des défenses qui finissent par enfermer le sujet dans une répétition pathologique.

Les obsessions sont en principe liées à des conflits entre fantasmes et interdits. Toutefois le fonctionnement d'un sujet présentant un syndrome obsessionnel-compulsif ne relève pas nécessairement d'une structure névrotique marquée par l'angoisse de culpabilité. En fait, de tels syndromes surviennent dans des contextes très variés.

a. Obsessions et compulsions

Les *obsessions* se définissent sémiologiquement comme des représentations intrusives qui « assiègent » la conscience, pénibles et absurdes pour le sujet, d'autant qu'il reconnaît qu'elles sont le produit de son propre psychisme (d'où une nette différence avec l'automatisme mental). Trois variétés d'obsessions ont été distinguées :

— Les *obsessions idéatives* sont des pensées ou images qui s'imposent à l'esprit (doutes interminables, idées sacrilèges, images obscènes...).

— Les *obsessions impulsives* sont plus précisément associées à la crainte de perdre le contrôle de soi en commettant un acte obscène ou agressif (*e.g.* s'exhiber nu, agresser son enfant, se jeter par la fenêtre...). L'acte n'est jamais réalisé s'il s'agit d'une authentique obsession.

— Les *obsessions « phobiques »* sont liées aux représentations de certains objets menaçants : couteaux, verres, microbes... À la différence des phobies, ces objets ne sont pas présents dans des situations extérieures concrètes : seule la pensée de ces objets suscite l'angoisse.

Les *compulsions* se définissent comme des comportements ou actes mentaux que le sujet se sent contraint d'effectuer en réponse à une obsession pour la neutraliser. Les compulsions prennent typiquement la forme de tâches de contrôle que le sujet doit réaliser selon une procédure rigide et de plus en plus complexe, chaque tentative de contrôle devant être à son tour contrôlée (*e.g.* vérification sans fin de la fermeture du gaz).

Un *rituel* est une procédure compulsive stéréotypée exécutée de façon quasi magique (*e.g.* rituel de lavage en lien avec une obsession microbienne).

Le sujet a conscience du caractère absurde des compulsions : il tente de leur résister (« lutte anxieuse ») mais finit toujours par céder. La tonalité magique des éléments obsessionnels-compulsifs est souvent d'autant plus frappante qu'elle contraste avec un souci prégnant de rationalité. Un syndrome obsessionnel-compulsif peut être envahissant au point d'avoir un retentissement social majeur, devenant une véritable torture mentale pour le sujet et son entourage (avec des décompensations dépressives, voire des tentatives de suicide).

b. Névroses obsessionnelles

Dans la nosographie classique, on parle de *névrose obsessionnelle* lorsque le syndrome obsessionnel-compulsif est persistant, au centre du tableau clinique, avec un retentissement important sur la vie du sujet.

On retrouve alors assez souvent une *personnalité obsessionnelle* (ou *compulsive*), avec une double polarité :

— le besoin « anankastique » de contrôle : goût pour l'ordre et la propreté, conformisme, formalisme, méticulosité, sens de l'économie confinant à l'avarice, entêtement, pauvreté des affects et de la sensualité, incapacité à la détente... ;
— une tendance « psychasthénique » au doute : indécision, scrupules excessifs, introspection et intellectualisation, refuge dans l'abstraction, prédominance de la pensée sur l'action, procrastination...

Ces deux pôles entrent en tension – plus le sujet tente d'exercer un contrôle rigoureux, plus il a d'occasions de doute et réciproquement –, mais l'un ou l'autre peut être cliniquement plus marqué. Quoi qu'il en soit d'une éventuelle prédominance anankastique ou psychasthénique, il s'agit de terrains propices aux décompensations par syndrome obsessionnel-compulsif.

c. Autres contextes obsessionnels-compulsifs

Les syndromes obsessionnels-compulsifs surviennent le plus souvent en dehors d'une névrose obsessionnelle. Donnons quelques exemples de contextes fréquemment associés à un tel syndrome :

— trouble obsessionnel-compulsif transitoire lié à un moment du développement psychique (*e.g.* préadolescence) ou à la pression des événements vitaux ;
— dépressions ;
— schizophrénies : le syndrome obsessionnel-compulsif est alors réputé « atypique » (obsessions ésotériques, rituels étranges, absence de véritable lutte anxieuse ou de critique authentique...) ;
— autres troubles névrotiques (syndromes anxio-phobiques...).

La grande fréquence des syndromes obsessionnels-compulsifs et la variété de leurs contextes de survenue reflètent la puissance du processus de défense par *annulation* à l'origine directe de ces syndromes : une représentation conflictuelle pour la conscience (l'obsession) est « annulée » par un acte mental ou un comportement symboliquement opposé (la compulsion), ce qui empêche par là même l'élaboration conflictuelle et favorise son retour.

III - Syndromes hystériques

Un élément psychique conflictuel écarté de la conscience par refoulement ou clivage, mais resté actif ou ravivé par un événement, peut « revenir » se manifester sous la forme d'une *conversion* somatique ou psychique : la tension suscitée par cet élément conflictuel se résout ici par une projection dans une partie du corps ou par un basculement dans une partie psychique ignorée de la conscience ordinaire. De telles manifestations mettent généralement en jeu des mécanismes complexes d'*identification* inconsciente par lequel le sujet se modèle sur tel ou tel aspect idéalisé ou dévalorisé d'Autrui.

Certaines personnalités « hystériques » ont préférentiellement recours à ce type de défense. Cependant, là encore, de tels syndromes surviennent dans des contextes très variés. Une conversion est assez souvent issue d'un conflit entre fantasmes et interdits, mais un fonctionnement hystérique peut être l'expression aussi bien de l'angoisse de culpabilité d'une structure névrotique que de l'angoisse d'abandon d'une organisation limite, voire peut constituer une protection transitoire contre l'angoisse psychotique de morcellement.

a. Conversions somatiques

Une *conversion (somatique)*[1] est un symptôme d'allure organique, sans lésion réelle sous-jacente, lié à un conflit psychique, et non produit intentionnellement. Tout organe peut être impliqué dans une conversion, les manifestations les plus fréquentes ayant une incidence relationnelle immédiate :

- troubles moteurs : crise épileptoïde, paralysie, spasme, aphonie, tremblement, perte de connaissance, pseudo-coma ;
- troubles sensitifs et sensoriels : anesthésie, douleur, perturbations visuelles ou auditives... ;
- troubles neurovégétatifs : vertige, malaise, céphalée, palpitations, symptômes digestifs... ;
- troubles sexuels variés.

Certains éléments cliniques sont évocateurs : absence de systématisation anatomo-physiologique, allure d'imitation d'un malade connu du sujet, évolution capricieuse avec sensibilité à la suggestion ou aux émotions, attitude de séduction sur fond d'érotisation de la relation, bénéfices secondaires (obtention de sollicitude), caractère

1. Le terme « conversion » sans qualificatif vaut généralement pour « conversion somatique ». La conversion psychique est encore appelée « trouble dissociatif » (notamment dans le DSM ou la CIM) au risque d'une confusion avec la *Spaltung* schizophrénique.

spectaculaire contrastant avec une « belle indifférence » si le symptôme est « réussi », signification symbolique liée à l'histoire subjective.

Il faut toutefois souligner qu'un caractère énigmatique est inhérent à la conversion somatique, la sagacité du corps médical étant questionnée pour mieux le séduire, d'où la fréquente errance diagnostique et la variation des symptômes en fonction de l'environnement culturel.

Maints troubles psychiques s'exprimant par le corps, certains diagnostics différentiels de la conversion méritent d'être évoqués : pathologie organique réelle (parfois intriquée avec une conversion), pathologie psychosomatique (présence d'une lésion non intentionnelle liée à un conflit psychique), trouble factice ou pathomimie (production intentionnelle d'une lésion en lien avec un conflit psychique), hypocondrie (maladie imaginaire[1]), dépression, trouble anxieux...

b. Conversions psychiques

Certains syndromes rattachés à l'hystérie dans la nosographie classique se manifestent par une altération transitoire des fonctions intégratives de la mémoire, de l'identité ou de la conscience. Différents troubles caractérisés ont été décrits[2] :

— *amnésie psychogène :* il s'agit d'une perte transitoire et partielle de la mémoire, dont un compartiment est comme « effacé » (mais accessible par hypnose ou par thérapie), lié généralement à un souvenir traumatique ;

— *fugue psychogène :* le sujet quitte soudain son domicile en adoptant une nouvelle identité, le passé étant oublié partiellement ou totalement. Dans un tel cas, la conscience *switche* vers un compartiment psychique en contraste avec le compartiment de la vie « ordinaire » ;

— *personnalité multiple :* dans ce trouble, rare en Europe, plusieurs personnalités avec leur identité propre, souvent en opposition caricaturale, prennent tour à tour le contrôle de la conscience ;

— *dépersonnalisation :* le sujet éprouve ici un sentiment angoissant de clivage de la conscience, de détachement, de robotisation d'autrui, d'artificialité du monde extérieur... ;

— *état de transes :* il s'agit d'une altération transitoire de la conscience, analogue à un état hypnotique, avec une diminution des réactions aux stimuli sensoriels.

En fait, bien des associations/intermédiaires existent entre ces syndromes, et tous les degrés d'altération des fonctions intégratives peuvent exister, de la simple rêverie fantasmatique envahissante à la personnalité multiple sévère ou au pseudo-coma. Dans tous les cas : 1 / le sujet semble fonctionner avec des compartiments psychiques étanches ; 2 / l'altération des fonctions intégratives est réversible (contrairement à la *Spaltung* schizophrénique).

1. En principe, l'hypocondriaque se plaint par la parole de son symptôme, tandis que l'hystérique le montre. Tous les intermédiaires entre hypocondrie et hystérie peuvent toutefois s'observer.
2. Ces troubles constituent la classe des *troubles dissociatifs* du DSM (qui ne retient plus de notion d'hystérie ni même de névrose).

c. Névroses hystériques

Dans la nosographie classique, on parle de *névrose hystérique* lorsque les syndromes conversifs sont multiples et persistants, au centre du tableau clinique, avec un retentissement important sur la vie du sujet.

On retrouve alors assez souvent une *personnalité hystérique*, avec une double polarité :

— *L'histrionisme :* quête d'attention, théâtralisme avec hyperexpressivité des affects, suggestibilité, immaturité, séduction inappropriée et érotisation de la relation, modelage sur des stéréotypes sexuels en contraste avec la crainte de la sexualité réelle, mythomanie (tendance à l'envahissement par l'imaginaire avec construction de romans stéréotypés « noirs » ou « roses »).

— *La dépendance affective :* quête affective, passivité, soumission au regard d'Autrui, dévalorisation de Soi, intolérance à la solitude, demande constante de réassurance.

Ces deux pôles complémentaires favorisent la survenue de syndromes conversifs : 1 / passivité et histrionisme facilitent l'adoption du rôle de malade (d'où les conversions somatiques) ; 2 / mythomanie et défaillance de l'image de Soi facilitent des *switchs* vers des compartiments psychiques idéalisés ou dévalorisés (d'où les conversions psychiques).

d. Autres contextes de syndromes conversifs

Les syndromes conversifs surviennent le plus souvent en dehors d'une névrose hystérique. Donnons quelques exemples de contextes fréquemment associés à un tel syndrome :

— conversion somatique transitoire liée à la pression des événements vitaux (situation très banale et bien connue des médecins généralistes) ;

— dépression ;

— autre trouble névrotique tel un syndrome anxio-phobique ;

— syndrome psycho-traumatique ;

— trouble de la personnalité psychopathique ou limite : la conversion somatique ou psychique relève ici bien plus souvent d'une angoisse d'abandon que d'une angoisse de culpabilité ;

— schizophrénies : une conversion somatique (souvent intriquée à des préoccupations hypocondriaques) ou un état « dissociatif » peuvent constituer une ligne de défense transitoire contre l'angoisse de morcellement et la dissociation-*Spaltung*.

E - TROUBLES DE LA PERSONNALITÉ

Par *troubles de la personnalité*, on entend un regroupement de modes de comportement, de pensée, d'affectivité et de relation induisant des difficultés au long cours, avec une souffrance subjective et/ou une altération de l'adaptation sociale. Par opposition aux syndromes aigus, ces troubles engagent de façon persistante la vie du sujet.

Les nosographies classiques ou contemporaines décrivent une douzaine de troubles de la personnalité qui sont davantage des points de repère que des catégories absolues : tous les intermédiaires peuvent s'observer, de même qu'il est fréquent qu'un trouble de la personnalité ne rentre dans aucune de ces catégories et soit déclaré « non spécifié ».

Nous avons déjà rencontré les personnalités obsessionnelles, hystériques ou évitantes, souvent associées à des terrains de décompensation névrotique. De même, il existe des personnalités qui offrent parfois des terrains de décompensation psychotique : *personnalité paranoïaque* (rigidité de jugement, méfiance, hypertrophie mégalomaniaque du Moi), *personnalité schizoïde* (isolement par indifférence aux relations sociales) et *personnalité schizotypique* (bizarrerie de la pensée et/ou du comportement).

Il faut toutefois bien distinguer un trouble de la personnalité des modes de décompensations potentiels – par exemple personnalité paranoïaque et délire paranoïaque sont loin d'être toujours en continuité – et, *a fortiori*, bien distinguer la personnalité observée sur le plan sémiologique et l'organisation psychique sous-jacente. Cela vaut aussi pour un trouble fréquent en pratique clinique, la *personnalité limite*, qu'il ne faut pas confondre avec la notion d'organisation limite, même si le plus souvent une personnalité limite reflète une organisation limite. Nous évoquerons ci-dessous la sémiologie de la personnalité limite ainsi que celle de deux personnalités assez proches quant au fonctionnement : les *personnalités psychopathiques* et les *personnalités narcissiques*.

I - Personnalité limite

La *personnalité limite* se définit par un mode général d'instabilité du comportement, de l'image de soi, de l'affectivité et des relations.

La biographie est souvent chaotique avec des changements brusques de profession ou de partenaire érotique, de belles et brèves réussites alternant avec des mises en échec désastreuses. L'impulsivité peut se manifester sous la forme d'accès de colère intenses et inappropriés, voire des actes hétéro- ou auto-agressifs, surtout lorsque le sujet se sent menacé d'abandon (réel ou imaginaire).

En fait, un doute sur la valeur de soi sous-tend le fonctionnement et le sujet tantôt idéalise son image, tantôt se dévalorise massivement. La menace dépressive serait constante chez ces sujets (Bergeret), alors même que la souffrance psychique n'est pas supportée. Cela se manifeste par d'intenses oscillations d'humeur, avec des moments dépressifs marqués par la honte et la rage plutôt que la culpabilité, ou bien un fonctionnement hypomane défensif. Les relations dramatisées révèlent une dépendance à l'autre, avec intolérance à la solitude, et la relation aux objets investis est marquée là aussi par une alternance d'extrêmes : passage brutal de l'amour à la haine et *vice versa* (l'ambivalence ne pouvant être reconnue). L'utilisation d'autrui, traité comme un objet ou servant de prothèse narcissique, peut confiner à la perversion.

L'angoisse est toujours présente en arrière-plan, activée par les séparations, masquée souvent sous une thématique existentielle ou mortifère. Cette angoisse est nécessaire au sujet, qui éprouve facilement un sentiment de vide et d'ennui, d'où le besoin de fonctionner toujours à la limite, dans l'urgence, et les décompensations peuvent survenir au moment même où le sujet paraissait s'orienter vers un mode de vie plus stable. Un tel fonctionnement s'exprime notamment par des « provocations » testant le lien avec Autrui (*e.g.* dans la relation thérapeutique).

Lorsque l'angoisse déborde les défenses, un sujet état-limite peut présenter des symptômes variés : troubles névrotiques (phobies, obsessions, conversions...), conduites addictives, troubles du comportement et passages à l'acte, états de dépersonnalisation, voire brefs états délirants aigus. La variabilité et la multiplicité des symptômes permettent alors d'évoquer le diagnostic, de même que la sensibilité au cadre car l'étayage des soins peut apaiser rapidement les symptômes les plus bruyants. La dépendance narcissique à Autrui dans la relation viendra confirmer un tel diagnostic.

II - Personnalité narcissique

La *personnalité narcissique* est une variante de la personnalité limite dans laquelle le sujet maintient de façon plus stable une image idéalisée de Soi au premier plan. Cela s'exprime sémiologiquement par un sentiment d'être unique, une survalorisation de soi et un manque d'empathie, avec un besoin éperdu de reconnaissance. La dépendance au jugement des autres trahit la défaillance narcissique qui menace en profondeur et peut susciter de brefs effondrements.

III - Personnalité psychopathique

La personnalité *psychopathique* ou *« antisociale »,* assez fréquemment rencontrée, est également proche de la personnalité limite, mais la dévalorisation de soi est ici davantage au premier plan.

Dans un tel cas, l'impulsivité est particulièrement marquée, et le sujet se heurte constamment aux règles sociales qu'il ne semble pas avoir intériorisées. La biographie est émaillée de ruptures, l'instabilité et les conflits avec les institutions remontent souvent à une enfance marquée par des carences affectives. Les passages à l'acte peu mentalisés frappent par l'absence de culpabilité apparente et leur répétition sans « apprentissage » des leçons de la loi. La reproduction des mises en échec, la fuite de toute responsabilité, la transgression des droits d'autrui, les manipulations mythomaniaques (qui peuvent être séduisantes au premier abord), l'égocentrisme parfois proche de la perversion rendent l'approche thérapeutique délicate. Mais, sous le masque des troubles du comportement, la profondeur de la souffrance psychique est révélée par l'avidité affective, l'intolérance à la solitude et la honte qui peut submerger le sujet.

On observe les même types de décompensation que pour les personnalités limites, avec une grande fréquence des troubles de l'humeur, des conduites addictives et des somatisations.

À l'instar des personnalités limites et narcissiques, la personnalité psychopathique est le plus souvent sous-tendue par une organisation limite, mais des structures névrotiques ou psychotiques peuvent parfois s'exprimer par des manifestations psychopathiques.

F - SYNDROMES PSYCHO-TRAUMATIQUES

Les *syndromes psycho-traumatiques* sont des troubles où un événement clairement repérable a par définition un rôle déclenchant : sans cet événement, le trouble ne serait pas apparu, même si le problème de la vulnérabilité préalable se pose. Isoler une telle classe de troubles est utile en raison de ce facteur étiologique repérable et dans la mesure où il existe certaines manifestations cliniques spécifiques. Par ailleurs, ces troubles peuvent survenir sur tout type d'organisation psychique, l'expression symptomatique dépendant de façon complexe de la structure sous-jacente et de la résonance de l'événement avec l'histoire subjective. Ces syndromes sont très variés, mais nous distinguerons quatre situations cliniques à titre de points de repère.

I - Syndrome traumatique aigu

Un tel syndrome – « état de stress aigu » dans le DSM-IV et « réaction aiguë à un facteur de stress » dans la CIM-10 – survient à la suite d'un événement hors du commun confrontant directement le sujet à la mort ou à un équivalent symbolique. Il se déclenche immédiatement ou dans les minutes suivant l'événement qui a suscité un sentiment de peur, d'impuissance ou d'horreur. Tous les types de manifestations anxieuses peuvent s'observer mais les plus caractéristiques sont des réactions de type dissociatif (conversion psychique) : sidération, dépersonnalisation, pseudo-confusion, fugue, activité automatique, amnésie péri-traumatique... On observe aussi des états de panique, des symptômes dépressifs ou maniaques (hyperactivité, agitation), des troubles du comportement, et parfois des états délirants aigus. En principe, cette réaction ne dure pas plus de quelques jours, sinon il s'agit du développement d'un syndrome traumatique persistant.

II - Syndrome traumatique persistant

Le syndrome traumatique persistant – « névrose traumatique » dans la nosographie classique, « état de stress post-traumatique » dans le DSM ou la CIM – est remarquable par son noyau clinique stéréotypé.

Un tel syndrome se déclenche à la suite d'une situation hors du commun confrontant là aussi directement le sujet à la mort ou à l'intolérable (viol, torture...). Lors du choc initial, le sujet éprouve des sentiments de détresse, d'horreur, d'impuissance et un syndrome traumatique aigu initial est possible. Après un délai plus ou moins long – de quelques jours à plusieurs années – le syndrome persistant se constitue, caractérisé par la répétition. Les éléments cliniques essentiels sont :

— Le revécu répétitif de l'événement traumatique : images intrusives reproduisant quasi identiquement la situation, rêves, flash-backs, voire percepts hallucinatoires. Cela s'accompagne d'une reviviscence des sentiments de détresse ou d'horreur. La pensée est également polarisée par l'événement, même si l'amnésie d'un aspect important de celui-ci n'est pas rare.
— L'évitement des stimuli associés à l'événement traumatique. La confrontation imprévue à ces stimuli ravive l'angoisse et les symptômes de répétition.
— Des symptômes anxieux avec activation neuro-végétative (hypervigilance, insomnie, irritabilité, somatisations...).
— Un émoussement général : asthénie, restriction des activités et des affects, troubles de concentration et de mémoire, détachement vis-à-vis d'autrui ou dépendance régressive, sentiment d'absence d'avenir. La culpabilité (syndrome du survivant) est parfois prégnante.

Ce syndrome peut envahir la vie du sujet au point de retentir sur la personnalité avec altération relationnelle, repli, sentiment d'incompréhension, voire hostilité, hypocondrie ou revendication sinistrosique. Des décompensations dépressives ou addictives (alcoolisme, toxicomanie...) sont possibles.

III - Réaction traumatique

Les syndromes traumatiques décrits en I ou II ne sont pas toujours aussi intenses ou présents dans leur totalité, bien qu'il soit fréquent qu'un événement déclenche une réaction traumatique, l'élément évocateur étant l'envahissement par le souvenir de l'événement, avec parfois un revécu intrusif. Certaines situations spécifiques ont conduit à l'isolement de syndromes particuliers *(e.g. deuil pathologique)*. Le DSM et la CIM distinguent aussi des *troubles de l'adaptation* à une situation lorsque les signes sont peu intenses ou non caractéristiques, limités le plus souvent à quelques mois si la situation déclenchante disparaît.

IV - Composante traumatique

Nombre de troubles psychiques envisagés dans les sections B à D ci-dessus peuvent avoir été déclenchés directement par des situations traumatiques. En fait, une décompensation survient toujours dans le contexte d'un événement ayant débordé les défenses du sujet. La composante traumatique peut être au premier plan, bien connue par exemple dans certaines phobies ou conversions. C'est aussi le cas par définition dans la *dépression réactionnelle* ou dans la *psychose réactionnelle brève.*

G - CONCLUSION

Les classes de troubles que nous avons abordées à titre de paradigmes illustrent l'interdépendance entre sémiologie et psychopathologie. Comme nous y avons insisté, il n'y a pas de sémiologie pure car le regard du clinicien n'est jamais neutre : l'essentiel de la relation clinique se joue dans l'intersubjectivité, et l'objectivation d'un « patient » reviendrait à un déni de la psychopathologie elle-même. Mais, inversement, cette subjectivité ne saurait justifier l'arbitraire, et la réflexion du clinicien sur sa pratique reconduit à l'analyse de l'observable à la source de la méthode clinique, d'où la fécondité de la sémiologie pour l'initiation à cette méthode. Se laisser guider par ce qui se donne dans la rencontre intersubjective ouvre ainsi sur la saisie toujours à renouveler des intuitions fondatrices de la psychopathologie.

LECTURES CONSEILLÉES

Bergeret, J. *et al.* (2004). *Abrégé de psychologie pathologique.* Paris : Masson.
Ionescu, S., Jacquet, M.-M., & Lhote, C. (2005). *Les mécanismes de défense. Théorie et clinique.* Paris : Armand Colin.
Pédinielli, J.-L., & Fernandez, L. (2005). *L'Observation clinique et l'étude de cas.* Paris : Nathan.
Pewzner, E. (2003). *Introduction à la psychopathologie de l'adulte.* Paris : Armand Colin.
Hanus, M., & Louis, 0. (2003). *Psychiatrie de l'étudiant.* Paris : Maloine.

5 la psychopathologie comme processus : vulnérabilité et résilience

PAR SERBAN IONESCU ET COLETTE JOURDAN-IONESCU

Notre conception de la genèse, de l'évolution et de la prise en charge des troubles mentaux a beaucoup évolué au cours de la seconde moitié du XXe siècle. De nombreuses découvertes ont montré que la psychopathologie – tout comme la psychothérapie, d'ailleurs – représente un ensemble de phénomènes, d'événements, un ensemble actif et organisé dans le temps ce qui n'exclut pas les discontinuités, les régressions, les dysharmonies. Ainsi conçue, la psychopathologie constituerait un processus impliquant la personne bio-psychosociale et son environnement à multiples composantes, ainsi que des interactions et des réactions entraînant des permanents changements.

Des nombreux aspects qui pourraient être traités sous le titre « La psychopathologie comme processus », nous avons choisi de présenter, dans les dix sections de ce chapitre, un ensemble d'informations permettant de mieux se représenter le continuum allant de la vulnérabilité à la résilience. Ce choix a pour but de sensibiliser le lecteur à une vision qui réfute la fatalité de l'apparition de la psychopathologie, qui montre que la probabilité d'une psychopathologie liée à la présence de facteurs de risque et de la vulnérabilité de la personne peut ne pas se concrétiser. L'individu, seul ou accompagné par un spécialiste, peut rester en santé. Cette perspective implique la mise en œuvre de nouvelles stratégies de prévention et d'intervention.

A - LE CONCEPT DE RISQUE

La question du risque constitue une préoccupation très ancienne pour les membres des sociétés humaines. Dans son ouvrage sur la Mésopotamie, Oppenheim (1977) indique que, 3200 ans avant notre ère, les membres du groupe appelé Asipu constituaient de véritables « consultants » lors de la prise de décisions difficiles pouvant avoir des conséquences risquées. L'approche des Asipu consistait à analyser la situation, à concevoir plusieurs solutions alternatives, à recueillir des données concernant les conséquences possibles de ces solutions (réussite/échec ou profit/perte, par exemple). Les Asipu notaient ces conséquences avec des + ou des – et finalement délivraient au client un « rapport d'évaluation », gravé sur une tablette d'argile.

Au cours des siècles, la préoccupation pour la question du risque s'est intensifiée, notamment en agriculture et en navigation maritime. Un pas important dans l'analyse scientifique du risque a été franchi en 1657 lorsque Pascal a formulé une théorie des probabilités.

Après la Seconde Guerre mondiale, une bonne partie de la population, des dirigeants politiques et des chercheurs prennent progressivement conscience des risques écologiques liés aux dangers recélés par les technologies modernes. La médecine et la santé publique commencent à s'intéresser aux problèmes de santé encourus par les populations à cause de leur mode de vie, de leurs habitudes alimentaires ou sexuelles ou en raison des conséquences inattendues de certaines mesures visant une hausse à tout prix de la productivité (le cas de l'encéphalopathie spongiforme bovine ou maladie de « la vache folle » en constitue un exemple).

Le Breton (2002) attire l'attention sur le paradoxe de nos sociétés, préoccupées par la réduction ou la traque même des risques d'accidents, de maladies, de catastrophes technologiques ou naturelles et où, en même temps, des individus cherchent des sensations fortes à travers, par exemple, des loisirs à fort risque, des sports extrêmes.

Ce concept devient un objet d'étude des psychologues qui s'intéressent au risque d'apparition des troubles mentaux, à la prise de risque (voir Trimpop, 1994), à la recherche du risque et des sensations, à la perception du risque. En psychopathologie, les résultats des recherches effectuées trouvent déjà leur application dans l'élaboration de programmes de prévention.

L'étude formelle du risque d'apparition des troubles du développement chez l'enfant date des années 1920, avec les études longitudinales de bébés nés avant terme. Par la suite, les études longitudinales impliquent les enfants souffrant de poliomyélite, de paralysie cérébrale, de déficiences visuelles et auditives, de déficience intellectuelle et notamment de syndrome de Down.

Après la Seconde Guerre mondiale, des dizaines de milliers d'enfants furent considérés comme à risque social, émotionnel ou intellectuel élevé parce qu'ils étaient orphelins. L'Organisation mondiale de la Santé a demandé alors à John Bowlby d'étudier ces enfants, et plus particulièrement ceux privés de contact avec leur mère. L'épidémie de rubéole des années 1960 et les effets tératogènes d'un tranquillisant, la thalidomide, ont mis en évidence la vulnérabilité du fœtus en développement.

B - RISQUE ET VULNÉRABILITÉ

À tort, les termes « vulnérabilité » et « risque » sont assez souvent utilisés comme synonymes. Le *risque* est défini (Last, 2001-2004) comme la probabilité qu'un événement survienne au cours d'une période donnée ou avant un certain âge. Dans cette définition, le mot événement concerne le début d'une maladie ou d'un trouble ou le décès d'une personne.

La notion de *vulnérabilité* rentre véritablement dans le vocabulaire de la psychopathologie lors du VIIIe Congrès international de psychiatrie de l'enfant et des professions associées, organisé à Philadelphie, en 1974. Cette notion fait référence à une certaine forme de fragilité, à une moindre capacité de résistance, à une plus grande sensibilité à l'adversité.

La notion de vulnérabilité n'est cependant pas clairement démarquée de celle de risque. On peut ainsi constater que dans son adresse présidentielle au Congrès de Philadelphie, E. James Anthony (1978-1982) parle, à plusieurs reprises, de risque *et* de vulnérabilité. Ainsi, l'histoire des trois poupées de Jacques May est reprise pour illustrer « le thème du risque *et* de la vulnérabilité » (p. 23). Ces poupées sont en verre, en plastique et, respectivement, en acier, et elles reçoivent toutes trois un coup de marteau assez fort. Cela brise complètement celle en verre, laisse une cicatrice indélébile sur celle en plastique, tandis que la troisième, qui est en acier, reste intacte (elle est donc, apparemment, invulnérable).

Dans une tentative de distinguer la vulnérabilité du risque, Ingram et Price (2001) notent qu'une personne « à risque » – parce qu'elle vit dans un environnement particulièrement stressant – verra ce risque se transformer en trouble si elle est, aussi, vulnérable. Cela signifie que si la vulnérabilité et le risque se distinguent au plan conceptuel, ils ont, toutefois, des interactions étroites. Ingram et Price considèrent que pour mieux comprendre la vulnérabilité, il faut tenir compte des trois précisions suivantes :

a / La vulnérabilité est un *trait stable* inné ou acquis par apprentissage. Si, actuellement, nous ne pouvons pas agir sur la vulnérabilité génétique d'une personne, nous pouvons, en échange, utiliser des moyens psychologiques pour agir sur la vulnérabilité découlant d'apprentissages dysfonctionnels. Ainsi, comparativement à la pharmacothérapie administrée seule, la thérapie cognitive ou une combinaison de thérapie cognitive et de pharmacothérapie réduisent la probabilité de réapparition du trouble dépressif pendant deux ans. Dans cette perspective, Hollon *et al.* (1990) et Hollon et Cobb (1993) soutiennent que si les effets des traitements médicamenteux entraînent, en grande mesure, la suppression des symptômes, les prises en charge psychologiques (du type thérapie cognitive) modifient les structures cognitives dysfonctionnelles. Dans la mesure où la vulnérabilité a ses racines dans ces structures, la thérapie cognitive diminuera ainsi la susceptibilité à la psychopathologie.

Si ces faits montrent que, dans certains cas, la vulnérabilité peut être diminuée, d'autres constats mettent en évidence des augmentations, dans le temps, de la vulnérabilité. Cela peut se produire, par exemple, lorsque la personne vulnérable est exposée, de manière continue, à des événements de vie stressants.

b / Les caractéristiques qui rendent une personne vulnérable sont *endogènes,* ce qui est évident pour des caractéristiques de type génétique. Les traits de vulnérabilité constituent des caractéristiques *latentes,* difficiles à observer. Cela explique l'intérêt de la recherche de marqueurs de vulnérabilité observables.

Un exemple nous est offert par les travaux de l'équipe de Marie Åsberg, de l'Institut Karolinska de Stockholm. Ces chercheurs avaient trouvé une fréquence très élevée de tentatives de suicide, particulièrement avec des méthodes actives et violentes, chez des patients déprimés ayant des taux d'acide 5-hydroxyindolacétique (5-HIAA), métabolite du neurotransmetteur sérotonine, plus bas que la normale dans le liquide céphalo-rachidien (Åsberg *et al.*, 1976). Sur la base de ces données, Åsberg (1987) fait l'hypothèse qu'un faible taux de 5-HIAA dans le liquide céphalo-rachidien peut être considéré comme un marqueur de vulnérabilité. La tentative de suicide ne surviendrait cependant pas avant que la personne présentant cette vulnérabilité ne se retrouve dans une situation perçue comme désespérée. Évidemment, le fait d'avoir vécu des événements traumatisants, de même que l'absence d'un réseau social de soutien contribuent au passage à l'acte.

c / Différents modèles psychopathologiques postulent que la vulnérabilité ne s'exprime pas en l'absence de stress. Ces modèles sont basés sur l'*interaction diathèse-stress*. Le mot diathèse fait référence à une prédisposition, à un terrain qui concrétise la vulnérabilité de la personne. Selon les modèles diathèse-stress, la vulnérabilité biologique à la psychopathologie ne s'exprimerait, ne se concrétiserait en trouble mental que dans certaines conditions environnementales. Ainsi, dans le champ de la schizophrénie, Meehl (1962) soutient que les personnes qui ont une vulnérabilité biologique (génétique) ne développeront une schizophrénie que si elles sont exposées à des facteurs de stress. Ce modèle diathèse-stress a aidé à intégrer les modèles biologique et environnemental de la schizophrénie. Notons que, actuellement, la psychopathologie passe des modèles diathèse-stress à des modèles plus complexes, multidimensionnels (Ingram et Price, 2001).

Deux commentaires s'imposent suite aux précisions d'Ingram et de Price. Tout d'abord, le fait que, même au stade actuel de nos connaissances et de nos moyens d'intervention, la vulnérabilité apparaît moins stable que ces auteurs l'affirment. Deuxièmement, la distinction faite relie la vulnérabilité à la personne et le risque à l'environnement. Or, cette distinction consacrée aux facteurs de risque est discutable. En effet, il y a des facteurs de risque individuels génétique et acquis (voir le point 3 de ce chapitre). La vulnérabilité apparaît donc plutôt comme un terrain fragilisé par l'action des facteurs de risque présents ou ayant agi précédemment.

C - FACTEURS DE RISQUE

À l'origine de la situation qui permet de qualifier une personne comme étant « à risque », les facteurs de risque sont très divers : comportements ou habitudes de vie, exposition à l'adversité et aux dangers environnementaux. Certains auteurs incluent parmi les facteurs de risque des caractéristiques innées ou héréditaires qui constituent le « lit » de la vulnérabilité d'une personne.

Démontrer que « F » est un facteur de risque pour l'apparition du trouble mental « T » requiert d'évaluer la présence de F dans un échantillon indemne et dans un échantillon où le trouble est présent. Un élément crucial dans l'attribution du statut de facteur de risque est sa présence avant l'apparition du trouble qui nous intéresse.

Kraemer *et al.*(1997) proposent un schéma permettant de distinguer plusieurs types de facteurs :

- le *corrélat* est un facteur dont on sait qu'il est associé au trouble ;
- le *concomitant* ou la *conséquence* est un corrélat qui ne précède pas l'apparition du trouble (il est présent en même temps ou apparaît après que le trouble se soit installé) ;
- le *facteur de risque* est un corrélat qui précède l'apparition du trouble ;
- le *facteur de risque causal* est un corrélat qui précède l'apparition du trouble et dont la manipulation a un effet sur l'apparition du trouble. C'est seulement si ces deux conditions sont satisfaites qu'il est possible de qualifier le facteur en question de *causal*. Kraemer *et al.* (1997) font une distinction fine entre cause et facteur de risque causal. La cause est *la* condition nécessaire et suffisante pour l'apparition d'un trouble. Or, dans le cas des troubles mentaux, le fait de parler d'une *seule* cause est, fort probablement, inapproprié dans la grande majorité des cas. Le fait de parler de facteur de risque causal a, comme nous l'avons indiqué, seulement deux implications : la préséance temporelle par rapport au trouble et le fait que sa manipulation/modification change la probabilité d'apparition du trouble. Pour cette raison, Kraemer *et al.* préfèrent le terme de facteur de risque causal à celui de cause.

Se centrant sur les facteurs de risque dont il faut tenir compte dans le cas de troubles psychologiques qui peuvent apparaître chez l'enfant, Garmezy (1994) les classe en cinq catégories :

- facteurs individuels génétiques mais aussi acquis (comme les comportements appris par imitation ou apparaissant suite à la pression des pairs) ;
- facteurs familiaux (abus physique ou sexuel, désorganisation familiale, chômage chronique, etc.) ;
- facteurs en relation avec le voisinage et la communauté (par exemple, un voisinage caractérisé par un taux élevé d'abandon scolaire et/ou de délinquance qui menace le bien-être et la sécurité des enfants) ;
- facteurs en relation avec la ville où ils habitent et où la somme des adversités – chômage chronique, nombre élevé de personnes sans domicile fixe, habitat inadéquat, infrastructures détériorés, écoles inadéquates, soins médicaux insuffisants – entraîne la perte de l'espoir de pouvoir échapper à cet environnement nocif ;
- facteurs qu'on retrouve à l'échelle du pays (le chômage chronique, la récession, la guerre), facteurs qui créent une ambiance de négativisme et d'impuissance.

Les troubles mentaux ont, souvent, plus d'une cause, et les facteurs causals concernés constituent une *chaîne causale* ou même des chaînes causales multiples. Ces chaînes comprennent des facteurs de risque génétiques, biologiques, environnementaux et sociaux. L'effet d'un seul de ces facteurs de risque ne peut être entièrement compris en faisant abstraction de celui des autres. La compréhension de la manière dont ces facteurs de risque travaillent ensemble est donc cruciale.

Considérons, maintenant, la situation la plus simple, impliquant seulement deux facteurs de risque, A et B, facteurs de risque jouant un rôle dans l'apparition du trouble T. Il y a cinq modalités différentes et cliniquement importantes selon lesquelles ces deux facteurs peuvent interagir pour jouer un rôle dans l'apparition du trouble T (Kraemer *et al.*, 2001). Pour préciser davantage ces modalités, trois caractéristiques de A et B sont à considérer :

- la préséance temporelle (lequel de A ou B apparaît en premier ?) ;
- la corrélation (A et B sont-ils corrélés ?) ;
- la dominance (si quelqu'un utilisait A et/ou B pour prédire l'apparition de T, quelle décision aurait la plus grande force : celle basée sur A seul, sur B seul ou sur A et B combinés ? Selon la réponse obtenue, nous parlons de A dominant, de B dominant ou de codominance de A et B).

Les cinq modalités d'action de A et B sont les suivantes :

a / Dans l'apparition de T, B est *facteur de risque par procuration* pour A. Il a été, par exemple, montré que le « parentage » inadéquat est un facteur de risque pour le trouble déficit de l'attention/hyperactivité (TDAH). Toute composante du « parentage » inadéquat (par exemple, l'abus physique) peut constituer un facteur de risque pour le TDAH. Dans ce cas, l'abus physique (facteur B) est facteur de risque par procuration pour le facteur global « parentage » inadéquat (facteur A). Notons, aussi, que A et B sont corrélés, que A est dominant et qu'il n'y a pas de préséance temporelle de l'un ou l'autre des facteurs considérés.

b / *A et B se recouvrent partiellement.* Prenons, comme exemple, l'utilisation de deux indices de dépression ayant une fidélité *modérée* – les scores élevés à l'échelle Hamilton (facteur A) et à l'échelle de Beck (facteur B) – comme facteurs de risque pour une tentative ultérieure de suicide (trouble T). Dans un tel cas, la combinaison de A et B devrait permettre d'obtenir un facteur de risque qui capte de manière plus fidèle le construct[1] qu'ils ont en commun (ici, la dépression). Lors de cette deuxième modalité d'interaction, A et B sont corrélés, aucun n'a de préséance temporelle et ces deux facteurs sont codominants.

c / *A et B sont des facteurs de risque indépendants.* Les recherches menées aux États-Unis ont montré qu'être de sexe féminin et d'origine ethnique « non blanche » constituent deux facteurs de risque d'obésité. Ainsi, le fait d'être femme (facteur A) *et* d'être afro-américaine ou hispano-américaine (facteur B) constitue une situation à haut risque d'obésité. Dans ce cas, A et B ne sont pas corrélés, ils sont codominants, et aucun n'a de préséance temporelle.

d / *B est médiateur de A.* Un facteur de médiation (dans ce cas B) explique comment/pourquoi un autre facteur (A) a un rôle dans l'apparition de T. Ce type de relation est très important dans l'élaboration de chaînes causales. Prenons, comme exemple, le retard mental rencontré dans l'une des erreurs congénitales du métabo-

1. Le terme de *construct*, utilisé, ici, par Kraemer *et al.*, fait référence à un concept hypothétique imaginé pour expliquer certains phénomènes. Dans le *Dictionnaire de psychologie*, Richelle (1998, p. 154) donne comme exemple de construct la carte cognitive introduite par Tolman. Un construct dont la réalité est expérimentalement établie s'appelle variable intermédiaire. Le fait de considérer la dépression comme construct est, sans doute, discutable.

lisme, la maladie de Fölling ou phénylcétonurie, affection héréditaire à transmission autosomique récessive. L'affection est due à un blocage de la réaction de conversion de la phénylalanine en tyrosine, blocage dû au déficit de phénylalanine-hydroxylase. Dans ce cas, le déficit intellectuel (T) dû au gène de la phénylcétonurie (facteur A) a comme médiateur l'enzyme déficitaire, la phénylalanine-hydroxylase (facteur B). Dans cette quatrième modalité, A précède B, A et B sont corrélés, et soit B est dominant (et là nous parlons de médiation totale), soit A et B sont codominants (et alors il s'agit d'une médiation partielle).

e / *A est modérateur*[1] *de B.* Le fait d'être de sexe féminin (facteur A) et de présenter une puberté précoce (facteur B) constituent des facteurs de risque pour le trouble panique. Les observations faites montrent que le facteur puberté précoce est plus important pour les femmes, comparativement aux hommes. Nous constatons, donc, que A modère l'effet de B. Ainsi, l'effet de la puberté précoce est plus modéré chez les hommes. Le facteur modérateur A indique, donc, chez qui et dans quelles conditions le facteur B va agir pour produire le trouble T. Pour que A ait un effet modérateur sur B, il est nécessaire que A précède B, que A et B ne soient pas corrélés et que A et B soient codominants.

D - MODÈLES EXPLICATIFS

Plusieurs modèles qui peuvent expliquer comment les facteurs de risque empiètent sur l'adaptation psychosociale des enfants (notamment, en engendrant des troubles psychologiques) ont été proposés. Selon le *modèle du risque cumulatif*, l'inadaptation de l'enfant est en relation avec le nombre de facteurs de risque auxquels il a à faire face. Conformément à ce modèle, plus le nombre de facteurs de risque est grand, plus l'adaptation psychosociale de l'enfant est compromise. Ce modèle peut spécifiquement nous informer quant au nombre de facteurs de risque que l'enfant, vivant dans un environnement particulier, peut « tolérer » avant que son adaptation n'en subisse les effets. Les indices de risque cumulatif n'offrent, cependant, pas d'informations concernant les mécanismes qui font que l'adversité peut se traduire en inadaptation et troubles mentaux. Il résulte que le modèle du risque cumulatif n'offre que peu d'éléments pour la prévention et l'intervention.

Le modèle du risque additif apporte de l'information sur comment l'adversité se traduit en difficultés d'adaptation pour l'enfant, en examinant les effets propres à chaque facteur de risque. Plus précisément, le modèle du risque additif isole, de l'ensemble des facteurs de risque, chaque facteur de risque. Le psychologue s'intéresse, alors, à la nature spécifique de chaque facteur et à ses conséquences propres. Procédant de cette manière, Ackerman *et al.* (1999) ont constaté que si un indice calculé à partir de 11 facteurs de risque était significativement corrélé aux troubles de comportement des enfants étudiés, l'abus parental d'alcool/drogues pouvait rendre compte, à lui seul, d'une partie significative de la variance.

1. Les facteurs de protection (voir, dans ce chapitre, le point 8) constituent des facteurs modérateurs.

Le troisième *modèle* – celui des *effets indirects* – est bâti sur le modèle du risque additif, en y ajoutant un élément particulier, le degré de proximité, par rapport à l'enfant, du facteur de risque. Selon ce modèle, les facteurs plus distaux – comme ceux liés au voisinage et à la pauvreté – ne sont pas directement en relation avec l'adaptation psychosociale de l'enfant. Leurs relations à l'inadaptation s'établissent à travers d'autres facteurs plus proximaux (par exemple, le « parentage » ou l'humeur dépressive des parents). Le modèle des effets indirects montre qu'il est indispensable d'analyser le risque de psychopathologie chez l'enfant dans le cadre des différents contextes environnementaux dans lesquels se réalise la croissance et le développement de l'enfant.

Jones *et al.* (2002) examinent, à la lumière de ces trois modèles, la relation entre les facteurs de risque (dont la proximité avec l'enfant varie) et les difficultés d'adaptation ou les psychopathologies d'enfants afro-américains vivant uniquement avec leurs mères. Ils notent, tout d'abord, une corrélation significative positive entre l'index cumulatif de risque et le nombre de symptômes dépressifs. En même temps, une hausse de trois à quatre facteurs de risque s'associe à une hausse significative des problèmes d'adaptation de l'enfant. La constance de ce résultat à travers les différentes études publiées est remarquable et suggère que les enfants ne peuvent pas « tolérer » quatre facteurs de risque. La prévention et l'intervention devraient ainsi prendre en compte le nombre de facteurs de risque auxquels sont soumis les enfants.

Bien qu'il ne soit pas clair pourquoi ce seuil se situe entre trois et quatre facteurs de risque, on peut supposer que les enfants peuvent avoir des ressources adéquates pour faire face uniquement à un, deux ou au maximum trois facteurs de risque. À ce sujet, Rutter (1979) faisait l'hypothèse (qui reste à tester) que les facteurs de risque se potentialisent les uns les autres, et, ainsi, la combinaison de facteurs de risque a un impact plus important que chaque facteur considéré indépendamment.

Jones *et al.* notent aussi que les facteurs de risque les plus proximaux – « parentage » inadéquat et symptômes dépressifs maternels – rendent compte, de manière significative, des problèmes mis en évidence chez les enfants. Les facteurs plus distaux – faible revenu et risques liés à la communauté dans laquelle ils vivent – sont en relation avec les problèmes des enfants par l'intermédiaire de facteurs de risque plus proximaux, déjà mentionnés.

La recherche de Jones *et al.* atteste l'utilité de chacun des trois modèles mentionnés. Le modèle du risque cumulatif aide à identifier les enfants à haut risque d'adaptation et psychopathologies. Il s'agit, comme nous l'avons déjà vu, des enfants exposés à des risques multiples, essentiellement plus de trois. Les modèles du risque additif et des effets indirects mettent en évidence des associations spécifiques entre les facteurs de risque familial et les difficultés d'adaptation et les psychopathologies de l'enfant. Les facteurs de risque distaux ne sont pas liés directement aux troubles d'internalisation et d'externalisation[1] diagnostiqués dans la population étudiée par Jones et ses collaborateurs. Ce constat attire l'attention sur l'utilité de l'examen et de la prise

1. Les troubles d'internalisation se rapportent à l'anxiété, à la dépression et au retrait social. Les troubles d'externalisation font principalement référence aux conduites agressives et oppositionnelles et à tous les comportements dérangeants. Selon la formule très évocatrice de Reynolds (1992), les uns font souffrir le sujet, les autres font souffrir les autres ! La distinction entre ces deux catégories de troubles n'est pas très nette : en effet, une conduite d'externalisation peut cacher un trouble d'internalisation.

en compte des facteurs de risque distaux dans les programmes de prévention et d'intervention.

À la fin de cette section consacrée aux modèles, mentionnons celui proposé par Cicchetti et Lynch (1993), bien connu dans le domaine de la psychopathologie développementale. Il s'agit d'un modèle écologique/transactionnel qui tente d'expliquer comment différents facteurs de risque peuvent influencer le développement de l'enfant et contribuer à l'apparition de l'inadaptation et des troubles mentaux.

Dans le modèle de Cicchetti et Lynch, l'environnement de l'enfant est décrit comme ayant plusieurs niveaux qui coexistent. Au niveau le plus distal se trouve le macrosystème, suivi de l'exosystème, du microsystème et, au niveau le plus proximal, de ce que les auteurs désignent comme le niveau ontogénétique. Le *macrosystème* subsume les valeurs et les croyances culturelles. L'*exosystème* fait référence aux structures sociales dans lesquelles vivent les familles et les individus (écoles, lieux de culte, services, lieux de travail, etc.). Le *microsystème* est représenté par le cadre proche dans lequel vit l'individu et sa famille (en utilisant une vision large du microsystème, celui-ci inclut tous les cadres qui accueillent la personne en plein processus de développement). Le *niveau ontogénétique*, enfin, concerne les facteurs individuels qui peuvent agir, à chaque période du développement, sur le processus d'adaptation. À ce niveau, Cicchetti (1994) insiste sur la régularisation des affects, sur le processus d'attachement, sur le développement d'un self[1] autonome, sur les relations avec les pairs et l'adaptation à l'école.

La spécificité du modèle de Cicchetti et Lynch est d'aborder la question du risque dans une perspective *écologique* (en tenant compte de tous les niveaux environnementaux) et *transactionnelle* (basée sur les influences réciproques des facteurs se situant à ces différents niveaux).

E - ÉVALUATION DU RISQUE

L'évaluation du risque en psychopathologie est une préoccupation récente, et peu d'outils sont disponibles aujourd'hui. Parmi les instruments élaborés et ayant des qualités psychométriques satisfaisantes se trouve l'*Inventaire de facteurs de risque familial-variante Parents* (IFRF-P). Cet instrument, crée en Australie par Dwyer *et al.* (2003), est constitué de 48 items et peut être complété en dix-quinze minutes. Il est conçu pour évaluer l'exposition des enfants à différents facteurs de risque. Ceux-ci peuvent être liés à la survenue d'événements spécifiques (par exemple, la séparation parentale, un deuil/une perte) et à l'adversité chronique (les troubles mentaux des parents, par exemple). L'IFRF-P offre un indice concernant le risque en matière de santé mentale de l'enfant.

1. Agnès Oppenheimer (1996) écrivait que lorsque Kohut utilise le mot « self », c'est d'abord pour désigner l'ensemble des représentations de soi contenues dans le moi. Elle précise qu'elle a traduit parfois le terme « self » par « soi » et que, dans d'autres cas, elle a conservé le terme anglais, car celui-ci ne recouvre pas totalement le soi et qu'il correspond plutôt au moi. Le terme « self » est actuellement couramment utilisé dans les écrits français de psychologie clinique et de psychopathologie.

Chaque item est conçu pour évaluer un facteur de risque différent. Les items ont été regroupés en fonction de cinq domaines de risque qui constituent des objectifs potentiels d'intervention :

- « événements de vie défavorables et instabilité » (EVD) comme, par exemple, le déménagement, le divorce ou la séparation des parents au cours de la dernière année ;
- « structure familiale et statut socio-économique » (SSE). Parmi les items de ce regroupement, figurent la mononoparentalité, l'existence de problèmes financiers graves, etc. ;
- « pratiques de parentage » (PAR), évaluées, entre autres, par le fait de fixer des règles et de les faire respecter ou par l'administration de punitions physique graves ;
- « conflits verbaux parentaux et troubles de l'humeur » (CVH). Dans ce regroupement figurent des items relatifs à l'influence que peut exercer l'humeur sur le maintien de la discipline ou à l'existence de conflits verbaux graves entre adultes ;
- « comportements parentaux antisociaux ou psychotiques » (CAP), sous-groupe dans lequel on trouve des items concernant la consommation d'alcool ou de drogues, ou encore, l'existence de problèmes graves de santé mentale.

La majorité des items de l'IFRF-P requiert deux réponses : *a)* l'évaluation par le parent de la présence ou de la fréquence du facteur de risque respectif (cette évaluation rend possible le calcul d'un score parent) et *b)* l'évaluation par le parent du même facteur de risque sur la base de la perception qu'il a du comportement de son conjoint et des interactions de celui-ci avec l'enfant (est calculé, ainsi, un score conjoint). Dans le cas des familles monoparentales, un seul score est calculé.

Les caractéristiques psychométriques de l'IFRF-P sont les suivantes : fidélité test-retest et validité du construit satisfaisantes, consistance interne variable (adéquate pour le score total, modeste pour les sous-échelles EVD, SSE, PAR, CVH et faible, pour la sous-échelle CAP). La valeur prédictive des sous-échelles n'est pas la même. Ainsi, le risque évalué par la sous-échelle « pratiques de parentage » représente le meilleur prédicteur du *début* des problèmes de santé mentale. Le score à cette même sous-échelle, avec ceux aux sous-échelles « conflits verbaux parentaux et troubles de l'humeur » et « comportement parentaux antisociaux et psychotiques » constituent des prédicteurs forts de la *persistance* des problèmes de santé mentale.

Dwyer et ses collègues soulignent qu'il est important de différencier les facteurs de risque en relation avec le début des troubles de ceux liés à leur persistance dans le temps. Les résultats obtenus montrent que la prévention doit viser de manière préférentielle les pratiques de « parentage », les conflits, les comportements antisociaux et les troubles psychiatriques des parents, notamment ceux de l'humeur.

F - APPARITION ET ÉVOLUTION DU CONCEPT DE RÉSILIENCE

Dérivé du latin *resilientia*, le mot *résilience* a été utilisé, en anglais, dès 1626, par Francis Bacon, dans son ouvrage *Sylva Sylvarum* (Simpson et Weiner, 1989). Plus tard, le platonicien Henry More l'emploie dans les *Dialogues divins* (1668). En français, c'est André Maurois, dans *Lélia ou la vie de Georges Sand*, qui l'utilise pour la première fois, en 1952. Lorsqu'il évoque la mort, le 21 juillet 1864, de Marc-Antoine dit *Cocoton*, petit-fils de Georges Sand, Maurois écrit : « Dans ce deuil, une fois encore, elle étonne ses amis par son immédiate résilience. »

Le sens du mot est celui de rebondir, de se redresser, ce qui peut-être appliqué à des situations et des domaines différents. Ainsi, en physique le mot résilience fait référence au rapport de l'énergie cinétique absorbée nécessaire pour provoquer la rupture d'un métal, à la surface de la section brisée. Elle s'exprime en joules par centimètres carrés et caractérise la résistance au choc.

Une utilisation très proche de celle qui fait l'objet de ce chapitre est rencontrée chez le docteur Tomes qui, dans un de ses ouvrages (paru en 1857) écrit que « malgré les calamités causées par le tremblement de terre, la résilience faisant partie du caractère des Japonais, traduit très bien leur énergie ». La première occurrence dans un texte scientifique, nous l'avons trouvée dans l'article paru en 1942, dans l'*American Journal of Psychiatry*, consacré à l'activité, durant la Seconde Guerre mondiale, des travailleurs sociaux britanniques. L'auteur de l'article, Scoville, évoque « l'étonnante résilience » des enfants confrontés à des « situations dangereuses pour leur vie ». Depuis, l'intérêt pour ce concept n'a cessé de croître et le nombre des publications qui lui sont consacrées a augmenté de manière exponentielle.

La résilience peut être définie en tant que :

a / *capacité* à bien se développer au plan psychologique, malgré la survenue d'événements à caractère déstabilisant, malgré des conditions de vie difficiles, des traumatismes parfois sévères ou *capacité* à s'adapter rapidement au malheur ou à l'adversité, à récupérer après de telles situations ;

b / *résultat consistant en l'absence de troubles mentaux* dans et après des situations connues comme pouvant engendrer de tels troubles ;

c / *processus* impliquant une interaction sujet-environnement et des facteurs de protection (individuels, familiaux et environnementaux) modérateurs du risque et de l'adversité.

Comme dans la littérature psychologique et psychiatrique, d'autres termes sont souvent utilisés pour décrire des aspects reliés de manière plus ou moins étroite au concept de résilience, il nous est apparu utile de présenter ici les plus couramment rencontrés : l'endurance, le sens de la cohérence, l'épanouissement, l'adaptation.

Le concept d'*endurance* (*hardiness*, en anglais) fait son apparition dans une publication de Salvatore Maddi (1967) qui indique qu'en raison d'une conception plus « ouverte » de la vie, la personne endurante, robuste, accepte plus facilement la mort et a moins peur d'elle. Dans sa thèse de doctorat, Ouellette-Kobasa (1977) étudie l'endurance en se rapportant au fait que certaines personnes s'avèrent résilientes face à la maladie (somatique ou psychique), bien qu'ayant vécu des changements qui, dans leur culture, sont considérés comme significativement stressants.

Le concept d'endurance, tel que décrit par Kobasa (1979) et Kobasa et Pucetti (1983) se définit par trois descripteurs :

— le *contrôle* qui s'exprime par le fait que les personnes endurantes ont le sentiment de contrôler leur vie, de choisir leurs lignes de conduite dans des circonstances stressantes. Elles croient pouvoir contrôler ou influencer les événements ;
— l'*engagement* dans les activités menées, les relations avec les autres et envers soi (parce qu'elles reconnaissent leurs propres valeurs, buts et priorités dans la vie, parce qu'elles attribuent un sens à leur existence) ;
— le fait de considérer le changement comme un *défi* plutôt que comme une menace. Les personnes endurantes font preuve de flexibilité au plan cognitif, sont persévérantes et savent où chercher du soutien.

Le concept de *sens de la cohérence* apparaît dans le contexte de l'orientation salutogénétique qui s'interroge sur les origines de la santé. Aaron Antonovsky (1979, 1987), auteur qui est à l'origine de l'orientation salutogénétique, propose le concept de *ressources de résistance généralisée* qui englobe tous les facteurs efficaces dans la lutte contre les facteurs de stress. Les ressources de résistance généralisée vont des immunostimulants à la magie, en passant par la force du moi, l'argent, les soutiens sociaux ou la stabilité culturelle.

Toutes les ressources de résistance généralisée ont en commun le fait de faciliter la compréhension du sens des facteurs de stress auxquels nous sommes confrontés. Pour définir ce facteur commun, Antonovsky crée le concept de sens de la cohérence qui correspond à un sentiment envahissant, durable, bien que dynamique, de confiance :

a / que les stimuli qui proviennent, au cours de la vie, des environnements interne et externe sont structurés, prévisibles, explicables ;
b / que des ressources sont disponibles pour faire face aux exigences de ces stimuli et
c / que ces exigences constituent des défis qui méritent de s'y investir, de s'y engager.

Le sens de la cohérence a donc trois composantes : *a)* l'intelligibilité ; *b)* la capacité à gérer les situations rencontrées ; *c)* le fait qu'au plan émotionnel (et non pas seulement cognitif) les événements vécus aient *un sens* permet de les vivre comme des défis, dignes d'être investis au plan émotionnel, et ne constituent donc pas des fardeaux.

Le concept d'*épanouissement* (*thriving*, en anglais) fait référence à quelque chose de plus qu'une simple manifestation d'homéostasie, de retour à la situation telle qu'elle était avant l'action du facteur de stress. O'Leary et Ickovics (1995) proposent un modèle « valeur ajoutée » qui explique qu'après un stress, un individu ou une communauté peuvent non seulement survivre ou récupérer, mais peuvent même s'épanouir. Le concept d'épanouissement fait donc référence aux situations dans lesquelles on est « mieux qu'avant » suite au stress.

Dans le *Dictionnaire de la psychologie* de Fröhlich (1997), il est précisé que le terme d'*adaptation* est emprunté à la biologie et à la physiologie. Selon Fröhlich, ce terme désigne tous les changements d'état de l'organisme et des systèmes le composant, qui favorisent l'accommodation et le réajustement aux modifications du milieu, dans le but de maintenir, restaurer ou améliorer les capacités vitales et fonctionnelles. Les processus d'adaptation sont de complexité croissante allant des *tropismes* à l'*adaptation sociale*.

La relation entre résilience et adaptation est bien décrite par Ann S. Masten (1994), qui note que, « chez un individu, la résilience fait référence à une adaptation réussie, en dépit du risque et de l'adversité » (p. 3). Pour Masten, « la résilience, tout comme la psychopathologie, est jugée sur la base de patterns normatifs de développement, dans des contextes environnementaux normatifs. Si un individu est considéré comme résilient, ceci implique une évaluation de l'adaptation... ».

En guise de conclusion, nous pouvons faire les constats suivants :

— le terme d'*endurance*, utilisé comme synonyme de résilience jusqu'en 2003, ne met l'accent que sur trois caractéristiques des personnes résilientes (contrôle, engagement, défi) ;
— le *sens de la cohérence* décrit trois facteurs permettant de maintenir la santé face aux agents stressants (intelligibilité, capacité de gestion, attribution de sens) ;
— le concept d'*épanouissement* fait référence à un résultat supérieur à ce qu'entraîne la résilience et désigne la possibilité d'être mieux qu'avant le stress ou le traumatisme ;
— l'*adaptation*, concept emprunté à la biologie et à la physiologie, peut être considérée comme indice de résilience quand l'évaluation montre qu'il s'agit d'une adaptation réussie.

La vraie résilience doit être distinguée de la *pseudo-résilience* ou la résilience de façade, concept utilisé pour la première fois, en 1987, par le psychanalyste américain Anthony. L'utilisation du concept de vraie résilience devrait être réservé aux personnes dont le fonctionnement intrapsychique – qui témoigne de flexibilité, d'une intégration des processus psychiques et de maturité – est cohérent avec la compétence externe. La pseudo-résilience, quant à elle, se caractérise par une organisation rigide de la personnalité. Dans ce cas, comme l'écrit Anthony (1987, p. 26), « il y a une *illusion* de puissance, d'immunité au stress et de bien-être ». Le prototype serait Meursault, le personnage de *L'Étranger* de Camus (1957).

Si, au départ, les psychologues s'intéressaient à la résilience individuelle, par la suite, ce concept fut appliqué aux familles. En même temps, les chercheurs ont commencé à explorer les différences de résilience liées à la culture, ainsi que les mécanismes de résilience à spécificité culturelle. Dans ce même contexte, et en parlant de résilience culturelle, les chercheurs s'intéressent, aussi, à la survie de certaines cultures fortement menacées.

Conçu, au départ, comme la capacité / le processus permettant de faire face aux effets pathogènes des traumatismes psychiques, le terme résilience est utilisé, de plus en plus, pour désigner la résistance à une multitude de situations relativement communes, pouvant être rencontrées dans la vie quotidienne. Ainsi, le concept de résilience est utilisé par rapport à des situations comme la présence d'un handicap, d'un trouble somatique ou mental chronique, d'un désavantage socio-économique ou du vieillissement.

Prenons, comme exemple, la résilience scolaire. Cette appellation désigne une infirmation de la probabilité d'échec des enfants à risque qui, malgré tout, réussissent à l'école. L'expression « résilience scolaire » apparaît, en 1991, dans le titre d'une étude de Braddock et collaborateurs, menée sur des élèves Afro-américains qui réussissent leurs études principalement en raison de leur implication dans des activités sportives. Dans les années 1990, la résilience scolaire intéresse de plus en plus les chercheurs et les praticiens qui étudient différentes populations à risque d'inadaptation scolaire, d'échec ou d'abandon. Ceux-ci s'intéressent aux facteurs individuels et environnementaux de protection. Ils s'interrogent sur la manière dont ils peuvent contribuer à rendre résilients des élèves à risque. Ce type de recherche ouvre une nouvelle perspective sur le concept de risque en éducation et montre que le risque est un concept à multiples facettes et causes, qui doit être conçu dans une perspective interactive, transactionnelle.

C'est, sans doute, cette vision écosystémique de la réussite qui explique l'avantage de l'utilisation du concept de résilience scolaire par rapport aux études antérieures sur l'échec et la réussite scolaire. Le concept de résilience attire notre attention sur les capacités, sur les « forces » de chaque élève. Loin d'être tributaire des effets de mode ou d'une idéologie fondée sur la réussite et la supériorité de ceux qui réussissent, la résilience scolaire nous aide à améliorer le travail de l'élève et l'activité de l'école et de prévenir des dysfonctionnements conduisant à l'échec.

À la fin de cette section, il nous paraît important de souligner que la complexité du concept de résilience nous amène à intégrer les différentes approches utilisées dans son étude. Cette approche intégrative est celle préconisée dans l'ouvrage sur les *Quatorze approches de la psychopathologie* (Ionescu, 1995). La voie vers l'intégration est tracée par l'approche écosystémique. Au niveau individuel, la psychanalyse nous permet de saisir l'importance des mécanismes intrapsychiques de la résilience. À ce même niveau, la recherche dans le champ de la psychobiologie de la résilience peut compléter utilement nos connaissances actuelles. Aux autres niveaux (familial, communautaire-social, sociétal), les données culturelles viennent nuancer les connaissances issues essentiellement de recherches menées auprès des populations des pays industrialisés. L'approche intégrative est holistique (en intégrant les données issues des différentes approches de la résilience) et transactionnelle-dynamique. Ainsi conçue, elle évite d'enfermer la résilience dans un dogmatisme stérile et permet de mieux répondre aux attentes des praticiens (Ionescu, 2006).

G - LA RÉSILIENCE EST-ELLE RARE ? QUE NOUS APPRENNENT LES ÉTUDES SUR DES ENFANTS MALTRAITÉS ?

Le pourcentage des enfants maltraités identifiés comme résilients varie beaucoup d'une étude à l'autre, et même dans une même étude, en fonction des critères utilisés pour définir la résilience. Considérons, pour commencer, la recherche menée par Kaufman *et al.* (1994) sur 56 enfants maltraités, âgés de 7 à 12 ans. Dans cette recherche, trois critères ont été retenus pour définir la résilience : la compétence sociale, l'absence de pathologie (attestée par l'absence des symptômes) et la réussite scolaire. Si l'on considère comme résilients les enfants ayant un niveau élevé de fonctionnement aux trois critères mentionnés, alors seulement 5 % des enfants maltraités sont résilients. Par contre, si l'on tient compte uniquement d'un critère, le pourcentage d'enfants résilients varie de 14 % (pour ceux qui sont compétents au plan social), à 27 % (pour ceux qui ne présentent pas de symptômes) et atteint 38 % (pour les enfants qui réussissent au plan scolaire).

Dans une autre recherche, Cicchetti *et al.* (1993) ont comparé les taux des résilients dans deux groupes d'enfants de 8 à 13 ans : l'un constitué de maltraités et l'autre d'enfants non maltraités, mais vivant dans des milieux défavorisés. Cette fois-ci, l'équipe de chercheurs a retenu sept critères pour établir le statut d'enfant résilient : la présence des comportements pro-sociaux (actes intentionnels ayant une conséquence positive pour l'autrui) et l'absence de comportements perturbateurs-agressifs, de conduites de retrait, de manifestations dépressives, de troubles d'internalisation/d'externalisation et de difficultés scolaires (au plan de l'assiduité aux cours et de la discipline). Les enfants ont, ensuite, été classés par niveaux de compétence, selon le nombre de critères auxquels leur fonctionnement était considéré comme bon (c'est-à-dire dans le tiers supérieur). Dans le sous-groupe à fonctionnement de niveau supérieur se trouvaient 18 % des enfants maltraités et 22 % des enfants non maltraités vivant dans des milieux défavorisés. Dans la sous-groupe à fonctionnement à niveau bas, la proportion d'enfants maltraités (43 %) était beaucoup plus importante que celle des enfants de milieux défavorisés, mais non maltraités (26 %). Notons, aussi, que si 22 % des enfants maltraités n'atteignaient le niveau élevé à aucun de sept critères considérés, la plupart pouvaient être considérés comme compétents à au moins l'un des indices retenus.

Flores *et al.* (2005) ont examiné les taux des résilients parmi 76 enfants maltraités et 57 enfants latino-américains vivant dans des milieux défavorisés. L'âge moyen des enfants étudiés dans cette recherche était de 8,2 ans. Pour déterminer s'il s'agissait de résilience, neuf critères ont été retenus : les comportements pro-sociaux et de coopération, l'agressivité et les bagarres, le retrait, les comportements turbulents, la timidité, le trouble d'internalisation et d'externalisation. Les enfants ont été classés comme ayant un fonctionnement de niveau supérieur si les niveaux atteints pour au moins six critères étaient bons. Par contre, leur fonctionnement était considéré comme de niveau bas si le niveau atteint à un seul critère était bon ou si les niveaux atteints à l'ensemble des neufs critères étaient bas. Les résultats obtenus par Flores et ses collaborateurs montrent que seulement 9,2 % des enfants maltraités pouvaient être classés comme ayant un fonctionnement de niveau supérieur. Ce pourcentage est significativement inférieur à celui mis en évidence pour les enfants non maltraités de milieux défavorisés (17,5 %). En même temps, une proportion significativement plus importante (39,5 %) d'enfants maltraités, comparativement aux enfants non maltraités apparaissent comme ayant un fonctionnement de niveau bas.

Les résultats obtenus dans les recherches présentées montrent qu'une proportion faible à modérée d'enfants maltraités – proportion allant de 5 à 38 % – correspond aux critères de résilience adoptés. Nous pouvons aussi faire le constat que le fonctionnement résilient est généralement plus rare chez les enfants maltraités comparativement aux enfants qui ont vécu d'autres adversités dans l'environnement familial. En effet, Luthar *et al.* (2003) ont constaté que la proportion des enfants résilients était de 35 % parmi ceux dont la mère était toxicomane, et Owens et Shaw (2003) ont montré que 40 % des enfants vivant dans des familles à faibles revenus étaient résilients. Les proportions d'enfants résilients ont été établies, dans le premier cas, sur la base d'un entretien diagnostique psychiatrique et, dans le second cas, en évaluant l'adaptation et les compétences sociales. Nous pouvons faire l'hypothèse que la proportion plus faible d'enfants résilients parmi les enfants maltraités tient aux effets cumulatifs de facteurs familiaux de risque sur l'adaptation des enfants (voir, par exemple, Appleyard *et al.*, 2005) : la maltraitance apparaîtrait en même temps que des facteurs de risque comme la pauvreté, la dépendance et l'abus de substances et la violence.

Les recherches de Cicchetti *et al.* (1993), de Kaufman *et al.* (1994) et de Flores *et al.* (2005), présentées ci-dessus, nous informent sur la proportion des enfants résilients telle qu'elle peut-être constatée à un moment donné. Des informations complémentaires nous sont fournies par des études longitudinales qui nous renseignent sur la stabilité de la résilience. Prenons, comme exemple, l'Étude longitudinale Lehigh (Herrenkohl *et al.*, 1991, 1994) menée sur des sujets abusés et négligés. L'échantillon de départ était constitué d'enfants âgés de 18 mois à 6 ans, abusés et/ou négligés, comparé à un échantillon d'enfants ayant le même âge, mais non abusés et non négligés. Le suivi de ces deux échantillons s'est fait jusqu'à l'adolescence. Lors de l'évaluation initiale, les enfants étaient considérés comme résilients si ils obtenaient des scores les situant parmi les meilleurs 40 % aux trois composantes (cognitive/scolaire, sociale et émotionnelle) d'une échelle de fonctionnement adaptatif. Les résultats obtenus montrent que 25 des 88 enfants résilients avaient été maltraités. La proportion des enfants résilients sur la totalité des enfants maltraités était de 13 % (la proportion pour les enfants non maltraités n'est pas indiquée). L'étude longitudinale montre qu'à la fin de l'adolescence, 61 % des enfants maltraités résilients ont obtenu leur diplôme de fin d'études au lycée ou suivaient encore les cours d'un établissement scolaire. Ce pourcentage de 61 % montre que si l'on considère que la résilience se définit par la continuation et la réussite des études, pour 39 % des sujets considérés comme résilients au départ, il est difficile de parler de résilience à long terme.

H - FACTEURS DE PROTECTION

On appelle *facteurs de protection* les attributs des personnes, des environnements, des situations et des événements qui paraissent tempérer des prédictions de psychopathologie basées sur un statut individuel à risque. Ils offrent une résistance au risque. Le terme de facteur de protection est utilisé comme un terme générique pour les modérateurs du risque et de l'adversité qui améliorent l'évolution développementale (Werner, 2000). L'existence de facteurs de protection se révèle dans des circonstances négatives que les jeunes doivent affronter durant une période (ou des périodes) de leur développement. Les études longitudinales montrent que les facteurs de protection diffèrent avec l'âge. Évidemment, les mieux étudiés sont les facteurs de protection des enfants à risque.

Trois types de variables sont identifiées comme facteurs de protection possibles pour l'enfant (Garmezy, 1985) : *a)* des caractéristiques biologiques, psychologiques et socio-affectives de l'enfant lui-même (par exemple, au plan de la santé, du tempérament, de l'estime de soi, du niveau de développement) ; *b)* des caractéristiques des parents, de l'environnement familial et des interactions parent-enfant (discipline, soutien apporté, etc.) ; *c)* des caractéristiques de l'environnement social (ressources disponibles, soutien social, etc.).

La *figure 1* illustre, en se basant sur la perspective écosystémique, les différents niveaux de protection pouvant être à l'œuvre, chez une personne, à un moment donné du développement, face à un (ou des) facteur(s) de risque. Il est important de ne pas oublier que l'intensité du risque entre en jeu et peut rendre caduque l'efficacité des différentes couches de protection présentes.

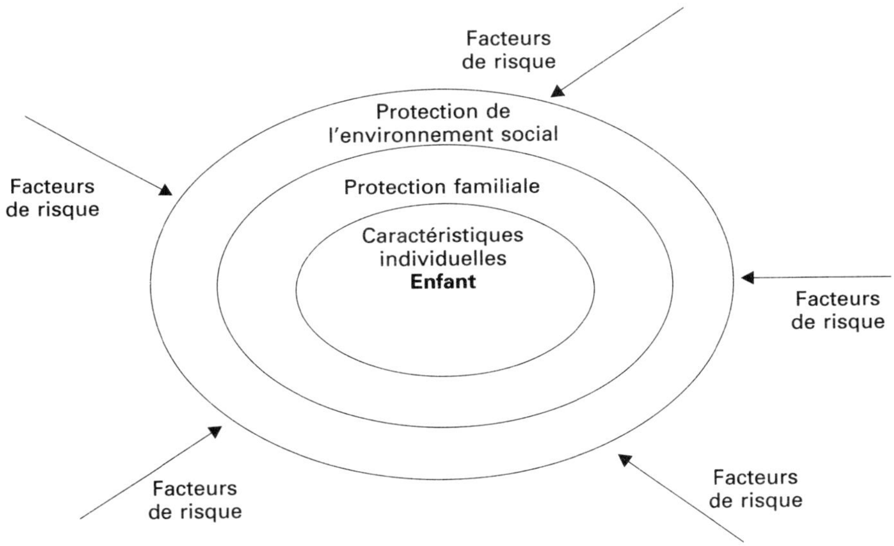

FIG. 1. — Approche écosystémique des facteurs de protection (Jourdan-Ionescu *et al.*, 1998)

Kimchi et Schaffner (1990) présentent un tableau des facteurs de protection divisés en deux grandes catégories, les facteurs individuels et les facteurs sociaux (ces derniers se subdivisant à leur tour en facteurs familiaux et facteurs de soutien externes). Les éléments de protection vont permettre de réorienter la trajectoire de l'enfant face au risque. En l'absence des facteurs de protection, l'enfant peut se trouver en situation d'échec scolaire, présenter des problèmes de santé mentale ou de façon plus générale un développement problématique. Grâce aux facteurs de protection, il peut être en bonne santé ou même surdoué.

Selon le milieu d'origine de l'enfant, ce ne sont pas les mêmes facteurs qui seront efficaces. Baldwin *et al.* (1993) montrent que pour qu'il y ait atteinte de la santé mentale, une sorte différente de parentage est nécessaire dans un environnement désavantagé et dans un environnement avantagé.

La recherche sur les facteurs de protection a progressé au cours de la dernière décennie. Elle est passée de l'identification de facteurs de protection statiques associés à un bon développement dans des situations stressantes à un intérêt pour les mécanismes complexes qui mènent à une issue favorable dans des conditions de stress.

En fait, nous retrouvons les trois mêmes types de variables – individuelles, familiales et environnementales – pour les facteurs de protection que pour les facteurs de risque. Il est aussi nécessaire de souligner que les facteurs de protection ne sont pas nécessairement l'inverse des facteurs de risque ; c'est leur intensité et leur rôle à l'intérieur d'une dynamique particulière qui les caractérisent. Une variable pouvant être vue comme un facteur de protection peut devenir un facteur de risque si elle se présente avec une intensité extrême. Par exemple, un certain degré d'exigence par rapport aux apprentissages scolaires peut habituellement contribuer à un déploiement d'activités qui permet à l'enfant d'accroître ses compétences. Par contre, si ce niveau d'exigence devient exagéré, il engendrera un stress qui provoquera plutôt une démobilisation, un désintérêt face aux apprentissages scolaires et un échec. Mentionnons, en outre, que ce qui pourrait être une exigence exagérée pour un enfant particulier ne le sera pas pour un autre. Le degré d'intensité d'un facteur ainsi que sa modalité d'interaction avec d'autres facteurs peuvent déterminer, dans plusieurs cas, sa qualité de facteur de risque ou de protection. La qualité de protection d'un événement donné paraît donc être déterminée par le contexte entourant cet événement (Masten et Coatsworth, 1995). Cette conception interactive et transactionnelle a été mise en avant par quelques auteurs (Egeland *et al.*, 1993 ; Jourdan-Ionescu *et al.*, 1998 ; Luthar et Zigler, 1991 ; Rutter *et al.*, 1990), mais les mécanismes et effets de l'interaction sont encore peu connus. L'étude des facteurs qui contribuent à maintenir l'équilibre et la bonne évolution du développement devrait être considérée comme aussi importante que l'étude des facteurs qui contribuent à les perturber. Les facteurs de risque et les facteurs de protection constituent une dyade inséparable et doivent être envisagés conjointement si l'on veut mieux comprendre le dynamisme du développement de l'enfant.

Rutter (1987) montre que la protection ou le risque n'est pas une qualité en soi du facteur lui-même, mais plus de la façon dont le facteur en question interagit avec les autres facteurs. En l'absence de facteurs de stress, des facteurs de protection ou de risque en tant que tels n'ont pas d'impact. On peut même dire que les facteurs de protection peuvent être inefficaces car non employés. Les enfants qui n'ont pas fait l'expérience de difficultés seront vulnérables plus tard dans leur vie, tout comme ceux qui vivent des stress excessifs. Les « hauts » et les « bas » de la vie offrent aux enfants des opportunités de s'immuniser, comme les expériences précoces de rhumes et d'infections banales construisent le système immunitaire. Si on veut que les enfants à risque soient résilients, il est nécessaire de les armer en les amenant à exercer leurs facteurs de protection.

Le *tableau 1* présente quelques exemples des facteurs de protection utilisés dans la recherche menée auprès de jeunes enfants (âge moyen de trois ans et six mois) fréquentant un service d'intervention précoce (Jourdan-Ionescu *et al.*, 1998).

TABLEAU 1. — *Exemples de facteurs de protection sélectionnés pour les jeunes enfants (Jourdan-Ionescu* et al., *1998)*

Caractéristiques de l'enfant

- habiletés intellectuelles supérieures (telles que mesurées par un test d'intelligence ou telles qu'appréhendées lors d'une entrevue avec un spécialiste qui connaît bien l'enfant) ;
- bonnes habiletés sociales (l'enfant a une grande facilité à entrer en contact avec les autres, autant enfants qu'adultes. Il est également capable de maintenir de bonnes relations) ;
- estime de soi positive (l'enfant démontre une grande confiance en lui et manifeste de l'assurance dans sa conduite).

Caractéristiques relatives aux parents

- structure éducative adéquate (les parents appliquent des normes claires et appropriées à l'âge et aux capacités de l'enfant) ;
- interactions positives avec l'enfant (les parents vivent des moments agréables avec leur enfant en faisant des activités ensemble, en échangeant avec lui ou en partageant simplement des bons moments quotidiens comme manger ensemble, regarder la télévision ensemble, etc.) ;
- climat familial chaleureux (ambiance agréable dans la famille, échanges habituellement affectueux).

Caractéristiques de l'environnement de l'enfant

- présence d'un riche réseau social de pairs (mesuré par le nombre d'enfants que l'enfant fréquente : amis, voisins, pairs de la garderie ou de l'école maternelle, enfants de la parenté) ;
- adulte significatif dans l'environnement de l'enfant (l'enfant voit régulièrement un adulte autre que ses parents. Cette relation lui apporte du soutien et est utile pour lui) ;
- aide apportée aux parents pour l'éducation de leur enfant (les parents ont facilement accès à de l'aide – offerte par les grands-parents, les autres membres de la parenté, les amis, les voisins, les collègues – pour les soutenir dans leur rôle parental).

Considérons, maintenant, le cas des facteurs de protection impliqués dans une situation particulière, la cessation de la transmission intergénérationnelle de la maltraitance. Cette transmission fait référence à la croyance, encore très répandue, qu'un enfant maltraité deviendra un parent maltraitant. En fait, il s'agit d'une opinion erronée, renforcée par le fait que les thérapeutes et les travailleurs sociaux n'interviennent qu'auprès de personnes qui rencontrent des problèmes. Plus précisément, ces professionnels reçoivent des enfants maltraités par des parents qui l'ont été, eux aussi, durant leur enfance. Par contre, ils ne sont pas en contact avec ceux qui ne sont pas devenus des parents maltraitants.

Les études longitudinales disponibles montrent qu'une proportion relativement faible d'enfants maltraités devient parents maltraitants. Prenons, comme exemple, la recherche déjà ancienne de Hunter et Kilstrom (1979), menée sur 282 parents. De ce nombre, 49 parents avaient été maltraités au cours de leur enfance. Un an plus tard, Hunter et Kilstrom constatent que 10 enfants de l'échantillon des 282 parents avaient été maltraités. Neuf de ces dix enfants avaient des parents qui avaient été maltraités eux-mêmes comme enfants. Si l'on considère seulement cette information, alors on peut affirmer que 90 % des enfants maltraités deviennent parents maltraitants. Par contre, si l'on se situe dans le contexte longitudinal de la recherche, alors 9 des 49 parents maltraités comme enfants sont devenus maltraitants. La proportion est, dans cette perspective, beaucoup plus faible, 18 %. D'autres recherches, ultérieures, conduisent à des résultats qui relativisent eux aussi la croyance en la transmission intergénérationnelle de la maltraitance.

Quels sont, alors, les facteurs de protection qui expliquent la cessation de la transmission intergénérationnelle de la maltraitance ? Egeland et ses collaborateurs ont mené, depuis 1975, à l'Université du Minnesota, une étude longitudinale intitulée *Projet mère-enfant* (Egeland *et al.*, 2002) qui montre que les mères qui avaient brisé le cycle de la maltraitance étaient très conscientes et se souvenaient avec précision de leur passé de maltraitance qu'elles évoquaient avec beaucoup d'émotion. Elles reconnaissaient les effets que la maltraitance subie avaient sur elles, ainsi que les effets potentiels sur leurs propres comportements en tant que mère. Elles parlaient avec facilité de la manière dont elles souhaitaient élever leurs enfants.

Bernazzani (2001) insiste sur la capacité de maintenir une *fonction réflexive adéquate*, ce qui fait référence à la capacité d'interpréter les attitudes d'autrui et les siennes en fonction d'une compréhension des états émotionnels. « Cette fonction réflexive permet une compréhension de soi et d'autrui qui va au-delà des comportements apparents et qui prend en considération les émotions, les croyances et les attentes non verbalisées qui sous-tendent ces comportements » (Bernazzani, 2001, p. 123). L'acquisition d'une fonction réflexive solide est liée à la capacité de distinguer la réalité intérieure de la réalité extérieure et permet à l'enfant et au futur adulte de donner un sens aux comportements d'autrui qui deviennent ainsi plus prévisibles et moins difficiles à gérer sur le plan émotionnel et comportemental (Fonagy, 1998).

Lecomte (2004) insiste sur le rôle protecteur de la décision de faire le contraire de ses parents. Ce facteur, qu'il désigne comme du contre-modelage, a comme point de départ la décision que prend le jeune, à un moment donné de son évolution personnelle, d'adopter un comportement inverse de celui de ses parents lorsqu'il sera lui-même parent.

Les facteurs environnementaux qui protègent contre la transmission intergénérationnelle de la maltraitance sont centrés sur la qualité des relations interpersonnelles et le soutien actuel et antérieur reçu. À partir des travaux publiés, Bernazzani (2001) rapporte que les mères victimisées qui brisent le cycle de l'abus sont plus susceptibles que les mères abusives de rapporter : *a)* le vécu actuel d'une relation conjugale satisfaisante, de soutien ; *b)* la présence d'un réseau social offrant un soutien adéquat ; *c)* une prise en charge psychothérapeutique à l'adolescence ou à l'âge adulte et/ou la présence, au cours de l'enfance, d'un membre de la parenté ayant offert un soutien significatif au plan affectif, en dépit du contexte d'adversité.

I - LE CONCEPT DE RÉSILIENCE « ASSISTÉE »

Après une période consacrée à l'étude du processus qui fait que certaines personnes s'avèrent résilientes, les chercheurs et les praticiens ont envisagé l'utilisation, dans le travail clinique, des connaissances ainsi obtenues. Depuis environ dix ans, s'est ainsi esquissée une nouvelle perspective dans l'intervention, perspective désignée comme celle de la *résilience assistée* (Ionescu, 2004). Si la résilience « naturelle » constitue un processus qui se déroule sans l'intervention des professionnels de la santé mentale, l'apparition de la résilience assistée inaugure un nouveau style de travail, très différent de celui rencontré dans la pratique clinique « classique » où l'attention est essentiellement portée sur la mise en évidence des dysfonctionnements, des troubles et des handicaps qui en résultent.

La résilience assistée peut-être définie par une série de caractéristiques :

a / la mise en évidence et le développement des potentialités des personnes à risque. L'accent est ainsi mis sur une série de facteurs psychologiques connus comme facilitateurs de la résilience (estime de soi, capacité à susciter de la sympathie, image de soi positive, sentiment de contrôle sur la vie, créativité, humour, etc.) ;

b / le dépistage des ressources existantes dans l'entourage de la personne (par exemple, des adultes pouvant exercer le rôle de tuteurs de résilience, personnes qui peuvent maintenir, sur une longue période de temps, des liens significatifs et empathiques avec la personne respective ou, encore, un réseau de soutien contribuant à créer un cadre sécurisant et compréhensif, un véritable « filet » de protection) ;

c / la mise sur pied de programmes de prévention. Selon Wenar et Kerig (2000), trois formes de prévention peuvent être décrites : 1 / la prévention *primaire* qui vise à prévenir l'apparition des troubles ; 2 / la prévention *secondaire*, centrée sur l'identification précoce des premières manifestations des troubles, qui vise à arrêter leur développement avant l'installation des symptômes qui caractérisent la forme complète de ces troubles ; 3 / la prévention *tertiaire*, qui a comme objectif d'empêcher l'aggravation ou la réapparition des troubles (dans ce dernier cas, il s'agit de la prévention des récidives). Ainsi conçue, la prévention tertiaire vise la diminution de la durée des troubles et de leurs conséquences ;

d / la mise en œuvre d'une stratégie d'intervention de type maïeutique (c'est-à-dire à partir de la méthode par laquelle Socrate, fils de sage-femme, disait qu'on pouvait faire accoucher les esprits des pensées qu'ils contiennent sans le savoir). Il s'agit là de remplacer le caractère souvent directif, contraignant, intrusif même, des interventions par un véritable accompagnement qui, en facilitant l'actualisation des compétences de la personne et leur utilisation pour faire face à l'adversité, façonne la résilience.

J - UN EXEMPLE D'INTERVENTION DE TYPE *RÉSILIENCE ASSISTÉE*

Les changements socioculturels des dernières décennies ont entraîné une érosion du soutien naturel en raison, notamment, de l'éloignement des familles d'origine et de la diminution de leur taille, des déménagements liés aux fréquentes séparations, de la prépondérance accordée aux loisirs (voyages, activités socioculturelles, etc.) sur les réunions familiales et sociales. Pour les familles à risque, cette érosion du soutien social doit être compensée par du soutien organisé. Dans le cas des familles maltraitantes chroniques, une conception écosystémique de l'intervention suggère d'aider toute la famille par une combinaison d'interventions comme la thérapie individuelle, une thérapie de couple pour les parents, de la stimulation précoce pour les jeunes enfants et la mise en place de tuteurs de résilience. Cette dernière intervention, nommée *Famille soutien*, a été développée au sein du Programme d'aide personnelle, familiale et communautaire s'adressant aux familles négligentes envers leur enfant d'âge préscolaire (Palacio-Quintin *et al.*, 1991 ; Palacio-Quintin *et al.*, 1995, Jourdan-Ionescu et Desaulniers, 1999).

L'objet de l'intervention famille soutien est de développer la résilience de l'enfant et de la famille face au risque de récurrence de la maltraitance et face aux conséquences de la maltraitance subie par l'enfant. Comme l'intervention famille soutien se déroule dans l'environnement naturel de l'enfant, elle permet d'éviter le placement de celui-ci dans une famille d'accueil. Concrètement, une famille soutien est appariée à une famille cible, elle se rend alors disponible pour lui apporter du soutien affectif, de la considération, du soutien instrumental et informatif, ainsi que de l'aide pour développer son réseau de ressources. Pour ces familles isolées socialement et très méfiantes (en raison de nombreux échecs relationnels), le développement d'un lien est essentiel. La famille soutien doit donc réaliser une activité d'une demi-journée par semaine, garder le contact par des communications téléphoniques régulières et ajouter, au besoin, des rencontres (en cas de crise).

Le psychologue est responsable de l'évaluation préalable de la situation et de la co-construction de l'intervention en partenariat avec l'équipe clinique. Il donne aussi la formation aux familles soutien et les supervise dans le suivi de l'intervention. Le coût de cette technique d'intervention est peu élevé en comparaison avec le coût social de la récurrence de la maltraitance, du placement des enfants et des effets de la maltraitance sur les enfants.

Cette intervention est basée sur le développement de facteurs de protection dans le cadre d'un programme individualisé d'intervention préventive, prenant en compte les différents environnements de vie de l'enfant et réalisé en partenariat. En effet, l'ajout de non-professionnels (les parents de la famille soutien) – formés préalablement et supervisés régulièrement – à une équipe de professionnels permet de viser la résilience assistée.

Il nous semble essentiel de favoriser l'« accordage[1] » entre les personnes impliquées dans ce type d'intervention. Ce processus d'ajustement réciproque entre les intervenants, les non-professionnels impliqués et les personnes ciblées par l'intervention apparaît essentiel. L'accordage est favorisé grâce au suivi du superviseur (psychologue clinicien ayant de l'expérience auprès de familles défavorisées) qui soutient le non-professionnel. Durant les premières semaines, par exemple, la supervision permet

1. Terme emprunté à Daniel Stern (1989, 2000) qui l'a utilisé pour décrire les mouvements réciproques d'apprivoisement effectués par la mère et le nouveau-né pour s'adapter l'un à l'autre.

d'éviter le biais lié à la précipitation dans des propositions intrusives et met l'accent sur les indices de mise en place de liens entre famille soutien et famille cible. Les différents partenaires impliqués dans le programme d'intervention doivent aussi être considérés. Ils doivent avoir l'occasion de bien comprendre la philosophie de l'intervention mise en place et les objectifs en relation avec la résilience. Le concept d'habilitation (Dunst *et al.*, 1988 ; Dunst et Paget, 1991) est central à cette philosophie parce que toute intervention doit comporter une part de responsabilisation de l'individu qui reçoit cette intervention. Les facteurs de protection à développer sont la conscience de ses forces et de ses limites, l'importance de la prévention et l'appropriation des conséquences de ses conduites.

Trois éléments thérapeutiques sont sous-jacents à cette stratégie d'intervention :

- La possibilité d'intérioriser de *multiples modèles d'identification appropriés* (modèle d'une famille fonctionnelle, de parents qui mettent en place un cadre éducatif, de membres d'un couple qui s'entraident et d'enfants qui jouent et n'ont pas à assumer des responsabilités d'adultes). Ces identifications sont importantes pour favoriser le processus d'appropriation des objectifs et des stratégies d'intervention chez les parents maltraitants (amélioration de l'hygiène et de l'alimentation, cadre éducatif plus approprié à l'âge de l'enfant, etc.) et pour leurs enfants (modèle de parents qui fournissent un cadre éducatif clair et rassurant et des périodes de rapprochements affectueux). Ces modèles d'identification sont d'autant plus importants que les membres de leur entourage ne peuvent constituer des modèles adéquats (par exemple, grands-parents qui n'ont jamais joué avec les parents quand ceux-ci étaient enfants).
- *L'accès à différentes formes de soutien* disponibles quotidiennement (soutien pour adopter un rythme de vie normal avec des heures de sommeil régulières, des repas équilibrés et à des heures raisonnables ; pour améliorer l'hygiène personnelle et la régularité des lavages du linge et de la vaisselle ; pour favoriser l'accès aux ressources de santé et de services sociaux existantes, etc.). Ce soutien peut être apporté concrètement (au début, « faire avec », pour permettre, par exemple, à la mère d'apprendre à planifier à réaliser les repas d'une journée ; aux parents de faire une activité agréable avec leurs enfants) ou à distance (renforcement et valorisation téléphoniques des réussites ; rappel des choses à ne pas oublier ; supervision ponctuelle, une fois par semaine, des progrès de l'accompagnement des enfants aux heures des devoirs).
- La *supervision professionnelle* du travail réalisée par les non-professionnels est effectuée par le superviseur clinique qui oriente les membres de la famille soutien vers les objectifs thérapeutiques les plus importants et possibles à atteindre.

L'intervention famille soutien favorise le développement des facteurs de protection individuels, familiaux et environnementaux des membres de la famille maltraitante (tableau 2). On constate que la résilience assistée est mise en œuvre par le développement des facteurs de protection grâce au travail rapproché des familles soutien. Ce travail est complémentaire à celui de l'équipe d'intervenants spécialisés. À condition que ces interventions soient individualisées, supervisées et offertes à long terme, l'intervention famille soutien est appropriée pour permettre à des familles négligentes chroniques de bénéficier de soutien pour développer des capacités de résilience assistée.

TABLEAU 2. — *Facteurs de protection visés par la* Famille soutien

Facteurs de protection	*Intervention Famille soutien*
INDIVIDUELS	• augmentation de l'estime de soi de l'enfant (par le regard et la valorisation exercée d'abord par la famille soutien, puis par les parents eux-mêmes) • amélioration des habiletés sociales de l'enfant (par la participation à diverses activités et par l'identification aux enfants de la famille soutien) • augmentation des capacités de résolution de problèmes (la famille soutien encourage l'enfant à utiliser, face aux problèmes rencontrés, une stratégie de résolution de problèmes) • augmentation, en parallèle, de l'estime de soi, des habiletés sociales et des capacités de résolution de problèmes des autres membres de la famille (parents maltraitants et fratrie)
FAMILIAUX	• augmentation de l'estime de soi parentale (les parents maltraitants sentant maintenant qu'ils contrôlent l'éducation de leurs enfants grâce à la considération et à la valorisation provenant de la famille soutien) • amélioration de l'ambiance familiale (moins de conflits et de crises en découlant, par la possibilité de faire appel à un tiers – membre de la famille soutien – quand un problème surgit, participation à des activités familiales agréables encouragées par la famille soutien) • structure éducative plus adéquate (cohérence des attitudes parentales, règles fixes et adaptées à l'âge de l'enfant, apprentissages réguliers et renforcés par des mots d'appréciation)
ENVIRONNEMENTAUX	• présence de modèles d'identification pour les enfants (enfants de la famille soutien) • présence d'un adulte significatif pour l'enfant (le plus souvent mère de la famille soutien) et d'un modèle parental adéquat (les parents de la famille soutien) • présence d'adultes significatifs pour les parents (parents de la famille soutien) • augmentation du réseau social des parents (commençant par la famille soutien qui ne les lâchent jamais, s'enrichissant par d'autres personnes qu'ils peuvent fréquenter maintenant qu'ils ont repris confiance dans les relations interpersonnelles) • aide apportée par la famille soutien aux parents pour améliorer le cadre éducatif de leurs enfants • meilleure utilisation des ressources existantes (au plan de la santé, des services scolaires, municipaux, de loisirs, etc.)

Les informations fournies dans ce chapitre permettent de formuler plusieurs conclusions :

- la présence de facteurs de risque ne conduit pas inexorablement à l'apparition d'une forme de psychopathologie ;
- le risque doit être conçu comme un concept probabiliste qui nous invite à réfléchir aux meilleures stratégies préventives ;

- la balance dynamique des facteurs de risque et de protection orientera le processus vers la psychopathologie ou vers la résilience ;
- la résilience n'est pas seulement une contribution théorique majeure. Elle préfigure, sous la forme de la « résilience assistée », une transformation majeure du travail clinique.

LECTURE CONSEILLÉE

Cyrulnik, B., & Duval, P. (Eds.) (2006). *Psychanalyse et résilience.* Paris : Odile Jacob.

troisième partie

MÉTHODOLOGIE

6 les techniques de l'entretien

PAR MARIE-CARMEN CASTILLO

Première partie : définition de l'entretien clinique et réflexions et sa mise en œuvre

A - INTRODUCTION

L'entretien constitue le principal outil du psychologue. Il occupe à ce titre une part non négligeable dans l'enseignement de la psychologie à l'Université. Le psychologue dispose d'un certain nombre d'instruments tels que les questionnaires, tests, et échelles. Néanmoins, leur emploi se fait toujours dans le cadre d'un entretien, dont le principe fondamental repose sur l'échange langagier. Au cours de l'entretien se nouent des relations interpersonnelles complexes et subtiles au travers de « jeux » langagiers. En cela, la connaissance des différents paramètres et techniques de cette situation de communication s'avère essentielle pour les psychologues.

Après avoir dans un premier temps défini de manière générale l'entretien clinique et ses différentes modalités, nous passerons en revue dans un second temps les dimensions qui sous-tendent la relation clinique et nous nous intéresserons à la conduite de l'entretien en abordant les diverses techniques de relances du discours. Nous avons ensuite souhaité proposer une réflexion sur les aléas de l'entretien afin de souligner l'importance de la prise en compte, mais aussi la complexité de la gestion des éléments décrits auparavant. En effet, décrire des techniques d'entretien ne revient pas à donner des recettes, et nous souhaitons souligner la fragilité et la complexité de la situation d'entretien clinique. Enfin dans une dernière partie, nous donnerons quelques éléments d'analyse des données cliniques.

L'entretien clinique a ceci de particulier qu'il est centré sur l'évaluation et très souvent sur la relation d'aide ou de soin. Le psychologue clinicien est à lui-même son propre outil ; il travaille *dans*, *par* et *sur* la relation. Comparé à des entretiens avec d'autres professionnels du champ de la santé mentale (travailleurs sociaux, médecins), l'entretien avec un psychologue clinicien ne vise pas la recherche d'une solution immédiate. Le psychologue n'a pas de pouvoir de décision, par exemple sur un traitement médicamenteux ou la sortie de l'hôpital. Ce contexte permet à un sujet d'aborder un problème en toute liberté. Le psychologue apporte avant tout un éclairage sur l'état clinique du patient et la détresse qu'il exprime. La coopération est le fondement de cette relation. Ghiglione (1986) a montré que toute interaction procède d'un contrat tacite qui lie les protagonistes de l'interaction autour du respect de certains principes.

Le déroulement d'un entretien, sa forme, sa structuration dépendent des objectifs visés. Tout entretien clinique répond au double objectif de compréhension (d'un état clinique, d'une problématique, d'une demande, etc.) et d'élaboration avec le patient de la prise en charge (proposition de modalités de rencontres par exemple). En ce qui concerne l'entretien clinique de recherche, l'objectif est la production d'un discours en fonction de thèmes ou d'hypothèses prédéfinis.

B - DEUX PARADOXES

I - Faire dire sans contraindre

L'objectif principal de l'entretien est la production d'une parole, d'un discours. Cet objectif doit être réalisé en limitant au maximum l'orientation de cette parole. Or faire dire sans contraindre est une activité pour le moins délicate. Nous le verrons, cette production est soumise à des effets contextuels et communicationnels.

II - L'asymétrie

Le second paradoxe est l'idée d'asymétrie soulignée par plusieurs auteurs (Chiland, 1997 ; Blanchet, 1991) car elle place le patient dans une situation inhabituelle. Dans la vie courante, lorsque l'on échange avec autrui (dialogue, conversation), la position des locuteurs est identique. Or elle ne l'est pas dans l'entretien clinique : tout d'abord le patient effectue une démarche personnelle, le psychologue, lui, se situe dans une démarche professionnelle. De plus, le locuteur est invité à donner ses représentations du monde, tandis que l'interviewer ou le clinicien produit principalement des commentaires et relances sans donner ses propres représentations : « Le locuteur qui a contractuellement la possibilité de s'exprimer dans un dialogue sans être contredit ou jugé explicitement par l'auditeur pense nécessairement que l'interlocuteur écoute ce qu'il dit, l'interprète, l'évalue, le juge [...]. L'interviewé est confronté à une tâche difficile : il doit construire un discours pertinent alors que des savoirs qu'il pourrait partager avec l'interviewer sont étrangement maintenus manquants » (Blanchet, 1991, p. 15).

L'entretien clinique constitue une situation d'asymétrie où les interlocuteurs occupent des positions inégales : l'un parle, l'autre écoute ; le patient sollicite un professionnel dont il attend une réponse ou une solution. L'expression « supposé savoir » que l'on entend souvent renvoie aux représentations qu'un patient a du psychologue et que l'on pourrait formuler comme suit : « Je viens parce que je souffre, que je ne trouve pas de solution à cette souffrance et que je suppose que vous savez ce qu'il convient de penser de mon état et de faire en pareil cas. » Cette situation d'asymétrie induit des comportements et pensées particuliers : « La particularité de cette situation active un processus d'interprétation par l'interviewé des relances laconiques de l'interviewer et, conséquemment, induit des stratégies d'ajustement et de régulation du discours » (Blanchet, *ibid.*). Par exemple les sujets font des inférences sur les pensées de l'interlocuteur : « Il ne dit rien, donc ce que je dis n'est pas ce qu'il attend ou ce que je dis n'est pas bien. » Ils peuvent alors modifier le contenu de leur discours.

C - LES DIFFÉRENTS OBJECTIFS DE L'ENTRETIEN CLINIQUE

La relation d'aide que constitue l'entretien clinique se décline en fonction de divers objectifs ou activités et contextes de soin.

I - L'entretien diagnostique

Précisons tout d'abord que l'activité de diagnostic peut être considérée comme une sorte de réflexe professionnel visant à organiser le contenu clinique de l'entretien. Il s'agit d'attribuer au patient des caractéristiques ou au contraire à l'en dégager ; un clinicien fait des hypothèses quant à la problématique et interprète les signes cliniques d'un patient en fonction d'une nosographie. Il a une lecture clinique des troubles psychopathologiques ou de la souffrance selon un référent théorique principal (psychanalyse, systémie, théorie cognitive...). Le choix de ces catégories de référence dépend du choix théorique du clinicien[1]. Cela ne signifie toutefois pas que le psychologue opérationnalise son diagnostic. Cependant l'activité diagnostique peut constituer l'essentiel de l'entretien. Ce dernier consiste alors à explorer la problématique subjective du patient selon un guide d'inférence donné, le DSM-IV par exemple. Dans certains contextes (neuropsychologie), l'entretien diagnostique vise à évaluer la plainte du sujet

1. Voir à ce sujet l'ouvrage de S. Ionescu, *14 approches de la psychopathologie.*

puis les fonctions cognitives (mémoire, attention, langage) ou encore la présence d'une pathologie psychologique associée à la pathologie neurologique, par exemple la dépression. L'entretien exclusivement centré sur le diagnostic est le plus souvent réalisé au sein d'une institution et demandé par l'équipe ou le médecin traitant dans le but d'obtenir de la part du psychologue un éclairage psychopathologique ou des informations supplémentaires susceptibles d'aider à la prise en charge ou l'orientation thérapeutique du patient. Les entretiens diagnostiques utilisent divers supports (tests, échelles).

II - L'entretien de soutien

Il a pour objectif d'aider le patient dans l'expression et la compréhension d'une difficulté donnée. Il constitue un accompagnement psychologique et ne conduit pas automatiquement à une indication de prise en charge psychothérapeutique. Il peut s'agir par exemple de faire le point avec le patient sur une situation entraînant de la détresse, telle une hospitalisation ou la découverte d'une maladie somatique. Ce type d'entretien a souvent lieu dans le cadre d'un dispositif de soin impliquant une équipe médicale. Le psychologue vient, alors, solliciter le patient et lui proposer une ou des rencontres ponctuelles.

III - L'entretien thérapeutique

Il a pour objectif général la modification de la position psychique du patient quant à une situation ou des éléments qui entraînent détresse et souffrance. Cette modification peut prendre plusieurs formes : remaniement du mode de pensée et des comportements, levée des symptômes... Le déroulement et le dispositif des entretiens thérapeutiques dépendent des théories psychologiques auxquelles le psychologue adhère. Nous en donnons trois brefs exemples : dans l'entretien en thérapie comportementale et cognitive, l'accent est mis sur les symptômes et les schémas de pensée sous-tendant ces symptômes (Mirabel-Sarron et Vera, 1995). Les patients se voient prescrire un certain nombre de tâches à accomplir d'une séance à l'autre, par exemple tenir un compte rendu de la survenue du symptôme dont ils se plaignent, de son contexte d'apparition, des pensées et des émotions qui y sont alors associées. Dans les séances de thérapie familiale, le ou les thérapeutes s'intéressent à la place de chacun au sein d'un système car ils considèrent que les relations entre les membres de ce système entraînent un dysfonctionnement. Cette approche repose sur une théorie des rôles. La plupart du temps, les séances sont filmées, et d'autres co-thérapeutes peuvent suivre la séance derrière une glace sans tain. Ce dispositif est bien entendu soumis à l'accord du groupe familial. Dans les séances d'ethnopsychiatrie, un groupe de co-thérapeutes envisage des contenus culturels susceptibles d'expliquer le symptôme. Dans l'entretien psychanalytique, le thérapeute s'intéresse aux contenus inconscients en rapport avec l'enfance du patient. Le dispositif repose sur l'application de deux règles principales : l'association libre et l'interprétation, se situant dans la dimension fondamentale du transfert. L'analyste doit communiquer par un acte de parole (l'interprétation) l'hypothèse qu'il a construite à propos de l'intentionnalité inconsciente repérée dans les propos du patient (Widlöcher et Hardy-Baylé, 1990).

Le point commun de toutes ces approches réside dans ce que l'on pourrait appeler la mise en sens des symptômes. Toutes les théories psychopathologiques partagent l'idée qu'un symptôme signifie quelque chose mais qu'il est vécu par les patients comme un élément venant perturber leur fonctionnement et provoquant souffrance et surtout incompréhension. Le travail thérapeutique consiste donc à replacer le symptôme au sein d'une dynamique signifiante, que celle-ci soit de l'ordre de l'histoire personnelle ou collective. Il serait erroné de penser les différents types de thérapie en opposition radicale les uns aux autres. D'une part, les différentes approches se nourrissent et s'enrichissent mutuellement, d'autre part, l'état clinique, la demande du patient appellent souvent des prises en charge thérapeutiques différentes. En effet, un seul type de thérapie ne peut prétendre soigner l'ensemble des troubles psychopathologiques. Certains dispositifs de soins s'avèrent plus indiqués pour certains types de troubles, par exemple les thérapies cognitives et comportementales ont prouvé leur efficacité pour des troubles comme les phobies, mais paraissent moins indiquées pour des troubles de la personnalité plus diffus. L'offre de soin psychologique doit donc être adaptée au type de pathologie. Quel que soit le type de prise en charge utilisé, le processus thérapeutique s'appuie sur des dimensions similaires telles que l'empathie, l'alliance thérapeutique, la recherche d'un sens (Lecomte *et al.*, 1990).

IV - L'entretien clinique de recherche

Il a pour objectif la production d'un discours continu et structuré sur un thème défini dans le cadre d'une recherche. Il conduit le chercheur à poser des hypothèses qu'il va tester auprès de la population qui l'intéresse. Cette démarche implique que le chercheur sollicite un certain nombre de sujets. L'entretien de recherche poursuit un objectif paradoxal : il s'agit d'accéder à des connaissances générales à partir de la collection d'entretiens particuliers. L'analyse des données procède alors d'une démarche comparative. Les entretiens de recherche visent à vérifier des hypothèses, à valider un champ de recherche, à approfondir des thèmes ou à explorer un domaine peu étudié jusque-là. Cela implique que l'orientation de l'entretien soit à l'initiative du chercheur. Celui-ci a construit *a priori* un certain nombre de catégories et regarde comment chaque sujet interviewé se positionne par rapport à ces catégories, quelles représentations il donne à voir. Un certain nombre de contraintes sont dans ce cas imposées au chercheur : tout d'abord la définition d'une population (critères d'inclusion et d'exclusion) ; ensuite l'élaboration d'un guide d'entretien impliquant la prise en compte de tous les thèmes jugés importants et enfin la conception des interventions de l'entretien de recherche. La consigne et les relances doivent en effet être dites de la même manière à tous les sujets. Par exemple le chercheur appliquera à tous les sujets la relance « pouvez-vous m'en dire plus ? » sans en changer la formulation.

V - Le guide d'entretien

Le guide d'entretien est en quelque sorte un système de filtrage qui prédétermine les thèmes abordés dans l'entretien. Le clinicien envisage donc *a priori* les données qu'il souhaite recueillir. Pour ce faire, il élabore des catégories et définit des indices. Une catégorie peut être définie comme une unité de sens qui préside au regroupement de plusieurs observables. La méthodologie consiste à décrire de manière exhaustive tous les observables pris en compte et à expliciter les critères de catégorisation et de recensement de ces indices. Deux catégories voisines doivent être différentes. Un observable doit pouvoir n'être classé que dans une seule catégorie. Les observables d'une catégorie doivent être homogènes. Les catégories doivent être exhaustives (recouvrir chaque dimension du problème traité). Le nombre de catégories à prendre en compte dépend du problème abordé et des hypothèses posées. Dans un premier temps, il peut être nécessaire de multiplier les catégories dans un souci de discrimination fine et d'exhaustivité, quitte ensuite à fusionner plusieurs catégories pour le travail définitif. C'est pourquoi il est souvent nécessaire de réaliser quelques entretiens exploratoires avant d'élaborer le guide d'entretien définitif.

Le chercheur doit, pour rester pertinent par rapport aux hypothèses posées, respecter le cadre prédéfini des thèmes et donc guider l'entretien, tout en restant suffisamment ouvert pour permettre à l'interviewé de s'exprimer librement et en confiance. Autrement dit, le chercheur espère obtenir des réponses allant dans le sens de ses hypothèses tout en s'imposant une attitude de neutralité bienveillante.

D - LA DÉONTOLOGIE

Nous souhaitons attirer l'attention des psychologues en formation sur le contexte actuel de renforcement de la protection et des droits de la personne. Nous évoquerons brièvement la loi du 4 mars 2002 sur les droits des malades, qui rend obligatoire l'information du patient quant à sa maladie et la prise en charge qu'elle implique : « Les mineurs ou majeurs sous tutelle ont le droit de recevoir eux-mêmes une information et de participer à la prise de décision les concernant, d'une manière adaptée soit à leur degré de maturité s'agissant des mineurs, soit à leurs facultés de discernement s'agissant des majeurs sous tutelle » (art. L. 1111-2). Le patient a le droit de consulter son dossier médical. Bien que cette loi concerne en priorité les médecins, les psychologues y sont de fait associés dans le cadre d'une équipe soignante et ils doivent au minimum prendre acte de cette réorganisation du rapport médecin malade. Le clinicien se réfère au code de déontologie qui régit la profession de psychologue et qui constitue des recommandations sur la pratique du métier. Le Code de déontologie définit l'observance de grands principes et fixe les limites des interventions des psychologues[1]. Nous renvoyons le lecteur à ce Code, et nous évoquerons pour notre part quelques situations sur lesquelles les cliniciens doivent s'interroger :

I - Secret professionnel et travail en équipe

Lorsque le psychologue clinicien travaille en équipe, il ne saurait se positionner dans une attitude de retrait absolu. En tant que membre de l'équipe, il intervient dans la prise en charge globale de ce patient. Il ne saurait donc, au prétexte du secret professionnel, garder par-devers soi des informations qui pourraient éclairer son état ou ses comportements. Il doit définir avec l'ensemble de l'équipe les informations qu'il peut partager. Ce partage se fait toujours dans l'intérêt du patient. Bien souvent, l'éclairage du psychologue permet de dénouer une situation. Il peut par exemple expliquer que les comportements agressifs d'un patient font suite à un événement de vie particulier et ne renvoient pas à une opposition au soin ou une évolution défavorable de la pathologie.

II - La levée du secret professionnel

Nous n'insisterons pas tant sur le respect du secret professionnel que sur les situations dans lesquelles il doit être levé en totalité ou en partie. Nous évoquerons ainsi la révélation en entretien avec un psychologue d'actes répréhensibles par la loi. La décision du psychologue d'en référer doit prendre en compte le risque encouru par les personnes mises en cause par cette révélation.

Exemple 1 : un patient hospitalisé explique au clinicien qu'il a eu des rapports sexuels un peu « forcés » avec une patiente dans le parc de l'hôpital.

Exemple 2 : un adolescent de 17 ans confié à l'Aide sociale à l'enfance (ASE) avoue au psychologue qui le suit des penchants irrépressibles envers sa demi-sœur âgée de 9 ans et rapporte des épisodes de caresses des parties génitales de la petite fille.

La notion de secret partagé doit être connue du psychologue : en effet l'ensemble de l'équipe est soumis au secret professionnel, il n'y a donc pas de violation de cette loi si une information circule entre les membres de cette équipe. Le psychologue doit lever le secret auprès de son supérieur hiérarchique (chef de service, responsable d'équipe). S'il n'a pas de supérieur hiérarchique (travail en libéral), il peut prendre contact avec un travailleur social habilité à recueillir un signalement (assistante sociale).

1. Le code de déontologie est téléchargeable à l'adresse internet suivante : http://www.ecpa.fr/uploaded/code_deon.pdf

Le seul danger de ces situations serait que le psychologue reste solitaire avec le poids d'un secret dont il ne saurait que faire. La loi fait obligation à tout un chacun de signaler toute situation dont il aurait connaissance et qui mettrait en péril une personne. Cette obligation n'est pas incompatible avec le respect de la personne, et le psychologue doit signaler au patient qui lui a fait cette révélation que compte tenu de la gravité des faits, il se voit dans l'obligation d'en référer à son supérieur ou au médecin traitant, etc. Un psychologue ne respectant pas cette procédure tomberait sous le coup de la loi et serait passible de poursuite pour non-dénonciation de faits. Cependant, le psychologue doit également se garder de se précipiter dans un processus de dénonciation de situations, d'où l'importance de ne pas fonctionner seul.

III - Déontologie et recherche

La personne sollicitée pour l'entretien est associée à la démarche de recherche tout d'abord par l'obtention de son accord qui doit donner lieu à la signature d'un formulaire de consentement éclairé. Ce formulaire détaille l'objet ou le thème de la recherche, précise au patient la nature de l'entretien, sa limitation dans le temps et le dispositif utilisé. Il garantit le respect de l'anonymat et l'utilisation des données dans le seul cadre de la recherche. Il est obligatoire d'informer le patient du but et des modes de réalisation de la recherche. Certains protocoles s'inscrivent dans un projet de service ou d'équipe soumis au Comité consultatif de protection des personnes dans la recherche biomédicale (CCPPRB)[1] qui a donné son accord pour la réalisation de la recherche.

Deuxième partie : les techniques de l'entretien

Nous allons à présent nous attacher aux techniques proprement dites de l'entretien. Dans un souci de clarté de présentation, nous avons regroupé les dimensions de l'entretien en fonction de trois grands champs : celui des attitudes du clinicien, celui des relations interpersonnelles et celui des actions langagières (les relances). Il va de soi que ces dimensions sont étroitement imbriquées dans toute situation d'entretien. Par le terme d'attitude, nous entendons un certain nombre de comportements manifestant la compétence professionnelle du clinicien et souvent décrits comme des évidences : l'écoute, la non-directivité, l'empathie, les attitudes de réassurance et les différentes manières de conduire un entretien. Ce que nous nommons l'établissement de relations interpersonnelles recouvre des modalités d'interaction : la gestion de la distance, la prise

1. Ces comités existent dans les structures hospitalières et ont pour mission de s'assurer que la recherche présentée répond aux principes éthiques notamment en matière de protection de la personne (information des sujets participant à la recherche et obtention de leur consentement libre et éclairé).

en compte de la demande, l'établissement du cadre et l'explicitation des objectifs de l'entretien. Dans la partie intitulée « actions langagières », nous passerons en revue diverses techniques de relance, et nous réfléchirons sur leur impact.

A - LES ATTITUDES DU CLINICIEN

Le patient présente au fil de l'entretien une multitude de données : biographie, idées, faits, impressions, croyances, émotions, comportements. Ces éléments surviennent dans l'entretien non directif de façon apparemment aléatoire, parfois fragmentée et incohérente, imagée et chargée d'émotion. Ils donnent lieu chez le clinicien à une activité d'organisation et d'élaboration du sens. Pour pouvoir remplir cette fonction, le clinicien utilise des techniques qui se donnent à voir par des attitudes au sein de l'entretien :

I - L'écoute

Cette attitude peut se définir comme la capacité du psychologue clinicien à accueillir une parole de telle sorte que le patient se sente compris et encouragé dans l'expression de cette parole. Cela suppose néanmoins que le clinicien ait réfléchi en amont de son travail sur ce qu'il est capable d'entendre sans se laisser déborder par des sentiments susceptibles d'altérer la qualité de son écoute (pitié, dégoût, horreur). En effet, un certain nombre de contextes professionnels peut mettre le psychologue aux prises avec la narration d'événements terribles (victimologie, pédophilie, maltraitances...).

D'une part, le clinicien doit recueillir et organiser les éléments donnés par le patient afin de se faire une représentation cohérente de sa situation et élaborer une réponse ; de l'autre, il doit communiquer au patient qu'il le comprend et suit ce qu'il dit, c'est-à-dire qu'il doit donner des indices manifestes de son écoute. Un certain nombre de techniques d'acquiescement permet de rassurer le patient et de lui garantir la continuité de l'interaction : « oui », « mm » (dont nous pourrions dire en manière de boutade qu'il s'agit de l'onomatopée la plus utilisée par les cliniciens car la plus neutre), « je vois », ou encore l'utilisation d'indices non verbaux comme un hochement de tête.

II - L'empathie

L'empathie se définit comme une disposition psychique à se représenter la représentation d'autrui (Rogers, 1963 ; Decety, 2004). Il s'agit d'un processus intellectuel et non affectif, c'est en quoi l'empathie se distingue de l'identification. Dans le cas de l'identification, l'on ressent directement les sentiments d'autrui, tandis que dans l'empathie, l'on se représente les sentiments d'autrui sans les éprouver. Il s'agit d'une situation de « comme si », permettant une distanciation d'avec les contenus énoncés. Cette dimension est importante dans la compréhension de la problématique du patient.

III - Savoir rassurer

Nous l'avons vu, l'asymétrie inhérente à la situation d'entretien clinique peut rendre un patient anxieux, l'attitude d'écoute et de non-directivité induire un doute sur le bien-fondé de ce qui est dit. Le clinicien peut donc utiliser régulièrement des expressions verbales ou non verbales visant à rassurer le sujet.

IV - Trois modalités de conduite de l'entretien

Le clinicien a à sa disposition trois manières d'obtenir de l'information, c'est-à-dire trois manières de structurer l'entretien et d'utiliser les relances. Il choisit ces modes de déroulement en fonction des objectifs visés.

L'entretien directif

Il consiste à utiliser des questions directes qui orientent le contenu de l'entretien. Il s'agit d'obtenir des informations précises. Les réponses du patient sont dans ce cas assez brèves. Ainsi, l'entretien diagnostique prend souvent la forme d'un entretien directif qui doit investiguer la présence ou l'absence de symptômes, leur intensité, la durée de leur existence. Par exemple le type de questions suivantes tend à évaluer des symptômes associés à un état dépressif : « Est-ce que vous vous sentez triste ? » Les questions peuvent être ouvertes : « et au niveau du sommeil, comment ça se passe ? », ou fermées, c'est-à-dire appelant une réponse en oui ou non : « Est-ce que vous dormez bien ? »

L'entretien directif peut utiliser des outils comme les questionnaires, les échelles ou les tests. Dans ce cas, les réponses sont induites, « formatées », leur ordre et leur contenu sont rédigés par avance, et l'on obtient ainsi des scores que l'on rapporte ensuite à un certain nombre de normes et de moyennes. Ces outils peuvent servir à évaluer un état clinique (par exemple les échelles de dépression ou d'anxiété) ou dans le cadre d'une recherche à obtenir des réponses comparables entre elles.

Les entretiens semi-directifs

L'objectif de ce type d'entretien est de recueillir du discours spontané ou semi-spontané mais orienté par les questions du psychologue. Il procède d'un guide d'entretien, c'est-à-dire que le psychologue a élaboré en amont les thématiques et /ou les questions qu'il souhaite poser. Il ne pose pas ces questions dans un ordre préconçu mais saisit une opportunité en fonction des propos du patient. Dans les entretiens de recherche, nous l'avons vu, il faut être vigilant à rédiger les questions par avance de façon à les formuler toujours de la même façon. Cela permet d'obtenir des corpus de discours homogènes du point de vue de leur construction.

Les entretiens non directifs

Ils ont pour objectif le recueil d'un discours libre, et le clinicien se garde d'orienter les réponses. Les questions sont rares, le plus souvent une consigne de départ est posée à partir de laquelle le sujet va s'exprimer : « J'aimerais que vous me parliez de votre maladie. » Dans ce type d'entretien les relances sont ouvertes et n'introduisent aucun thème : « Vous voyez autre chose à dire ? » Nous nous arrêterons un instant sur la notion de non-directivité qui a largement inspiré le développement des entretiens cliniques. Cette notion nous vient de Rogers (1942) qui utilise l'expression d'« entretien centré sur le client » en situation thérapeutique. Pour Rogers, chaque personne est pourvue d'un potentiel d'« actualisation », c'est-à-dire une force naturelle tendant à son épanouissement ; elle possède ainsi la capacité à comprendre et résoudre ses problèmes, le thérapeute se met simplement au service de cette ressource. Son travail consiste à permettre, par des attitudes d'écoute et d'empathie, la prise de conscience de cette capacité à trouver des solutions. Il a pour objectif principal d'activer le potentiel d'actualisation de chaque individu. C'est pourquoi Rogers préfère employer le terme de « client » plutôt que celui de patient. La non-directivité consiste pour le clinicien à centrer ses interventions non sur le contenu intellectuel du discours mais sur les émotions ou affects exprimés par le client, sur ce qu'il pense de ce qu'il dit. Les questions informatives sont rares. Cela implique de ne porter aucun jugement, de rester dans la neutralité et de porter un « regard positif inconditionnel » sur les propos. L'idée de « neutralité bienveillante » que l'on entend souvent comme une attitude préconisée renvoie à cette attitude de non-jugement qui permet au patient de penser que le clinicien peut accueillir tout ce qu'il dit. Pour Rogers, toute attitude directive du thérapeute revient à prendre personnellement en charge le problème du client. Cette attitude rend le client soit opposant, soit dépendant et ne lui permet pas d'effectuer un travail thérapeutique opérant. Rogers propose deux indicateurs de distinction : si l'on peut reconstruire le sens général de l'entretien à la seule lecture des relances du clinicien, il est directif ; s'il est compréhensible à la seule lecture du discours du client, il est non directif.

L'utilisation de l'une ou l'autre de ces modalités d'entretiens doit répondre aux buts poursuivis : l'entretien directif convient aux buts de contrôle et vérification. Il répond à des objectifs de pertinence de l'information recueillie. Il permet de veiller au respect de l'outil d'investigation. Dans le cas d'une recherche, il légitime la comparaison des réponses obtenues.

L'entretien semi-directif est appliqué pour l'approfondissement, l'entretien non directif convient davantage pour l'exploration d'un thème car il permet le surgissement d'éléments nouveaux ou inattendus.

B - ÉTABLIR LA RELATION INTERPERSONNELLE DANS LE CADRE DE L'ENTRETIEN CLINIQUE

L'angoisse liée à la symptomatologie du patient d'une part et à la situation d'entretien d'autre part induisent des mécanismes risquant d'altérer la relation patient/clinicien, il faut donc les repérer. Nous évoquerons :

— la projection : le patient peut attribuer au clinicien des qualités, sentiments ou désirs qu'il refuse de reconnaître en lui.

— l'idéalisation. Le psychologue n'exerce pas d'autorité, ne donne pas ses propres opinions, ne critique pas, n'interrompt pas et n'impose pas ses normes et ses valeurs. De ce fait, le patient se sent écouté et compris. Il peut projeter sur l'entretien clinique une sorte d'attente magique et penser que le psychologue est tout puissant. Le psychologue peut alors devenir pour le locuteur un objet idéal sur lequel il projette ses craintes et ses attentes.

— la réticence. Le patient peut craindre que ses propos ne se retournent contre lui ; cette attitude est particulièrement présente dans le cas des injonctions de soin ou dans certaines situations institutionnelles (hospitalisation d'office). La réticence se manifeste par la restriction du discours, les démentis, les oublis, les corrections...

I - La gestion de la distance

Il est important de bien comprendre que l'entretien est une situation professionnelle et ne donne en aucun cas lieu à une relation personnelle ou familière. Il arrive que certains patients posent des questions sur la vie personnelle du clinicien ou fassent des commentaires : « Vous êtes jeune, vous me rappelez ma fille » ou demandent des prolongements à l'entretien (« je me sens bien avec vous, est-ce qu'on pourrait se revoir ? ») ou tentent de s'engager dans un autre type de relation (« est-ce qu'on pourrait aller boire un café ? », « est-ce que je pourrais avoir votre numéro de téléphone ? »). Les stagiaires psychologues sont particulièrement exposés à ce genre de situation. L'embarras du stagiaire peut alors donner lieu à trois attitudes : refuser, faire semblant de n'avoir pas entendu ou céder. Un refus brutal peut gêner la continuation de l'entretien ; feindre de n'avoir pas entendu peut générer une ambiguïté ; enfin, céder à ce type de demande peut pervertir la relation. La règle dans ce cas est d'éviter de particulariser une relation, par exemple en rappelant le but de l'entretien ou le rôle du psychologue. Il s'agit de faire comprendre au patient que l'on se comporte de la même manière avec tous les patients que l'on voit et que l'on ne se situe donc pas dans une relation exclusive et personnelle.

II - La demande

Ce terme renvoie aux motivations pour lesquelles la personne se trouve dans la situation d'entretien. Le clinicien doit se faire une représentation claire et cohérente de ces motivations. En clinique cette dimension est extrêmement importante car elle va déterminer la prise en charge, l'offre de soin et la relation avec le psychologue. Nous pouvons décrire schématiquement quatre situations :

1 / La demande n'émane pas du sujet, elle lui est extérieure, voire imposée, par exemple dans le cas des injonctions de soin (décision de justice) ou encore dans le cas d'adolescents suicidaires, or, nous l'avons dit, la dimension de coopération est essentielle au travail clinique. Dans ces cas, le rappel du cadre et de la déontologie de la profession peuvent constituer le préalable à la continuation de l'entretien.

2 / La demande ne concerne pas le sujet qui vient consulter. Il s'agit en quelque sorte d'une demande d'entretien par procuration, par exemple une femme demande une consultation pour son mari qui boit. Il serait préjudiciable dans ce cas de répondre à cette demande car le clinicien doit recentrer la demande sur la personne qui vient consulter, par exemple en tentant de comprendre ce qui est douloureux pour elle dans la situation qu'elle évoque.

Dans ces deux premiers cas, le clinicien a pour objectif de permettre au sujet de se réapproprier la demande.

3 / Parfois la demande est confuse, trop générale, « Je voudrais aller mieux. ». Le clinicien doit dans ce cas travailler sur l'élaboration d'éléments plus précis, par exemple quels sont les domaines de dysfonctionnement : « qu'est-ce qui va mal du point de vue du sujet », quels sont les éléments gênant le sujet dans son fonctionnement quotidien.

4 / Dans les entretiens de recherche, la demande n'émane pas du sujet mais du chercheur qui doit expliquer les motivations de sa demande. Le sujet doit comprendre pour quelles raisons il est sollicité.

Dans ces deux derniers cas, le clinicien se centre sur l'élaboration et la formulation de la demande.

III - Le cadre

Cette dimension est essentielle lors de la première prise de contact pour poser la distinction entre l'entretien clinique et toute autre forme de rencontre (interview, etc.) et initier le contrat de communication. Le cadre fixe et garantit le déroulement de l'entretien, situe la participation de chacun, rappelle le contexte (par exemple institutionnel ou libéral), et explique le dispositif (par exemple explique la présence des co-thérapeutes dans les entretiens ethnopsychiatriques ou en thérapie familiale ainsi que le dispositif de la glace sans tain, du film réalisé, etc.). Dans certains cas, le cadre est prédéfini, comme pour les injonctions de soin résultant d'une décision de justice. Dans d'autres cas, il peut être nécessaire de l'élaborer avec le patient comme dans le cas des entretiens thérapeutiques ou de soutien. Aujourd'hui, les contextes d'intervention des cliniciens se modifient ou plutôt s'élargissent et amènent à s'interroger sur la conduite de l'entretien. C'est le cas par exemple pour des interventions dans des situations traumatiques, le travail au sein des cellules d'urgence psychologique (CUP). Ne pas poser le cadre peut conduire à des dérapages ou malentendus et l'entretien risque de rester superficiel. À l'inverse les psychologues, particulièrement les jeunes praticiens peuvent, par crainte de ne pas respecter le cadre, adopter des attitudes parfois trop rigides, par exemple ils sont embarrassés à l'idée de ne pas réaliser l'entretien dans leur bureau. Cependant, il existe des situations dans lesquelles cette apparente transgression constitue en fait la seule possibilité de réalisation de l'entretien, comme dans le cas des personnes âgées ou malades que l'on rencontre dans leur chambre. Ce qui importe est de poser les jalons de la relation, plutôt que de respecter à la lettre un cadre ou un dispositif. Établir un cadre ne consiste pas à fixer des règles à respecter comme ayant force de loi, mais doit permettre à chacun de définir sa place et les relations possibles.

Poser le cadre consiste tout d'abord à se présenter et à cette occasion donner des indications sur le statut du psychologue (par exemple qu'il n'est pas médecin) et à rappeler le contexte. Nous donnons ici quelques exemples : « Bonjour, je suis Mme X, psychologue, je fais partie de l'équipe du service Y » ; « Vous avez demandé à rencontrer une psychologue » ; « Je souhaitais me présenter à vous afin que nous fassions un peu connaissance » ; « L'équipe a souhaité que je vous rencontre parce qu'elle vous trouve un peu triste / inquiet » ; « Vous êtes ici par décision de justice qui a déterminé que les actes pour lesquels vous avez été appréhendé nécessitent un accompagnement thérapeutique ». À cette occasion, il peut s'avérer utile de rappeler la déontologie de la profession, la confidentialité et l'anonymat.

Il faut ensuite fixer les modalités de la rencontre, sa durée, son lieu. En institution, il convient de préciser si le psychologue rencontre systématiquement les patients ou s'il se tient à leur disposition. Bien entendu, dans le cas des entretiens thérapeutiques, il ne saurait être question de déterminer *a priori* le nombre de séances, mais le clinicien peut tout de même indiquer qu'il y aura plusieurs rencontres.

L'entretien de recherche consiste en une rencontre unique, l'on sera donc particulièrement attentif à situer les rôles respectifs de l'enquêteur et l'enquêté. Après s'être identifié en donnant son nom, l'interviewer doit donner les motifs de son acte et les motifs du choix de la personne interviewée : pourquoi cette recherche, dans quel but et pourquoi cette personne : « je vous ai sollicité pour que nous ayons ensemble un entretien sur tel ou tel sujet ». Il doit inscrire l'entretien dans le cadre plus général de sa réalisation, c'est-à-dire préciser s'il s'agit d'une recherche personnelle (mémoire, thèse) ou à l'instigation de telle ou telle institution. Le chercheur doit obtenir le consentement des sujets pour le mode de recueil des données, par exemple dans le cas d'un enregistrement et la durée de l'entretien. Il convient de rappeler les règles déontologiques de la profession telles l'anonymat du discours et l'utilisation des données recueillies dans le strict cadre de la recherche décrite. De même, le chercheur doit organiser pour les sujets un accès aux conclusions de l'enquête dont ils ont fait partie.

Ne pas expliquer les modalités de la rencontre peut susciter chez le patient l'incompréhension ou un sentiment plus anxieux. Par exemple le patient se demande pourquoi il a vu le clinicien plusieurs fois et ensuite plus du tout. Il peut ressentir cette situation comme l'indice qu'il n'est pas intéressant ou pire encore comme la marque d'un rejet. Le stagiaire psychologue doit être particulièrement attentif à ce risque ; il doit expliquer au patient qu'il est là pour un temps donné, que dans le cadre de ses études il est intégré à l'équipe, qu'il rencontrera la personne tant de fois ou sur une période donnée autour de tel objectif.

IV - Définir des objectifs, poser une consigne

La relation entre un clinicien et le patient repose sur des principes, dont certains sont implicites, par exemple l'implicite de coopération de chacun des protagonistes, et d'autres explicites sous la forme d'une consigne qui indique ce que le clinicien attend du patient. La consigne invite à une narration (« j'aimerais que vous me racontiez ce qui vous a amené ici ») ou au contraire invite à ne pas structurer ses propos comme la consigne de la cure psychanalytique (« j'aimerais que vous me disiez le plus librement possible tout ce qui vous vient à l'esprit »). Formuler la consigne permet de s'assurer que le patient a compris et accepté la rencontre et ses objectifs, et qu'il est d'accord pour réaliser un travail en commun avec le psychologue.

Dans l'entretien clinique de recherche, le psychologue définit ses attentes vis-à-vis de l'enquêté tout en le rassurant. Ainsi, dans le cadre de l'utilisation d'un entretien semi-directif ou non directif, il importe de préciser ce que l'on souhaite recueillir, comme l'indique la formule consacrée : « Il n'y a pas de bonne ou mauvaise réponse, vous pouvez me dire ce qui vous passe par la tête, je désire connaître votre avis (terme fort) ou votre opinion (terme plus modéré). »

Les interviewés ou patients se montrent en effet intrigués ou inquiets par le contexte particulier de l'entretien de recherche et posent souvent des questions du type : « Posez-moi des questions et je vous répondrai », « Qu'est-ce que vous voulez savoir ? » ou encore « Pourquoi vous faites cette recherche, qu'est-ce que vous voulez prouver ? ». Il est important de prendre le temps de réagir à ces énoncés afin d'établir un climat de confiance et de ne pas laisser s'installer des malentendus susceptibles d'entraîner la réticence des sujets.

Exemple d'introduction :

« Il s'agit d'une recherche menée dans le cadre de tel organisme portant sur tel sujet. Je vous sollicite pour un entretien enregistré d'une durée de tant à tel endroit. Je ne vous poserai pas de questions précises. Je veux juste connaître votre expérience et votre point de vue concernant tel domaine. »

V - Clore un entretien clinique

Pendant l'entretien des choses très personnelles ont été dites, des émotions réactivées, et le patient peut s'attendre à ce que le clinicien lui dise quelque chose. Il est important de se laisser un peu de temps à la fin de l'entretien pour proposer quelques éléments d'explication, rassurer le patient sur le déroulement de l'entretien et parler de choses plus légères, des centres d'intérêt du patient, etc.

À ce point de notre exposé, nous proposons de récapituler dans le tableau suivant quelques dimensions abordées jusqu'ici.

TABLEAU 1. — *Caractéristiques des différents types d'entretien*

Objectif de l'entretien	*Type d'entretien*	*Provenance de la demande*	*Rôle du clinicien*	*Outils*
Diagnostic	Semi-directif ou directif	Institution, équipe soignante	Éclairer, évaluer	DSM IV ICD
Soutien	Semi-directif ou non directif	Proposé par le clinicien au sein d'une équipe ou par le patient	Accompagner le patient dans l'expression et la compréhension d'une difficulté donnée	
Thérapie	Non directif ou semi-directif	Patient	Donner un sens au symptôme	
Recherche	Directif Semi-directif Non directif	Chercheur	Faire dire sans contraindre tout en restant dans le champ prédéfini par les hypothèses	Guide d'entretien Échelles Tests

C - LES RELANCES DANS L'ENTRETIEN CLINIQUE

Nous allons à présent passer en revue les différents modes de réalisation langagière du travail du psychologue clinicien. Nous nous situons dans le cadre théorique de la pragmatique, qui se centre sur l'analyse linguistique et psychosociale des situations de communication (Austin, 1970 ; Ghiglione, 1986 ; Blanchet, 1991). Nous illustrerons régulièrement notre propos par des extraits d'entretiens cliniques.

I - Fonction des relances

Les relances ont pour but le développement du discours du patient en fonction de certaines dimensions (affective, informative, évaluative...). Le terme de relance décrit l'activité discursive du clinicien d'un point de vue général. Toutes les relances ne prennent pas forcément la forme d'une question, mais portent toujours une fonction interrogative, directe ou indirecte. Si je dis à un patient : « Vous semblez triste lorsque vous évoquez vos vacances », ma relance se présente sous la forme linguistique d'une assertion mais elle comporte une fonction interrogative qui pourrait se formuler comme suit : « Pouvez-vous m'expliquer ou détailler ou développer votre état émotionnel pendant ces vacances ? » L'implicite de la relance est « Que s'est-il passé pendant ces vacances » et l'acte posé par la relance consiste à dire « racontez-moi ce qui s'est passé ». Les patients effectuent une sorte de calcul des implicites sous-tendant les relances du clinicien et répondent à la relance en fonction de ce calcul. Pour continuer l'exemple précédent, le patient peut répondre à la relance par la narration d'un événement particulier « oui, parce que c'est pendant ces vacances que nous avons pris la décision de divorcer ». La fonction interrogative des relances peut revêtir plusieurs formes et être plus ou moins marquée. Pour expliquer notre propos, nous ferons appel à la notion de force illocutoire, développée par la pragmatique linguistique. La force illocutoire d'un énoncé correspond en quelque sorte à sa force de frappe. Cet élément est indépendant du contenu de l'énoncé. Si par exemple, je souhaite la présence d'une personne lors d'un événement social (soirée ou réunion), je peux formuler ce souhait de différentes manières : « Peux-tu venir ? », « je te demande de venir », « j'exige que tu viennes », « je te supplie de venir », etc. Le contenu de ma demande est le même, mais la moyen de réaliser cette demande est plus ou moins contraignant pour mon interlocuteur. Ce type d'approche largement développé avec les travaux de la pragmatique linguistique permet de porter intérêt à la forme linguistique des relances et de mieux comprendre les actes implicites qu'elles posent ainsi que leur impact. Jakobi, Blanchet et Grossir-Le Nouvel (1990) ont montré que l'interviewé tend à interpréter l'interrogation soit comme une mise en relief de la non-exhaustivité (voire incomplétude) de son discours, soit comme l'expression d'une opposition ou d'un désaccord de l'interviewer, d'autant plus quand la relance est formulée avec une puissance d'interrogation forte. Ils proposent une catégorisation de la puissance des interrogations (de la plus forte à la moins forte) :

— l'interrogation lexicale dans laquelle la fonction interrogative est donnée par un élément lexical : « *Est-ce que* Jean viendra ? »

— l'interrogation syntaxique est réalisée par des moyens syntaxiques tel l'inversion du verbe : « Jean viendra-t-il ? »

— l'interrogation intonative est réalisée par un élément prosodique : « Jean viendra ? »

— l'interrogation assertive (ou contextuelle) : « Jean viendra. »

II - Les relances comme témoins de l'activité inférentielle du clinicien

Les relances constituent le seul discours du clinicien disponible pour le patient, c'est pourquoi elles donnent lieu à une interprétation de la part de ce dernier (« Si le clinicien m'interroge sur telle ou telle chose, c'est donc que c'est important » ou « c'est donc que cela joue un rôle dans mon état actuel »). Nous avons évoqué cet aspect au début de ce chapitre avec l'idée d'asymétrie. Par ses relances, le clinicien donne à voir d'une part sa compréhension des énoncés du patient et d'autre part ses inférences, c'est-à-dire « l'ensemble des opérations cognitives qui permettent à un thérapeute de tirer une conséquence par induction à partir du matériel présenté par son patient » (Bouchard et coll., 1987). Les relances mettent ainsi en évidence une grille de lecture du discours du patient (Turk et Salovey, 1988). Par ses questions, le clinicien procède à une sélection des informations jugées pertinentes.

III - Les relances : co-construction de l'espace discursif

Les questions posées et les réponses obtenues construisent l'« espace discursif » de l'entretien (Salazar-Orvig 1987). Il est important de comprendre que le clinicien a une part importante dans la construction de cet espace qui procède d'un effet d'interaction. Or, cet effet capital de l'interaction est souvent négligé au profit de l'interprétation des seuls propos du patient. Aujourd'hui, tout un pan des recherches sur les entretiens cliniques et thérapeutiques s'intéresse aux conditions de production de ces discours. Les interactions thérapeutiques peuvent être décrites comme un ensemble de techniques, stratégies et compétences efficientes sur le discours du patient autour de sa pathologie (Hook, 2001). La co-construction concerne la définition de la problématique du patient et certains éléments de la relation thérapeutique (Buttny *et al.*, 1996).

Eggly (2002) montre que les narrations à propos de la maladie du patient se co-construisent selon trois dimensions : de manière chronologique tout d'abord, le clinicien introduit par ses questions une relation chronologique entre des événements ou des expériences rapportés dans un ordre aléatoire par le patient. De même, la co-construction des événements clés se produit par des retours discursifs sur l'événement, par des reprises de moments antérieurs de l'entretien et par des questions encourageant aux répétitions de l'événement. Enfin, l'interprétation de l'événement se co-construit par une négociation du sens attribué à cet événement par les deux protagonistes de l'entretien. Le clinicien peut utiliser alors certaines stratégies discursives qui consistent à montrer de l'intérêt pour telle explication donnée par le patient ou au contraire à l'ignorer en ne la reprenant pas et en changeant de thème par exemple.

IV - Registre des relances

Quels sont les objets des relances ? Blanchet (1991) élabore un modèle pragmatique de catégorisation des relances d'un entretien selon que ces relances portent sur des faits ou sur les attitudes des patients. En effet, l'auteur montre que tout discours fait appel à deux registres de représentation étroitement mêlés : la modalité et la référence. Le registre de la relance est déterminant dans le type de réponse apporté par l'interviewé.

Le registre référentiel a pour fonction de « dire comment sont les choses » ; il représente les objets et faits qui font la matière du propos discursif (contenu propositionnel). Les relances référentielles portent sur les objets du monde, soit pour mieux les identifier (« Mais quand vous dites : "cette personne" alors, ce serait qui ? »), soit encore pour obtenir des informations, par exemple d'ordre temporel : (« depuis quand vous avez cette impression que vous êtes suivi ? »), soit enfin pour interroger les actions des sujets (« une fois que vous avez eu cette conviction, qu'est-ce que vous avez fait ? »).

Le registre modal a pour fonction de « traduire l'état du locuteur » ; il représente un certain état psychologique du locuteur (attitude propositionnelle). Les relances modales portent sur les sentiments (« Ça vous arrive d'être très très angoissé par tout ça ? ») et les croyances des sujets (« Vous pensez que c'est possible cette hypothèse là ? »).

À l'intérieur de ces registres, trois types d'actes sont possibles (réitération, assertion, interrogation), c'est-à-dire que le clinicien peut soit *reprendre* les propos ou énoncés du patient, soit *proposer* ses propres énoncés soit *questionner* les faits ou sentiments. Nous reprenons dans le tableau ci-dessous le modèle proposé par Alain Blanchet :

TABLEAU 2. — *Catégorisation des relances*

Registre	*Réitération*	*Assertion*	*Interrogation*
Modal	Reflet	Interprétation	Question modale
Référentiel	Écho	Complémentation	Question référentielle

V - Formes des relances

Comment peut-on catégoriser les relances dans un entretien clinique ou thérapeutique ?

Reprenons les actes effectués dans un entretien clinique sous un autre angle. Bouchard *et al.* (1987) posent une distinction entre relances directes et relances indirectes.

Cette distinction repose sur deux attitudes possibles du clinicien dans un entretien : une attitude plutôt directive ou une attitude plutôt non directive. Bien entendu, un clinicien n'utilise jamais exclusivement l'un ou l'autre mode tout au long de l'entretien.

a. Les relances directes

Les relances directes introduisent un nouveau thème ou des remarques du clinicien et ne s'appuient pas sur des propos antérieurs du patient. Ces propositions peuvent ainsi se comprendre comme des interventions effectuées de manière directive. Les interventions directes peuvent interrompre, ou modifier le cours du discours. Elles peuvent se présenter sous la forme de questions ou d'assertions. L'orientation du discours est alors à la charge du clinicien. Nous placerons dans cette catégorie :

Les questions informatives

Il s'agit de recueillir des éléments permettant au clinicien d'établir le contexte de vie d'un patient, son histoire ou encore des éléments cliniques (apparition des symptômes, reconstitution du parcours de la maladie, etc.)

CLINICIEN. — Alors vous avez épousé votre mari vous aviez je crois 23, 24 ans ?

PATIENTE. — Oui.

CLINICIEN. — Qui faisait quoi ?

PATIENTE. — Lui, il était comptable. Il a toujours été comptable.

CLINICIEN. — Et vous ?

PATIENTE. — Moi, j'étais aux PTT.

CLINICIEN. — D'accord, et vous aviez eu quoi comme formation ?

PATIENTE. — J'ai un DEUG, deuxième année de DEUG sciences... comme quoi ça mène à tout. En fait, j'ai passé un concours et puis j'ai réussi, et puis bon ben...

CLINICIEN. — Donc vous avez vécu je crois à Paris ?

PATIENTE. — Huit ans à Paris. Oui, toujours à Paris, dans la banlieue.

Les questions informatives peuvent s'avérer utiles pour recueillir rapidement des éléments précis permettant comme dans l'exemple ci-dessus de situer le patient d'un point de vue socioprofessionnel. Il convient cependant d'user de ce mode de questionnement avec circonspection afin de ne pas donner à l'entretien le tour fastidieux d'un interrogatoire. De plus, les réponses de la patiente apparaissent comme contraintes par la précision des questions, le fil du discours ne peut être établi et l'on n'obtient aucune indication sur l'état d'esprit de la patiente.

L'aide à l'expression

Il arrive que le patient hésite ou manifeste une certaine réticence à poursuivre son exposé. Souvent, le patient effectue une sorte de jugement de ses pensées et les pense ineptes. Or ce que le patient hésite à dire peut être d'une grande valeur clinique. Certaines relances visent alors à encourager le patient à continuer son discours. Elles ont souvent un effet de réassurance du patient qui peut douter de ce qu'il est opportun de dire.

Exemple

PATIENT. — Non, je ne sais pas, peut-être qu'on m'a effrayé avec des conneries...

CLINICIEN. — Qui c'est qui vous a effrayé ?

PATIENT. — Je sais pas, mais je dois dire que... enfin, c'est peut-être idiot de vous raconter ça... mais je dois dire j'ai... enfin c'est idiot...

CLINICIEN. — Oui, allez-y quand même...

PATIENT. — J'ai des amis de mes parents... c'était un type qu'était... qu'était assez particulier et... et lui je ne sais pas si on l'a détruit ou justement si il pouvait détruire des gens et on l'a détruit.

La relance du clinicien permet de lever la réticence du patient et de mettre à jour un contenu délirant.

Demandes d'explicitation

Il s'agit de relances visant à faire expliciter le contenu émotionnel ou les liens logiques entre différents éléments du discours. Ces relances s'avèrent tout à fait pertinentes pour bien comprendre les représentations du sujet et ne pas fonctionner dans une sorte d'évidence du partage du sens de certains mots. Par exemple une patiente peut dire : « j'ai l'impression de ne pas être une bonne mère », la relance « Comment vous définissez ce qu'est être une bonne mère ? » peut s'avérer plus opérante qu'une relance du type « Qu'est-ce qui vous fait dire ça ? ». Nous illustrerons notre propos avec l'extrait d'entretien suivant :

PATIENT. — Pour en revenir à la société où j'étais, d'expertise comptable, le franc-maçon qui, lui, m'avait dit oralement qu'il était franc-maçon s'entraînait au tir, bon tout le monde a le droit de faire ça, mais quand on veut s'entraîner au tir, on prend des armes extrêmement précises... qui fonctionnent à air comprimé ; lui il avait carrément un 357 Magnum, voyez ce que je veux dire ?

CLINICIEN. — Ben quoi ? Vous voulez dire quoi ?

PATIENT. — Eh ben... tout le monde est télépathe, la mafia aussi et j'ai l'impression que tout ce qui se passe... les francs-maçons peuvent joindre les maffioso et c'est... moi j'analyse la situation comme ça.

L'apparente naïveté de la relance de l'exemple ci-dessus comporte cependant deux effets principaux : d'une part le clinicien ne rentre pas dans le « jeu » tenté par le patient d'une croyance implicite partagée (« vous voyez ce que je veux dire ») ce qui lui permet d'autre part d'atteindre pleinement l'objectif d'explicitation. Le patient est alors contraint de rendre manifeste une thématique délirante.

Questions évaluant la croyance

Ces relances se situent dans le registre modal et visent à comprendre la relation qu'entretient le sujet avec les faits rapportés. Dans le cas d'une activité délirante, l'évaluation de la conviction est un élément clinique important permettant de comprendre quels sont les thèmes entraînant chez le patient une forte préoccupation et pouvant avoir des conséquences sur le maintien en hospitalisation (risque médico-légal).

CLINICIEN. — Qu'est-ce que vous pensez maintenant de tous ces événements, cette impression qu'on vous suivait...

PATIENTE. — Ben moi je la maintiens, de toute façon, je la maintiens... j'ai peut-être rêvé, j'ai peut-être fait de la parano, je sais pas, mais euh... y'avait trop de coïncidences...

Les interprétations

Les interprétations sont un acte direct dans la mesure où elles constituent une proposition de sens. Pour Rogers, l'interprétation explicite les problèmes du patient. Le clinicien met en relation deux mondes ou deux logiques (par exemple culturelles et symptomatiques) non connectés entre eux par le patient. C'est le clinicien qui décide de la pertinence de cette mise en parallèle. Les interprétations sont quasi exclusivement les seuls modes d'intervention de la cure psychanalytique. Dans les entretiens cliniques, elles ne répondent pas aux mêmes objectifs que dans la cure psychanalytique.

Exemple

PATIENTE. — « En arrivant au café euh... j'ai pris un café donc et puis au moment de payer, j'ai agressé deux des messieurs qui étaient au comptoir en leur disant que ça suffit... bon, je pensais que c'était France Télécom qui me suivait [...] et puis là j'ai commencé à me déshabiller, je me suis déshabillée... j'ai enlevé mon pantalon. [...] et j'ai demandé au patron qu'il appelle la police, quoi, pour qu'on m'emmène à la police... qu'on m'emmène en prison en fait ; alors il a appelé la police.

CLINICIEN. — Vous pensiez qu'il fallait vous punir ?

PATIENTE. — Qu'il fallait me punir, ouais.

Le clinicien propose son propre univers thématique (la notion de punition).

b. Les relances indirectes

Les relances indirectes s'appuient sur les propos antérieurs du patient et visent à approfondir le contenu du discours. Dans ce cas, l'univers de discours est proposé par le patient. Ces relances peuvent ainsi se comprendre comme des interventions effectuées de manière non directive. Elles reprennent explicitement les termes employés par le patient.

On distingue les reformulations en écho lorsque les termes sont repris mot pour mot et les reformulations en reflet lorsque le clinicien reformule un sentiment exprimé.

Exemple :

PATIENT. — J'ai fait une dépression l'année dernière quand j'ai été licenciée parce que j'arrivais pas à comprendre pourquoi c'était tombé sur moi, mais ça m'était déjà arrivé il y a quelques années.

CLINICIEN. — Ça vous était déjà arrivé il y a quelques années ? *(écho)*

PATIENT. — Oui, après mon bac, j'ai passé plusieurs mois enfermée, j'avais plus envie de rien... faut dire que j'ai eu le bac au rattrapage, alors que j'avais bien marché toute l'année, j'avais des super notes et puis j'avais eu avis très favorable, alors je comprenais pas...

CLINICIEN. — Là aussi, comme pour votre licenciement, vous avez ressenti un sentiment d'incompréhension ou d'injustice ? *(reflet).*

Le silence

Le silence peut être considéré comme une forme de relance qui engage le patient à continuer son discours.

Les diverses interventions du clinicien sont fonction du but de l'entretien : ainsi dans les entretiens à visée diagnostique ou évaluative, on trouve peu d'interprétations, le processus d'influence interpersonnelle est moindre, l'objectif de l'entretien n'étant pas nécessairement d'obtenir un changement du sujet.

Illustration

Prenons l'extrait d'entretien suivant :

PATIENT. — « J'ai décidé de faire un peu le point parce que j'ai des problèmes de travail, c'est-à-dire une instabilité qui devient chronique si on peut dire, je... j'arrive pas à garder un travail plus de quelques mois parce que je... je supporte pas quand un patron me fait une réflexion, ça me met dans un état de colère et alors j'arrive pas à me taire et ça part, ça pète, quoi, je m'énerve, et c'est le conflit immédiatement, je m'en veux souvent d'ailleurs après, je sais que je devrais me taire. » Le clinicien peut à partir de ces propos, effectuer l'une des relances que nous avons passées en revue :

TABLEAU 3. — *Exemples de relances directes*

Relances directes	
Question informative	« Cela fait combien de temps que vous travaillez actuellement ? » « Vous avez occupé combien d'emplois jusqu'à présent ? »
Interprétation	« Vous avez visiblement un problème dans votre rapport à l'autorité, pouvez-vous me dire quelles étaient vos relations avec votre père quand vous étiez enfant ? » (Parallèle entre patron/monde du travail et père/monde de l'enfance)

TABLEAU 4. — *Exemples de relances indirectes*

Relances indirectes	
Reformulation en écho	« Vous vous en voulez souvent après ?... »
Reflet du sentiment	« Vous êtes en colère contre vous-même parce que vous ne parvenez pas à vous contrôler ? »

VI - Les réactions des patients aux relances

Le clinicien doit être attentif à l'impact des relances posées. Pour cela, il peut prendre en compte la forme du discours (restriction, développement) et les attitudes exprimées. Rappelons qu'il ne s'agit pas d'obtenir l'accord du patient mais de lui permettre de s'exprimer. Cette distinction est importante car le clinicien peut effectuer une relance qui entraîne une réaction de rejet de la part du patient, cependant l'on peut considérer que la relance est efficace si elle permet au patient de rectifier ou argumenter sa position. À l'inverse, acquiescer ne veut pas dire accepter. Certains patients peuvent être tentés de répondre positivement à des questions pour se « débarrasser » d'un thème qui les embarrasse.

CLINICIEN. — Y'a trois ans... au début de votre mariage, tout allait bien ?

PATIENTE. — Oui, tout allait bien.

CLINICIEN. — Ces voix-là n'étaient pas du tout apparues ?

PATIENTE. — Non.

CLINICIEN. — Mais vous m'aviez dit qu'au niveau de votre travail, y'avait eu des problèmes avec vos collègues ?

PATIENTE. — Oui.

CLINICIEN. — Elles vous avaient jalousée...

PATIENTE. — Oui, oui...

CLINICIEN. — En particulier le fait que vous ayez épousé un homme qui... il est ingénieur, hein ?

PATIENTE. — Oui.

CLINICIEN. — C'est un très beau mariage au fond, que vous avez fait ?

PATIENTE. — Oui.

CLINICIEN. — Et vous aviez l'impression que vos collègues de travail en prenaient ombrage ?

PATIENTE. — Oui.

CLINICIEN. — Elles étaient jalouses ?

PATIENTE. — Oh oui !

Dans cet extrait d'entretien, on peut difficilement décider de l'état d'esprit de la patiente et l'on constate que cela pousse le clinicien à proposer des interprétations (la jalousie des collègues notamment) dont on ne sait si elles sont partagées par la patiente.

Suite à une relance du clinicien, nous pouvons envisager différentes réactions du patient qui sont détectables par diverses attitudes discursives :

a. La validation

L'énoncé du clinicien est explicitement accepté, les patients emploient divers procédés de validation, de manière directe par l'utilisation d'indicateurs langagiers (« oui », « exactement », « tout à fait », « aussi », « justement », « en fait »), et de manière indirecte par l'enrichissement de leur discours. Dans ce cas, la relance du clinicien entraîne une production discursive accrue ; les patients développent, argumentent, approfondissent ou illustrent le thème ou l'idée du discours. Ce dernier reste en cohérence avec l'énoncé du clinicien. Cette attitude d'enrichissement de l'objet du discours montre que les patients se sont appropriés l'énoncé du clinicien qu'ils valident implicitement par la continuation de l'exploration du thème. L'expansion et l'enrichissement du discours indiquent que le patient considère l'interaction comme satisfaisante.

Exemple :

PATIENTE. —Y'avait tout le temps des gens derrière moi, quand je sortais, ils regardaient, ils écoutaient.

CLINICIEN. — Vous voulez dire que vous aviez l'impression d'être suivie ?

PATIENTE. — Ben oui, justement, c'est ce que j'ai fini par me dire, parce que même au café, une fois j'ai pris un café à la gare et la serveuse arrêtait pas de me regarder, et juste après, je l'ai vue téléphoner...

Dans cet exemple, la patiente utilise un procédé de validation directe (« justement ») et un procédé de validation indirecte en enrichissant le thème de la persécution par le récit d'une anecdote significative.

Le patient peut également utiliser des procédés de complémentation en rattachant son énoncé à celui du clinicien par une marque linguistique.

CLINICIEN. — Ça vous concernait ?

PATIENTE. — *Parce que* moi je suis guitariste.

CLINICIEN. — L'impression que tout le monde savait que vous aviez volé 100 F.

PATIENTE. — Oui, oui.

CLINICIEN. — Et voulaient vous *le faire*...

PATIENTE. — *Remarquer,* oui.

Dans ces deux exemples, les deux locuteurs construisent un énoncé commun. Ces procédés discursifs peuvent être considérés comme les plus aboutis en ce qui concerne l'attitude de validation puisqu'un seul énoncé fabriqué par les deux protagonistes de l'interaction vient clore l'échange.

b. L'« indécidabilité »

Le clinicien ne dispose d'aucun élément dans le discours du patient lui permettant d'évaluer l'effet de son intervention. Le silence constitue ainsi un élément d' « indécidabilité » du sens de la réaction du patient. Le clinicien ne peut déterminer l'impact de sa relance. Le silence peut en effet signifier acceptation ou refus ou encore marquer une attitude d'opposition soit à ce qui est dit, soit à la situation d'entretien elle-même. Le clinicien peut dans ce cas porter son attention sur des indices non verbaux (froncement de sourcils, changement de posture). Parfois le patient ne comprend pas le lien fait par le thérapeute (« je ne vois pas le rapport »). On peut également placer dans cette catégorie un fait de discours appelé « débrayage conversationnel » par Alain Trognon (1987) et qui consiste à ne pas répondre à l'intervention du clinicien tout en produisant du discours. La réponse du patient donne une impression d'incohérence que l'on peut qualifier de deux manières : une incohérence thématique : la réponse paraît « à côté » de la question posée, et une incohérence pragmatique, c'est-à-dire que le patient ne répond pas à l'acte posé par le clinicien.

Exemple

Clinicien. — Quel jour on est aujourd'hui ?

Patient. — Tout à fait, tout à fait...

Les débrayages conversationnels sont placés du côté de la schizophrénie, mais on peut évoquer d'autres pathologies (par exemple une atteinte cérébrale comme dans l'aphasie) dans lesquelles le patient se trouve dans l'impossibilité de produire une réponse cohérente. Nous mentionnerons ici également le syndrome de Ganser. Ce syndrome a été décrit pour la première fois en 1897 par le neurologue Sigbert Ganser dans une population carcérale. Ce syndrome se caractérise par des paroles et actes absurdes, et des réponses systématiquement à côté de la question posée, bien que ces réponses soient normales dans leur forme (syntaxe et langue correctes) et montrent que la question a été comprise. Ex. : combien de pattes a une vache ? 5 (Bazin *et al.*, 1993).

Les réponses « à côté » posent la question d'un état clinique altéré mais aussi celle de la dissimulation. En ce sens, elles interrogent la dimension de la coopération que nous avons évoquée comme condition première de la possibilité d'un entretien. Les débrayages constituent ainsi une manière de ne pas coopérer tout en ne marquant pas une opposition frontale au clinicien. Les débrayages peuvent indiquer que l'on aborde un thème gênant ou douloureux pour le sujet qui préfère effectuer cette fuite discursive plutôt que de marquer un refus. Il convient d'avoir cette hypothèse à l'esprit plutôt que de caractériser systématiquement le débrayage comme une incohérence de l'ordre de la psychose.

c. La non-validation

Le patient rejette la proposition ou la suggestion du clinicien mais développe son discours en explicitant les motifs de cette non-validation. Il ne s'agit pas d'un simple refus mais d'une véritable contre argumentation. On peut donc dire qu'indépendamment du contenu en opposition manifeste avec la suggestion du clinicien, la relance atteint son but.

Clinicien. — Vous aviez peur d'annoncer votre maladie à vos parents, vous craigniez qu'ils vous rejettent...

Patient. — Non c'est pas ça, mais en fait ma mère est très anxieuse et elle a un problème cardiaque, donc je voulais pas... je voulais pas qu'elle pense que j'allais mourir, ils savent pas ce que c'est que le sida mes parents, il aurait fallu expliquer et je pense pas qu'ils auraient compris... à part flipper... ils auraient pas écouté... en plus ma mère quand elle s'angoisse pour un truc, elle mène la vie impossible à mon père... en quelque sorte je voulais pas foutre en l'air l'harmonie du foyer comme on dit.

On peut dire que la proposition du clinicien est rejetée en termes de contenu, mais l'acte posé par la relance (demande d'explicitation) est accepté, et le patient développe son discours.

Troisième partie : les aléas de l'entretien

L'entretien clinique met en relation deux individus. Le psychologue clinicien n'est donc pas à l'abri de processus d'influence, il peut se trouver soumis à certains pièges inhérents à toute relation interpersonnelle. Ces dérapages nuisent à la poursuite de l'entretien (ruptures), à l'établissement de la relation clinique et ou thérapeutique et obèrent la qualité des informations obtenues. Bien que ces aléas soient plutôt spécifiques de praticiens débutants, une grande expérience peut aussi, par excès de confiance dans ses compétences ou par une sorte de mise en œuvre d'une routine professionnelle mettant à l'abri du doute, conduire à des biais. Rappelons cependant que ces dérapages sont peu fréquents et que le psychologue travaille toujours dans le cadre du code de déontologie. Nous les évoquerons d'ailleurs davantage comme un risque qu'il faut avoir présent à l'esprit tout particulièrement lorsque l'on est en formation. Nous exposerons ainsi deux risques concernant de manière générale l'activité de psychologue clinicien :

1 / La confrontation entre les normes du clinicien et celles du patient. N'oublions pas qu'un psychologue clinicien est par ailleurs un être humain pourvu d'un système de valeurs et de croyances qui peuvent s'entremêler à des conceptions psychopathologiques. Il peut donc être tenté de centrer l'entretien sur ce qu'il estime être problématique, par exemple considérer l'homosexualité comme révélant une problématique psychique et orienter l'entretien vers une tentative d'explication de ce fait ou attribuer de manière massive à l'homosexualité des explications aux problèmes du sujet en fonction des normes du clinicien. L'homosexualité ne peut plus être aujourd'hui considérée comme une « déviance » de la vie sexuelle du sujet et qu'elle est sortie à ce titre de la description des manuels de psychopathologie.

2 / La « déformation professionnelle ». Le psychologue clinicien est habitué à rechercher, reformuler et interpréter des problèmes et dysfonctionnements, il peut donc avoir du mal à reconnaître l'absence de problématisation d'un thème donné. Il peut alors s'enfermer dans un mode de raisonnement déviant qui consiste à tout interpréter dans le sens de la pathologie. Nous dirons en manière de boutade que le sujet est alors soumis à une logique de « tout ce que vous direz sera retenu contre vous ». Par exemple les propos d'un sujet disant ne pas avoir eu de problème particulier avec ses parents seront taxés d'idéalisation, le sujet sera suspect de déni ou de refus d'aborder une problématique douloureuse.

Nous proposons à présent d'aborder la question des biais dans la conduite de l'entretien. Pour cela, nous reprenons la distinction que nous avons posée dans la partie précédente entre d'une part les relations interpersonnelles, les actions langagières du clinicien d'autre part et enfin l'activité de compréhension (inférences).

A - RELATIONS INTERPERSONNELLES

I - Difficultés de gestion de la distance

Nous mettrons sous ce titre deux attitudes opposées : soit une trop grande proximité, soit un excès de distance avec le patient. Il peut arriver que le clinicien et son patient soient trop proches pour diverses raisons (même vécu ou âge), ce qui signifie que le clinicien a relâché sa vigilance et a laissé la relation clinique dériver vers une relation plus personnelle. L'entretien prend alors un tour de conversation amicale où la place de chacun devient floue. Dans ce cas, nous l'avons vu, le patient peut se sentir autorisé à déborder du cadre de l'entretien et se mettre à poser des questions personnelles ou demander les coordonnées du clinicien.

En institution, les patients peuvent parfois utiliser l'entretien avec le psychologue pour poser des revendications, par exemple positionner le clinicien dans un rôle de médiateur vis-à-vis du médecin pour tenter de négocier la sortie ou une diminution du traitement. Il est important dans ce cas de recentrer l'entretien en rappelant le cadre et le rôle du psychologue.

À l'inverse, par peur d'être trop amical, le clinicien peut se montrer trop distant, le patient se sent alors seul ou incompris et risque d'interpréter cette attitude comme de l'indifférence ou de la froideur.

II - Mauvaise gestion du cadre

Il arrive que devant la détresse ou l'insistance de certains patients, le clinicien se laisse aller à répondre à une demande qui déborde du cadre de l'entretien en cours. Par exemple, comme nous l'avons évoqué pour le cas de patients qui effectueraient des consultations « par procuration », le clinicien peut se laisser aller répondre à cette demande ou, pire encore, se risquer à donner des éléments de diagnostic : « votre sœur a certainement un problème, il serait utile qu'elle fasse une thérapie » ou encore « les symptômes que vous décrivez chez votre frère évoquent une schizophrénie ». L'impact de ces paroles malheureuses peut être désastreux, et cela revient à mettre entre les mains du patient une connaissance dont il ne sait que faire. De plus, il risque d'asséner à des proches des contre-vérités douloureuses.

III - L'excès de neutralité

Nous nommerons ainsi une attitude provenant du désir du psychologue de respecter peut-être un peu trop à la lettre le principe de non-directivité, de non-ingérence et de neutralité bienveillante et qui consiste à renvoyer de façon maladroite le patient à lui-même lorsqu'il demande un avis ou lorsque, implicitement, il demande à être rassuré. Nous donnerons en illustration cet extrait d'entretien :

PATIENT. — Comme je savais plus où j'en étais, je... j'ai décidé de faire un break, de tout laisser, pas de tout laisser mais de m'isoler un peu pour faire le point et puis là, tout s'est mis à tourner dans ma tête, je voyais plus de solution, et je me suis dit : « Mais je vais devenir fou », je sais pas... je sais pas si on peut devenir fou à force de ruminer comme ça... qu'est-ce que vous en pensez ?

CLINICIEN. — Qu'est-ce que vous en pensez, vous ?

PATIENT. — Ben j'en pense rien, j'en sais rien, c'est vous qu'êtes spécialiste des fous, si je savais, je serais pas ici...

Le renvoi à la propre opinion du patient semble négliger la part d'anxiété qu'il exprime et le conduit à adopter une attitude un peu mordante vis-à-vis du psychologue.

B - LES BIAIS DE FORMULATION DES RELANCES

Le vocabulaire employé et la forme des questions peuvent placer le patient dans une situation de traitement de l'information compliquée. Ce processus est d'autant plus activé du fait de l'asymétrie, de l'anxiété générée par la situation d'entretien avec un psychologue et de la mobilisation d'affects plus ou moins douloureux. Il est des situations particulièrement délicates dans lesquelles la forme des relances est essentielle, par exemple dans les cas d'entretiens avec des enfants victimes d'abus.

I - Vocabulaire complexe

Certains termes peuvent sembler évidents au psychologue, mais faire pourtant partie d'un jargon que le patient aura du mal à saisir.

Exemple :

CLINICIEN. — Êtes-vous satisfait de votre prise en charge ?

PATIENT. — Euh... j'ai pas compris la question euh... prise en charge...

Les termes de « prise en charge » ne semblent pas aller de soi pour le patient, il eût fallu leur préférer celui de traitement par exemple.

II - Surcharge lexicale

Certaines questions comportent une surcharge lexicale, par exemple les questions interro-négatives. De manière générale, les questions comportant une négation sont à éviter car outre qu'elles rendent la compréhension plus malaisée, elles semblent sous-entendre que l'élément sur lequel porte la négation aurait dû être. L'élément contenu dans la négation renvoie en effet à une intention supposée comme dans la question suivante : « Vous n'avez pas souhaité parler avec votre mari de votre dépression ? »

Les questions comportant un double questionnement (« Peux-tu me dire si tu étais tout seul à la maison ou s'il y avait quelqu'un d'autre ? ») augmentent la difficulté de compréhension et le risque de non-réponse.

III - Questions inductrices

Les questions inductrices peuvent être caractérisées comme des questions qui suggèrent et qui racontent plutôt qu'elles ne questionnent. « Vous n'avez pas pensé que c'était votre patron qui était responsable de votre maladie ? » Le patient peut comprendre cette relance comme une hypothèse qu'il est logique de poser.

IV - Emploi d'un terme connoté

Les questions comportant un terme susceptible d'être interprété comme un jugement moral peuvent se révéler embarrassantes pour le patient. Par exemple, le terme de culpabilité dans la question suivante est ambigu : « Suite à votre avortement, est-ce que vous avez ressenti de la culpabilité ? » Ce type de relance peut en effet être interprété comme une préconisation de sentiment à éprouver. La patiente risque de se sentir coupable de n'avoir pas ressenti de culpabilité et va donc répondre positivement à cette relance. La réponse de la patiente confortera alors le clinicien dans cette idée qu'un avortement implique forcément de la culpabilité. Dans le cas d'un entretien de recherche, cela peut conduire à une sorte de raisonnement tautologique où le chercheur croit avoir obtenu un résultat qu'il a de fait induit.

C - LES BIAIS INFÉRENTIELS

De façon explicite ou implicite, le clinicien et le patient s'influencent mutuellement. La qualité, l'efficacité et l'évolution d'un entretien clinique reposent largement sur la qualité et la validité des inférences et des jugements cliniques du psychologue. De nombreux travaux ont montré que cette activité d'inférence avait un effet inducteur sur le patient. Masse (1999, p. 67) observe qu'après quelques mois de thérapie, qu'il s'agisse de thérapies d'inspiration psychanalytique ou de thérapies cognitives, le patient s'ajuste aux « conceptions et aux valeurs du thérapeute ». Ce dernier peut commettre des erreurs inférentielles en traitant l'information, erreurs liées à la limitation de son savoir, à sa vie et son histoire personnelles, à l'incertitude inhérente à la nature même de la relation clinique.

I - Sélectivité de l'information

L'activité inférentielle du clinicien engage sa subjectivité. Par exemple, en ce qui concerne l'activité d'évaluation clinique, des études ont montré que dès les premières minutes de l'entretien les cliniciens se forgent un jugement diagnostique (Sandifer *et al.*,

1970). Dès lors, il peut se produire des biais inférentiels. La façon dont est mené l'entretien visera à confirmer plutôt qu'à infirmer ces hypothèses diagnostiques et influencera la teneur de l'entretien. Plusieurs études ont montré que les thérapeutes recherchent de façon sélective les données en accord avec leurs hypothèses et modèle théorique (Batson *et al.* 1982, Wilson *et al.* 1985).

Lorsque l'entretien est long ou très riche, le clinicien peut être tenté de n'utiliser que l'information la plus récente et mettre de côté des éléments donnés au début de l'entretien, avec le risque d'aboutir à la pauvreté du raisonnement clinique.

II - Biais du raisonnement clinique

Une confiance excessive dans les catégories diagnostiques peut conduire à figer le patient dans une forme clinique en négligeant des éléments qui pourraient remettre en cause ce diagnostic. Le clinicien risque alors de réduire son investigation à la recherche des seuls signes confirmant ce diagnostic. Par exemple si le clinicien pense avoir affaire à un sujet paranoïaque, soit parce qu'il a été informé de ce diagnostic par l'équipe soit parce qu'il a lu le dossier médical, il peut ne centrer ses relances que sur l'investigation de la persécution, et craindra peut-être de pousser le patient dans ses retranchements. Nous avons montré précédemment (Castillo, 2004) que le mode interrogatoire employé par des cliniciens diffère sensiblement selon qu'ils ont affaire à des paranoïaques ou des sujets schizophrènes. La spécificité du questionnement employé avec des paranoïaques réside dans l'emploi accru de questions directes et référentielles concernant la persécution.

Une même appellation nosographique recouvre des tableaux cliniques très variés. Lorsque le clinicien mène une recherche sur une pathologie donnée, cette confiance excessive dans le diagnostic risque d'aboutir à un raisonnement tautologique : croire que tel groupe de patients est défini par tel ou tel trait que l'on va vérifier par la recherche. C'est ce qui oblige à constituer des groupes témoins.

Le biais de représentativité consiste à identifier le patient à une catégorie diagnostique en fonction de caractéristiques socioprofessionnelles comme l'âge ou le sexe. Ainsi une jeune femme de 30 ans vivant seule et ayant peu ou pas de relations sociales peut être considérée comme déprimée alors que la même situation chez un jeune homme sera portée au crédit de caractéristiques schizoïdes. Cette attitude peut conduire à une interprétation erronée des indices cliniques.

Un autre biais consiste à attribuer le comportement et les difficultés du patient à des dispositions intrapsychiques stables en oubliant que tout individu a la possibilité d'évoluer, de s'adapter et de changer. Parfois les cliniciens raisonnent en fonction de ce que les psychologues sociaux nomment les procédés d'attribution dispositionnelle et oublient de prendre en compte des facteurs situationnels. De même, le clinicien n'est pas exempt de certaines formes de raisonnement stéréotypé et il peut considérer que certains événements de vie sont nécessairement responsables de signes pathologiques. Par exemple, les difficultés rencontrées par un adolescent adopté risquent d'être un peu trop rapidement mises sur le compte de l'adoption. De même, pour les enfants dont les parents ont divorcé.

La propension à surévaluer l'attribution dispositionnelle aux dépens de l'attribution situationnelle peut conduire le clinicien à négliger le contexte de vie comme facteur déclenchant de la pathologie. Or la psychopathologie sociale nous apprend comment les facteurs de vie peuvent être nécessaires et suffisants pour expliquer la pathologie.

Les biais inférentiels résultent d'une difficulté pour le psychologue clinicien à envisager plusieurs hypothèses ou niveaux psychopathologiques et à se focaliser sur une seule dimension repérée dans le discours du patient. Seul l'exercice du doute permet de réduire le risque de biais inférentiel.

III - La iatrogénie en psychopathologie

Nous aborderons ici une notion importée du monde médical. Le terme de iatrogénie renvoie à des pathologies causées par l'acte médical en lui-même. Pouvons-nous appliquer ce terme à la psychologie clinique ? Certains auteurs n'hésitent pas à parler de pratiques interlocutoires constituant une « forme de traitement iatrogène » (Hook, 2001).

De nombreux travaux s'intéressent aux effets d'interaction au cours des entretiens cliniques susceptibles de produire ou d'orienter un discours pathologique (Buttny et Syracuse, 1996 ; Eggly, 2002). Nous prendrons pour exemple le diagnostic de personnalités multiples qui fait aujourd'hui encore l'objet de nombreuses controverses outre-Atlantique. La mésaventure de cette catégorie diagnostique nous donne en effet à réfléchir.

Rappelons tout d'abord que cette catégorie diagnostique apparue aux États-Unis en 1980 se caractérise par le fait que plusieurs personnalités coexistent dans un même individu tout en s'ignorant les unes les autres. On décrit une personnalité de base, consciente du trouble et des personnalités dites périphériques et qui s'ignorent. L'étiologie de ce trouble est rapportée à des maltraitances infantiles extrêmement violentes entraînant chez l'enfant une dissociation de ses états de conscience. Cette dissociation se structure par la suite en l'autonomisation des différentes personnalités. En effet, tout ce que l'enfant n'a pu exprimer est dévolu aux diverses personnalités qu'il met en œuvre à l'âge adulte.

On tenait enfin là un trouble psychopathologique dont les symptômes étaient clairement lisibles et que l'on pouvait relier à une étiologie certaine. Dès lors, les descriptions cliniques se multiplient. Cependant de nombreux articles ont peu à peu jeté un doute sur l'existence de cette pathologie et ont montré comment cette catégorie diagnostique avait pris son essor par l'interaction entre la clinique psychiatrique et la médiatisation extrême du phénomène (Scott, 1999). L'éclairage de la psychologie sociale a montré en quoi la nosographie des personnalités multiples relevait d'une construction collective liée à la culture américaine. C'est dans le processus même de l'interaction thérapeutique que l'on a trouvé des déterminants susceptibles d'expliquer cet emballement psychopathologique. Tout d'abord, on relève qu'une fois le diagnostic de personnalité multiple posé, l'état clinique des patients se détériore. D'autre part, l'influence du clinicien sur la structuration des symptômes, en l'occurrence les différentes personnalités, a été soulignée. Ainsi, la manière de mener l'entretien peut induire un sentiment de dissociation et de faux souvenirs chez ces sujets par ailleurs fragiles psychologiquement (Seltzer, 1994). Le trouble est diagnostiqué quasiment exclusivement chez des femmes pour lesquelles on recherche alors l'existence d'abus sexuels dans l'enfance. Il s'agit là d'une véritable co-construction de pathologie, dans la mesure où le clinicien va encourager ou valoriser le récit de certaines expériences autobiographiques et marquer moins d'intérêt pour d'autres aspects, ce qui conduit peu à peu la patiente à privilégier un certain sens de ces expériences. La rencontre de la médiatisation excessive et des croyances personnelles des cliniciens a ainsi déterminé la prévalence du trouble.

Cet exemple nous rappelle que toute personne en détresse qui vient consulter s'en remet en quelque sorte au clinicien et que cette situation active le risque de procéder à des corrélations illusoires entre indices cliniques et explications psychopathologiques, en l'occurrence un trouble de la personnalité. Les personnes fragilisées peuvent alors endosser un rôle que le clinicien pense spontané. Si l'entretien consiste à faire dire, cela peut donc être à double tranchant.

IV - Les biais dans la recherche

La recherche en psychologie clinique est confrontée aux mêmes risques que ceux décrits précédemment, mais nous souhaitons souligner que l'observation réalisée par le chercheur constitue en soi un biais. Alors même que le chercheur pense avoir accès à des situations naturelles, il contraint l'expression des sujets. Ce que les psychologues sociaux nomment l'« effet Hawthorne » renvoie à une activation artificielle des sujets induite par la présence du chercheur. Cette présence est perçue comme valorisante, et les sujets ont alors tendance à exagérer leurs comportements alors même qu'on prétend les observer en situation naturelle. Prenons pour exemple une recherche sur les rituels maternels dans laquelle on demande à des mères de se laisser observer dans leurs comportements quotidiens avec leur enfant. Ce dispositif peut générer de l'angoisse, et la tension induite par la situation de recherche peut conduire à des comportements non naturels.

Quatrième partie : les techniques d'analyse des données cliniques

Que fait-on des données recueillies au sein d'un entretien clinique ?

L'analyse des données dépend du contexte. Lorsqu'il s'agit d'un travail au sein d'une équipe, le clinicien présentera des éléments issus du compte rendu clinique en fonction des informations qu'il juge pertinentes. Dans le cadre d'une recherche, le clinicien a le choix entre plusieurs méthodes d'analyse. Nous insisterons là encore sur la complémentarité des différents niveaux et techniques d'analyse. Leur choix est fonction des hypothèses posées et des objectifs visés. Qu'il s'agisse d'un compte rendu ou d'une analyse de contenu, le clinicien doit distinguer deux niveaux d'élaboration : tout d'abord une activité de description. Il s'agit de rapporter le plus fidèlement et le plus complètement possible des données ou des faits. L'interprétation de ces éléments ne doit intervenir que dans un second temps.

A - L'ÉLABORATION D'UN COMPTE RENDU CLINIQUE

En règle générale, tout entretien clinique donne lieu à un compte rendu à l'issue de l'entretien. Ce travail présente en effet plusieurs avantages : d'une part, il permet de consigner un maximum d'éléments d'information avant qu'ils ne tombent dans l'oubli, d'autre part, il permet au clinicien de prendre une distance nécessaire avec le contenu de l'entretien et enfin, il étaye l'argumentation des hypothèses cliniques.

Que doit-on trouver dans un compte rendu clinique ?

Le clinicien doit organiser le contenu en fonction de plusieurs dimensions :

— *les données anamnestiques* regroupent les informations concernant la biographie du patient (histoire familiale, place dans la fratrie, études...), les différents événements de vie, son mode de vie actuel (travail, entourage familial et social).

— *les éléments cliniques :* ce qui motive la rencontre avec le psychologue clinicien, les symptômes ou dysfonctionnements dont peut se plaindre le sujet, les symptômes décrits...

— *les faits d'interaction :* comment le patient s'est-il présenté, quelle a été son attitude au cours de l'entretien, comment s'est-il positionné face aux objectifs de l'entretien ?

Le clinicien peut ensuite rédiger sous la rubrique *« impressions cliniques »* la manière dont il a vécu cette rencontre, ce qu'il a ressenti, les intuitions qu'il a eues... Cette rubrique permet de distinguer des impressions d'une interprétation.

— *l'interprétation psychopathologique :* le clinicien formule la problématique qu'il a repérée, en propose une interprétation, produit des explications psychopathologiques. Il peut à cette occasion donner des pistes de réflexion susceptibles d'être prises en compte dans l'orientation de la prise en charge du patient.

B - ANALYSE DE CONTENU : DÉFINITION ET MÉTHODOLOGIE

Ce type d'analyse est d'ordre qualitatif et demande la plus grande rigueur dans sa mise en œuvre. En effet, qualitatif ne signifie pas subjectif, et il est possible de systématiser l'analyse de données cliniques. Rappelons que nous nous appuyons sur l'approche développée par la pragmatique linguistique. Les études langagières en psychopathologie ont connu un développement relativement récent. Elles se centrent sur la manière dont des éléments psychopathologiques se manifestent au travers d'un discours. Elles procèdent de deux domaines au moins : la psychiatrie et l'analyse de discours (psychologie sociale). Les études du langage en psychopathologie fonctionnent toutes sur l'idée qu'une analyse syntaxique et sémantique d'un discours produit par un patient atteint de troubles mentaux permet de relire les énoncés de ce sujet pour y découvrir une intentionnalité non évidente *a priori*. « Si doué soit-on, on ne peut, grâce à l'intuition clinique, répertorier les figures rhétoriques d'un discours, repérer les particularités d'un langage, spécifier les modes de raisonnement, mettre en relief infailliblement la scansion et les ruptures d'un entretien » (Castarède, in Chiland, 1997, p. 128).

Comment systématiser ce type d'analyse ?

Tout d'abord par l'application d'une grille d'analyse dont la construction repose sur les mêmes principes méthodologiques que le guide d'entretien évoqué dans la première partie de ce chapitre.

L'analyse peut porter sur le contenu et sur la forme et croiser ces deux niveaux d'analyse.

I - Détailler le contenu d'un entretien

Dans un premier temps, l'on procède à l'identification des thèmes traités. Nous l'avons vu, les sujets donnent différents éléments tout au long de l'entretien et de manière non systématique. L'analyse de contenu procède au découpage ou séquençage du texte en fonction de catégories et regroupe au sein d'une catégorie les énoncés ou séquences d'énoncés concernant le thème déterminé. L'on peut ensuite recenser les émotions et sentiments manifestés au long de l'entretien.

II - Détailler la forme d'un entretien

L'analyse de la forme d'un entretien peut prendre en compte :

— le vocabulaire utilisé, les champs sémantiques mis en œuvre ;
— les métaphores et les images employées ;
— le type de discours : récit, revendication, etc. ;
— des indices non verbaux : prosodie, postures.

C - L'ANALYSE DE DISCOURS

Nous choisirons de présenter ici quelques exemples de techniques d'analyse.

Quelle est la pertinence d'une analyse de discours dans l'analyse des données cliniques ?

Les analyses de discours peuvent donner des indications sur l'état clinique d'un patient. Elles peuvent s'attacher à la description et compréhension d'une caractéristique fonctionnelle de la pathologie étudiée, par l'étude de son contexte d'émergence et de son mode d'expression. Enfin, elles permettent la prise en compte de stratégies discursives en s'attachant à décrire des mécanismes interlocutoires au sein de l'entretien.

Nous présenterons deux types d'analyse de discours mis évidence par des recherches sur les conversations (Trognon, 1992) et les différents éléments linguistiques à l'œuvre dans la construction des discours (Ghiglione et Blanchet, 1991). La première approche est centrée sur l'énonciation et la dynamique interlocutoire, la seconde sur des composants linguistiques du discours appelés marqueurs langagiers.

I - L'analyse conversationnelle

L'analyse conversationnelle cherche à formaliser les règles d'enchaînement des différents actes qui composent les interventions d'un dialogue, « les uns subordonnés, les autres directeurs » (Brassac, 1992). Elle définit plusieurs *niveaux du discours* : l'acte de langage, l'intervention (ensemble de plusieurs actes de langage), et l'échange (enchaînement d'énoncés). Ces niveaux sont en relation hiérarchique : l'échange englobe l'intervention qui inclut elle-même l'acte de langage. On regarde ensuite quelle est la place de l'énoncé dans la structure conversationnelle (intervention initiative ou réactive, acte directeur ou subordonné...).

Reb et Trognon (1986) montrent par le biais d'une analyse conversationnelle le mode de relation à l'autre d'un patient psychotique.

L'application de ce type d'analyse à des entretiens cliniques a ainsi permis de mettre en évidence les débrayages conversationnels que nous avons évoqués plus haut. En ce qui concerne les schizophrènes, l'apparente absurdité des propos due au décrochage discursif peut être interprétée comme une stratégie, par exemple l'emploi de ce type de forme discursive assume la fonction interactionnelle « d'interdire à l'interviewer de proposer un univers de discours à la conversation ».

Ces éléments sont donc porteurs d'un sens pragmatique. Là où on ne cotait qu'incohérence et bizarrerie apparaît une stratégie qui fonctionne comme un mécanisme de défense communicationnel.

II - Analyse de discours et marqueurs langagiers

Il est possible de réaliser une analyse de discours de type quantitative, par exemple en calculant les fréquences d'occurrence de tel ou tel terme ou marqueur langagier. Les marqueurs langagiers constituent des « verbalisations du travail énonciatif » (Moeschler, 1987) dans la mesure où ils donnent des indications sur la manière dont les sujets utilisent le langage pour construire leur discours et le présenter à l'interlocuteur. Présents à la surface du discours, ils témoignent de sa cohérence interne (relations de successivité, de temporalité, progression du discours), c'est pourquoi ils sont décrits comme des mots outils qui témoignent de l'architecture d'un texte. Ils assument également un rôle dans le « jeu de communication » (Ghiglione et Trognon, 1993). En effet, ils participent au processus de compréhension qui se construit chez l'interlocuteur dans la mesure où ils balisent le déroulement thématique et argumentatif du discours. L'étude de ces mots outils permet ainsi de reconstruire la stratégie discursive du sujet. Leur impact sur les interlocuteurs est implicite. Par exemple, nous avons montré (Blanchet et Castillo, 1998) qu'un texte n'a pas le même impact selon qu'il est faiblement ou fortement connecté : ainsi lorsque l'on propose à des sujets différents types de discours (narratifs, expressifs) et que l'on fait varier à l'intérieur de chaque type la fréquence des connecteurs, les sujets vont produire des représentations différentes du locuteur, vont élaborer des descriptions diverses des attitudes du sujet.

Ce type d'analyse implique :

— l'enregistrement et la retranscription intégrale de l'entretien ;
— la comparaison soit à un groupe témoin, soit au sujet lui-même (par exemple chercher des différences dans l'expression de différents thèmes) ;
— le recours à des calculs statistiques afin d'établir des différences significatives.

On ne saurait cependant se satisfaire de ce seul type d'analyse. Il faut y adjoindre une analyse qualitative qui explique les conditions d'emploi des diverses unités linguistiques ainsi que leur place et leur pertinence dans le discours. Ce type d'analyse donne lieu par exemple à l'établissement de profils discursifs rapportés à des hypothèses psychopathologiques. Mirabel-Sarron et Blanchet (1992) montrent comment la variation d'utilisation de certains marqueurs langagiers est couplée à une diminution de l'anxiété ou à une amélioration thymique des patients déprimés. Les variations de l'humeur peuvent se retrouver dans l'organisation du discours et plus particulièrement dans « les modes d'utilisation des marqueurs langagiers ».

Les marqueurs langagiers sont de deux types : les « opérateurs » ou « connecteurs » ou « joncteurs » selon la terminologie employée et les « modalisations » et renvoient à deux processus : l'articulation des différents constituants dans la progression thématique et la prise en charge énonciative.

a. L'articulation du texte

On appelle « connecteurs » ou « joncteurs » ou encore « opérateurs » les termes du discours qui ont une fonction de mise en relation de différents éléments de la phrase ou de deux propositions entre elles. Les connecteurs jalonnent le discours afin de faciliter la communication et la compréhension de ce qui est dit, car ils organisent la cohérence du texte, sa progression thématique. Il s'agit d'une connexion logique. Ce lien peut être réalisé par une coordination ou une subordination et peut être de différentes natures (temporalité, causalité, consécution, etc.).

Ces marqueurs langagiers se regroupent en métacatégories selon les fonctions du langage. Nous en donnerons quelques exemples de manière schématique et non exhaustive afin de ne pas surcharger le lecteur de débats psycholinguistiques. Le but de notre présentation est d'illustrer une voie possible de description et d'analyse du discours.

Les opérateurs de dénotation sont les témoins de la fonction référentielle du langage. Ils décrivent le réel, et marquent l'ancrage temporo-spatial des énoncés, et donnent des indications sur la construction de l'univers de discours.

Exemple :

« Voilà, alors à *3 km au nord de Bordeaux, dans la région de L..., dans un petit bois, dans une petite grotte,* il y a un engin spatial de *20 000 années lumière,* et comme l'engin spatial est invisible, il faut prononcer deux phrases magiques. *D'abord* il faut prononcer "Abracadabra, Sésame ouvre-toi", la pierre s'ouvrira, *ensuite* : "Bleu, blanc, rouge, rends-toi visible", et l'engin spatial de 20 000 années lumière se rendra... se rend visible. Voilà. » Bien que le contenu du discours apparaisse pour le moins étrange, sa construction repose sur l'emploi de nombreux marqueurs temporo-spatiaux, ce qui peut donner à penser que le délire est bien structuré.

Les marqueurs de la cohérence textuelle témoignent de la progression thématique du discours et activent chez l'interlocuteur les processus d'inférence qui visent à attribuer du sens aux énoncés et des intentions au locuteur. Par exemple, les marqueurs *additifs* lient entre eux des éléments ou arguments orientés dans le même sens. Ils ont une fonction d'ajout d'information, comme dans l'extrait suivant, où la patiente illustre la persécution dont elle est victime par une énumération des vexations endurées.

« J'ai été réveillée par mes voisins. Y'avait une jeune fille, y'avait le voisin *et* y'avait un autre garçon avec eux *et* la manière dont les choses se sont passées... c'était vraiment : "On te réveille, toi." [...] *et puis* quand je me suis réveillée, j'ai fait un bruit, un gargouillis, un truc comme ça et ils ont fait : "pfff", ils l'ont imité. *Et après,* ça a été pire... »

Les opérateurs *alternatifs* présentent deux arguments, idées ou faits entre lesquels il s'agit d'opérer un choix. Les sujets peuvent ainsi présenter des types d'explication de ce qui leur arrive co-orientés ou anti-orientés à l'argument précédent.

« *Ou alors* on se fout de moi, *ou alors* on se fout de mon père pour l'emmerder parce qu'il a un caractère trop fort. »

Les opérateurs argumentatifs interviennent dans la construction des raisonnements. L'argumentation est un processus de raisonnement dont le but est d'établir l'acceptabilité d'un énoncé selon différents axes (vérité, probabilité...) et d'amener l'interlocuteur à accepter également l'énoncé. Les marqueurs d'argumentation construisent une démonstration et constituent une stratégie de persuasion. Par exemple, les marqueurs de cause et de conséquence établissent un lien de nature causale entre deux événements ou arguments. Ils peuvent également assumer une fonction de justification d'un acte ou d'une énonciation.

« J'ai fait des courriers au président de la République *parce que* je voulais que le Président comprenne vraiment ce qui se passe au niveau des services secrets de ce pays. »

« Je suis dans un tel état que... je crois être Jésus Christ. Je finis par la fin, faudrait tout raconter, *parce que* c'est un cheminement. »

b. La prise en charge énonciative

Cet aspect renvoie à la mise en œuvre de la subjectivité dans le texte. Nous évoquerons ici deux types de marqueurs langagiers : d'une part, les déictiques de locution correspondent aux pronoms personnels utilisés et donnent des indications sur la manière dont le locuteur assume son énoncé et s'approprie son discours. D'autre part, l'étude des modalisations donne des indications sur le rapport qu'entretient le sujet avec son discours (croyances) et les diverses modulations affectives et émotionnelles qu'il y apporte. Ainsi Irigaray (1967) analyse des fragments de discours d'hystérique et d'obsessionnel, notamment les pronoms personnels, et décrit deux « modèles spécifiques d'énonciation ».

De même, la prise en compte des modalisations est un élément important par exemple dans l'évaluation de la conviction délirante. Un sujet disant « je crois que je suis suivi » ou « j'ai l'impression que je suis suivi » sera considéré comme moins délirant qu'un sujet disant « je suis sûr que je suis suivi ».

III - Les logiciels de traitement automatisé des discours

Les logiciels d'analyse textuelle doivent être considérés comme des outils d'aide à l'analyse, ils ne peuvent en aucun cas se substituer au travail de réflexion. Ils permettent de réduire les biais liés à la subjectivité du chercheur en systématisant l'analyse et de révéler des aspects inattendus. Par exemple, l'analyse propositionnelle du discours (APD) informatisée sous la forme du logiciel « TROPES » répertorie dans un texte les différents marqueurs langagiers et construit des « types discursifs ». Max Reinert (1986) a conçu le logiciel d'analyse Alceste (analyse lexicale par contexte d'un ensemble de segments de texte). Alceste est orienté vers l'analyse de contenu et apporte un éclairage sur des faits statistiques du corpus. Le logiciel repère en effet des classes de discours en fonction de la distribution du vocabulaire présent dans ces unités. Le logiciel est fondé sur une analyse statistique distributionnelle. Autrement dit, il *relie les contextes qui ont des mots communs*. Il donne ainsi une cohérence au corpus analysé en effectuant des regroupements discursifs. Le recours à des logiciels du type Alceste présente les avantages suivants :

— il permet le traitement de corpus très importants ;
— il permet de mettre à jour plusieurs niveaux de discours ;
— il permet d'objectiver des thématiques ou l'emploi d'un lexique non visible *a priori*.

Noël Jorand *et al.* (1997) présentent l'analyse de discours d'un patient schizophrène réalisée à l'aide du logiciel Alceste. L'utilisation de ce logiciel permet de mettre en évidence que le schizophrène n'est pas si désorganisé qu'il y paraît : des ruptures thématiques (catégorisées et circonscrites par le logiciel) survenant dans le discours s'avèrent en fait parfaitement organisées et cohérentes en tant que discours secondaire. L'analyse textuelle permet de mettre en évidence le fait que le schizophrène a parfaitement planifié ses différents types de discours et d'isoler des marqueurs linguistiques au sein de ces discours. L'analyse textuelle permet de passer outre une impression clinique d'incohérence et de repérer chez le schizophrène une certaine forme d'organisation de la pensée.

De tels travaux permettent, en affinant le contexte d'émergence des marqueurs langagiers, d'améliorer la compréhension d'états psychologiques ou psychopathologiques. L'avancée des travaux sur la communication au sein des pathologies mentales a fait reconsidérer certaines hypothèses étiologiques de la schizophrénie : notamment celle d'un déficit de la pensée. On déclare alors que l'étrangeté du discours des schizophrènes réside plutôt dans un mauvais maniement des règles conversationnelles. Le trouble serait ainsi plus « social » que « cognitif ».

Conclusion

Au terme de ce chapitre, nous rappellerons que les différentes techniques utilisées par les cliniciens au sein d'un entretien ne constituent en aucun cas des « recettes » que l'on peut appliquer de manière rigide car l'entretien s'inscrit dans l'histoire d'une relation entre deux personnes et la mise en œuvre d'interactions langagières. Nous avons souhaité éveiller l'attention des futurs cliniciens aux divers paramètres et dimensions de l'entretien, les connaître permet de mieux contrôler son attitude. Nous souhaitons également insister sur la nécessaire complémentarité entre pratique et recherche. Opposer ces deux champs ne peut conduire qu'à leur appauvrissement. Le clinicien est à la fois un praticien et un chercheur, car c'est en interrogeant les données recueillies sur le terrain que s'élaborent toutes les théories qui fondent la richesse et la diversité de la psychologie clinique et particulièrement de l'entretien clinique.

LECTURES CONSEILLÉES

Blanchet, A. (1991). *Dire et faire dire. L'entretien.* Paris, A. Colin.

Blanchet, A., & coll. (1997). *Recherches sur le langage en psychologie clinique.* Paris, Dunod.

Brassac, C. (1992). Analyse de conversations et théorie des actes de langage. *Cahiers de linguistique française,* 13 : 62-75.

Chiland, C. (1997). *L'entretien clinique.* Paris, PUF.

Fernandez, L., & Catteeuw, M. (2001). *La recherche en psychologie clinique.* Paris, Nathan.

Ghiglione, R. (1986). *L'homme communiquant.* Paris, Armand Colin.

Ghiglione, R., & Blanchet A. (1991). *Analyse de contenu et contenus d'analyses.* Paris, Dunod.

Jenny, J. (1997). Méthodes et pratiques formalisées d'analyse de contenu et de discours dans la recherche française contemporaine. État des lieux et essai de classification. *Bulletin de méthodologie sociologique* : 64-112.

Reinert, M. (1999). Quelques interrogations à propos de l'objet d'une analyse de discours de type statistique et de la réponse « Alceste ». *Langage et société,* 90 : 57-70.

7 élaboration d'un projet de recherche

PAR SERBAN IONESCU

Les études universitaires impliquent un premier contact systématisé avec la recherche. Cela se fait, tout d'abord, en prenant connaissance des résultats qui alimentent constamment le corpus du savoir dans le champ disciplinaire respectif. En même temps, la discussion des données issues de la recherche constitue une excellente école de la critique argumentée. Enfin, la période des études est aussi l'occasion, pour l'étudiant, d'entreprendre un premier exercice de recherche dont l'ampleur est plus ou moins importante. Certains y prennent goût et choisissent de continuer en adoptant la filière des études conduisant à l'obtention d'un doctorat. Dans les champs sous-disciplinaires de la psychologie clinique et de la psychopathologie, on note aussi le retour à l'Université, pour des études doctorales, de psychologues cliniciens, après plusieurs années de pratique, qui viennent avec des questions à résoudre en tête.

Ce chapitre a comme objectif d'apporter les éléments de base pour l'élaboration d'un projet de recherche en psychologie clinique et en psychopathologie. Nous devons, cependant, avant de présenter ces éléments, préciser pourquoi le déroulement de la recherche dans ces deux champs sous-disciplinaires ne peut se faire en utilisant les mêmes indications que pour les autres champs sous-disciplinaires de la psychologie enseignés à l'Université.

L'explication tient aux objets étudiés en psychologie clinique et en psychopathologie. Si, pour la psychopathologie, la quasi-unanimité des chercheurs est d'accord pour considérer qu'il s'agit des troubles mentaux en visant, plus particulièrement, leur description, leur classification, leur mécanisme et leur évolution, l'objet/les objets de la psychologie clinique sont plus difficiles à préciser. Cette difficulté est intimement liée à celle de la définition de la psychologie clinique, elle-même. Flieller (2003) écrivait, à juste titre, que la psychologie clinique « est une discipline qui ne se laisse pas facilement définir » (p. 317). De surcroît, il est important de souligner l'existence d'une spécificité française en la matière. Contrairement à l'évolution observée en Europe ou aux États-Unis, où la psychologie clinique correspond, avant tout à un domaine d'intervention, en France, la psychologie clinique se définit par trois éléments (Pédinielli, 1994) : *a)* une *démarche* (caractérisée par la prise en compte de la singularité du sujet, considéré dans sa globalité) ; *b)* une *méthode* (l'étude de cas et l'observation non standardisée) et *c)* un *domaine d'application* (plus ou moins étendu, mais qui, pour certains, va de la maladie aux difficultés d'adaptation). De manière prédominante, en France, la psychologie clinique se réfère aux concepts et à la pratique de la psychanalyse. Néanmoins, chacun s'accorde à reconnaître que la psychologie clinique et la psychanalyse sont deux disciplines distinctes. Plus récemment, d'autres approches théoriques (notamment, le cognitivisme) ont investi le champ de la psychologie clinique.

Les publications françaises sur la recherche en psychologie clinique se distinguent par la place importante accordée au chercheur et à sa relation à l'objet de la recherche qu'il mène. C'est le « chevauchement de l'observateur et de son objet » dont parle Devereux (1980), dans *De l'angoisse à la méthode*. En effet, toute méthode en sciences humaines et toute investigation mobilisent, à la fois, processus transférentiel de la part de l'objet humain étudié et attitudes contre-transférentielles du sujet chercheur (Bydlowski, 1995).

Dans la recherche clinique, le chercheur est « au cœur du dispositif » (Marty et Marie-Grimaldi, 2004, p. 7). Il n'est donc pas étonnant de poser des questions habituellement absentes lorsqu'on s'intéresse à la méthodologie de la recherche. Cela signifie, comme le font Marty et Marie-Grimaldi, d'aborder (même si ce n'est « qu'en quelque sorte ») la libido du chercheur, ses passions, ses humeurs. En introduisant, ainsi, la dimension subjective du chercheur et de son objet, la recherche en clinique « subvertit la question de l'objectivité en la traitant d'abord par le caractère éminemment subjectif de son champ » (*ibid.*, p. 8).

A - RECHERCHE ET PRATIQUE

Comme le rappelle Robert-Tissot (1997), les rapports qu'entretiennent la recherche et la pratique sont « complexes et souvent conflictuels ». Les causes en sont multiples. Les problèmes de communication existant entre les universitaires-chercheurs et les praticiens, problèmes dus aux différences de statuts sociaux, de langage et d'implication, constituent l'une des principales causes (Ionescu, 1987). Les publications, les articles de recherche témoignent, souvent, d'un haut niveau d'abstraction, ont dans bon nombre de cas un caractère très théorique, trop technique et s'éloignent des problèmes cliniques auxquels ils devraient pouvoir apporter des solutions. C'est parce qu'ils prennent la recherche en psychothérapie pour un « contrôle de qualité » des pratiques et des théories, que la plupart des praticiens, selon les enquêtes qui ont été menées, ignorent les comptes rendus de recherche sur les psychothérapies, en les trouvant limités et fastidieux parce qu'ils mettent trop l'accent sur la méthodologie et les traitements statistiques.

Conçue par certains auteurs comme une pratique, la psychologie clinique ne peut avoir que des relations compliquées – aussi bien du point de vue historique qu'épistémologique avec la recherche et les constructions théoriques. En considérant que la psychologie clinique est « un ensemble de connaissances et de pratiques professionnelles qui répondent à une demande de savoir et de traitement d'un sujet, sur lui-même », Blanchet (1988, p. 88) laisse entrevoir une possible articulation de la singularité psychique (située au centre de la conception traditionnelle française de la psychologie clinique) de la pratique et de la recherche.

Un exemple intéressant est constitué par la recherche concernant l'évaluation des effets des psychothérapies, thème au centre de nombreux débats. L'examen des publications disponibles confirme l'existence d'une spécificité française (Ionescu, 1998). En effet, les auteurs français (à la différence de leurs collègues anglo-saxons) accordent une place beaucoup plus importante aux problèmes épistémologiques. Un de ces problèmes est celui de la pertinence même de l'évaluation des phénomènes psychothérapeutiques. Subtils, individuels, souvent intersubjectifs, ces phénomènes se prêteraient peu à une quantification sur le modèle des sciences expérimentales. De ce fait, la recherche en psychothérapie oscille entre un pôle idiographique (celui des phénomènes uniques, non répétables et dont on ne peut donner qu'une description individualisée) et un pôle nomothétique (celui de la mise à l'épreuve d'hypothèses de plus en plus générales, qui tente de définir des lois, d'établir des relations répétables).

Un autre élément de la spécificité française est la préférence manifeste pour l'évaluation des *effets* des psychothérapies et non pas des *résultats* de celles-ci. Cela traduit le choix d'un angle plus large d'observation. Notons, aussi, la proposition d'évaluer, pour chaque technique psychothérapeutique, un ensemble d'effets partiels, sans porter de jugement global. L'élargissement des cibles de l'évaluation implique des aspects peu étudiés, comme l'évaluation de l'investissement des patients par rapport aux différentes approches psychothérapeutiques ou les aspects informels de la prise en charge et les représentations que les patients ont de leurs difficultés.

Un des points qui engendre des débats est la question de la recherche menée sur ses propres patients. Partant du fait que « la psychanalyse est une science intimiste pour laquelle la recherche est avant tout l'affaire de quelques-uns, analysants et analystes », Marty et Marie-Grimaldi (2004, p. 8) considèrent que « chaque cabinet de clinicien constitue potentiellement un mini-laboratoire de recherche sur les processus psychiques ». Cette position, partagée par de nombreux psychanalystes, mérite une réflexion approfondie. Revault d'Allonnes (1999) précise que si la pratique clinique appelle la recherche, elle n'est pas recherche. De même, réfléchir sur la pratique n'est pas encore faire de la recherche. « Celle-ci suppose un autre temps, une autre distance, des décentrements : un trajet spécifique distinct de celui de la pratique et pourtant diversement lié à elle, ainsi que des dispositifs, une instrumentation propres » (p. 20).

B - LA MÉTHODE CLINIQUE

Le fait que la psychologie clinique soit souvent définie en référence à la méthode clinique impose la connaissance de cette méthode. Elle concerne, d'une part, l'ensemble des techniques utilisées dans le cadre de la pratique des cliniciens et, d'autre part, la « démarche clinique » centrée sur l'individualité, la singularité et l'implication, permettant de découvrir l'origine et la signification des conflits et des conduites de l'être humain.

Ce qu'on appelle la méthode clinique se fonde, selon Sanzana (1997), sur un triptyque comprenant : *a)* l'observation ; *b)* la mesure, ou dimensionnalisation de traits ; *c)* la prise en compte de la relation clinicien/sujet. Certaines approches théoriques privilégient davantage la mesure[1], d'autres l'observation, d'autres, encore, le lien psychologue clinicien/sujet. Pour Pedinielli (1994), les outils de la méthode clinique sont divers. Y figurent : l'entretien (principal instrument du psychologue clinicien), les tests et les échelles, l'observation clinique (dont les résultats sont situés dans le cadre de la singularité de la personne et qui implique que l'on tienne compte de l'influence de l'observateur sur l'observation), les productions graphiques (dessins, journaux intimes, écrits, etc.) et l'étude de cas. Cette dernière est centrale, et certains auteurs, comme le rappelle Pedinielli, réfutent le terme « clinique » pour toute approche qui ne fait pas référence à l'étude de cas.

Par opposition à la clinique « à mains nues », on parle d'une clinique « armée » lorsque le psychologue clinicien utilise du matériel standardisé, c'est-à-dire des tests, des échelles ou lorsqu'il pratique l'observation standardisée. Précisons, aussi, que la méthode clinique implique une limitation des contraintes qui pèsent sur le recueil du matériel. Son but n'est pas l'obtention d'un résultat précis mais plutôt un ensemble d'éléments dont il est important d'analyser les interrelations. Pour certains psychologues cliniciens français, le terme « clinique » ne peut s'appliquer qu'aux activités non instrumentales.

Les techniques constitutives de la méthode clinique peuvent être utilisées autant dans la pratique que dans l'activité de recherche, de production de connaissances. Des aménagements sont, évidemment, à prendre en compte. Nous donnerons, ici, l'exemple de l'entretien.

L'*entretien de recherche* est un dispositif par lequel une personne A favorise la production d'un discours d'une personne B pour obtenir des informations inscrites dans la biographie de B (Labov et Fanshel, 1977). Il représente un instrument indispensable pour accéder aux informations subjectives des individus (biographies, événements vécus, croyances, etc.). L'entretien de recherche est un outil de l'enquête. Il se distingue de l'*entretien clinique* par des processus d'interaction d'ordres différents, dès lors qu'un cadre donné ou contrat de communication (Ghiglione, 1986) situe l'entretien soit dans l'enquête, soit dans la clinique.

Lorsque nous parlons d'*entretien clinique de recherche* (Chahraoui et Bénony, 2003), le terme « clinique » nous renvoie, d'une part, aux pratiques et interventions du psychologue clinicien (nous nous situons, ici, dans le domaine des soins) et, d'autre part, à une

1. Dans la préface à *L'examen psychologique en clinique. Situations, méthodes et études de cas,* Catherine Chabert (2004) écrit : « L'examen psychologique qui, il n'y a pas si longtemps, semblait tant éloigné de la psychanalyse, constitue aujourd'hui une situation clinique essentielle, nourrie par les concepts les plus opérants de la théorie freudienne, parce qu'il participe d'un moment décisif dans le devenir de la personne à qui il est proposé : déterminé par un projet rigoureux d'investigation des différentes modalités de conduites psychiques dont dispose le sujet, il est étroitement articulé avec la mise en place d'une prise en charge, la plus pertinente possible » (p. XIII).

attitude clinique caractérisée par la centration sur le sujet, la compréhension empathique, la neutralité bienveillante, le respect. Cette attitude correspond à une démarche méthodologique visant une connaissance approfondie de l'individu et à une prise de position au plan éthique face à un sujet en souffrance psychologique. Comparativement à l'entretien de recherche pratiqué dans d'autres disciplines, l'entretien clinique de recherche en psychologie se caractérise par le fait que l'accent est mis sur la dimension intersubjective et interactive de l'entretien.

L'entretien clinique de recherche peut être : non directif, semi-directif et directif. Dans un entretien *non directif,* le chercheur pose une question de départ, bien préparée, et ensuite n'intervient plus, en se contentant de faire des relances (par exemple, en reformulant le dernier mot ou la dernière phrase prononcés par le sujet, en hochant la tête, etc.). Dans le cas de l'entretien clinique *semi-directif,* le chercheur utilise un guide d'entretien. Les questions sont posées à un moment considéré comme opportun de l'entretien clinique. Ensuite, le chercheur laisse le sujet associer sur le thème proposé, sans l'interrompre. L'entretien *directif* correspond à un questionnaire composé de questions auxquelles le sujet doit répondre dans l'ordre où elles lui sont posées.

L'entretien clinique de recherche peut être analysé avec différentes méthodes (Poussin, 2003), dont :

— les *analyses de contenu* (parmi lesquelles figure l'analyse thématique) qui cherchent à saisir le sens des messages dans un discours ;
— l'*analyse propositionnelle du discours* (ou APD), basée sur l'unité de découpage qu'est la proposition, réalisable, aussi, à l'aide du logiciel TROPES ;
— les *analyses sémiotiques* qui correspondent, selon Poussin, le mieux aux besoins des cliniciens.

C - ÉTUDE DE CAS ET RECHERCHE À CAS UNIQUE

L'étude de cas occupe une place important dans le développement de la médecine et, notamment, de la psychiatrie. L'élaboration de la nosologie a été, pour une grande part, fondée sur des descriptions de cas (Ionescu, 1998). L'étude de cas occupe, aussi, une place centrale dans le développement de la psychologie clinique et de la psychopathologie. Le cas d'Anna O. a joué un rôle essentiel dans l'apparition de la psychanalyse, tout comme les autres cas présentés dans les *Études sur l'hystérie* et dans les *Cinq psychanalyses.* Widlöcher (1990) souligne le fait que depuis maintenant plus de cent ans, la description du cas type demeure l'objet privilégié de la communication scientifique en psychanalyse.

Les développements méthodologiques notés au cours du dernier quart du XXe siècle ont entaché, d'une certaine manière, la réputation des études de cas. Dans l'*Argument* du numéro consacré aux « Histoires de cas » de la *Nouvelle Revue de Psychanalyse* (1990, n° 42), est évoqué le fait que le terme « histoire de cas [...] céderait à l'attrait du romanesque ou du fait divers ». D'autre part, le mot *cas* n'a pas bonne presse. Dans l'*Argument,* il est dit que « nos patients ne sont ni les illustrations d'un traité de psychopathologie ni de la matière à statistiques ».

Plus récemment, on peut noter un réel regain d'intérêt pour la méthode du cas unique. Cela s'explique par le fait que les études menées sur des groupes ne répondent pas, de manière satisfaisante, aux questions concernant le processus de changement thérapeutique ni au besoin de tester des modèles théoriques en clinique.

« Une des forces de l'étude de cas réside dans sa capacité à produire d'excellentes descriptions individuelles. Si l'on se situe dans une perspective *idiographique,* l'objectif du clinicien est justement de connaître le sujet dans sa totalité et son unicité (Ionescu, 1998). Lorsque l'observation porte sur un seul sujet et met aussi en évidence la présence ou l'absence d'un trait unique, Widlöcher (1990) parle de *cas singulier.* Celui-ci serait doublement unique : d'abord parce qu'il repose sur l'individualité du sujet observé et, ensuite, parce qu'il fonde sur l'unicité de l'observation la preuve de l'hypothèse. Pour Widlöcher, les premières observations psychanalytiques – celles que l'on retrouve dans les *Études sur l'hystérie* et dans les *Cinq Psychanalyses* – relèvent de cette logique.

Notons, enfin, que l'étude de cas favorise la *formulation d'hypothèses* (Huber, 1987). Elle permet la découverte, conduit souvent à la construction de modèles (en se référant, donc, à la notion de type et non à celle de norme), trouve une légitimité et une place de choix dans ce que Moles a appelé « les sciences de l'imprécis » (Widlöcher, 1990).

La méthode du cas unique a aussi des limites qui sont clairement soulignées par différents auteurs. Ainsi Huber (1987) insiste sur le fait que les problèmes de la comparaison, de la généralisation, de la mise en évidence de relations causales et de l'administration de la preuve doivent être abordés par d'autres méthodes que l'étude de cas. À son tour, Widlöcher (1990) précise que l'observation d'un fait singulier sur un seul individu ne permet qu'un jugement d'existence.

La méthode du cas s'élabore à partir de deux pôles (Doron, 2003). Le *premier* pôle s'organise à partir du concept d'identité narrative, c'est-à-dire de récits de vie (oraux ou écrits). Le terme récit de vie désigne la narration ou le récit (écrit ou oral) par la personne elle-même de sa propre vie ou de fragments de celle-ci. Le récit de vie de recherche est le récit de vie suscité à la demande d'un chercheur. Ce type de récit de vie trouve ses origines principales dans l'ethnologie ou l'anthropologie culturelle, d'une part, et dans la sociologie, d'autre part. Utilisé plus récemment en psychologie, le récit de vie constitue une méthode appropriée « à l'abord de l'histoire de vie singulière, de même qu'à l'abord des innombrables phénomènes individuels qui gagneraient à être éclairés sous l'angle de cette histoire » (Legrand, 1993, p. 184).

Le *second* pôle de la méthode du cas s'organise selon des évaluations à visée objective des manifestations mesurables de la vie psychique permettant de situer un individu par rapport à une norme ou à une population. Ainsi, il est possible actuellement de réaliser des recherches sur les variations de l'émotion au cours de la journée d'un individu particulier. La méthode d'échantillonnage des expériences (Swendsen et Bourgeois, 1999) permet de « capturer » les fluctuations d'états mentaux de la vie quotidienne. La journée est découpée en tranches horaires et toutes les trois heures une montre sonne. Le sujet participant à la recherche remplit alors un questionnaire dans lequel il évalue les manifestations d'angoisse, de dépression et ses éventuelles consommations de substances (comme, par exemple l'alcool), utilisées pour atténuer les manifestations respectives.

Au cours du dernier quart de siècle, la réflexion sur la recherche à cas unique s'est beaucoup développée, et de nouvelles perspectives méthodologiques se sont ouvertes. Ainsi, Hilliard (1993) définit la recherche à cas unique comme le type de recherche intra-sujet (c'est-à-dire visant l'étude longitudinale, chez un seul sujet, de la variation d'une ou de plusieurs variables pertinentes), qui se caractérise, d'une part, par le fait que les données individuelles sont traitées séparément (en évitant leur agrégation) et, d'autre part, par le fait que la question de la généralisation des résultats est abordée en répliquant la recherche sur un seul cas à la fois.

Cet auteur décrit trois catégories de recherches à cas unique :

a / l'étude de cas qui n'implique pas de quantification formelle et conduit à un recueil de données qualitatives ;

b / l'analyse quantitative à cas unique concerne l'utilisation, sur des cas uniques, des techniques quantitatives d'analyse temporelle des variables (comme l'analyse séquentielle). Il n'y a, cependant, pas de manipulation directe des variables étudiées ;

c / l'expérimentation à cas unique fait référence aux plans de recherche à cas unique et permet de recueillir des données quantitatives, implique la manipulation de la variable indépendante et permet de tester des hypothèses.

D - NOTIONS DE MÉTHODOLOGIE DE LA RECHERCHE

Dans cette partie du chapitre, nous passerons en revue les notions fondamentales pour l'élaboration d'un projet de recherche.

I - La problématique

Cette section est consacrée à l'étape de début de toute recherche. Il s'agit de la démarche qui implique la formulation d'une question de recherche et qui mène à l'hypothèse. La problématique (ou le problème) de recherche fait référence à la question à laquelle les connaissances disponibles ne permettent pas encore d'apporter une réponse satisfaisante ou suffisante. Présenter la problématique de recherche signifie, essentiellement, répondre à la question : « Pourquoi avons-nous besoin de réaliser cette recherche et de connaître ses résultats ? »

Les situations qui font ressortir une problématique sont diverses. Prenons quelques exemples !

En 1987, la peur du sida dans la population générale apparaissait comme importante. Une recherche bibliographique dans les banques de données nous a montré qu'il n'y avait pas de réponses à plusieurs questions que nous nous étions posés : « Y a-t-il des variations culturelles de l'intensité de la peur du sida et des personnes infectées par le VIH ? », « quelles sont les caractéristiques psychologiques individuelles en relation avec la peur du sida et le rejet des personnes infectées par le VIH ? » Ce questionnement nous a conduit à l'élaboration d'un projet de recherche (Ionescu et Jourdan-Ionescu, 1989) qui nous a permis d'aboutir aux conclusions suivantes :

— les étudiants d'université québécois ont plus peur du sida que leurs collègues des universités parisiennes ;
— les étudiants d'origine africaine (et, plus particulièrement, ceux d'Afrique noire) ont plus peur du sida que les étudiants français ;
— les attitudes face au sida sont en relation avec le programme d'études auquel sont inscrits les étudiants ;
— la peur du sida est en relation avec l'homophobie et l'anxiété face à la mort.

D'autres situations font ressortir une problématique. Ainsi, la difficulté / l'impossibilité de généraliser les conclusions des études sur les effets pathogènes du traumatisme a engendré un courant important de recherche sur la résilience et les facteurs de protection. Dans d'autres cas (assez fréquents), la problématique est générée par les conclusions différentes auxquelles aboutissent différents chercheurs qui travaillent sur un même thème. L'examen attentif de leurs publications peut mettre en évidence des différences méthodologiques (liées aux populations étudiées ou aux instruments employés). Ce constat conduit à l'élaboration de nouveaux projets. Mentionnons, enfin, les prédictions différentes concernant un phénomène faites à partir de positions théoriques différentes. Un exemple pourrait être constitué par le phénomène de substitution des symptômes après des thérapies d'orientations différentes (psychanalyse et thérapie comportementale). Or, des publications disponibles montrent que la substitution des symptômes est notée non seulement après des thérapies comportementales, mais aussi après des cures analytiques.

Dans d'autres situations, les problèmes de recherche émanent de l'expérience personnelle du chercheur : des pratiques qui échouent ou qui ont des conséquences inattendues, des événements problématiques récurrents, des situations comportant un phénomène particulier, curieux ou étonnant.

II - Les hypothèses

L'hypothèse est une déclaration à propos de la relation entre deux variables, portant sur quelque chose qui pourrait être vrai si la solution que propose le chercheur pour le problème est correcte (Philippot, 2000).

Il est important de distinguer l'hypothèse générale qui n'est pas directement vérifiable ou qui pourrait être vérifiée par une diversité de stratégies, des hypothèses opérationnelles, qui font référence à des opérations concrètes à mettre en place pour voir apparaître les événements auxquels on s'intéresse et qu'on veut mesurer. Ces hypothèses doivent faire clairement état des variables considérées.

Une autre exigence lors de la formulation des hypothèses est que celles-ci soient rigoureuses : la prédiction faite n'est valable que dans la mesure où elle est cohérente avec l'ensemble des connaissances sur le sujet. Cela implique une information bibliographique approfondie, réalisable en utilisant les principales bases de données : *Psychological Abstracts* et *Pascal* (de langue française).

L'hypothèse doit être vérifiable. Il est, donc, impératif de pouvoir la tester et de pouvoir dire si elle est vraie ou fausse. Une hypothèse est vérifiée quand on peut tirer une conclusion à propos du contenu de la prédiction énoncée.

Contrairement à la croyance assez répandue parmi les débutants en matière de recherche, la non-validation, l'infirmation d'une hypothèse constitue un résultat positif. Ce résultat diminue l'incertitude du chercheur, l'amène à chercher une compréhension de l'infirmation de son hypothèse et lui permet de formuler d'autres questions.

Précisons, aussi, que dans certaines situations, comme le fait d'aborder des objets de recherche nouveaux, peu explorés, une question de recherche bien posée peut souvent suffire à orienter correctement des recherches de type exploratoire.

III - Le choix des instruments

Le choix de l'instrument doit permettre de tester l'hypothèse formulée. Ce choix doit être fait en tenant compte des qualités psychométriques de l'instrument (fidélité, validité). Afin de rendre possible la comparaison des résultats avec ceux des autres chercheurs qui travaillent dans le même domaine, il est utile de tenir compte de l'utilisation d'un instrument par ceux-ci, ainsi que de leurs commentaires concernant l'instrument respectif.

Pour les instruments élaborés dans un autre pays, il est indispensable de vérifier l'équivalence de cinq dimensions majeures : l'équivalence des contenus, l'équivalence sémantique (préservée, notamment, en utilisant le procédé de la rétrotraduction ou de la traduction renversée), l'équivalence technique (la pertinence du mode de recueil des données), l'équivalence quant au critère (celle de l'interprétation des résultats en fonction des normes) et l'équivalence conceptuelle (en s'assurant que l'instrument mesure la même chose dans chaque culture) (Ionescu, 2005).

Pour la recherche d'instruments, nous recommandons – en plus de la consultation de spécialistes du sujet – des ouvrages spécialisés, comme celui publié par Bouvard et Cottraux (1996), et des catalogues, comme le *Mental Measurements Yearbook* de Buros, périodiquement remis à jour.

IV - L'échantillonnage

L'impossibilité de travailler sur la totalité des cas visés rend nécessaire l'utilisation d'un échantillon. Celui-ci présente des avantages considérables en termes d'économie de temps, d'argent et d'énergie. Habituellement, on convient que la validité d'une conclusion formulée sur la base d'informations obtenues sur un échantillon est fonction du caractère plus ou moins représentatif de cet échantillon par rapport à la population dont il est issu.

Deux types d'échantillonnage peuvent être utilisés : l'échantillonnage probabiliste ou aléatoire et l'échantillonnage empirique (Voyer *et al.*, 2000). Les techniques d'échantillonnage aléatoires, applicables lorsque la probabilité d'être inclus dans l'échantillon est connue pour tous les éléments de la population, permettent de constituer trois types d'échantillons : aléatoires simples, stratifiés et par grappes.

— *L'échantillonnage aléatoire simple* fait référence au cas où chacune des unités de la population a une probabilité égale d'appartenir à l'échantillon. La technique de base pour constituer un tel échantillon consiste à numéroter chaque élément de la population et à en retenir un certain nombre par un procédé de tirage au sort.

— *L'échantillonnage stratifié* se fait en divisant la population en sous-populations ou strates, en fonction d'un certain nombre de critères et en constituant, par la suite, un échantillon aléatoire pour chacune des strates. L'échantillon total résulte de la combinaison de ces divers sous-échantillons ou des échantillons simples de ces sous-populations.

— *L'échantillonnage par grappes* est adopté lorsqu'il est très difficile d'identifier chaque élément d'une population, soit lorsqu'il est plus pratique de sélectionner des groupes d'individus. On parle d'échantillonnage par grappes (ou en grappes) pour désigner le mode de tirage où les unités échantillonnées renferment chacune un certain nombre de participants. Dans ce cas, tous les éléments d'une grappe ou d'un bloc appartiennent d'office à l'échantillon. Un exemple édificateur est le tirage d'un échantillon de classes, plus facile à réaliser que la sélection d'élèves répartis partout dans une école ou dans plusieurs établissements.

Il existe d'autres procédés d'échantillonnage qui, à la différence des techniques aléatoires, ne sont pas fondés sur les probabilités. Ces procédés sont qualifiés d'empiriques. Les principaux types d'échantillon non probabiliste sont : l'échantillon *accidentel,* l'échantillon formé de *volontaires,* l'échantillon *aréolaire* et l'échantillon *par quotas.* Lorsqu'il constitue un échantillon accidentel, le chercheur prend les cas qui se présentent à un moment donné et à un endroit donné, sans que cela n'ait quelque lien avec son objet d'enquête, et ce jusqu'à ce qu'il ait atteint le nombre de participants désiré. Cet échantillon ne représente cependant aucune population bien définie. Bien qu'il s'agisse d'un procédé très économique, cette façon de procéder est très risquée parce qu'elle est une importante source de biais. Très utilisé dans la recherche en sciences humaines et sociales, *l'échantillon constitué de volontaires* soulève la question de la généralisation possible des résultats. Le problème est ici que l'on ignore jusqu'à quel point les volontaires se comportent de la même manière que ceux qui appartiennent à la population visée mais qui n'acceptent pas de participer. Le troisième type d'échantillon empirique est *l'échantillonnage aréolaire* qui est peu utilisé dans le domaine de la psychologie. Cette méthode, appelée aussi « méthode des itinéraires forcés ou topographiques », s'applique sur le terrain. L'enquêteur reçoit des consignes formelles quant à l'itinéraire à suivre, au choix des résidences à visiter ainsi qu'aux caractéristiques que doivent présenter les personnes interrogées. Le quatrième type d'échantillonnage empirique est *l'échantillonnage par quotas* qui s'apparente beaucoup à l'échantillonnage stratifié décrit précédemment, dans le cadre des techniques d'échantillonnage aléatoire. Ce procédé se déroule en quatre étapes : *a)* la division de la population en sous-catégories en fonction d'une ou de plusieurs variables de stratification ; *b)* le recueil de données statistiques relatives aux effectifs de chaque sous-catégories ; *c)* la détermination des quotas à respecter et *d)* la sélection des participants. Bien qu'ayant des limites (notamment, parce qu'elles ne permet pas d'évaluer la précision des estimations), la méthode des quotas est un procédé valable en l'absence d'une base de sondage adéquate ou d'une liste exhaustive des éléments de la population.

Une des questions importantes concernant l'échantillonnage est celle de la détermination de la taille d'un échantillon. Les chercheurs sont unanimes pour reconnaître que plus l'échantillon est petit, plus l'erreur est grande.

Meltzoff (2003) rappelle que l'une des principales critiques des études qui n'aboutissent pas est qu'il n'y a pas eu suffisamment de sujets. La réponse donnée au chercheur qui est en train d'élaborer un projet de recherche et qui se demande « de combien de sujets il a besoin ? » est, selon Meltzoff, « autant que possible ». Le nombre des « possibles » est vite ajusté en devenant nombre de « sujets possibles » à faire participer. La faisabilité intervient clairement dans ce contexte. Des procédés statistiques précis permettent, cependant, de calculer de manière exacte le nombre de sujets nécessaires. Nous recommandons à tous ceux qui désirent s'informer et adopter une décision bien argumentée concernant le nombre de sujets, la technique de « l'analyse de la force » proposée par Cohen (1969, 1992) et l'ouvrage de Kraemer et Thiemann (1987) intitulé « Combien de sujets ? ».

V - Facteurs qui réduisent la validité d'une recherche

Une recherche est considérée comme valide si elle aboutit à des conclusions auxquelles il est possible d'accorder crédit avec une confiance raisonnable. Plusieurs facteurs peuvent réduire la validité ou même invalider une recherche. Après avoir effectué une revue de la littérature, Robert (1988) dresse une liste de 12 agents pouvant agir sur la validité :

a / les attentes du chercheur, notamment en ce qui concerne la confirmation de l'hypothèse, peuvent l'amener à informer le sujet, de manière involontaire (par des paroles ou par sa communication non verbale), quant aux réponses escomptées ;

b / les attentes du sujet concernant ce qu'il vient faire en participant à la recherche (dans le cadre de son rôle de sujet, le participant peut agir, notamment pour être jugé positivement, de la manière qu'il pense être celle qui intéresse le chercheur) ;

c / les fluctuations de l'attention du chercheur en tant qu'observateur (la fatigue, particulièrement lors d'activités répétitives, peut conduire à un émoussement progressif de la capacité d'observation) ;

d / le non-respect des critères établis pour le choix des sujets participants à la recherche (selon les règles d'échantillonnage qui ont été présentées ci-dessus, au point IV) ;

e / la passation de plusieurs instruments de recherche (il s'agit, par exemple, de l'effet résiduel de l'administration d'un instrument sur les résultats à l'instrument administré après). Cela implique, éventuellement, de contrebalancer les effets en changeant, de manière planifiée, l'ordre de passation ;

f / la régression statistique résultant d'évaluations à répétition qui peuvent faire migrer les valeurs des mesures en direction de la moyenne. Ce phénomène est plus marqué chez les sujets ayant donné, au départ, des réponses se situant vers les extrémités de la distribution obtenue pour l'ensemble des sujets ;

g / lors d'évaluations répétées, les résultats obtenus peuvent être influencés par le processus de maturation associé au développement. Les changements notés peuvent, donc, ne pas être en relation avec les effets des variables à l'étude mais refléter des changements imputables à la maturation ;

h / des facteurs liés à l'histoire du sujet, aux événements de sa vie, qui ont un effet sur le fonctionnement psychique du sujet au moment de sa participation à la recherche ;

i / la diminution, dans le temps, de l'effectif des sujets, le phénomène de perte de sujets, impossible à prédire lors de la sélection des sujets, et qui ne peut être compensé que dans certains cas ;

j / la perte différentielle de sujets lorsque le chercheur travaille avec plusieurs groupes (l'équivalence ou la comparabilité des groupes risque d'être fortement affectée par des pertes qui varient d'un groupe à l'autre) ;

k / l'effet combiné de plusieurs facteurs décrits ci-dessus ;

l / la contamination des résultats, suite à l'effet d'une variable non contrôlée. Ainsi, un chercheur peut attribuer les différences constatées à une variable quand, en fait, elles sont attribuables à une autre variable qui invalide les résultats de la recherche.

Les 12 facteurs mentionnés peuvent affecter la validité dite « interne » d'une recherche. Le mot interne indique qu'il s'agit d'une validité qui a trait aux objectifs de départ de la recherche, à des problèmes spécifiques liés à la recherche en question. Si la validité interne est considérée comme satisfaisante, alors le chercheur doit examiner la validité externe de sa recherche. Se pose, alors, la question de la possibilité de généraliser les résultats ou les conclusions de la recherche effectuée à d'autres individus (validité échantillonnale) ou à d'autres contextes que ceux que le chercheur a considérés (validité écologique).

VI - Traitement des données

Rares sont les psychologues qui aiment les statistiques ! Ce manque d'affection est encore plus net chez les cliniciens... Et pourtant, dans certaines recherches (effectuées sur des groupes), l'utilisation des méthodes statistiques de traitement des données s'avère indispensable.

La principale règle est qu'il ne faut pas attendre la fin de la recherche pour réfléchir à comment traiter les données recueillies. La question de savoir s'il faut utiliser ou non des méthodes statistiques et de préciser quelles sont ces méthodes doit se poser *avant* le recueil des données. Ces décisions vont de pair avec la définition des variables à étudier, avec la définition de la population (incluant le nombre de sujets) et avec le modèle de recueil des données.

Les analyses statistiques se font à l'aide de tests qui nous permettent d'établir s'il y a une liaison entre les variables (test d'indépendance) ou s'il y a une différence entre les groupes (test d'égalité). Dans les deux cas, nous formulons et nous testons une hypothèse nulle (notée Ho). Conformément à cette hypothèse, nous affirmons qu'il n'y a pas de liaison entre les variables étudiées ou qu'il n'y a pas de différence entre les groupes sur lesquels a été menée la recherche. Le test statistique permet l'acceptation ou le rejet de l'hypothèse nulle sur la base d'une règle qui accepte un risque de 5 % de rejeter à tort Ho.

Deux types de méthodes sont disponibles pour tester l'existence d'une liaison entre variables ou d'une différence entre groupes : *a)* des tests paramétriques qui requièrent, notamment, que la distribution des données soit normale ainsi que des effectifs minimaux de sujets ; *b)* des tests non paramétriques, moins puissants, mais qui n'imposent aucune contrainte quant aux distributions et sont applicables sur des faibles effectifs.

D'autres méthodes, plus complexes, permettent de comparer plusieurs moyennes (analyse de variance) ou de prendre en compte, dans les analyses, l'ensemble des variables (analyses multivariées, comme l'analyse factorielle des correspondances et l'analyse en composantes principales).

E - QUESTIONS D'ÉTHIQUE

La recherche sur des sujets humains soulève le problème de la responsabilité du chercheur. Préoccupés par les questions d'éthique et par les abus auxquels peut donner lieu l'activité scientifique, plusieurs regroupements de chercheurs en psychologie ont jugé très important d'assurer, à l'aide de codes de conduite, la protection des sujets participant à une recherche.

Dès 1972, l'Association américaine de psychologie publie un Code d'éthique comprenant neuf principes fondamentaux touchant à la responsabilité du chercheur, à sa compétence, aux normes légales et morales, aux déclarations publiques, à la confidentialité, au bien-être des usagers de services publiques, aux relations professionnelles, aux techniques d'évaluation et à la recherche avec des sujets humains.

Sabourin et Bélanger (1988) discutent une suite de règles à respecter dans le cadre de la recherche psychologique. Pour la phase d'élaboration d'un projet de recherche, trois règles sont à respecter :

— aucune recherche sur la personne humaine ne doit être entreprise si elle n'a pas pour but ultime l'acquisition de connaissances susceptibles de contribuer à l'amélioration de l'état et des conditions de vie de l'individu et de la société ;

— aucune recherche n'est justifiable si elle fait courir au sujet des risques démesurés ;
— le chercheur a l'obligation d'élaborer le meilleur projet de recherche dont il est capable.

Lorsque le chercheur procède à la sélection des sujets, une autre règle importante doit être respectée : « Aucune recherche ne doit se faire sur la personne humaine si celle-ci n'a pas donné un consentement libre ». Il s'agit, donc, d'un accord consenti sans la moindre pression de la part de qui que ce soit. Seule la personne majeure et douée de discernement est capable d'accorder un consentement libre à sa participation. Dans le cas de sujets vulnérables, de personnes présentant des troubles mentaux, de personnes handicapées mentales et de mineurs, on doit, en plus de leur consentement, obtenir le consentement de leur tuteur légal.

Lors de la sélection des sujets, une autre règle doit être scrupuleusement respectée : « aucune recherche ne doit se faire sur la personne humaine si celle-ci n'a pas donné un consentement éclairé. » L'information donnée au sujet doit être complète. Le chercheur doit décrire de manière exacte, claire, les objectifs de la recherche, son utilité et les avantages espérés. Il est tenu de dévoiler les méthodes utilisées, et effets prévisibles, les risques encourus. Le chercheur a l'obligation de présenter au sujet potentiel tout ce qui pourrait l'amener à refuser sa participation. Même s'il a donné son accord pour participer, tout sujet doit être libre de se retirer, à tout moment, avant ou pendant le déroulement de la recherche.

Une fois la recherche terminée, le chercheur « doit veiller à l'élimination des effets consécutifs négatifs ». Cette règle fait référence aussi bien aux effets immédiats qu'aux effets à long terme, aux réactions plus tardives.

Le chercheur étant « pleinement responsable de la conduite de la recherche », il doit interrompre toute recherche qui causerait des torts ou des dommages aux participants.

Lors de l'analyse et de l'interprétation des résultats, le chercheur doit respecter plusieurs règles :
— il doit analyser et interpréter objectivement les résultats ;
— il doit reconnaître la portée limitée de ses interprétations et veiller à ce qu'elles ne soient pas utilisées pour des fins autres que celles prévues ;
— il a le devoir de protéger l'anonymat des sujets et de maintenir la confidentialité des données.

Lors de la publication des résultats, le chercheur est tenu de respecter la confidentialité des informations, surtout quand il s'agit d'études de cas.

Le gouvernement français a crée, en 1983, le Comité consultatif national d'éthique pour les sciences de la vie et de la santé (CCNE), qui a pour mission de donner des avis. En 1988 est promulguée, en France, la loi sur la protection des personnes qui participent à des recherches biomédicales, dite « loi Hurriet ». Conformément à ce texte, les médecins ne peuvent mener aucune recherche sans avoir préalablement obtenu le consentement des personnes concernées, une fois la recherche clairement présentée. Cette loi a conduit à la mise en place, dans les régions, des Comités consultatifs pour la protection des personnes se prêtant à la recherche biomédicale (CCPPRB).

En guise de conclusion

La recherche est une activité passionnante qui demande de la rigueur, de la patience, beaucoup de motivation, de la créativité, du sens critique et autocritique et une bonne dose d'ouverture d'esprit.

Il ne faut jamais oublier que le but final de la recherche est la création de nouvelles connaissances, l'obtention de réponses à des questions restées sans réponses ou pour lesquelles, les réponses obtenues sont incertaines.

La communication des résultats à des colloques ou dans des congrès est un excellent moyen d'écouter ce que font les autres et, bien sûr, de communiquer ses résultats et de valider le créneau choisi et la méthode utilisée.

LECTURES CONSEILLÉES

Fernandez, L., & Catteeuw, M. (2001). *La recherche en psychologie clinique.* Paris : Nathan Université.

Santiago Delefosse, M., Rouan, G. *et coll.* (2001). *Les méthodes qualitatives en psychologie.* Paris : Dunod.

quatrième partie

DOMAINES CONNEXES

8 neuropsychologie clinique

PAR MICHÈLE MONTREUIL ET MURIEL LEZAK

A - DÉFINITION

La neuropsychologie a pour objet d'étude les perturbations cognitives, émotionnelles et du comportement, provoquées par des lésions cérébrales. Ce champ disciplinaire se situe au carrefour de la neurologie, de la psychiatrie, de la psychologie et d'une manière générale, des neurosciences. De la neurologie, la neuropsychologie garde la référence constante à la lésion cérébrale ou à la désorganisation neurophysiologique qui est responsable des troubles (Cambier *et al.*, 2000). Elle emprunte des concepts à la psychologie pour décrire les comportements. La psychiatrie apporte une lecture des troubles psychopathologiques et des facteurs de comorbidité parfois associés. Les neurosciences donnent un éclairage sur les activités mentales, par exemple, au travers de la neuroimagerie (imagerie par résonance magnétique (IRM), PET scan) et sur les facteurs de plasticité et de restauration cérébrales.

Plusieurs définitions situent l'évolution du concept de neuropsychologie : « La neuropsychologie est à la charnière d'une part des neurosciences, d'autre part des sciences du comportement et des relations interhumaines », écrit Hecaen (1972). Quoique restrictive, la définition de Seron et Jeannerod (1994) est historiquement fondée : « Sous le terme de neuropsychologie, il semble que l'on est en droit de délimiter un domaine, en particulier, de la neurologie principalement corticale, qui intéresse à la fois neurologues, cliniciens, psychiatres, psychologues, psychophysiologistes et neurophysiologistes. Ce domaine concerne les troubles des activités mentales supérieures... »

Selon la position contemporaine de la Société de neuropsychologie de langue française (SNLF), la neuropsychologie traite des relations entre les processus mentaux qui sous-tendent l'activité du cerveau, les fonctions cognitives, le comportement émotionnel, car les atteintes cérébrales retentissent à la fois sur l'efficience cognitive, le fonctionnement émotionnel et les comportements du sujet.

La compétence des psychologues cliniciens spécialisés en neuropsychologie doit reposer sur la connaissance des bases neuronales des comportements, des théories cognitives, des théories du développement du psychisme humain, de son organisation et de ses manifestations normales et pathologiques. Elle nécessite aussi la formation à l'écoute du sujet et de sa famille, dans une approche globale de la situation.

La méthode en neuropsychologie permet d'évaluer de manière standardisée les fonctions cognitives, en référence à des modèles théoriques et de rechercher les mécanismes des déficits observés. Pour cela, le neuropsychologue dispose d'un large éventail de procédures et d'outils : l'entretien clinique, des évaluations psychométriques, cognitives, écologiques, des programmes de réadaptation. Il effectue une analyse clinique approfondie des dimensions objectives et subjectives de la situation psychique du patient, en tenant compte de son environnement. La synthèse des résultats doit aboutir à un travail d'interprétation compréhensible et transmissible. Le bilan réalisé par le neuropsychologue se distingue ainsi des évaluations des autres intervenants, il complète l'investigation médicale et paramédicale.

B - HISTOIRE DE LA NEUROPSYCHOLOGIE

I - Les courants théoriques

L'émergence de la neuropsychologie, en tant que champ clinique individualisé date du XIXe siècle. Mais, l'élaboration historique des connaissances qui la sous-tendent est plus ancienne (Montreuil et North, 2001). Le rôle du cerveau dans la commande du mouvement et de la parole est décrit par les Égyptiens. À la période hellénistique, s'opposent deux théories, Platon puis Hippocrate situent la partie de « l'âme » responsable des sensations, de la raison et des mouvements dans le cerveau, tandis qu'Empedocle et Aristote situent l'âme dans le cœur, « acropole du corps ». Ces deux thèses resteront en compétition jusqu'à la fin du Moyen Âge. Willis, neuroanatomiste du XVIIe siècle, est le précurseur des théories sur les localisations cérébrales. Il associe le sens commun et les mouvements volontaires au corps strié, l'imagination au corps calleux, la mémoire au cortex cérébral et le comportement instinctif à la partie centrale du cerveau.

Au début du XIXe siècle, les travaux de Gall et Spurtzheim (1822) instaurent une nouvelle doctrine, la phrénologie. Le médecin autrichien Gall fait correspondre une faculté psychique à une partie délimitée du cerveau. Il décrit, ainsi, 27 fonctions ou « qualités ». Parmi celles-ci, il propose les fonctions de langage, de calcul, de la vision, mais aussi des « facultés » aussi variées et surprenantes que le sens de la mécanique, l'instinct carnassier, le courage ou encore l'amour de la progéniture. Si de telles descriptions, inspirées de la morale de l'époque, font sourire au XXIe siècle, on comprend que cette sémiologie ait pu engendrer, sous couvert d'une doctrine pseudo-scientifique médicale, la stigmatisation sociale d'un certain nombre d'individus. Malgré cela, l'intuition de Gall est d'avoir suggéré une correspondance entre fonction intellectuelle et localisation cérébrale.

Dans la mouvance de ce courant théorique, Broca, chirurgien et anthropologue, présente à la Société d'anthropologie une communication intitulée : « Perte de la parole, ramollissement chronique et destruction partielle du lobe antérieur gauche du cerveau ». Il s'agit de la première observation anatomo-clinique conduisant à l'individualisation d'un centre fonctionnel cérébral que nous connaissons aujourd'hui sous la dénomination d' « aire de Broca ». Avec Gall, Bouillaud, Broca puis Wernicke se développe un courant de pensée « localisationniste » qui propose une cartographie du cerveau.

Avec Pierre Marie puis Von Monakow, un nouvelle approche, violemment « anti-localisationniste » va naître. Goldstein est à l'origine d'un courant « holistique », à partir de l'étude des blessés de la Première Guerre mondiale. Ces auteurs avancent l'idée d'un fonctionnement global et modulaire des structures cérébrales.

Après la Seconde Guerre mondiale, les oppositions entre localisationnistes et globalistes s'estompent. Les théories « connexionnistes » se développent. La neuropsychologie intègre l'apport de l'analyse statistique, de la linguistique, de la psychologie cognitive et des techniques d'imagerie cérébrale. Le neuroanatomiste Papez développe l'idée selon laquelle l'expérience émotive aurait son siège dans les couches inférieures du cerveau : l'hippocampe, l'hypothalamus et l'amygdale.

Dans les années 1960, le neuropsychologue russe, Luria apporte une contribution décisive. Il intègre à la neuropsychologie l'étude des fonctions cognitives mais aussi émotionnelles et comportementales. Il considère les fonctions corticales supérieures comme le fruit du travail intégrateur de plusieurs zones cérébrales travaillant de concert. Pour cela, il propose, dans son ouvrage *Les fonctions corticales supérieures chez l'homme*, publié en français en 1978, une synthèse heuristique des différentes conceptions neuropsychologiques : localisationnistes, associationnistes et globalistes.

Au XXIe siècle, les relations entre cognition et émotion font l'objet de débats passionnés chez les chercheurs, les uns estimant que la cognition et l'émotion doivent être séparées et considérées comme des fonctions indépendantes alors que pour d'autres, l'émotion est un aspect de la cognition. Les travaux de Damasio (1995) ont redonné une impulsion à la question du rôle des émotions dans les comportements humains.

II - Examen et épreuves neuropsychologiques

a. Le développement normal et pathologique

Au début du XXe siècle, les psychologues français Binet et Simon (1908) instaurent le premier test d'intelligence, dans le but de dépister les arriérations mentales en milieu scolaire, afin de mieux orienter l'éducation (Spearman, 1904). Ils proposent au sein d'une « échelle métrique de l'intelligence » des épreuves de difficulté croissante et définissent, pour chaque tranche d'âge, une « norme » de rendement intellectuel.

Progressivement, les psychologues transposent aux adultes la démarche des tests créés chez les enfants. Deux domaines d'application sont ciblés : la détérioration mentale des personnes âgées (Wechsler, 1944) et les conséquences sur l'intellect des tumeurs cérébrales (Smith, 1962).

b. La neurotraumatologie

L'examen et les outils neuropsychologiques se développent au cours des deux guerres mondiales de chaque côté de l'Atlantique (Poppelreuter, 1990), face à la multiplication des soldats blessés de la face et de la tête. C'est, dans ce contexte, après la Première Guerre mondiale que l'association française « Les gueules cassées » est créée. Ainsi, de nombreuses techniques d'examen neuropsychologique ont leur origine dans les hôpitaux militaires du siècle dernier (Teuber, 1948 ; Luria, 1978).

c. La neurochirurgie à visée thérapeutique

Entre les deux guerres mondiales, la neurochirurgie progresse, grâce à l'évolution de l'anesthésie et de l'antisepsie. En l'absence de méthodes radiologiques sensibles, les examens neuropsychologiques constituent une aide essentielle au diagnostic. Les neurochirurgiens opèrent des tumeurs cérébrales, font des résections de foyers épileptogènes ou bien encore procèdent à des sections des lobes frontaux, pour réduire des symptômes d'ordre psychiatrique résistants à toute thérapeutique. Halstead (1947) développe des tests afin de comprendre les conséquences des résections faites sur les régions frontales.

C - LA NEUROPSYCHOLOGIE CLINIQUE, UNE CONTRIBUTION CONTEMPORAINE

En France, la neuropsychologie clinique traditionnelle s'est implantée, à partir des années 1970, dans les centres hospitalo-universitaires. Un premier but est d'analyser les troubles cognitifs, émotionnels et du comportement, initialement dans le domaine de la neurologie et, plus récemment de la psychiatrie. Un autre objectif pratique est la rééducation. Idéalement, cette rééducation devrait se faire dans une approche écologique, qui prenne en compte la singularité du sujet et les répercussions des troubles dans sa vie quotidienne. Aujourd'hui, les principaux secteurs d'application de la neuropsychologie clinique sont :

a / Le développement et l'éducation. Pour une connaissance des techniques et des outils utilisés chez l'enfant, nous conseillons des lectures sur l'évaluation psychométrique et la rééducation des troubles des apprentissages chez l'enfant (Mazeau, 2004 et 2005 ; Hommet *et al.*, 2005).

b / La psychiatrie. Parmi les affections psychiatriques qui font l'objet d'explorations neuropsychologiques citons : les dépressions et les troubles anxieux, les schizophrénies, les troubles de l'hyperactivité et de l'attention, les troubles obsessionnels-compulsifs (Botez-Marquard et Boller, 2005 ; Van der Linden *et al.*, 2000).

c / Le secteur médico-légal. Le secteur de la justice et celui des assurances offrent des missions ponctuelles, dans le cadre d'expertises médico-légales. L'expertise neuropsychologique, dans le secteur médico-légal, contribue au chiffrage des chefs de préjudice et à l'indemnisation des séquelles neurologiques dues, par exemple, à un accident du travail ou à un accident de la route. Mais elle sert aussi à apprécier la responsabilité et l'accessibilité à la sanction pénale d'un individu ou, éventuellement, sa mise sous tutelle ou sous curatelle.

d / La recherche clinique. Elle comporte l'élaboration de tests ou techniques d'évaluation des troubles cognitifs, affectifs et du comportement. Elle s'appuie fréquemment sur les neurosciences et la psychologie cognitive. Les recherches ont lieu dans des structures qui dépendent des principaux organismes publics de recherche (centres hospitalo-universitaires, CNRS, INSERM). Dans le secteur privé, les laboratoires pharmaceutiques peuvent solliciter les neuropsychologues pour l'élaboration de protocoles de recherche clinique et l'évaluation des effets des nouveaux traitements.

e / La neurologie. La contribution la plus fréquente de la neuropsychologie clinique est l'aide au diagnostic précoce et différentiel des affections cérébrales, qu'elle partage avec l'examen clinique neurologique et la neuroimagerie (scanner, imagerie par résonance magnétique : IRM, PET scan, scintigraphie cérébrale), pour différencier, par exemple, dépression et démence débutante ; vieillissement normal et démence. Elle permet d'objectiver des séquelles cognitives et affectives suite à des affections cérébrales et de suivre leur évolution dans le temps à l'aide d'examens répétés et comparatifs.

f / La rééducation. Il appartient, également, au psychologue clinicien spécialisé en neuropsychologie de participer à l'élaboration, à la coordination des programmes de réadaptation, en se basant sur les données fournies par l'évaluation neuropsychologique initiale. Il doit, en outre, évaluer l'efficacité de la rééducation neuropsychologique. Les autres missions sont l'accompagnement, l'information, la prévention de dommages psychologiques secondaires et la prise en charge du patient et de son entourage (parents et professionnels de la santé). Le psychologue clinicien spécialisé en neuropsychologie est un acteur à part entière de la mission de santé publique (décret du 31 janvier 1991, art. 2).

La contribution la plus ancienne et la plus fréquente de la neuropsychologie se situe dans le champ de la neurologie. C'est pourquoi nous limitons le chapitre à ce vaste champ d'application. Nous terminerons par des commentaires sur la rééducation.

I - La neuropsychologie dans le champ de la neurologie

L'expérience de terrain montre l'insuffisance, tant dans les institutions que dans l'exercice libéral, du nombre de psychologues auprès des patients atteints d'affections neurologiques. Cela suppose une formation spécifique aux dimensions psychopathologique et neuropsychologique des affections cérébrales organiques.

Depuis vingt ans, des postes de psychologues ont été créés dans le cadre institutionnel et surtout pour les patients atteints de la maladie d'Alzheimer. La prévalence des principales affections neurologiques est importante. En 2001, la population de l'Union européenne était estimée à 380 millions d'habitants dont 16,5 % âgés de plus de 65 ans. La maladie d'Alzheimer représentait : 2,5 millions ; les traumatismes du cerveau et de la moelle par accidents de la circulation : 1,5 million de blessés ; les accidents vasculaires cérébraux : 2 millions ; les épilepsies : 2,3 millions ; la maladie de Parkinson : 600 000 ; la sclérose en plaques : 230 000 (Association pour le développement de la recherche sur le cerveau et la moelle épinière (ADREC) http://www.adrec.org) (Montreuil, 2005).

Pour une revue de la question des différentes maladies neurologiques, le lecteur peut se référer à différents ouvrages de neurologie dont celui coordonné par Signoret et Hauw (1991) et l'Atlas de poche de neurologie de Rohkamm (2005).

— La maladie d'Alzheimer (MA), décrite en 1907 par Aloïs Alzheimer, représente la grande majorité des cas de démence après 65 ans. Elle débute insidieusement par des troubles de mémoire des faits récents et une désorientation dans le temps et l'espace. L'évolution se fait progressivement, en huit à dix ans, avec une accentuation progressive des déficits cognitifs (mémoire, langage, habiletés gestuelles, troubles de la reconnaissance, fonctions intellectuelles) et des troubles de l'humeur et du comportement. Le patient perd toute autonomie, et le décès survient à la suite de complications infectieuses ou vasculaires.

— Les accidents vasculaires cérébraux (AVC). Ils sont liés à un infarctus cérébral dans 80 % des cas et à une hémorragie cérébrale dans 20 % des cas. En France, les AVC sont la première cause de handicap acquis de l'adulte, la deuxième cause de démence après la maladie d'Alzheimer et la troisième cause de décès après les affections cardiaques et le cancer. L'âge moyen des patients est de 73 ans, mais une fois sur quatre, les AVC touchent des personnes de moins de 65 ans. Deux personnes sur trois conservent des séquelles, source de handicap dans la vie quotidienne : paralysie de la moitié du corps, des difficultés à marcher, des troubles visuels, de la mémoire, difficultés à communiquer (lire, parler, se faire comprendre...).

— Les traumatismes cranio-cérébraux (TC). Il s'agit de lésions cérébrales à la suite de chocs violents sur la boîte crânienne dont la cause la plus fréquente, dans les pays industrialisés, est l'accident de la route. C'est la pathologie neurologique traumatique la plus fréquente de l'adulte jeune. L'âge moyen des blessés est de 25 ans. Ils entraînent des séquelles physiques et surtout des séquelles au plan cognitif, de l'humeur et du comportement.

— La sclérose en plaques (SEP). C'est l'affection neurologique non traumatique la plus fréquente de l'adulte jeune. Elle débute entre 20 et 40 ans. Les troubles cognitifs sont hétérogènes et ne sont pas corrélés avec l'âge, la sévérité du handicap moteur, ni avec la durée d'évolution de la maladie. Ils sont, généralement, d'intensité légère ou modérée.

— La maladie de Parkinson (MP), décrite par James Parkinson en 1817, est surtout connue du grand public, d'une part, par les troubles moteurs qu'elle entraîne (rigidité, tremblements) et, d'autre part, par les résultats de la stimulation cérébrale profonde. Elle débute, généralement, autour de 60 ans. S'il est prouvé qu'il existe un affaiblissement intellectuel plus fréquent dans la MP que dans la population générale, la sévérité des troubles cognitifs est variable d'un patient à l'autre.

— Les épilepsies frappent l'enfant et l'adulte. Elles sont d'une grande hétérogénéité clinique. Les facteurs étiologiques des troubles cognitifs sont multiples : l'existence ou non de lésions cérébrales à l'origine des crises, l'âge de survenue, les éventuelles lésions cérébrales engendrées par les crises, la durée de l'épilepsie, son type, la fréquence des crises, les médicaments anti-épileptiques.

— Les tumeurs cérébrales. Il existe de nombreuses classes de tumeurs et elles n'ont pas toutes les mêmes incidences sur le plan neuropsychologique. Les conséquences dépendent, pour une large part, de la nature de la tumeur (bénigne, par exemple, méningiome, ou maligne, par exemple, glioblastome), de son étendue, de son développement rapide on non et de sa localisation dans le cerveau. Dans certains cas, si l'intervention neurochirurgicale interrompt l'évolution tumorale, en contre-partie, elle peut laisser des séquelles cognitives. Il en va de même des chimiothérapies et radiothérapies souvent associées. Dans d'autres cas, elle permet de limiter les déficits.

II - L'évaluation neuropsychologique au XXIe siècle

Le déroulement d'un examen neuropsychologique

Il n'existe pas de conduite standardisée dans le déroulement d'un examen neuropsychologique. Il dépend largement de la question posée et de chaque patient. Néanmoins certaines procédures sont nécessaires pour que l'examen soit efficace, en répondant à la question posée, et pour qu'il ne majore pas l'anxiété des patients. Idéalement, à la fin de l'examen, le patient devrait être moins anxieux et avoir une meilleure compréhension de ses problèmes cognitifs, s'ils sont objectivés, ainsi que des ressources dont il dispose pour faire face aux difficultés qu'il rencontre.

Les objectifs de l'évaluation

Généralement, la demande émane d'une personne responsable de la prise en charge du patient (médecin, équipe de rééducation, enseignant ou parent) qui observe des difficultés cognitives et/ou comportementales. Dans certains cas, c'est le patient lui-même qui souhaite un éclairage sur son fonctionnement mental. Voici quelques exemples de questions posées : « Les plaintes de mémoire de cette personne âgée sont-elles les conséquences d'une dépression ou les signes avant-coureur d'un processus démentiel ? » ; « Ce garçon de 16 ans, victime d'une commotion cérébrale après une chute de vélo, pourra-t-il reprendre normalement sa scolarité à la rentrée ? » ; « L'ablation de la tumeur cérébrale a-t-elle amélioré le fonctionnement cognitif de tel patient ? » Le neuropsychologue doit recueillir les informations médicales et/ou scolaires. Ces informations, associées aux objectifs du bilan, aideront à préparer le déroulement de l'examen neuropsychologique.

Le début de l'examen et la place centrale de l'entretien clinique

Chaque évaluation débute par un entretien clinique préliminaire (Luria, 1976), qui permet d'établir une relation de confiance, au cours duquel le neuropsychologue :

1 / explique les objectifs et le contenu de l'examen ;
2 / demande au patient ce qu'il attend de l'examen et tente de dissiper tout malentendu sur l'intérêt du bilan et la fonction du psychologue ;

3 / s'informe sur le parcours scolaire et/ou professionnel, les événements de vie personnels et familiaux, les activités de la vie courante, la prise éventuelle de médicaments et la consommation d'alcool et de drogues ;
4 / fait préciser par le patient l'histoire des troubles. En effet, même si l'information est accessible dans le dossier médical ou dans les rapports scolaires, il est toujours essentiel de prendre en compte le point de vue subjectif du patient et la manière dont il expose et se représente ses propres difficultés ;
5 / évalue l'état émotionnel, à la recherche d'un syndrome anxieux et dépressif. On explore, aussi, ce qui pourrait affecter le fonctionnement mental durant l'examen (par exemple : un événement de vie récent à fort impact émotionnel tel que la perte de son emploi, un deuil, ou de manière plus anodine, des phénomènes qui peuvent interférer sur la vigilance, comme une insomnie la veille ou encore le fait d'être à jeun. Dans ce dernier cas, les sujets doivent s'alimenter avant l'examen) ;
6 / note la latéralité manuelle (droitier, gaucher ou ambidextre) et le niveau socioculturel du patient. Le niveau culturel (NC) permet de comparer les résultats avec la norme, en fonction de l'âge et du niveau d'étude. Les normes des épreuves psychométriques figurent dans chaque manuel de batterie de tests. Ainsi, la comparaison entre les résultats obtenus, par un sujet donné, et ceux de sa classe d'âge et d'étude autorise le neuropsychologue expérimenté à discuter leur signification. Cependant, la seule utilisation des tests ne permet pas de poser un diagnostic de certitude.

Le niveau culturel, dans le système français, est établi à partir du nombre d'années d'étude dans le cursus normal, sans les redoublements. Il aboutit à la classification ci-dessous (Gil, 1996).

NC1 : sujet illettré
NC2 : aucun diplôme mais sait lire, écrire, compter
NC3 : niveau fin d'études primaires (Certificat d'études primaires)
NC4 : niveau brevet d'études du premier cycle, BEPC (à partir du cours préparatoire, neuf années d'études) ; pour les métiers manuels : niveau CAP
NC5 : ancienne première partie du Baccalauréat, ou niveau de fin d'une classe de première (onze ou douze années d'étude) ; pour les métiers manuels : ouvrier ou artisan avec responsabilités techniques ou de gestion
NC6 : Baccalauréat ou métiers manuels hautement qualifiés (exemple les compagnons du tour de France)
NC7 : tout diplôme universitaire ou technique supérieur ou égal à Bac + 2 minimum

---

7 / rappelle les règles déontologiques de confidentialité des données de l'examen et de respect des personnes auxquelles le neuropsychologue doit se conformer. En outre, les psychologues qui n'ont jamais fait de stage, ni reçu de formation théorique en neuropsychologie ne sont pas apte à effectuer une évaluation neuropsychologique. Enfin, au cas où le neuropsychologue exerce en cabinet libéral, c'est au cours de cet entretien préliminaire que les conditions financières (information sur le prix de l'évaluation et sur le non-remboursement des actes psychologiques par la Sécurité sociale) doivent être clairement définies avec le patient ;

8 / avant de clore l'entretien, le neuropsychologue doit demander au sujet s'il a d'autres questions à poser, par exemple, sur le bilan ou sur tout autre thème qui lui semble important et qui n'aurait pas été abordé. C'est aussi à cette étape de l'entretien qu'il faut encourager le patient à poser des questions sur le bilan neuropsychologique qui va lui être proposé, en précisant, toutefois, que l'examinateur ne pourra pas lui dire, durant l'examen, si ses réponses aux différentes épreuves sont justes ou fausses. Il informe le patient qu'il aura un compte rendu des résultats de l'examen.

Le choix des épreuves

De nombreux examinateurs utilisent une présélection de tests avec lesquels ils réalisent leurs examens. Cependant, l'entretien clinique préliminaire, indispensable, permet d'orienter le choix des épreuves afin de répondre au problème posé et de s'adapter à la situation de chaque patient. Le choix des tests et leur ordre d'administration sont conditionnés par les informations recueillies au fur et à mesure que se déroule l'examen, mais aussi par l'acceptation du patient. Certaines personnes supportent mal les tests qui mettent clairement en évidence leurs déficiences. Il est nécessaire d'alterner les épreuves réussies et les épreuves échouées. Un examen de deux heures à deux heures et demie est, généralement, bien toléré. Un examen plus long doit être entrecoupé de pauses, en s'adaptant à chaque situation particulière.

D - L'EXPLORATION NEUROPSYCHOLOGIQUE DES TROUBLES COGNITIFS CONSÉCUTIFS AUX LÉSIONS CÉRÉBRALES

L'objectif de ce chapitre est de donner la définition des principaux concepts utilisés en neuropsychologie, de décrire la sémiologie correspondante et de proposer certains tests neuropsychologiques classiques, pour évaluer les troubles cognitifs décrits. Lorsque nous faisons référence aux zones fonctionnelles du cerveau, nous invitons le lecteur à revoir les notions de neuroanatomie, nécessaire à la compréhension, dans les manuels de neurologie et de neuropsychologie (Gil, 2006 ; Duyckaerts et Hauw dans Botez-Marquard et Boller, 2005 ; Rohkamm, 2005).

L'utilisation des tests, en neuropsychologie clinique, requiert un stage préalable avec un neuropsychologue expérimenté et une formation théorique à la neuropsychologie. Il existe un Master professionnel de neuropsychologie dans plusieurs facultés de psychologie et des diplômes universitaires de neuropsychologie dans différentes universités. Les tests cités sont édités aux Éditions du Centre de psychologie appliquée (ECPA site web : www.ecpa.fr). Ils sont accessibles aux seuls titulaires du titre de psychologue, en application de la loi du 25 juillet 1985, et doivent être utilisés conformément au Code de déontologie des psychologues. Un livret explicatif (historique, validation, consignes, normes, dépouillement) est vendu avec chaque batterie de tests. Nous renvoyons le lecteur aux recommandations internationales pour l'utilisation des tests : Commission internationale des tests (J.-P. Vrignaud, D. Castro, J.-L. Mogenet), téléchargeable sur le site de la Société française de psychologie (SFP) : http://www.sfpsy.org.

I - Les troubles de l'attention

L'attention est à la base de toute activité consciente et dirigée du cerveau. La validité d'un examen clinique et neuropsychologique requiert une vigilance suffisante du sujet examiné. On distingue l'attention diffuse, qui correspond à un état général d'éveil de tous les sens, et l'attention sélective, qui suppose à la fois l'orientation, la focalisation sur une information ciblée et l'inhibition d'activités concurrentes. L'attention se décline, aujourd'hui, en différentes catégories (Lezak *et al.*, 2004) : attention diffuse, attention focalisée, attention soutenue, attention alternante, attention divisée. Bien que la théorie différencie des types d'attention, en pratique il est difficile de les séparer parce qu'il est rare qu'une seule catégorie soit atteinte isolément. Cependant, la description de catégories de l'attention nous permet de suivre le schéma théorique sur lequel se fondent les tests.

Le ralentissement des processus mentaux a pour conséquence des troubles de l'attention, ainsi que des répercussions sur le fonctionnement cognitif global et sur le comportement. Parmi les structures cérébrales impliquées, le système réticulaire activateur ascendant, l'amygdale, l'hippocampe et le cortex frontal jouent un rôle essentiel (Gil, 1996).

a) Le niveau général de vigilance peut être analysé par l'empan simple d'attention. Il s'agit d'un test inclus dans toutes les batteries d'évaluation de la mémoire. Pour examiner le degré d'attention auditive, on utilise couramment l'empan numérique en ordre direct. L'examinateur lit des listes de 4 à 7 chiffres par ordre croissant et demande au sujet de les répéter exactement une à une, dans l'ordre présenté (exemple : 2-5-3-8, le sujet répète, puis 4-7-9-2-5... jusqu'à 5-9-2-6-4-7-3). Pour analyser l'empan d'attention visuelle, on peut présenter une suite d'images, comme des carrés imprimés sur une page ou bien des cubes de bois sur un plateau, dont on demande la reproduction spatiale identique. L'empan numérique auditif reste relativement stable, dans le temps, chez la majorité des individus. C'est le test le plus couramment utilisé.

Les affections cérébrales sévères, comme une démence ou des déficits verbaux d'origine neurologique (aphasie), entraînent une réduction de l'empan normal d'attention. Le test de répétition de phrases est une épreuve clinique très utile et pertinente. L'examinateur lit des phrases de longueurs différentes et demande au sujet de les répéter. Normalement, un adulte peut répéter des phrases de 20 à 26 syllabes. Une restitution plus courte signe la probabilité de limitations dans la communication verbale. Il s'agit de sujets qui ne peuvent pas traiter tout ce qu'ils entendent en conversation. Leurs proches signalent des troubles de mémoire, alors que, dans certains cas, ce n'est pas la mémoire qui est déficiente mais l'empan simple du fait d'un ralentissement des processus mentaux (Howieson et Lezak, 2002). D'autres tests permettront de différencier ce qui revient aux troubles de l'attention ou aux déficits de la mémoire.

b) L'attention focalisée est à la base de la concentration mentale. Elle nous permet de cibler des stimuli spécifiques de notre environnement et d'éviter les phénomènes de distraction. Le psychologue Stroop (1935) a créé une technique d'évaluation (le test de Stroop) qui consiste à présenter des listes de noms de couleurs parfois imprimés dans des couleurs d'encre différentes (par exemple, l'encre pour le mot « rouge » est soit rouge, soit verte, soit bleue ; le mot « bleu » peut être imprimé en bleu, rouge ou vert). L'instruction donnée au sujet est d'ignorer les mots imprimés et de nommer les couleurs aussi vite que possible. L'effort pour éviter la distraction du mot imprimé réduit la vitesse de lecture. Les sujets sensibles à la distraction font plus d'erreurs. Ils lisent souvent les mots au lieu de nommer les couleurs.

c) L'attention soutenue permet de maintenir l'attention sur une durée assez longue pour exécuter une tâche spécifique. Les tâches sur ordinateur sollicitent particulièrement l'attention soutenue (Larrabee et Crook, 1996). En France, une épreuve auditive est de plus en plus employée. Il s'agit du Paced Auditory Serial Addition Test (PASAT) qui est, cependant, critiqué par certains cliniciens nord-américains (Holdwick et Wingenfeld, 1999).

d) L'attention alternante repose sur la capacité à déplacer rapidement son attention d'un stimulus à un autre, souvent en alternance. Elle fait intervenir la mémoire de travail. Cette fonction est très sensible à toutes les formes d'atteintes cérébrales. La forme B du test « Trail Making » (Reitan, 1958) est un exemple classique d'évaluation de l'attention alternante. Vingt-cinq cercles sont dispersés sur une page. À l'intérieur des cercles sont imprimés, aléatoirement, soit une lettre (B, A, C...), soit un chiffre (1, 2, 3...). Le sujet doit joindre, avec un stylo, de manière croissante et alternée, un chiffre à une lettre : 1 avec A, puis 2 avec B, puis 3 avec C... jusqu'à 13 avec L.

e) L'attention divisée est un modèle de la mémoire de travail. Elle permet au sujet de traiter plus d'une tâche à la fois ou bien plusieurs opérations dans une tâche complexe. Comme pour l'attention alternante, l'attention divisée est très sensible à toute atteinte cérébrale. On peut examiner l'attention divisée à l'aide d'épreuves bien établies (Eustache *et al.*, 1995 ; Petersen et Petersen, 1959). Par exemple, on demande au sujet de retenir une ou plusieurs données : des noms d'animaux, qui lui sont lus à haute voix, pendant qu'il effectue une tâche comme une soustraction de chiffres présentés par trois : 165-162-159. Après un temps prédéterminé (soit rapide : trois secondes, soit long : dix-huit secondes), le sujet doit répéter les informations qui ont été lues à haute voix (noms d'animaux).

II - Les troubles de la mémoire

a. Conceptions modernes de la mémorisation

Les troubles de la mémoire dépendent de la localisation et de l'étendue des lésions cérébrales, du caractère aigu ou progressif de l'affection à l'origine des lésions cérébrales, de l'état général et de l'âge du patient.

L'étude des processus mnésiques doit aussi prendre en compte la subdivision et la spécialisation hémisphérique entre droite et gauche. La mémoire visuo-spatiale est traitée par l'hémisphère droit, la mémoire verbale à gauche.

La mémoire est un phénomène complexe. En 1885, Ebbinghaus a proposé d'explorer la mémoire en fonction du temps. Nous lui devons les notions de mémoire à court terme et de mémoire à long terme.

La clinique distingue aussi la mémoire rétrograde de la mémoire antérograde. L'amnésie antérograde correspond à la difficulté ou à l'incapacité, après des lésions cérébrales spécifiques, à mémoriser des faits nouveaux. Cela se manifeste cliniquement par un oubli à mesure qui empêche la fixation des faits de la vie quotidienne et, altère les capacités d'apprentissage. Lorsque l'oubli à mesure est associé à une désorientation dans l'espace et dans le temps (désorientation temporo-spatiale), à des fausses reconnaissances et à des fabulations, le diagnostic de syndrome de Korsakoff est posé.

L'amnésie rétrograde touche les événements qui se sont produits avant l'atteinte cérébrale, et les faits les plus récents dans le passé sont moins bien récupérés que les faits les plus anciens. Si l'accident neurologique permet une guérison avec récupération de l'état antérieur, l'amnésie rétrograde régresse, mais lorsqu'il s'agit d'une maladie évolutive, comme dans la démence de la maladie d'Alzheimer, l'amnésie rétrograde s'étend et détruit progressivement des pans du passé de l'histoire du sujet.

Schématiquement, la mémorisation comporte plusieurs étapes :

1 / l'analyse corticale sensorielle des données perceptives (visuelle, auditive, tactile, kinesthésique) qui nécessite l'intégrité des aires associatives du cortex correspondantes ;

2 / la mémoire immédiate, dénommée aussi mémoire à court terme. Un des modèles de la mémoire à court terme a été théorisé par Baddeley (1993), sous le concept de « mémoire de travail ». Certains la considèrent comme une forme d'attention (Lezak *et al.*, 2004). Il s'agit d'un système à capacité limitée dans le temps, sollicitant les ressources attentionnelles. Il maintient temporairement les informations pour les coordonner, c'est un processus essentiel dans la compréhension et la résolution de problèmes. Le cortex préfrontal y joue un rôle majeur ;

3 / la mémoire à long terme. Elle permet la conservation durable des informations grâce au codage puis au stockage. Elle est organisée sur des modalités de codage sémantique, spatial, temporel et affectif. Ensuite intervient le stockage qui permet le rappel, la reconnaissance des informations. Celles-ci font l'objet d'une consolidation variable en fonction de leur répétition et de leur charge affective. La mémoire à long terme repose anatomiquement sur le circuit de Papez, initialement décrit dans la régulation des émotions (Bachevalier, dans Botez-Marquard et Boller, 2005). Tulving (1983) a défini la mémoire en fonction de son contenu : la mémoire épisodique et la mémoire sémantique. La mémoire épisodique est de nature autobiographique : elle concerne le sujet lui-même. Elle correspond au rappel d'événements ordonnés dans le temps et l'espace, survenus dans un contexte particulier éprouvé par le sujet. C'est le système hiérarchiquement le plus élevé et le plus complexe. Son contenu est fréquemment connoté émotionnellement. Les régions préfrontales y joueraient un rôle plus important que dans les autres formes de mémoire. La mémoire sémantique repose sur les connaissances de faits généraux assimilés dans un contexte culturel donné (le langage, les formules mathématiques, l'histoire).

Par ailleurs, un type de mémoire appelé « procédurale » est décrit. Elle correspond aux aptitudes et aux habiletés sensori-motrices apprises. Pour résumer, ces trois types de mémoire à long terme : mémoire épisodique et sémantique sont explicites et correspondent au « savoir quoi », alors que la mémoire procédurale est implicite et correspond au « savoir comment ».
4 / Enfin, mémoire à court terme et à long terme contribuent aux apprentissages.

Les trois étapes de la mémoire selon les conceptions contemporaines
(voir Botez-Marquard et Boller, 2005)

1 / Analyse corticale sensorielle (vue, audition, tact, kinesthésie, odorat, goût)
↓
2 / Mémoire à court terme = mémoire de travail
↓
3 / Mémoire à long terme → mémoire implicite ou procédurale
↓
mémoire explicite ou déclarative → mémoire sémantique
↓
mémoire épisodique

---

b. Les tests qui explorent la mémoire

Il existe de nombreuses batteries de tests de mémoire. Elles explorent toujours les modalités verbales et visuelles, à court et à long terme. Le degré de complexité, la longueur et le nombre de fonctions mnésiques qu'elles permettent d'examiner différencient ces batteries.

Le Wechsler Mémoire dans sa forme révisée qui explore différentes modalités de mémoire verbale et visuelle à court et à long terme.

Le test de Gröber et Buschke qui permet de détecter les troubles de l'encodage et de la restitution.

Le Rivermead Behavioral Memory Test (RBMT) est une batterie écologique, qui contient des épreuves mnésiques les plus proches des activités de la vie quotidienne.

Les tests de mémoire les plus couramment utilisés.

c. La mémoire à court terme

— En modalité verbale, une épreuve brève, largement utilisée par les neuropsychologues, les neurologues et les psychiatres, repose sur la mémorisation de trois ou quatre mots appartenant à des catégories différentes comme : « tulipe, une fleur ; abricot, un fruit ; chemise, un vêtement ; éléphant, un animal ». L'examinateur dit au sujet ces mots et leur catégorie, lui demande de les répéter, et de les garder en mémoire. Cinq minutes après, le sujet doit les rappeler. Si le sujet ne peut pas les rappeler spontanément, l'examinateur donne la catégorie à laquelle le mot appartient afin de voir si cela facilite le rappel (il s'agit de rappel indicé, car l'examinateur donne un indice). Les sujets qui ne peuvent restituer trois ou quatre mots qu'après avoir été informés de la catégorie (indiçage facilitant) montrent qu'ils ont stocké l'information mais ont des difficultés en rappel libre. Ceux qui ne sont pas aidés par l'indiçage ont un stockage déficitaire.

— En modalité visuelle, l'examen de la mémoire à court terme consiste, le plus souvent, à faire reproduire une figure géométrique qui lui a été initialement présentée. Pour cela, il est possible d'utiliser des dessins simples dans la batterie de mémoire de Wechsler ou les dessins de Bender (voir Lezak *et al.*, 2004). L'épreuve de mémoire visuelle la plus utilisée est la figure complexe de Rey (Rey, 1941 ; Osterreith, 1944). La tâche consiste, premièrement, à demander au sujet de copier le schéma de la figure de Rey qu'il a sous les yeux, puis l'examinateur demande deux rappels : une reproduction de mémoire après quelques minutes (mémoire à court terme), et une reproduction de mémoire après une demi-heure (mémoire à long terme). Cette épreuve est complexe car elle évalue, non seulement la mémoire visuelle et spatiale à court et long terme, mais aussi les modalités de construction, d'orientation spatiales et les capacités d'organisation et de planification.

d. La mémoire épisodique ou autobiographique

Elle est étudiée au cours de l'entretien semi-directif. Elle fait référence aux événements vécus par le sujet, localisés dans l'espace et dans le temps. Son analyse permet d'obtenir des renseignements sur la mémoire des faits récents et des faits anciens. Ainsi, il est aisé de demander au patient des informations le concernant sur la situation récente : « Depuis quand êtes-vous hospitalisé ? Quel(s) médecin(s) avez-vous rencontré aujourd'hui ? ... » Pour accéder aux faits personnels anciens, il faut demander au sujet son activité professionnelle actuelle ou ancienne, le prénom et l'âge et la date de naissance du conjoint ou des enfants, des éléments de son histoire de vie (différents lieux de vie, par exemple) depuis son enfance. En cas de doute, la cohérence du contenu du discours du patient sera confrontée aux informations médicales et à celle des proches du patient.

La mémoire sociale est complémentaire de la mémoire autobiographique. En effet, les événements politiques, sociaux, économiques marquants, relatés par les journaux radiotélévisés, apportent des informations sur la qualité de la mémoire des faits récents, et sur celle des faits anciens (par exemple, demander le nom de l'actuel président de la République et de ses prédécesseurs).

e. La mémoire sémantique

Elle concerne des informations, issues du savoir de base du sujet, indépendantes de tout contexte spatial et temporel. Il est possible d'utiliser différentes épreuves de la batterie de tests de la Wechsler Adult Intelligence Scale (WAIS), tels que les tests de vocabulaire, d'information, de similitudes qui sont de complexité croissante. Par exemple, le test des similitudes de la WAIS consiste à poser les questions suivantes : « en quoi une banane et une orange se ressemblent-elles ? » (réponse : ce sont des fruits), « un œil et une oreille ? » (ce sont des organes des sens), « un poème et une statue ? » (ils appartiennent au domaine des arts)...

Des épreuves de calcul de complexité progressive peuvent être utilisées à partir d'additions, de multiplications, de soustractions, de divisions.

f. La mémoire déclarative ou explicite (de nature épisodique et sémantique) et la mémoire non déclarative ou implicite (de nature procédurale)

La mémoire déclarative est analysée à partir des connaissances que le sujet peut consciemment évoquer et verbaliser. Il est possible d'utiliser des tests directs de mémoire déjà décrits (rappel libre, rappel indicé, reconnaissance).

La mémoire non déclarative ou implicite correspond aux connaissances qui ne sont pas verbalisées. Elle est analysée à travers les connaissances procédurales variées, c'est-à-dire les habiletés perceptives, motrices, cognitives. Elle se manifeste chaque fois qu'une expérience antérieure modifie la performance et le comportement présent du sujet sans que celui-ci ait fait appel à cette connaissance antérieure, de manière consciente, c'est pourquoi elle est dite implicite. Le neuropsychologue peut utiliser des tâches complètement de dessin. Par exemple, il présente au sujet un dessin complet puis, dans un second temps, il lui soumet le même dessin, mais, fragmenté. Les sujets sans troubles mnésiques vont reconnaître et construire plus rapidement les dessins fragmentés s'ils ont vu le dessin complet, quelques heures auparavant ou la veille.

g. Les apprentissages impliquent évidemment les fonctions mnésiques

Ils sont couramment explorés en modalités visuelle et auditive. Ils permettent d'observer le fonctionnement de la mémoire antérograde.

1 / L'apprentissage verbal comprend, généralement, une épreuve de rappel d'informations présentées initialement dans un essai de mémoire à court terme. Le test le plus simple consiste à demander un rappel immédiat de trois ou quatre mots (ex. cigare, fleur, porte). Puis, le sujet poursuit les différentes tâches de l'examen neuropsychologique et, dans un délai de trente minutes (mémoire à long terme), lui sont redemandés les trois ou quatre mots qui lui avaient été présentés. Le test de Gröber et Buschke analyse l'apprentissage en rappel libre, en rappel indicé et en épreuve de reconnaissance.

Il existe des épreuves d'apprentissage verbal plus complexes faites de plus longues listes de mots (Wechsler mémoire), où l'examinateur lit ces listes trois fois, demande un rappel immédiat après chaque lecture, afin d'observer la courbe d'apprentissage. La liste de 15 mots de Rey permet, à travers cinq essais successifs, de construire aussi une courbe d'apprentissage (Rey, 1964 ; Schmidt, 1996).

Le test d'apprentissage verbal de Californie (Delis *et al.*, 2000) utilise une liste de courses appelée « liste du lundi », composée de 16 paramètres appartenant à quatre catégories (légumes, animaux, moyens de transport, meubles) et une liste additionnelle dite « liste du mardi », qui sert d'interférence. Le test explore le rappel, le rappel indicé, l'apprentissage mais aussi l'interférence. Le niveau d'interférence est évalué par l'intrusion de paramètres d'une liste à l'autre.

Le rappel immédiat d'une petite histoire courte de 45 à 50 mots mesure la quantité d'information significative que le sujet peut retenir et restituer (par exemple, une petite histoire du test de mémoire logique de Wechsler, 1997). Une telle capacité est importante dans la participation effective à une conversation, mais aussi pour retenir ce que nous lisons d'une page à l'autre.

Il existe bien d'autres épreuves qui examinent les stratégies, l'efficacité, la constance et la courbe de l'apprentissage verbal. Celles-ci peuvent être utilisées autant pour l'examen général de la mémoire à court terme que pour l'apprentissage (Lezak *et al.*, 2004).

2 / L'apprentissage visuel est évalué par la figure complexe de Rey. Cette épreuve est également utilisée dans l'exploration des troubles visuo-constructifs et visuo-spatiaux.

3 / En situation d'apprentissage visuel et verbal, le Rivermead Behavioural Memory Test (Wilson *et al.*, 1999), est une épreuve écologique, plus proche des situations de la vie quotidienne que les autres tests de mémoire. Par exemple, un des sept tests consiste à mémoriser cinq étapes d'un trajet et à laisser un message sous enveloppe à l'une des étapes.

III - Les troubles des fonctions verbales ou aphasies

a. Généralités

Le langage repose sur l'utilisation de signes qui possèdent une forme sonore et sont porteurs de sens. Ces signes correspondent essentiellement aux mots, qui constituent le lexique dans chaque langue. Les mots sont organisés entre eux selon leur sens – niveau sémantique – et selon leur appariement pour former une phrase – niveau syntaxique. La forme sonore des mots est établie à partir d'un répertoire limité de sons types appelés phonèmes (il en existe 36 en français) – niveau phonémique.

Le sujet, qui utilise le langage pour communiquer, effectue une série de choix à ces trois niveaux. Ces choix obéissent à des règles qui définissent la langue. Ils aboutissent à la production de sons constituant le message oral. Les sons se trouvent réalisés par les organes bucco-phonatoires (bouche et cordes vocales) – c'est le niveau articulatoire ou phonétique.

Les anomalies du langage appelées « aphasies » se caractérisent par une désorganisation du langage parlé et/ou écrit. Les troubles peuvent concerner l'expression du langage (expression verbale orale et écriture) ou la réception du langage (compréhension du langage parlé et écrit). L'aphasie est définie comme un trouble de l'utilisation des règles qui permettent à un individu de produire et de comprendre un message verbal.

Il faut distinguer de l'aphasie :

1 / des troubles de la voix (dysphonies) liées à des atteintes des cordes vocales ;
2 / des troubles de l'articulation de la parole (ou élocution) secondaires à des atteintes du système moteur (dysarthries paralytiques, parkinsoniennes ou cérébelleuses ;

3 / des incohérences verbales liées à une confusion mentale transitoire ou à une pathologie psychotique. Dans ce cas, les incohérences témoignent d'un trouble de la pensée qui font rechercher diffluences, digressions, barrages de la pensée et idées délirantes.

En fonction des formes d'aphasies, les troubles de la production des messages sont très variés. Aussi, est-il nécessaire d'explorer le langage dans différentes situations.

b. L'exploration du langage oral

L'expression orale

Le langage « spontané » : exploré à partir d'un thème proposé par l'examinateur (exemple : parlez-moi de votre famille).

Le langage « provoqué » : 1 / faire dénommer des images ou des objets (dénomination) ; 2 / faire répéter des mots, des phrases (répétition).

Le langage « automatique » : faire compter, faire réciter les mois, les jours de la semaine.

Le langage « lu » : faire lire des lettres, des mots, des phrases.

Le langage « élaboré » : 1 / demander une définition de mots, de proverbes ; 2 / demander de résumer une histoire lue ; 3 / faire construire une phrase à partir de mots donnés par l'examinateur (exemple : cadeau, femme, fleur).

La compréhension orale

Proposer les épreuves suivantes : désignation d'objets ou d'images ; exécution d'ordres simples (exemple : « prenez le crayon à votre gauche et posez-le sur la feuille devant vous ») ; définition et interprétation de mots (exemple « que veut dire rougir... »), de proverbes ou de textes ; classement de mots ou d'objets appartenant à diverses catégories sémantiques (fleurs ; animaux ; vêtements...).

L'analyse sémiologique suppose de distinguer deux niveaux, celui des mots et celui du discours. L'agencement des phonèmes dans le mot peut être transformé, aboutissant à la production de paraphasies phonémiques : « colomotive » pour locomotive ; « aplagent de plotis » pour agent de police. Dans certains cas le patient a conscience de ses difficultés, il s'autocorrige ou bien il produit le bon mot après plusieurs tentatives. Quand l'agencement des phonèmes n'est plus reconnaissable, le sujet produit des néologismes, par exemple « tropi » pour chapeau ; « lacate » pour marteau. Lorsqu'il ne peut pas trouver le mot juste, on parle de manque du mot. Dans ces conditions, le sujet tente de remplacer le mot qu'il n'a pas retrouvé par une périphrase : « c'est fait pour boire », dit un patient qui ne sait plus nommer « un verre ». Le mot peut, aussi, être déformé et méconnaissable aboutissant à une désintégration phonétique. Enfin il peut s'agir d'une paraphasie sémantique « table » pour dire chaise. La dénomination de choses ou d'images est la meilleure épreuve pour analyser le choix des mots.

L'analyse de la production des mots permet de distinguer trois niveaux de perturbation : phonétique, phonémique et sémantique. Il n'est pas rare que chez un même patient les productions aphasiques témoignent d'une perturbation intéressant les trois niveaux. Ainsi, le discours peut être réduit et le message est parfois composé de stéréotypies, qui conduisent le patient à répéter constamment une formule verbale ou un groupe de phonèmes plus ou moins différenciés. Il peut exister, enfin, un agrammatisme : le discours est de style télégraphique « femme, Odette métro travailler ». Il n'est pas rare que des troubles arthriques (difficulté d'articulation orale) soient associés à cette forme de discours.

c. L'exploration du langage écrit

Les troubles du langage écrit sont appelés « alexie ». Exceptionnellement, il peut exister des troubles du langage oral sans trouble du langage écrit. En revanche, il n'est pas rare d'observer des troubles isolés du langage écrit. Différentes situations sont utilisées pour explorer le langage écrit :

— l'expression écrite : écriture spontanée (le sujet écrit une phrase de son choix), dictée, épellation, réalisation de mots avec des lettres mobiles (scrabble) ;
— la compréhension écrite. Les épreuves suivantes sont utilisées : disposition de mots sous des images ; disposition de textes sous des actions ; désignation de mots écrits à partir de consignes orales (exemple : « parmi l'ensemble des mots qui sont sur la feuille, montrez-moi où se trouve le mot : pantalon, fille, chat.... »).

L'analyse des troubles de l'écriture (troubles graphiques) doit se faire sur deux plans :

1 / la forme des lettres qui composent un mot ;
2 / la syntaxe d'une phrase. Lorsque le code graphique est perturbé, certains troubles paraissent être la traduction écrite de ceux du langage oral. D'autres conduisent à des paragraphies ou, à une dysorthographie – « comment tapele tu » pour « comment t'appelles-tu » ? – chez un sujet dont le niveau d'étude antérieur est élevé. La réalisation des lettres ou graphème peut être altérée. Parfois, les lettres sont mal formées avec une micrographie (écriture minuscule sur tout ou partie du texte) et surtout des persévérations graphiques (des lettres ou des morceaux de mots viennent contaminer d'autres mots, exemple « le soliel brille dan le solie beull » pour « le soleil brille dans le ciel bleu »). Il existe, dans cet exemple, une dysorthographie et des persévérations. De telles anomalies rendent le message écrit illisible.

Plusieurs types d'aphasies sont décrits dans la littérature neuropsychologique (Gil, 2006 ; Verstichel et Cambier dans Botez-Marquard et Boller, 2005).

d. Les principaux types d'aphasie

Nous décrivons ces troubles en opposant l'aphasie de Broca (aphasie non fluente) et l'aphasie de Wernicke (aphasie fluente), même si cette opposition est aujourd'hui mise en cause, à la lumière des connaissances sur la connectivité cérébrale. Les aphasies qui se manifestent par une réduction de l'expression du langage sont appelées aphasies non fluentes. À l'inverse les aphasies sans réduction de l'expression du langage sont appelées fluentes.

1 / L'aphasie de Broca

Elle touche le versant expressif du langage. Ce type d'aphasie se caractérise par une réduction, voire la suspension du discours, dénommée « aphasie non fluente ». Dans certains cas, les malades parlent mais peu, avec des stéréotypies verbales et une désintégration phonétique, elle-même accompagnée d'une apraxie buccofaciale (difficulté ou incapacité à effectuer les mouvements de la bouche et de la face qui accompagnent l'expression orale). De ce fait, la répétition de mots est laborieuse et difficile à réaliser. Il existe, un trouble de la lecture et de l'écriture (dysorthographie). En revanche, la compréhension orale est peu perturbée. L'aphasie de Broca est habituellement concomitante d'une hémiplégie droite. La lésion se situe dans une zone cérébrale de l'hémisphère gauche, décrite par Broca (aire de Broca) en 1861. La mélodie du chant est souvent épargnée, ce qui peut favoriser la rééducation de la parole par la répétition de mots et phrases « chantés ».

2 / L'aphasie globale, décrite par Déjerine. Elle se caractérise par une disparition de l'expression orale, une compréhension nulle et l'impossibilité de lire, écrire, dénommer et répéter. Elle est souvent associée à d'importantes lésions de l'hémisphère gauche, avec ou sans hémiplégie droite associée.

3 / L'anarthrie pure décrite par Pierre Marie. Elle se manifeste par un mutisme ou une expression orale réduite, liée à d'importantes perturbations phonétiques. Les épreuves de répétition sont échouées ou confirment les troubles phonétiques de l'expression orale spontanée. En revanche la compréhension, la lecture non parlée et l'expression écrite sont préservées.

Les aphasies sans réduction de l'expression du langage sont appelées aphasies fluentes :

4 / L'aphasie de Wernicke a été décrite par l'auteur du même nom, en 1874. Elle se caractérise par des troubles massifs de la compréhension du langage parlé, alors que le langage exprimé est conservé mais souvent logorrhéique. Ce langage logorrhéique contient des paraphasies pouvant aboutir à un jargon qui altère la qualité de l'information produite par le patient.

L'aphasie de Wernicke est secondaire à une lésion siégeant au niveau d'une région constituée par la partie postérieure des première et deuxième circonvolutions temporales gauches (zone de Wernicke). Dans certains cas, la lecture et l'écriture mettent en évidence une alexie et une agraphie de sévérité variable. L'alexie se caractérise par une perte de stratégie perceptive de la lecture : le patient lit la fin ou le milieu des mots d'une phrase. L'agraphie correspond à un déficit de la stratégie constructive des mots.

5 / L'aphasie amnésique. Elle se caractérise par un manque du mot, alors que les épreuves de compréhension, de répétition, de lecture et d'écriture sont préservées.

6 / L'aphasie de conduction. Il existe d'importantes perturbations du langage spontané. La compréhension de la lecture est préservée mais la lecture à haute voix est déformée. L'écriture présente des paragraphies sous dictée (les mots sont écrits de

manière anormale). Les épreuves de répétition et de dénomination montrent des paraphasies.

Les troubles de l'attention, de la mémoire et du langage ont, globalement, une plus grande fréquence et partant une place plus importante dans la pathologie cérébrale que les troubles de la perception et des gestes, que nous allons maintenant décrire.

IV - Les troubles de la perception

a. Généralités (voir aussi Lechevalier et al., 1995)

La signification que nous attribuons à nos sensations, provoquées par des phénomènes externes et/ou internes, repose sur les processus perceptifs. Ceux-ci participent à notre connaissance du monde environnant et sont appelés gnosies. Les messages élémentaires perçus se projettent au niveau de zones corticales définies – occipitales, temporales, pariétales – puis c'est au niveau du cortex associatif, où les lobes frontaux jouent un rôle essentiel, que les différents messages sont rassemblés et organisés pour aboutir à l'identification perceptive, qui dépend de nos expériences passées et aussi du langage.

Les déficiences perceptives peuvent résulter de lésions à différents niveaux des processus perceptifs, c'est-à-dire au niveau de l'organe sensoriel lui-même (par exemple l'œil, l'oreille), au niveau des aires primaires du cortex et des noyaux sous-corticaux qui agissent sur les caractéristiques sensorielles les plus simples (forme, couleur), ou encore au niveau des aires corticales supérieures où les perceptions élémentaires s'intègrent pour devenir des images, des concepts. Les conséquences d'une déficience de ces structures successives diffèrent selon la complexité des fonctions interrompues.

La perte d'une faculté de perception, qui ne s'explique pas par une atteinte de l'organe sensoriel lui-même (œil, oreille...), est désignée par le terme « agnosie ». Schématiquement, le traitement de l'information visuelle dépend des régions occipitales du cortex, le traitement spatial dépend des zones pariétales et l'identification par reconnaissance dépend des régions temporales. Les déficits consécutifs à l'atteinte de ces régions s'accompagnent, fréquemment, d'un phénomène appelé « anosognosie » ou méconnaissance de ses propres troubles. L'anosognosie peut être totale ou partielle, temporaire ou permanente selon la gravité des séquelles neuropsychologiques. Ce phénomène, d'origine lésionnelle, est à différencier des mécanismes de défense de type déni et dénégation, même si parfois ils coexistent.

La majorité des recherches en neuropsychologie ont développé des tests standardisés de perception surtout dans le domaine des gnosies visuelles. Les études sont moins nombreuses pour l'étude des gnosies dans les domaines de l'audition, du toucher, du goût et de l'odorat.

Préalablement à toute investigation du fonctionnement gnosique, il est nécessaire d'établir un diagnostic différentiel afin de s'assurer que le patient comprend les demandes verbales du clinicien, qu'il est capable de s'exprimer, qu'il n'a pas une maladie psychiatrique et qu'il ne présente pas de handicap sensoriel élémentaire sévère. C'est l'entretien clinique initial qui permet d'explorer ces questions. Les patients portant des lunettes ou un appareil auditif peuvent tout à fait être explorés sur le plan des fonctions perceptives.

b. Les déficits de la sphère visuelle

1 / La cécité corticale correspond à une cécité d'origine cérébrale, par opposition aux cécités d'origine oculaire. Le patient se comporte comme un aveugle devant toutes les stimulations visuelles alors que le fond d'œil est normal. C'est la conséquence de la destruction bilatérale des zones de projection primaire des voies visuelles au niveau du cortex occipital. Paradoxalement, le patient ne reconnaît pas (anosognosie) qu'il est aveugle, même s'il se cogne aux obstacles et ne peut se déplacer seul. Des hallucinations visuelles élémentaires ne sont pas rares. Et les troubles mnésiques, avec une désorientation temporo-spatiale, sont constants.

2 / Les agnosies visuelles sont des troubles de la reconnaissance visuelle. Alors que ses sensations visuelles sont préservées, le patient ne peut reconnaître certaines composantes de l'environnement visuel, par défaut d'intégration sensorielle, au niveau du cortex. Les agnosies visuelles peuvent intéresser les images, les formes, les objets, les couleurs, ou les visages, ou s'associer entre elles. Lorsqu'une agnosie touche un seul hémichamp visuel (droit ou gauche), il s'agit d'une hémi-agnosie.

Il existe différents types d'agnosies, parmi celles-ci, citons :

— L'agnosie des formes. Elle se caractérise par une incapacité à discriminer les figures géométriques élémentaires (carrés, ronds, triangles...), ce qui explique la difficulté ou l'impossibilité d'identifier des objets et des images alors que l'acuité visuelle est intacte. Pour les images, il y a une mauvaise différenciation entre le fond et la forme. Cette perturbation est la conséquence de lésions occipitales qui peuvent être bilatérales, mais qui impliquent l'hémisphère droit.

— L'agnosie des couleurs. Le sujet éprouve des difficultés à nommer les couleurs qui lui sont présentées alors qu'il n'a pas perdu la vision colorée. En effet, il est capable de classer un ensemble de dégradés de même couleur. Il est également en difficulté pour évoquer les couleurs lorsqu'on lui demande « Quelle est la couleur d'une tomate ? Quelle est la couleur des épinards ?... » Il procède au même type d'erreurs sur une épreuve de coloriage. L'agnosie des couleurs traduit une lésion occipitale gauche.

— L'agnosie des mots ou alexie. Le sujet ne reconnaît plus les mots. Celle-ci peut se rencontrer alors que l'écriture spontanée est correctement conservée. Elle est la conséquence d'une lésion occipitale gauche.

— L'agnosie des visages ou prosopagnosie. C'est une perturbation isolée de la reconnaissance des visages familiers en situation de vie courante ou sur des photographies. Les sujets n'identifient pas non plus les personnages publics célèbres. Les patients peuvent se plaindre d'une telle difficulté ou bien paraître indifférents. Ce trouble est souvent en rapport avec des lésions occipitales bilatérales ou droites.

— Les agnosies spatiales. Les troubles de la perception spatiale sont liés à des lésions postérieures, particulièrement de l'hémisphère droit. L'agnosie spatiale, appelée aussi négligence spatiale unilatérale intéresse, chez un sujet droitier, l'hémichamp visuel gauche. Les stimuli visuels situés dans cet hémichamp sont ignorés. Ces troubles sont, souvent, associés à un déficit visuo-constructif, à une agraphie, à une alexie, à une asomatognosie (troubles du schéma corporel).

Le clinicien peut explorer la perception spatiale, à l'aide de l'épreuve de jugement de direction des lignes de Benton et de la figure de Rey (1941). L'alexie et l'agraphie sont explorées par la lecture d'un texte à haute voix et l'écriture sous dictée de phrases simples. Les troubles du schéma corporel ou asomatognosie sont reconnues à partir de la dénomination des parties du corps.

c. Les déficits de la sphère auditive

Seules les lésions bilatérales corticales produisent des troubles perceptifs auditifs patents. Les lésions unilatérales peuvent être à l'origine soit d'une surdité verbale, soit d'un trouble n'apparaissant que dans certaines situations expérimentales. L'absence d'identification des sons, alors que le récepteur auditif fonctionne normalement d'après l'audiogramme, est appelée « agnosie auditive ».

— La surdité corticale est liée à des lésions temporales bilatérales du cortex auditif primaire. Les patients ne peuvent pas identifier la signification des sons qu'ils entendent (bruits familiers, musique, message verbaux) alors qu'il n'existe pas de surdité au sens perceptif élémentaire à l'examen d'audiométrie. Elle est toujours associée à des troubles de l'expression du langage.

— La surdité verbale pure est observée au cours des lésions cortico-sous-corticales temporales gauches. Ce trouble s'intègre habituellement dans l'évolution d'une aphasie de Wernicke. Le patient est dans l'incapacité de comprendre le langage parlé alors qu'il ne présente pas d'atteinte de la production du langage. Il peut parler, lire, écrire (à l'exception de l'écriture dictée). Le patient se plaint d'une difficulté à « entendre » ou bien a l'impression d'entendre une langue étrangère ou un « fredonnement indifférencié » (Gil, 1996).

— Les agnosies paralinguistiques. Elles touchent la reconnaissance émotionnelle des messages verbaux et l'identification de celui qui émet ces messages.

— Les déficits perceptifs auditifs particuliers. Les techniques d'écoute dichotique (épreuve où le sujet reçoit simultanément, à chaque oreille, des messages différents) ont mis en évidence une prévalence de l'hémisphère gauche pour les messages verbaux et de l'hémisphère droit pour les messages non verbaux. Ainsi, une lésion temporale droite semble être à l'origine de certains déficits musicaux aboutissant à une agnosie de la musique. Celle-ci se caractérise par une incapacité à reconnaître les mélodies : rythme, intensité, hauteur tonale, durée, mémoire mélodique.

d. Les déficits de la sphère tactile

Les agnosies tactiles ou astéréognosies. Elles correspondent à l'incapacité d'identifier les objets par la palpation, le tact, dans des situations où il n'y a pas recours au support visuel. Gil (1996) décrit quatre niveaux de traitement de l'information lors de la palpation d'objet :

1 / le niveau des sensations élémentaires : froid, chaud, rugueux, lisse... ;
2 / le niveau des perceptions de la forme et des matières : rond, long et étroit..., métal, verre... ;
3 / le niveau d'identification ou niveau des associations : l'objet peut être reconnu ;
4 / le niveau des dénominations : l'objet reconnu peut être nommé. À cette dernière étape, il peut exister un déficit tactilo-verbal, alors l'objet sera reconnu mais pas nommé. Les déficits aux niveaux 2 et 3 correspondent aux astéréognosies. Les troubles du niveau 4 correspondent à ce qu'on appelle anomie tactile.

e. Les troubles du schéma corporel ou asomatognosies

Les messages sensitifs interviennent dans la connaissance du monde extérieur et dans l'élaboration des activités cognitives. La connaissance que nous avons de notre corps s'appelle somatognosie, elle correspond au schéma corporel. Cette connaissance repose aussi sur le langage, par désignation et intégration psychique des parties de notre corps, au cours du développement. La privation partielle ou totale de cette connaissance perceptive est appelée « asomatognosie ».

— L'illusion du « membre fantôme ». Ce phénomène se produit à la suite de la suppression, généralement brutale, des afférences périphériques sensitives – amputation d'un membre – mais il peut aussi s'observer dans le cadre de lésions des voies sensitives à la suite d'une section de la moelle épinière. L'illusion correspond au fait que le patient a des sensations au niveau du membre qui n'existe plus (membre fantôme) : douleurs, impressions kinesthésiques bizarres, sensations de transformation corporelle au niveau de ce membre fantôme.

— Les troubles conceptuels du schéma corporel ou autotopo-agnosie. Ils sont consécutifs à une lésion de la région pariétale postérieure gauche. L'autotopo-agnosie correspond à l'incapacité pour un sujet à désigner, décrire ou nommer, sur ordre oral, les parties du corps de l'examinateur et celles de son propre corps. Le même phénomène s'observe sur le dessin du corps. En revanche, les vêtements ou autres objets sont correctement désignés.

— L'hémi-asomatognosie gauche. Chez un sujet droitier, elle s'accompagne habituellement d'une hémiplégie gauche. Elle est la conséquence d'une lésion pariétale droite. Les patients nient leur déficit moteur (anosognosie), ils ignorent, oublient et négligent leur hémicorps gauche, qui peut être vécu comme étranger à soi et ont souvent des hallucinations kinesthésiques.

f. La négligence spatiale unilatérale ou héminégligence

La négligence pour un côté de l'espace ou héminégligence correspond à l'incapacité à être attentif et à orienter une action vers l'hémi-espace et l'hémicorps (Gainotti *et al.*, 1989). Elle est concomitante d'une lésion cérébrale du côté opposé à l'hémicorps. En effet, une lésion cérébrale sévère à droite entraîne une paralysie gauche alors qu'une lésion cérébrale à gauche entraîne une hémiplégie droite. L'héminégligence survient, donc, après une lésion pariétale gauche ou droite. Les accidents vasculaires cérébraux et les traumatismes cranio-cérébraux, en sont les causes les plus courantes.

Mais, c'est la partie du corps et l'espace extracorporel gauche qui sont le plus souvent concernés, les lésions cérébrales droites provoquant les négligences spatiales les plus sévères. Cela s'explique par le fait que l'hémisphère droit joue un rôle majeur dans les fonctions visuo-spatiales. Dans les formes très sévères, il existe même une absence totale de traitement de tout ce qui se passe à la gauche du patient. Les patients se comportent comme s'ils ignoraient ou « négligeaient » la moitié de l'espace et la moitié de leur propre corps. Ils ne pensent pas à utiliser la partie saine de leur corps pour aider la partie déficiente.

Ce phénomène est d'origine lésionnelle et involontaire. Il n'est pas lié à un déficit sensoriel ou moteur élémentaire et il ne s'explique pas par un affaiblissement intellectuel important. Il s'accompagne, souvent, d'une anosognosie partielle ou totale. Le patient peut avoir une négligence pour :

— l'espace personnel (concerne son corps) : par exemple, il/elle « oublie » de se raser ou de se maquiller un côté du visage ;
— l'espace de représentation mentale : si on lui demande de dessiner une maison, un cube ou une marguerite, il ne dessine que la partie droite et uniquement sur la partie droite de la feuille de dessin ;
— l'espace péripersonnel (autour de son corps) : il ne mange que la moitié droite de son assiette, sans se rendre compte qu'il n'a pas touché à la moitié gauche ;
— l'espace extra-corporel (espace en général) : il néglige tout l'espace gauche et se cogne aux obstacles du côté gauche.

De tels troubles induisent, parfois, des délires somatophréniques (qui ont trait au corps), en dehors de toute affection psychiatrique. Il arrive que des patients expriment des sensations d'étrangeté et/ou d'attaque corporelle. Par exemple, le bras est perçu comme n'étant pas le sien, ou bien encore détaché du corps et/ou situé hors de soi, par exemple derrière la porte de la chambre ; ou encore, la main du côté lésé est menaçante : « une main m'a attaqué cette nuit ». Bien sûr, l'entretien clinique et le recueil de l'histoire des troubles est toujours indispensable pour établir un diagnostic différentiel.

De nombreuses épreuves de complexité croissante permettent d'explorer l'héminégligence spatiale. Le sujet doit, par exemple, nommer les objets dispersés dans l'ensemble de la pièce, dessiner un cube, une horloge avec les chiffres à l'intérieur, ou effectuer une épreuve de barrage sur une feuille (de manière aléatoire sont dessinés des carrés, des ronds et des triangles sur l'ensemble d'une feuille de papier ; la consigne est de barrer les ronds sur l'ensemble de la feuille). On peut demander au sujet d'écrire quelques phrases sous dictée, ou bien de lire un texte. Selon la localisation cérébrale de la lésion et la sévérité de l'héminégligence, le sujet négligera partiellement ou totalement l'espace corporel et extra-corporel droit ou gauche.

V - Les troubles des habiletés gestuelles ou apraxies

a. Généralités

Au début des années 1900, Hugo-Karl Liepman décrit : « Le tableau pathologique de l'apraxie (asymbolie motrice) à partir d'un cas d'apraxie unilatérale ». Par la suite, Pick, Déjerine, Kleist et Strauss, Pierre Marie, Brain, Hecaen, Luria vont décrire de nouvelles formes d'apraxie impliquant des zones cérébrales diverses. Il semble, cependant, que les lésions pariétales gauches et droites engendrent des apraxies plus sévères que les lésions frontales ou temporales.

Les apraxies correspondent à des perturbations des activités gestuelles qui ne peuvent s'expliquer ni par une atteinte motrice, ni par une atteinte sensitive élémentaire, ni par un affaiblissement intellectuel global sévère. Si le mouvement peut se définir comme le déplacement des segments du corps, le geste implique à la fois une intention et une finalité. Tout mouvement dépend d'une représentation spatialisée élaborée par le cortex pariétal associatif.

L'activité gestuelle est variée. Elle met en jeu des gestes simples et des gestes élaborés à travers l'utilisation d'objets, l'imitation et l'expression gestuelle symbolique. Il faut savoir que l'apraxie peut passer cliniquement inaperçue, lorsque le patient est peu gêné dans les actes de la vie courante. Les apraxies peuvent affecter uniquement les membres supérieurs ou bien d'autres parties du corps, comme le déplacement des membres inférieurs ou encore les mouvements bucco-faciaux. En outre, lorsque l'apraxie affecte un seul côté du corps (droit ou gauche) il s'agit d'une apraxie unilatérale, si elle touche les deux parties du corps (à droite et à gauche), c'est une apraxie bilatérale.

Dans l'étude des apraxies, nous pouvons observer les activités gestuelles simples et les activités constructives plus élaborées, à partir de consignes orales avec et sans imitation : « Montrez-moi comment vous faites pour... » ; « maintenant faites comme moi ».

Voici un répertoire non exhaustif de gestes à explorer :

---

1 / parmi les gestes d'utilisation, avec et sans les objets, *a)* les gestes simples suivants : se peigner, se brosser les dents, utiliser un marteau ; *b)* les gestes complexes suivants : allumer une bougie, plier une feuille et la mettre dans une enveloppe, composer un numéro de téléphone ;
2 / des gestes sans signification, effectués sans et avec imitation : toucher avec l'index droit l'œil gauche, faire deux anneaux entrecroisés avec le pouce et l'index de chaque main ;
3 / des gestes descriptifs : demander de représenter un escalier en colimaçon ;
4 / des gestes expressifs : demander d'envoyer un baiser, de dire au revoir ; et des gestes symboliques qui sont le reflet de conventions au sein d'une culture donnée : demander de faire le salut militaire, de prêter serment, de faire le signe de croix...

La littérature répertorie une trentaine de formes d'apraxies, d'un intérêt sémiologique très inégal. Nous nous limitons à la description des plus courantes :

— L'apraxie idéomotrice est décrite par Liepman au début des années 1900. Les troubles se manifestent dans les gestes simples, qui ne nécessitent pas de manipulation d'objets réels (voir tableau ci-dessus). Le patient est incapable d'une quelconque ébauche gestuelle ou bien celle-ci est abrégée ou donne lieu à des persévérations de fragments de gestes exécutés précédemment. Les tâches utilisées consistent à faire réaliser sur ordre verbal puis sur imitation des gestes avec et sans signification. Les apraxies idéomotrices peuvent être bilatérales ou unilatérales. Le cortex pariétal gauche est le plus souvent en cause.

— L'apraxie idéatoire correspond à l'incapacité à utiliser des objets réels de la vie courante. Elle touche particulièrement la succession de gestes élémentaires nécessaires à la réalisation d'un acte complexe comme se peigner avec une brosse à cheveux, mettre la table, mettre une lettre dans une enveloppe et la cacheter. Les gestes sont incomplets, incohérents et inappropriés à l'objet et à la tâche à accomplir. Le patient ne sait plus utiliser les objets, il les manipule de manière maladroite, désorganisée et inefficace. Il existe une perplexité et parfois des persévérations. L'apraxie idéatoire s'observe dans le cas de lésions temporo-pariétales gauches et au cours de lésions diffuses responsables d'une démence.

— L'apraxie constructive. Les compétences constructives nécessitent le maniement de données visuo-spatiales dans une démarche programmée, sollicitant les activités motrices. L'apraxie constructive correspond à un trouble isolé de l'exécution de tâches constructives bi- ou tridimensionnelles. L'apraxie constructive est fréquente en clinique, elle s'observe surtout dans les lésions pariétales droites mais parfois aussi gauches. Lors de lésions pariétales droites, le déficit est surtout d'origine visuo-spatiale. Les dessins sont désarticulés, désorganisés sur le plan topographique. Très souvent s'y associe une négligence spatiale gauche. Lors de lésions pariétales gauches, le dessin est simplifié, avec des difficultés dans la réalisation des détails.

L'évaluation neuropsychologique repose sur : 1 / le dessin sur consigne de l'examinateur (dessiner un cube, une maison, une bicyclette) ou d'après un modèle (la figure de Rey) ; 2 / la reproduction d'un modèle plan (réaliser un puzzle) ou d'un modèle tridimensionnel (agencer les cubes de Kohs, ou le test de construction dans la batterie de tests de la WAIS).

— L'apraxie de l'habillage. Le patient a des difficultés à s'habiller. Il ne peut pas disposer, orienter, manipuler, enfiler ses vêtements, bien qu'il n'ait pas de troubles de la motricité, ni d'apraxie idéatoire ou idéomotrice. Ce type d'apraxie s'observe au cours de lésions pariéto-occipitales de l'hémisphère droit et s'accompagne généralement d'une hémi-asomatognosie et d'une apraxie constructive. L'apraxie de l'habillage est fréquemment présente dans la maladie d'Alzheimer.

— L'apraxie mélokinétique. Elle se manifeste par des difficultés à exécuter des mouvements fins et qui se succèdent. Elle serait liée à une perte de la mélodie cinétique, entravant la réalisation motrice de l'acte. On peut l'explorer à partir des tâches suivantes : pianoter avec les doigts, faire serrer et desserrer successivement les poings. Ce sont surtout les aires frontales prémotrices qui sont en cause.

— L'apraxie de la marche. Le sujet est dans l'incapacité de disposer ses membres inférieurs de manière adaptée. Il ne peut plus avancer correctement, en alternance une jambe après l'autre et le reste du corps a tendance au déséquilibre vers l'arrière. L'apraxie s'accompagne d'un trouble de l'initiation du mouvement avec, par exemple, une difficulté à s'installer en position couchée, ou bien à retourner son corps dans la station allongée. Cela se produit, alors que le patient comprend la consigne et que ce n'est pas une douleur physique qui explique l'incapacité. Les mouvements volontaires abstraits sont échoués tels que dessiner au sol un 8 avec le gros orteil, faire le geste de frapper avec le pied sur un ballon. L'apraxie de la marche ressortit à des lésions frontales bilatérales.

— L'apraxie buccofaciale. Elle concerne les mouvements bucco-linguo-faciaux (bouche, langue, joues). Les patients ne peuvent pas effectuer des mouvements bucco-linguo-faciaux sur ordre, alors qu'ils peuvent de manière automatique déglutir, mastiquer. Ce type d'apraxie accompagne fréquemment l'aphasie de Broca. Les déficits sont mis en évidence à partir des épreuves qui consistent à demander au sujet, sur ordre verbal et sur imitation : de tirer la langue devant soi, à droite, puis à gauche, de gonfler les joues, de mettre la bouche « en cul de poule », de faire différentes grimaces en imitation. Les lésions concernent les régions frontales droites ou gauches.

Ce long chapitre, consacré aux troubles de la perception et du geste, comporte une multitude de symptômes dont la plupart sont invalidants mais assez rares et qui, en eux-mêmes et s'ils sont isolés, affectent généralement peu l'autonomie mentale. Pour mieux comprendre les répercussions de tels troubles dans la vie quotidienne nous conseillons le petit livre d'O. Sacks (1985) *L'homme qui prenait sa femme pour un chapeau.*

VI - Les troubles liés aux syndromes frontaux

a. Généralités

Les lobes frontaux droit et gauche constituent chez l'être humain 40 % de la masse cérébrale. Cette proportion est supérieure à ce que l'on observe chez les autres animaux et s'accroît au fur et à mesure de l'apparition chronologique des espèces, culminant avec les grands singes et plus encore chez l'homme. Les nombreuses connexions des lobes frontaux expliquent leur rôle essentiel dans l'intégration des données sensorielles, dans la coordination de différentes activités instrumentales spécifiques – motricité, langage, mémoire, compétences visuo-spatiales et dans ce qu'on appelle les « fonctions exécutives », du terme anglais « executive cognitive control » dont la traduction française devrait plutôt être « fonctions stratégiques ». Il s'agit des capacités de planification, d'anticipation et de contrôle. Le cortex frontal occupe, ainsi, une place prépondérante dans la programmation des comportements.

Luria (1978) a joué le rôle essentiel dans la description des fonctions des lobes frontaux, considérés avant lui, en dehors des circonvolutions frontales ascendantes, comme des zones « muettes » du cerveau !

Bien que dans la littérature nous rencontrions le terme « syndrome frontal » au singulier, il serait plus juste de parler de syndromes frontaux, car les tableaux cliniques varient en fonction de la sévérité et de la localisation des lésions frontales. Différentes pathologies neurologiques peuvent produire un syndrome frontal dont les caractéristiques ne sont pas strictement identiques : un accident traumatique (traumatisme crânien grave), un accident vasculaire cérébral, une tumeur cérébrale, une maladie dégénérative (démence fronto-temporale), ou encore une maladie infectieuse à l'origine d'une encéphalite (inflammation du cerveau). Il s'agit donc d'un syndrome fréquemment rencontré et invalidant.

Conséquences du syndrome frontal
(voir aussi Pegna, dans Botez-Marquard et Boller, 2005)

— des troubles moteurs, en particulier, une réduction globale de l'activité motrice (inertie) ;
— des troubles cognitifs : troubles praxiques et gnosiques, troubles du langage, des activités intellectuelles et mnésiques ;
— des troubles psychocomportementaux : modification de la personnalité, troubles de l'humeur, perte du contrôle des comportements instinctifs. Certains syndromes frontaux graves composent un tableau démentiel, tel qu'il est défini selon les critères du DSM-IV ou de la CIM-10.

b. Les troubles de la régulation de l'activité motrice

Les perturbations de l'activité motrice consistent en un tableau composé d'un ou plus souvent de plusieurs des signes suivants :

1 / un défaut d'initiative et de spontanéité gestuelle ;
2 / une impossibilité de reproduire des séries de gestes, de rythmes, ou des dessins très simples ;
3 / des persévérations et des stéréotypies gestuelles, par exemple, un geste est répété ou maintenu inutilement et perturbe l'ensemble de l'activité motrice ;
4 / des troubles de l'équilibre et de la marche avec rétropulsion (tendance à tomber en arrière) en station debout, une difficulté d'utilisation des membres inférieurs lors de la marche (apraxie de la marche), ou bien une impossibilité de se tenir debout et de marcher ;
5 / une réaction de préhension pathologique appelée « grasping réflexe ». Ce comportement de préhension peut être manuel ou oral. Il s'agit d'une réaction d'agrippement déclenchée par la stimulation tactile au niveau de la paume de la main ou de la bouche. La prise de l'objet ne peut pas toujours être relâchée volontairement. Cela correspond aux réflexes archaïques présents chez le jeune enfant et qui disparaissent au cours du développement normal.

c. Les troubles cognitifs

Le cortex frontal exerce un contrôle sur la mise en œuvre et la réalisation des actions. Un tel processus est décrit en neuropsychologie sous le concept de « fonctions exécutives ». Les fonctions exécutives recouvrent l'ensemble des processus nécessaires à la réussite des tâches complexes. Il s'agit d'un ensemble de capacités qui permettent à un individu d'avoir des comportements intentionnels et appropriés (Lezak *et al.*, 2004). Elles correspondent aux capacités cognitives nécessaires aux comportements dirigés vers un but et à l'adaptation liée aux demandes de l'environnement. Les fonctions exécutives sont impliquées dans l'initiation, la planification, l'anticipation, l'agencement de séquences d'actions, le contrôle et l'interruption de comportements, dans un but d'adaptation aux besoins de l'environnement.

Les fonctions exécutives (Luria, 1978)

1 / analyse et synthèse des informations venues du milieu intérieur et du milieu extérieur ;
2 / détermination du programme d'action, c'est-à-dire organisation séquentielle des différentes tâches à accomplir ;
3 / exécution du programme avec la possibilité, à tout moment, d'arrêter ou de modifier son déroulement ;
4 / évaluation finale des résultats obtenus par rapport au but initialement poursuivi.

Les troubles du raisonnement, de la planification et du jugement apparaissent, souvent, lors des activités abstraites et complexes nécessitant plusieurs opérations pour aboutir à une synthèse finale (problèmes d'arithmétique, explication de proverbes, le dessin d'une bicyclette, le test de la Tour de Londres, le test d'arrangement d'images de la WAIS) (voir Lezak *et al.*, 2004). Ces épreuves sont en règle échouées, mais il s'agit plus d'un déficit de la stratégie menant au but que d'un déficit des activités élémentaires. En effet le calcul mental simple, les automatismes professionnels, les actions simples et ponctuelles sont souvent bien conservés. La réalisation d'une tâche peut être facilitée par l'encouragement soutenu et la fragmentation des données du plan de résolution.

Il existe des troubles de la flexibilité mentale et des processus d'inhibition, qui se manifestent par des persévérations. Ce sont des troubles caractéristiques du syndrome frontal. Les patients ont des difficultés à inhiber des réponses non pertinentes dans des contextes nouveaux. Les réponses ne sont pas modulées, les sujets ont tendance à persévérer dans l'erreur de stratégie, ce qui aboutit à des conduites inadaptées, et à un objectif échoué. En France, l'épreuve de classement de cartes de Wisconsin (Milner, 1963) et le test du Trail Making, partie B, sont utilisés. En outre, le test d'interférences de Stroop est une épreuve sensible aux déficits d'inhibition de ces patients (il s'agit rappelons-le de désigner la couleur dans laquelle est figuré un mot, sans se laisser influencer par le mot lui-même, par exemple le mot vert écrit en rouge). Cela se traduit par un nombre important d'erreurs et des latences élevées pour accomplir les tâches. Pegna (dans Botez-Marquard et Boller, 2005) donne un exemple parlant des conséquences du déficit de flexibilité et de la persévération sur le plan comportemental. Un patient avec syndrome frontal ouvrait toujours plus le robinet d'eau chaude, au fur et à mesure que le bain devenait bouillant, avec l'objectif de faire baisser la température de son bain (il distinguait parfaitement le robinet froid du chaud et les notions de température). Il est facile d'imaginer le risque si le patient a aussi la responsabilité d'un jeune enfant.

Les perturbations des fonctions exécutives entravent également les autres fonctions cognitives.

— Les troubles du langage sont marqués par :

1 / la réduction de la communication verbale et non verbale. Il existe un déficit de la fluidité du langage, avec un défaut de spontanéité et d'initiative verbale (les phrases spontanées sont brèves et rares). Il existe même, dans les cas sévères, un mutisme ;
2 / un manque du mot avec, dans certains cas, un stock lexical pourtant intact ;
3 / des persévérations (le mot est répété et parasite la phrase suivante) dans le langage oral ou écrit. Parfois, le malade répète en écho la question ou la fin de la question de l'examinateur (écholalie).

— Les troubles de l'attention et de la mémoire se caractérisent couramment par :

1 / un déficit de l'attention concentrée et de l'attention divisée ;
2 / un déficit de la mémoire et des apprentissages. Il n'y a pas de stratégie valable dans les tentatives de mémorisation, pas d'organisation logique des données à mémoriser. Ces troubles de la mémoire sont parfois à l'origine de confabulations (événements souvent réels du passé faisant irruption dans l'effort de rappeler des événements du temps présent).

d. Les troubles du comportement et les changements de la personnalité

Le comportement du malade donne l'impression d'une modification de sa personnalité. Il y a souvent :

1 / une perte des initiatives et des actions nécessaires à la vie quotidienne (apathie) ;
2 / une restriction des champs d'intérêt et de motivation (aboulie) ;
3 / une absence de réaction affective normale face à des événements personnels ou à la maladie (émoussement affectif) ;
4 / parfois, au contraire une excitation psychomotrice avec une jovialité inappropriée (euphorie) ou bien une impulsivité et une irritabilité ;
5 / une anosognosie ;
6 / des difficultés majeures ou une incapacité à modifier ses comportements ;
7 / une perte du sens des contraintes sociales, par exemple, familiarité ou grossièreté, agressivité verbale et/ou physique ; négligence vestimentaire et/ou corporelle ; attitudes alimentaires aberrantes (goinfrerie et malpropreté) ; comportement d'urination (le malade urine n'importe où, sans gêne ni pudeur).

Différents troubles cognitifs, décrits dans l'ensemble du chapitre, peuvent s'associer entre eux pour aboutir à un tableau de démence, dont les caractéristiques sont présentées maintenant.

E - LA NEUROPSYCHOLOGIE DES DÉMENCES

I - Définition et causes

La démence est un processus pathologique dont les origines sont diverses. Il s'agit d'une détérioration globale et sévère des fonctions mentales. Le terme démence vient du latin *dementia* qui signifie perte de l'esprit. Cette notion reste associée dans la pensée collective à la folie. Elle est due à une atteinte du système nerveux central et elle compromet l'autonomie sociale et familiale du patient. En France, neurologues et neuropsychologues se réfèrent, généralement, aux critères diagnostics de démence du DSM-IV plutôt qu'à ceux de la CIM-10. La maladie d'Alzheimer est la cause la plus fréquente d'évolution vers la démence. Mais il existe d'autres causes de démence (Boller *et al.*, dans Botez-Marquard et Boller, 2005) :

1 / les maladies essentiellement limitées aux caractéristiques de la démence. Ce sont les démences dites primaires comme la maladie d'Alzheimer ou des maladies dégénératives hors Alzheimer, telles que la démence fronto-temporale et la maladie à corps de Lewy diffus (Signoret et Hauw, 1991) ;
2 / les autres affections cérébrales, qui peuvent associer démence et autres symptômes neurologiques, facilement différenciées de la maladie d'Alzheimer, c'est-à-dire les traumatismes cranio-cérébraux, les accidents vasculaires cérébraux, les tumeurs, la maladie de Parkinson, la sclérose en plaques, la maladie de Huntington, la maladie de Creutzfeldt-Jacob ;
3 / les maladies qui ne touchent pas primitivement le système nerveux central telles que les maladies du foie, des reins et certaines maladies métaboliques rares, des intoxications médicamenteuses et alcooliques qui peuvent être la cause de démence et qui sont potentiellement réversibles.

a. Sémiologie

Critères du DSM-IV pour le diagnostic de démence

A) La présence de déficits cognitifs multiples impliquant simultanément :

1 / un trouble de la mémoire (altération de la capacité à apprendre des informations nouvelles ou à se rappeler les informations apprises antérieurement) ;
2 / une ou plusieurs des perturbations cognitives suivantes : aphasie, apraxie, agnosie, fonctions exécutives.

B) Les déficits cognitifs en A1 et A2 perturbent significativement le fonctionnement social et/ou professionnel et représentent un déclin significatif par rapport au niveau de fonctionnement antérieur.

L'évolution est caractérisée par un début progressif et un déclin cognitif continu.

C) Les déficits ne sont pas dus à un syndrome confusionnel.

b. Les « démences corticales » et les « démences sous-corticales »

Cette distinction, remise en question par certains chercheurs, est maintenue pour son intérêt heuristique et clinique. Pour une meilleure compréhension, nous faisons un rappel schématique du modèle anatomique de Mac Lean (Gil, 1996). L'auteur propose une représentation tripartite du cerveau, en partant des structures les plus anciennes et les plus profondes vers les plus récentes, et qui sont, bien évidemment, connectées entre elles : « le cerveau reptilien », « le système limbique ou cerveau mammifère » et « le cerveau néo-mammalien ». Le cerveau reptilien (composé du tronc cérébral et des noyaux gris centraux) régit les comportements indispensables aux besoins de base et à la survie de l'espèce. Au-dessus de ce cerveau reptilien, et l'entourant comme un « limbe » ou système limbique, se trouvent, en particulier, l'amygdale, l'hippocampe, le corps calleux. Le système limbique joue un rôle essentiel dans la régulation des comportements instinctuels, émotionnels et dans les fonctions mnésiques. Au-dessus de ces deux cerveaux « reptilien » et « limbique », qui constituent les structures sous-corticales, se trouvent les hémisphères cérébraux recouverts du cortex cérébral ou « cerveau néomammalien », dont font partie les lobes frontaux.

Les démences corticales touchent directement le cortex cérébral, qui englobe les lobes frontaux. Le modèle en est la démence de la maladie d'Alzheimer, avec des troubles de la mémoire corrélatifs des déficits d'apprentissage (mémoire indicée inopérante), une aphasie, une apraxie, une agnosie, des déficits des fonctions exécutives. La dépression est rare. L'évolution clinique conduit inexorablement au tableau de la démence.

Dans les démences sous-corticales, les lésions ne sont pas localisées dans le cortex cérébral. Elles sont liées à une déafférentation du cortex cérébral, par lésion des connexions sous-corticales, par exemple, au niveau de la substance blanche, comme dans la sclérose en plaques, ou bien des noyaux gris centraux, comme dans la maladie de Parkinson. Le tableau clinique est caractérisé par des désordres moteurs, une lenteur de l'idéation, une apathie, des déficits en mémoire de rappel, mais une mémoire indicée qui peut être opérante, et l'absence de troubles phasiques, praxiques et gnosiques. La dépression est fréquente. Il existe un syndrome « dysexécutif » d'intensité variable qui est concomitant de la dysconnexion frontale et qui réalise, dans ce contexte, une démence fronto-sous-corticale. Contrairement aux démences corticales, le dysfonctionnement frontal n'est pas lié à des lésions directes du cortex frontal, mais à des ruptures de connexion entre les structures sous-corticales et le cortex frontal.

c. *L'évaluation rapide des fonctions cérébrales supérieures*

En pratique clinique courante, il existe différentes épreuves d'évaluation rapide des fonctions supérieures. Le Mini Mental State (MMS) de Folstein (1975) est, certainement, l'examen le plus utilisé, car il permet une première exploration rapide mais succincte de certaines fonctions cognitives (Dérouesné, dans Signoret et Hauw, 1991). Il est sensible aux détériorations moyennes et sévères. Il ne nécessite pas une formation à la neuropsychologie. Cependant, il n'a pas les qualités métrologiques des tests neuropsychologiques, il explore des performances cognitives au moment de la passation et non pas les compétences intellectuelles et instrumentales globales du sujet. Il est recommandé pour un repérage du fonctionnement cognitif, par exemple en consultation médicale ou au lit du malade, avant un bilan approfondi. Le MMS est composé de 13 items qui explorent en moins de dix minutes, la mémoire, l'orientation temporo-spatiale, l'attention, le calcul, le langage et les praxies, pour un score maximum de 30 points chez les adultes sains. Un score bas n'est spécifique d'aucune affection, et peut être d'origine psychiatrique, neurologique ou bien simplement lié au niveau culturel du sujet (comme pour tous les autres tests, le score n'a aucune signification chez un sujet qui est de culture différente sans maîtrise de la langue).

Ces réserves faites, le MMS s'est révélé un très bon instrument dans le suivi des déficits cognitifs, en particulier, dans les démences dégénératives. Ainsi, les études sur la maladie d'Alzheimer montrent qu'il existe une corrélation significative entre le score au MMS et le score aux échelles d'autonomie (plus le score au MMS est bas, moins les sujets sont autonomes dans les actes de la vie quotidienne, comme utiliser le téléphone, utiliser les transports, prendre des médicaments, gérer ses finances).

D'autres batteries d'évaluation rapide ont été proposées depuis le MMS. G. Prigatano a publié le *BNI* (Barrow Neurological Institute) (1997), traduit en plusieurs langues dont le français (Truelle *et al.*, 2004), sous la forme d'un petit livret de poche. La passation est un peu plus longue que celle du MMS (douze minutes au lieu de sept ou huit minutes pour le MMS) mais la sensibilité et la spécificité sont supérieures et prennent en compte les progrès récents de la neuropsychologie clinique. La validation en a été faite pour les démences, mais aussi pour les autres pathologies cérébrales. Comme le MMS, le *BNI* ne nécessite pas de compétence spécifique en neuropsychologie.

Dans un second temps, lors de l'évaluation neuropsychologique approfondie, il est utile au neuropsychologue de se référer aux recherches cliniques actualisées de la littérature qui recommandent les batteries de tests les plus sensibles et spécifiques, donc les plus appropriées, à l'exploration des troubles dans chaque pathologie : traumatismes crâniens ; accident vasculaire cérébral droit ou gauche ; maladie d'Alzheimer ; sclérose en plaques ; maladie de Parkinson... (voir Lezak *et al.*, 2004).

F - LA SYNTHÈSE ET LA RESTITUTION DU BILAN AU PRATICIEN ET AU PATIENT

Après l'examen neuropsychologique, l'analyse du bilan demande, en moyenne deux à trois heures de travail. Bien entendu, il existe, parfois, des bilans plus rapides mais aussi de très longs (six heures ou plus, par exemple dans des cas complexes d'expertise médico-légale). L'étude de chaque fonction cognitive explorée fait l'objet d'une synthèse qui relève réussites et échecs. Le neuropsychologue s'efforce de les interpréter. La conclusion globale doit faire ressortir les anomalies principales et aboutir, dans un second temps, à une interprétation des déficits en termes de syndrome, de localisation et de diagnostic étiologique, si celui-ci est possible. Quelque fois, il faut un deuxième, voire un troisième examen, à plusieurs mois d'intervalle, pour aboutir à une orientation diagnostique. L'interprétation du bilan sera confrontée aux autres examens cliniques et paracliniques pour l'aide au diagnostic. Enfin des propositions thérapeutiques sont faites.

Le document ainsi rédigé est adressé au prescripteur, avec l'accord du patient. En général, le patient lui-même et, s'il le souhaite, ses proches attendent d'être informés à l'occasion d'un entretien ultérieur, après la rédaction du compte rendu. Au cours de ce nouvel entretien, les données de l'examen sont passées en revue, expliquées de manière compréhensible, en demandant au besoin au patient ou à l'entourage de formuler leurs réactions pour vérifier cette compréhension. Un temps est consacré aux conseils : une nouvelle consultation du médecin, des conseils pratiques dans la vie quotidienne, une rééducation neuropsychologique, une aide psychologique. Il est souvent souhaitable, après cette restitution orale, que le patient et/ou son entourage disposent du rapport écrit. Il peut être alors pertinent de rédiger un compte rendu différent de celui destiné au professionnel prescripteur, qui sera plus succinct et formulé en des termes compréhensibles pour des non-spécialistes.

G- LA PLACE DE L'EXAMEN NEUROPSYCHOLOGIQUE DANS LA RÉÉDUCATION

L'évaluation et l'interprétation des troubles est habituellement le premier objectif de l'examen neuropsychologique. La réadaptation est un second objectif, plus ou moins explicite, mais tout aussi essentiel. Chez les patients atteints d'une affection aiguë, comme le traumatisme crânien ou l'accident vasculaire cérébral, une rééducation est presque toujours nécessaire.

Au cours des décennies passées, une telle rééducation n'était guère recommandée dans les affections évolutives telles que les démences ou une tumeur inopérable. Aujourd'hui, de plus en plus nombreux sont les spécialistes qui proposent une rééducation à ces patients, par l'apprentissage des techniques de compensation pour améliorer l'attention (Rigaud, 2005), et pour mieux contrôler les comportements inadaptés. La première question qui se pose pour juger de la pertinence d'une rééducation est de savoir si le patient est « éducable ». La réponse repose sur l'évaluation des performances en termes d'attention, de rappels mnésiques d'une information nouvelle, d'apprentissages, de compétences motrices, d'habitudes pratiques dans la vie quotidienne et de comportement social. Il est nécessaire de faire une évaluation individualisée des compétences en intégrant des tests écologiques, afin de tenir compte des besoins propres à chaque individu dans sa vie de tous les jours et de l'évaluation des troubles spécifiques à chaque affection. Une femme de 75 ans, atteinte d'une MA débutante, vivant à domicile, n'aura pas les mêmes attentes et besoins de rééducation, qu'un homme de 45 ans, victime d'un AVC qui doit reprendre son activité professionnelle de bureau, quelques mois après l'accident neurologique.

La rééducation des personnes cérébro-lésées est confrontée à un paradoxe, dans la mesure où les capacités nécessaires à la rééducation sont précisément celles qui sont les plus vulnérables aux lésions cérébrales : l'attention, l'apprentissage, les fonctions exécutives. L'enjeu que ces patients imposent au neuropsychologue et à l'équipe est d'identifier les capacités restantes. En effet, les capacités préservées seront utilisées pour aider le patient à comprendre, à compenser les aptitudes altérées afin d'élaborer avec lui des méthodes d'adaptation.

À cet égard, l'interdépendance entre cognition, émotion et comportement est à prendre en compte. La distinction entre fonction cognitive d'une part, fonction émotionnelle, comportement et personnalité d'autre part, pose question. Les progrès des neurosciences, au cours des dernières décennies, ont confirmé une interdépendance que l'intuition des philosophes avait déjà permis de percevoir (Damasio, 1995). Il est à la fois utile et pratique de les distinguer, dans l'évaluation neuropsychologique, pour mieux comprendre leur implication respective sur l'humeur et le comportement.

Ainsi, l'anxiété est probablement la réaction la plus commune aux altérations cognitives d'origine lésionnelle. Dans les affections aiguës, comme le traumatisme crânien ou l'accident vasculaire cérébral, les processus mentaux sont bouleversés en quelques minutes ou heures. Ils conduisent à une altération des fonctions cognitives, et plus largement des compétences. Il en résulte une anxiété qui devient un compagnon au long court. Seuls semblent en être épargnés ceux qui sont suffisamment inconscients de leurs troubles (anosognosie). Cette anxiété peut s'estomper chez les sujets capables d'apprendre à s'adapter à leurs déficits, c'est un processus à long terme. Aussi, les traitements médicaux et psychologiques de l'anxiété constituent-ils une part non négligeable des programmes de rééducation. Dans les affections évolutives telles que les démences, chez la plupart des patients, l'anxiété apparaît quand le sujet est encore conscient de la détérioration croissante de ses fonctions mentales. Ces patients peuvent aussi bénéficier des médications et des psychothérapies de soutien (Rigaud *et al.*, dans Botez-Marquard et Boller, 2005). Tant qu'ils sont capables d'acquérir des techniques de compensation, en utilisant, par exemple, un agenda, des programmes quotidiens affichés, de tels apprentissages entretiennent la perception fragile qu'ils ont de leur autonomie et de leur dignité. Cela permet de réduire leur anxiété, au moins temporairement, jusqu'à ce que la maladie annule les acquis.

Dans l'ensemble des pathologies neurologiques, la dépression est fréquente, qu'elle soit d'origine réactionnelle et/ou liée à des altérations neurobiologiques. Pour certains patients, c'est une réponse à la prise de conscience de leurs déficits, de leurs incapacités et de leur handicap : perte d'emploi, réduction des responsabilités et des activités sociales et de loisirs, des revenus financiers et, au bout du compte, une douloureuse impression de perte de leur dignité, qu'ils lisent dans le regard des autres. L'anxiété comme la dépression sont accessibles aux médications et à la psychothérapie et bénéficient aussi des effets de la rééducation.

D'une manière générale, les rééducations sectorielles du langage, de la mémoire, de l'attention doivent s'inscrire dans un programme global, souvent pluridisciplinaire, de réadaptation. Un tel programme vise à réduire le handicap, répondre aux besoins individuels, favoriser l'acceptation du handicap et restaurer le sentiment d'identité lorsque cela est possible (Ben Yishay et Daniels-Zide, 2000). Dans de tels programmes destinés aux cérébro-lésés, le neuropsychologue tient une place essentielle.

H - CONCLUSION

En neurologie comme en psychiatrie, la recherche sur les maladies du système nerveux évolue rapidement, grâce à l'essor des neurosciences.

Dans les centres hospitaliers, le neuropsychologue est de plus en plus requis en recherche clinique pour évaluer les effets des médicaments ou des techniques chirurgicales de stimulation intracérébrale. La recherche en neuropsychologie est en plein essor et permet, en relation avec d'autres approches – neuroimagerie, psychiatrie, pédagogie, éthologie (en particulier, les comportements des grands singes), philosophie, éthique – de mieux comprendre le fonctionnement cérébral, la genèse des troubles cognitifs, émotionnels et du comportement, et de redéfinir la sémiologie des fonctions mentales et les voies thérapeutiques.

Les pathologies mentales sont un enjeu de santé publique, si l'on considère les handicaps engendrés par la perte d'autonomie physique et mentale, la dépendance et les répercussions familiales et socio-économiques. En ce début de XXIe siècle, l'efficacité limitée des traitements curatifs des maladies chroniques citées ci-dessus comme des traitements préventifs et symptomatiques, accroît l'importance de l'approche éthique du patient et de son entourage proche. Il est nécessaire d'améliorer les dispositifs d'évaluation, de prise en charge psychologique et rééducative des patients, ainsi que le soutien de leurs proches.

Pour toutes ces raisons, les psychologues, spécialisés en neuropsychologie, se trouvent impliqués à la fois dans l'évaluation, la prise en charge et la recherche, et ils sont en nombre insuffisant (Montreuil, 2005). C'est dire la nécessité pour les psychologues d'être initialement formés et de se former en continu, à la dimension clinique, à la psychopathologie, à la neuropsychologie, aux techniques d'évaluation et de prise en charge psychothérapeutique, à la recherche clinique, voire à l'expertise médico-légale.

LECTURES CONSEILLÉES

Botez-Marquard, T., & Boller, F. (2005). *Neuropsychologie clinique et neurologie du comportement* (849 p.). Les Presses de l'Université de Montréal.

Eustache, F., & Agniel, A. (1995). *Neuropsychologie des démences : évaluations et prise en charge.* Marseille : Solal.

Gil, R. (2006, 4e éd.). *Neuropsychologie.* Paris : Abrégés Masson.

Lezak, M. D., Howienson, D. B., & Loring, D. W. (2004). *Neuropsychological assessment* (1 016 p.). New York : Oxford University Press.

Sacks, O. (1985). *L'homme qui prenait sa femme pour un chapeau.* Paris : Le Seuil.

9 psychologie de la santé

PAR ÉLISABETH SPITZ

A - INTRODUCTION

La psychologie de la santé est un nouveau domaine d'enseignement et d'investigation en psychologie, ce champ interdisciplinaire intègre les différentes connaissances et techniques de la psychologie afin de contribuer à la compréhension des facteurs influençant le bien-être, la santé, la maladie et les soins. Elle se définit de façon large comme l'étude des facteurs sociaux, psychologiques et physiologiques pouvant jouer un rôle dans les comportements, les cognitions et les émotions liés à la santé et à la maladie. La santé se caractérise par un état de bien-être avec ses composantes physiques, psychologiques, sociales, économiques, culturelles et spirituelles : ce n'est pas simplement l'absence de maladie (Morin, 2004).

Les principaux déterminants de la santé peuvent être exposés à travers une structure qui comprend plusieurs strates : 1 / les conditions socio-économiques générales, culturelles et environnementales ; 2 / les influences des systèmes sociaux (famille, communauté, condition de travail, société) ; 3 / les conditions de vie psychosociales et matérielles individuelles associées à de possibles réactions de stress ; 4 / les facteurs individuels (émotion, cognition, motivation, personnalité) et les systèmes physiologique et génétique (âge, sexe, constitution physique). Au sommet de ces strates, se situe la structure sociale et économique d'une société, en particulier ses richesses et la distribution effective de celles-ci. Puis, l'environnement matériel et psychosocial des personnes apparaît avec les conditions de vie concrètes dans les communautés, sur les lieux de travail et dans les rapports sociaux. Ces conditions de vie affectent la santé et la maladie de trois manières (fig. 1).

Premièrement (axe A), les conditions socio-économiques générales ont un impact direct sur la santé et la maladie. À travers le monde, il est reconnu que la pauvreté représente un des déterminants les plus importants de la santé. Les personnes vivant dans une pauvreté extrême n'ont pas accès aux ressources de base (alimentation suffisante, eau potable, abri adéquat) cruciales pour le maintien en bonne santé. Lorsque des enfants sont exposés à une maladie infectieuse comme la rougeole, ceux des pays occidentaux en sortent indemnes, tandis qu'en Afrique plusieurs milliers d'enfants meurent de cette maladie chaque année (WHOSIS, 2002). Plus que le virus c'est la sous-alimentation et le manque de soin à ces enfants qui en représentent les causes. Dans les pays occidentaux également les conditions de vie matérielles représentent un déterminant important de santé et la pauvreté reste souvent associée à la maladie.

Deuxièmement (axe B), les conditions de vie (culture, communauté, lieu de travail, rapports sociaux) contribuent à la santé et à la maladie à travers les comportements individuels de chacun. Des recherches ont montré que la consommation excessive d'alcool, de tabac, le manque d'activité physique et une alimentation trop riche en graisse et pauvre en légumes et fruits représentent des facteurs de risques de nombreuses maladies. Ces comportements de santé ne constituent pas des choix simplement individuels, mais apparaissent sous l'influence de la structure sociale et économique, renforcés ou non par des facteurs environnementaux. Les causes de ces comportements s'avèrent multifactorielles : elles incluent, entre autres, les différences entre les groupes socio-économiques quant aux croyances qu'ils ont sur la santé (normes de santé), l'importance de la santé pour chaque groupe et le sentiment de contrôle perçu de celle-ci, aussi bien que l'absence de ressources ou la présence d'obstacles dommageables pour la santé. Dans cet axe, c'est une approche communautaire de la santé qui est développée.

Troisièmement (axe C), l'environnement affecte la santé et la maladie à travers des processus psychologiques et physiologiques, également appelés réactions au stress. C'est probablement l'axe qui a encore le plus besoin d'être exploré. Des conditions de vie psychosociales et matérielles défavorables (stresseurs chroniques), comme la lutte quotidienne pour joindre les deux bouts, la faible sécurité de l'emploi augmenteraient la probabilité de cognitions et d'émotions négatives chroniques telles que l'humeur dépressive, le désespoir ou l'hostilité. Ces cognitions et émotions négatives influencent la santé de deux façons. Premièrement, elles augmentent la probabilité de comportements de santé malsains. Par exemple, il a été montré que l'hostilité et les affects dépressifs sont associés à une forte consommation de tabac et à une moindre activité physique. Deuxièmement, ces états et processus psychologiques semblent être associés à une augmentation des activités psychoneuroendocriniennes et psychoneuro-immunologiques spécialement des dysrégulations du système nerveux autonome et de l'axe hypothalamo-hypophyso-corticosurrénalien (axe des réactions prolongées au stress). Ces dysrégulations ont été trouvées associées à des changements métaboliques, à une diminution de la cohérence cardiaque et à une diminution du fonctionnement du système immunitaire.

Afin de compléter ces trois axes principaux dont les origines se situent dans la structure socio-économique de la société, nous avons ajouté un quatrième axe (D) à la figure 1 qui prend en considération les facteurs individuels. Ici, les facteurs individuels incluent à la fois le patrimoine génétique et les facteurs de personnalité. Des défauts génétiques peuvent directement et de façon indépendante causer des maladies, par exemple, le syndrome de Down, induit par la trisomie 21. Cependant, en l'état actuel des connaissances, il semble que les maladies purement génétiques soient rares. Actuellement, il est reconnu que les maladies sont souvent causées par une interaction entre

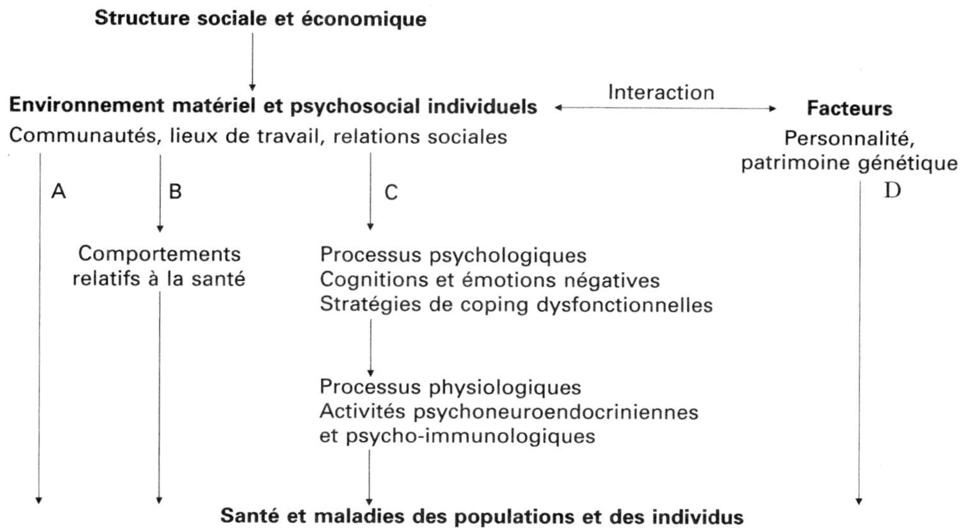

FIG. 1. — Approche socio-psycho-physiologique de la santé et de la maladie

la génétique et l'environnement. La phenylcétonurie en constitue un exemple classique : cette maladie est causée par un défaut génétique qui ne permet pas au corps de transformer l'acide aminé phénylalanine en tyrosine ce qui entraîne une déficience intellectuelle sévère. Cependant, si les enfants nés avec ce défaut génétique sont alimentés par un régime spécial « sans phénylalanine », ils se développent normalement. En réalité, la phénylalanine est un acide aminé indispensable, le régime vise surtout à contrôler le taux sanguin (ni trop peu ni pas assez...) et consiste à limiter les protéines le plus possible, tout en évitant les carences. Sans ce défaut génétique, la maladie ne surviendrait pas, mais elle n'apparaîtrait pas non plus dans un environnement sans phénylalanine. Le patrimoine génétique rend l'individu vulnérable, mais cette vulnérabilité n'a de conséquences sur la santé que dans certaines conditions environnementales. Il est très vraisemblable que cette forme d'interaction existe également pour d'autres maladies. Parmi les facteurs individuels, la personnalité a été beaucoup étudiée dans le domaine de la psychologie. Déjà dans la Grèce antique, certaines caractéristiques de la personnalité étaient associées à certaines maladies, c'est donc une hypothèse très ancienne. Aujourd'hui, les auteurs parlent plus de profils de personnalité associés à des styles de vie risquant d'être nocifs pour la santé. Ainsi certains profils de personnalité seraient associés à des pathologies spécifiques. Comme tout modèle, la structure présentée (fig. 1) reste trop simplifiée. La plupart des flèches pourraient aussi aller dans la direction inverse, parce que les malades peuvent être enclins aux émotions négatives susceptibles d'affecter leur environnement matériel et psychosocial (par exemple la perte d'un travail, l'isolement social). Nous reconnaissons qu'une causalité inverse existe jusqu'à un certain degré. Cependant, durant les deux dernières décennies, la plupart des recherches épidémiologiques sur les maladies ont montré d'une façon convaincante que la direction causale va de façon plus fréquente de la structure sociale à la maladie et peu en sens inverse.

Dès 1977, Engel développe un modèle qu'il nomme le modèle biopsychosocial ; cependant, si l'on tient compte de l'importance de chaque facteur d'un point de vue hiérarchique entre la structure sociale, les états et les processus psychologiques et les réactions physiologiques, il serait plus approprié de parler de modèle socio-psycho-physiologique. La psychologie de la santé cherche à identifier les différents facteurs d'influence et leurs interactions : il s'agit de mieux comprendre l'apparition ou non de la maladie, son évolution et de proposer des interventions adéquates. Sur le plan théorique, la psychologie de la santé développe une démarche intégrative qui prend en compte les apports de la biologie, de la psycho-oncologie, de la psycho-cardiologie, de la psycho-neuro-immunologie, des neurosciences, de la psychologie clinique et de la psychologie sociale. La mise en œuvre de cette approche holistique requiert donc au préalable de la part des praticiens de la santé une reconnaissance de l'importance et du rôle des facteurs psychiques et sociaux dans le domaine. De nombreux facteurs interviennent dans les variations des comportements de santé, parmi lesquels les facteurs situationnels (l'environnement, y compris le stress...), les facteurs dispositionnels (personnalité, sentiment d'efficacité personnelle...) et les facteurs socioculturels.

Trois raisons expliquent l'essor de la psychologie de la santé. 1 / Aujourd'hui dans les pays développés, les principales causes de mortalité ne sont plus les maladies infectieuses mais les maladies chroniques comme les affections cardiaques, les cancers, les accidents vasculaires cérébraux et les maladies du système respiratoire. Les maladies chroniques se développent et persistent sur une longue période de temps. L'OMS (1999) rapporte que deux tiers des décès dans les pays développés sont liés à des facteurs de risques fortement influencés par les comportements associés aux contextes de vie. 2 / Les dépenses de santé ont augmenté de façon exponentielle ces dernières années, rendant nécessaire un développement accru de la promotion de la santé et de la prévention, avec pour objectif de diminuer les facteurs de risques et d'augmenter les facteurs de protection de la santé. 3 / Les progrès dans de nombreux champs disciplinaires et le développement des approches pluridisciplinaires de la psychologie ont permis de nouvelles perspectives. Par exemple, la neuropsycho-immunologie décrit un lien entre des comportements, des émotions qui peuvent avoir des conséquences physiologiques influençant la santé et l'évolution de la maladie (Ader, 2001 ; Dantzer, 2001) ou autre exemple, le développement des théories cognitives dans la compréhension des habitudes de vie (tabagisme, abus d'alcool, manque d'exercice physique). Ces différentes raisons expliquent l'impulsion actuelle donnée à la psychologie de la santé.

À travers ce chapitre, nous abordons la promotion et la prévention de la santé, les liens entre personnalité, événements de vie, soutien social et santé, les modèles de stress-coping ainsi que les modèles d'autorégulation qui essaient de comprendre les processus associés aux comportements de santé. Finalement, nous développons les notions d'observance thérapeutique et de qualité de vie liée à la santé.

B - PROMOTION DE LA SANTÉ

Les interventions de promotion des comportements de santé requièrent la coopération active des personnes cibles et l'utilisation d'une communication persuasive et efficace. Les interventions incluent les informations et le développement de capacités comportementales, cognitives et sociales. Trois approches majeures de la promotion de la santé apparaissent : l'approche sociocognitive du changement de comportement, l'approche du self-empowerment associé au développement des capacités d'agir et l'approche de l'action collective.

I - Les modèles sociocognitifs

L'approche des modèles sociocognitifs se fixe pour objectif d'induire des changements du comportement à travers des modifications des cognitions individuelles. S'appuyant sur les modèles sociocognitifs, elle fait le lien entre les connaissances, les croyances, les attitudes et les comportements. Plusieurs modèles existent, dont quatre d'entre eux sont présentés ci-dessous.

Le modèle des croyances sur la santé (HBM – Health Belief Model – Rosenstock, 1974) représente la première théorie cognitive s'intéressant au problème des comportements de santé. Élaboré dans les années 1950, son but était initialement de prédire et d'expliquer les raisons pour lesquelles certaines personnes ne suivaient pas les recommandations de santé publique concernant par exemple le dépistage du cancer ou le suivi des vaccinations. Par la suite, ce modèle a été utilisé pour prédire les changements de comportement dans le cadre de nombreuses pathologies. Le HBM suggère que quatre types de croyances sont nécessaires afin que la personne soit susceptible de développer l'action de santé recommandée : *a)* la perception de sa propre vulnérabilité à la maladie ; *b)* la perception de la gravité de la maladie si elle était contractée ; *c)* la conviction que sa propre action, en termes de changement de comportement de santé, sera efficace face à cette menace (bénéfices perçus de l'action de santé), et *d)* la perception qu'il y a peu d'obstacles, de coûts à la mise en place de l'action (coûts perçus de l'action de santé). En outre, le HBM inclut deux autres types de variables agissant indirectement sur la mise en place d'un comportement : les incitations internes et externes à l'action (perception de symptômes physiques, personnes proches ayant développé la maladie, campagnes de prévention), et les variables démographiques (sexe, âge, ethnie...) et psychosociologiques (personnalité, classe sociale, pression des pairs...). Dans une méta-analyse des recherches utilisant le HBM, Harrison, Mullen et Green (1992) ont montré que les quatre éléments du HBM étaient corrélés de façon significative mais faible avec les comportements en lien avec la santé (vaccination, régime alimentaire, observance thérapeutique de l'administration d'insuline ou de la prise d'un traitement anti-hypertenseur...).

Un autre modèle sociocognitif, la Théorie sociale cognitive de Bandura (1977, 1986, 1997), n'a pas été spécifiquement développé pour le domaine de la santé. Pourtant, de nombreuses recherches ont utilisé un concept clé de cette théorie pour prédire l'adoption des comportements de santé. Reconnaissant l'influence de l'environnement social et des apprentissages réalisés par les individus sur les comportements en général, Bandura fait reposer sa théorie sur l'hypothèse selon laquelle les différences individuelles dans la façon d'accomplir une action ou d'adopter un comportement s'expliquent en grande partie par deux attentes : les attentes de résultats et les attentes d'efficacité personnelle. Selon cette théorie, une personne adopte un comportement si elle considère qu'il contribue à l'atteinte de résultats escomptés, mais avant tout si elle a suffisamment confiance en ses capacités à le réaliser effectivement. Clark et Dodge (1999) notent que les études sur l'efficacité personnelle dans le domaine de la santé ont montré une association entre les croyances d'efficacité personnelle et les comportements visés, sans toutefois mettre en évidence un fort degré explicatif de ce concept dans l'adoption des comportements de santé.

Une autre théorie non spécifique au domaine de la santé a permis d'étudier les changements de comportement dans le cadre de la maladie. La théorie de l'action raisonnée (TRA, Fishbein et Ajzen, 1975) postule que l'intention d'adopter un comportement constitue le déterminant premier de sa mise en place. Cette intention est à son tour influencée par une série d'attitudes envers le comportement ciblé (par exemple, « mettre ma ceinture ne me pose pas de problème »), et par les normes subjectives que l'individu entretient vis-à-vis du comportement (c'est-à-dire la pression sociale perçue qui inciterait ou non à réaliser le comportement comme « mettre sa ceinture »). Plus tard en 1985, Ajzen développe un modèle étendu de la TRA en intégrant le concept de perception du contrôle comportemental. La théorie du comportement planifié (TPB, Theory of Planned Behaviour, Ajzen, 1985, 2002) conceptualise la perception du contrôle comportemental comme l'aisance ou la difficulté perçue à réaliser un comportement. Dans de nombreuses études, la perception du contrôle a souvent été rapprochée de l'efficacité personnelle perçue, en devenant même un synonyme. Une méta-analyse des recherches utilisant la TRA et la TPB montre que ces modèles expliquent en moyenne entre 40 % et 50 % de la variance des intentions et entre 19 % et 38 % de la variance des comportements effectifs (Sutton, 1998, 2004). Les modèles sociocognitifs sont surtout explicatifs des intentions de changement mais sont loin de pouvoir déterminer les raisons qui amènent certaines personnes et pas d'autres à transformer effectivement en actes leurs intentions (Fishbein *et al.*, 2003). Les principales critiques qui ont été formulées à l'encontre des modèles sociocognitifs dans la promotion de la santé incluent une vision trop stéréotypée de l'éducation transmise principalement par des encadrants ayant des connaissances académiques, une supposée égalité des individus face aux messages de santé reçus, une focalisation peut-être excessive sur les connaissances et les croyances personnelles.

II - Les modèles de self-empowerment

L'approche du self-empowerment a pour objectif de développer les capacités des individus à faire des choix pour leur santé. Dans un sens plus large, l'empowerment désigne la capacité des personnes à mieux comprendre et mieux contrôler les forces personnelles, sociales, économiques et politiques qui déterminent leur qualité de vie, dans le but d'agir pour l'améliorer (Fischer et Tarquinio, 2006).

Le développement des capacités d'agir (self-empowerment, SE) est particulièrement employé dans l'éducation pour la santé auprès des jeunes. Par exemple, la pression sociale des pairs (copains) a été identifiée comme l'un des principaux obstacles à l'adoption de pratiques saines de santé chez les jeunes. Ici, les techniques de self-empowerment encouragent les jeunes à prendre des décisions indépendantes en développant leur ressources psychologiques afin de résister à la pression des pairs : une des techniques s'appelle « savoir dire non ». L'objectif est de faciliter la prise de décision en développant une meilleure image de soi à travers l'acquisition de compétences sociales qui entraînent un sentiment d'affirmation de soi renforcé. De façon générale, ces techniques d'apprentissage, avec participation active, reposent sur l'idée qu'en développant sa motivation, sa confiance en soi et ses compétences, l'individu est mieux à même d'identifier ses propres besoins de santé et d'agir pour les satisfaire. Le modèle de l'empowerment est étroitement lié au modèle éducatif, mais il reconnaît que l'individu ayant fait des choix pour une vie saine peut être dans l'impossibilité de mettre en œuvre ces choix, s'il se trouve dans un environnement non favorable, peu sûr, privé de ressources. Ainsi, le self-empowerment serait initialement plus déterminé par le contexte de vie de l'individu que par les interventions mises en place pour lui et qui serviraient donc essentiellement à accompagner et renforcer le processus (Fischer et Tarquinio, 2006). Selon ces auteurs, cette approche de la pédagogie de santé est particulièrement encourageante, parce que malgré la difficulté à circonscrire ce concept, les études aboutissent à des résultats assez convaincants, qui dépassent le cadre souvent trop classique des mesures éducatives utilisées en matière de santé.

III - L'action collective

L'approche de l'action collective reconnaît le lien entre les facteurs de santé individuel et les facteurs socio-économiques. Elle ne se situe pas dans un cadre théorique spécifique. Son objectif est de modifier les causes socio-économiques et environnementales de la santé à travers l'organisation collective des membres d'une communauté (Morin et Apostolidis, 2002). Elle repose principalement sur les possibilités de financement d'interventions collectives et l'investissement politique des problèmes de santé. Ce domaine très vaste, reste essentiel en matière de santé, mais il s'éloigne de la psychologie de la santé et nous ne le développerons pas ici.

C - PERSONNALITÉ ET SANTÉ

La littérature concernant l'impact de la personnalité sur la santé et la maladie est à la fois très abondante et hétérogène (Bruchon-Schweitzer et Quintard, 2001, 2002). Ainsi, différents auteurs ont souhaité définir des profils complexes de personnalités présentant des risques pour certaines maladies, notamment les maladies cardio-vasculaires et les cancers... (type A, type C). Mais à l'heure actuelle, ces profils sont largement remis en question et les études récentes s'intéressent plus à des traits spécifiques de la personnalité (affects dépressifs, affects anxieux, colère, hostilité) qui pourraient être déterminants dans l'apparition et le développement de certaines maladies. Après cette mise en garde, les profils de personnalité de type A et de type C seront présentés dans un souci historique afin que le lecteur prenne connaissance également de ces études, mais avec toutes les réserves actuelles émises à leur encontre.

Dans les années 1960, deux cardiologues américains ont décrit un profil de personnalité de type A à risque de maladies cardio-vasculaires. Ce profil se définissait par un ensemble de caractéristiques : 1 / sentiment d'urgence du temps et d'impatience ; 2 / désir de réussite et de reconnaissance sociale (avec une recherche de compétitivité) ; 3 / sentiment général de colère et d'hostilité. Différentes études ont été réalisées avec des résultats contradictoires quant au risque de crise cardiaque chez les personnes présentant un profil de type A. Ainsi, Friedman et Rosenman (1974), Grossarth-Maticek et Eysenck (1990) observent une prévalence plus importante de maladie coronarienne chez les personnes de type A alors que Shekelle et coll. (1985) n'ont pas permis de retrouver cette relation. Plus récemment, le type A n'a plus été considéré comme une structure stable de personnalité mais plutôt comme un mode d'interaction entre une personne et son environnement, ce dernier étant perçu comme compétitif et/ou hostile. Contrada, Leventhal et O'Leary (1990) résument différents modèles explicatifs du lien entre type A et risques coronariens ; selon ces auteurs, les personnes présentant ce profil auraient tendance à s'exposer à des situations stressantes et à vouloir absolument les contrôler. Ce type de profil global de personnalité est très fortement remis en question et, actuellement, l'intérêt des études se focalise sur les traits spécifiques de la personnalité. Afin de mieux les appréhender, ils feront l'objet de trois parties séparées : dans un premier temps seront traitées l'affectivité négative et les différences individuelles dans le vécu des émotions négatives comme la colère, la tristesse, l'anxiété ainsi que leurs liens avec la santé et la maladie ; la deuxième partie s'intéressera à l'expression des émotions et se focalisera principalement sur les manifestations expressives des émotions négatives et non sur le vécu subjectif de celles-ci ; enfin, la troisième partie sera consacrée aux facteurs de personnalité pouvant entraîner un effet protecteur pour la santé.

I - Facteurs de vulnérabilité et santé

a. Hostilité

Déjà Hippocrate proposait une correspondance entre des personnalités empreintes de colère (tempérament sanguin) et différentes maladies. Plus récemment, des études sur l'implication de l'hostilité dans les MCV (maladies cardio-vasculaires) se sont développées dans le sillage des études sur le type A. Une méta-analyse conduite par Miller, Smith, Turner, Guijarro et Hallet (1996) indique que l'hostilité est significativement associée à une augmentation du risque de maladies cardio-vasculaires. Les explications formulées par les auteurs sur ces associations soulignent les processus psychophysiologiques selon lesquels l'hostilité provoque plus de réponses du système neuroendocrinien, du système nerveux autonome et du système cardio-vasculaire face aux stresseurs psychosociaux et aux challenges. Selon Contrada et Guyll (2001), il est évident que l'hostilité peut augmenter les risques de maladies coronariennes mais également d'autres maladies, directement à travers les réponses de l'organisme mais également indirectement par le biais des comportements nocifs pour la santé, par exemple, « très en colère, je fume une cigarette pour me calmer ».

b. Anxiété

L'anxiété-trait peut être définie comme une tendance relativement stable à vivre sous tension, avec inquiétude et appréhension. Les personnes présentant une anxiété-trait élevée ont tendance à percevoir les situations aversives comme plus menaçantes. La mesure de l'anxiété la plus utilisée est la STAI (Spielberger Trait Anxiety Scale, Spielberger, Gorsuch et Lushene, 1970, adaptation française Bruchon-Schweitzer, 1993). L'anxiété est une dimension du névrosisme, elle est étudiée comme un facteur contribuant à de nombreuses somatisations, entre autres, dans l'asthme, les ulcères, l'arthrite, les maux de tête. Par exemple, les personnes présentant des troubles fonctionnels digestifs rapportent un ensemble de symptômes digestifs pour lesquels aucun dysfonctionnement organique n'est diagnostiqué, mais, très souvent, elles présentent une anxiété-trait plus élevée que la population générale (Quintard, 2001).

c. Affects dépressifs

Les symptômes dépressifs incluent de la tristesse, des cognitions négatives, de l'anhédonie (absence de plaisir) et des plaintes neurovégétatives (sueurs, tremblements...). Bien que contraire à l'hypothèse populaire, la relation entre un épisode dépressif récent et l'apparition d'un cancer est très faible (McGee *et al.*, 1994). Dans une revue de la littérature Bruchon-Schweitzer, Cousson-Gélie, Tastet, Bourgeois (1998) aboutissent à la même conclusion : sur 16 études consacrées à la dépression comme facteur de risque de cancer, neuf études, solides méthodologiquement, donnent des résultats non significatifs. Ainsi, l'hypothèse selon laquelle la dépression augmente le risque d'apparition d'un cancer n'est pas confortée par les résultats empiriques. Mais, lorsque la maladie cancéreuse est déjà présente, la dépression pourrait-elle être un facteur affectant le cours de son développement ? Sur dix études menées pour tester le rôle de la dépression comme facteur de pronostic (durée de survie), sept études n'observent aucune relation entre dépression et évolution défavorable de la maladie (Cousson-Gélie, 2001). De son côté, Temoshok souligne que les personnes atteintes d'un cancer se caractérisent par des processus d'interaction particuliers plutôt que par une structure de personnalité spécifique. Cousson-Gélie (2001) conclut raisonnablement qu'au regard des résultats de l'ensemble des travaux consultés, on ne peut pas affirmer qu'il existe une personnalité caractérisant le patient cancéreux. Présentement, le débat ne porte plus sur le rôle étiologique des affects dépressifs dans certaines pathologies somatiques ou inversement sur le rôle de la maladie chronique engendrant des troubles dépressifs, mais plutôt sur la cause commune sous-jacente à la fois aux affects dépressifs et aux maladies somatiques.

Dans cette perspective, il est important de distinguer la notion de vécu d'émotions négatives de celle d'expression des émotions ressenties. Un faible niveau d'expression des émotions serait-il dommageable pour la santé ?

II - Expression des émotions et santé

a. Profil de personnalité de type C et expression des émotions

Selon Temoshok (1990), un profil de personnalité de type C se caractérise principalement par la suppression des émotions et la résignation/désespoir. Le sujet présentant ce profil est décrit comme gentil, coopératif, respectueux, patient, évitant les conflits et n'exprimant pas d'affects négatifs (hostilité). Plus qu'un profil de personnalité stable, le type C serait une façon d'interagir avec un environnement stressant caractérisé par le conflit ou la perte. À première vue, semblant adapté, ce profil de type C permettrait d'éviter les conflits et d'être apprécié de son entourage, mais les efforts réalisés afin de maintenir le contact peuvent se révéler coûteux et usant pour la personne. Temoshok (1990), ainsi que d'autres auteurs (Grossarth-Maticek et Eysenck, 1990 ; Greer *et al.*, 1990) associent les réactions de type C au risque de développer un cancer. D'après différentes études présentées par Cousson-Gélie (2001) le blocage de l'expression des affects apparaît bien comme associé à l'initiation d'un cancer et cela même dans les études longitudinales. En revanche, en l'état actuel des connaissances, les auteurs ne concluent pas sur l'existence d'un lien entre répression émotionnelle et évolution des cancers. Ces recherches sont difficiles à dupliquer en raison de diverses incertitudes d'ordre principalement méthodologique mais également théorique qui apparaissent.

b. Expression ou non des émotions dans les maladies chroniques

Dans une méta-analyse de la littérature sur l'impact de l'expression ou non des émotions dans les maladies chroniques, Panagopoulou, Kersbergen et Maes (2002) montrent que la détresse psychologique augmente avec la non-expression des émotions ; cependant aucun effet bénéfique de l'expression des émotions n'a pu être mis en évidence. En outre, les résultats indiquent que la non-expression des émotions est potentiellement impliquée dans les attitudes de résignation ou de moindre ajustement durant la maladie. En résumé, l'expression forte des émotions n'engendre pas un effet positif ; par contre la non-expression peut engendrer un effet négatif. Dans ce type de méta-analyse, la principale difficulté dans la comparaison des études repose sur la définition même de l'expression ou la non-expression émotionnelle, qui quelquefois est traitée comme une caractéristique de la personnalité ou parfois comme une stratégie de coping spécifique à une situation. Les études sur des patients atteints de cancer traitent l'expression ou la non-expression plutôt comme un trait de personnalité contrairement aux études sur d'autres types de pathologies.

c. Alexithymie

Le terme d'alexithymie a été proposé officiellement par Sifneos (1973) pour désigner le fonctionnement de nombreux patients souffrant d'affections organiques à forte composante psychosomatique. Étymologiquement, « alexithymie » renvoie à l'absence de mots pour exprimer les émotions. En fait, l'alexithymie comporte plusieurs aspects complémentaires : 1 / l'incapacité à reconnaître, identifier et exprimer verbalement ses propres émotions ; 2 / la limitation de la vie imaginaire, notamment de l'aptitude à la rêverie diurne ; 3 / la tendance à recourir à l'action pour éviter et résoudre les conflits ; 4 / et enfin la description détaillée des faits, événements ou symptômes physiques (Pedinielli, 1992). Les difficultés à reconnaître ses émotions et à les exprimer verbalement n'impliquent nullement l'incapacité à reconnaître de telles émotions lorsqu'elles sont exprimées par autrui. La difficulté se situe dans la distinction entre sensations corporelles et émotionnelles, dans l'impossibilité d'éprouver des émotions lors de situations censées les solliciter, enfin dans l'inexistence de lien entre des pensées personnelles et des émotions. L'alexithymie peut être mesurée soit à l'aide d'échelles d'appréciation remplies par le soignant (hétéro-évaluation) Beth Israel Questionnaire, soit à partir d'autoquestionnaire (auto-évaluation) Toronto Alexithymic Scale (TAS) de Taylor, Ryan et Bagby, 1985.

De nombreuses études comparatives ont retrouvé des scores d'alexithymie plus élevés chez des patients souffrant d'affections somatiques, comparés à des sujets en bonne santé, en particulier chez des patients souffrant de douleurs chroniques, chez des patients dans des états de « stress post-traumatiques », chez des patients présentant des conduites addictives ou des troubles du comportement alimentaire. L'existence de deux formes d'alexithymie est postulée : une forme « primaire » et une forme « secondaire » de mécanisme et de signification différents. L'alexithymie « primaire » correspondrait à un « trait » de personnalité soit déterminé génétiquement, soit redevable aux relations affectives précoces ayant marqué le développement de l'individu. L'alexithymie « secondaire » correspondrait à un « état » transitoire ou parfois prolongé, style défensif se mettant en place dans certaines circonstances particulières (Pedinielli, 1992), comme par exemple, lorsque l'expérience vécue dépasse les capacités habituelles d'adaptation (états de stress post-traumatiques) ou lorsque la réalité quotidienne est potentiellement une source d'angoisse déstructurante (survenue d'une maladie particulièrement douloureuse, ou handicapante, ou mettant en jeu la vie). Si l'alexithymie « primaire » relèverait d'une insuffisance ou d'une fragilité du système de défenses psychiques de l'individu, l'alexithymie « secondaire » témoignerait elle, d'une modalité d'adaptation (ou coping), sorte de « moindre mal » pour faire face à une situation éprouvante, cette conception se rapproche de la répression émotionnelle (Luminet, 2002).

III - Facteurs personnels protecteurs et santé

a. Sentiment d'efficacité personnelle ou auto-efficacité

Bandura (1977, 1997) définit le sentiment d'efficacité personnelle comme les croyances en ses propres capacités à organiser et exécuter des actions afin d'atteindre ses objectifs ou de maîtriser certaines situations. Il s'inscrit dans la continuité des travaux de Rotter (1966) sur le locus of control. L'équipe de recherche de Bandura rapporte plusieurs études qui montrent que le sentiment d'efficacité personnelle a un impact favorable sur la santé et la qualité de vie. Par exemple, chez des patients ayant subi une intervention chirurgicale cardiaque, l'auto-efficacité est associée à une meilleure qualité de vie, six mois après l'intervention (Schwarzer et Schroder, 1997). Cependant, Wallston (2001) suggère que l'auto-efficacité serait seulement un prédicteur pour les personnes estimant que leur santé est très importante et qui possèdent un fort sentiment de contrôle de celle-ci. Dans une revue de la littérature sur les stratégies préventives visant à améliorer l'observance des comportements de santé dans le domaine des maladies cardio-vasculaires, Burke, Dunbar-Jacob et Hill (1997) concluent que les interventions basées sur le renforcement de l'efficacité personnelle apparaissent être les plus robustes pour les comportements de santé tels que l'arrêt du tabagisme, l'exercice physique et les régimes alimentaires. Bien que les études descriptives sur le rôle de l'efficacité personnelle dans les changements de comportement aient relativisé l'effet de cette variable, les essais cliniques montrent que les interventions s'appuyant sur le renforcement du sentiment d'efficacité personnelle afin de faciliter les changements de comportements de santé sont parmi les plus utiles à l'heure actuelle.

b. L'optimisme

L'optimisme est une façon de penser par laquelle la personne anticipe une issue favorable aux événements. Elle pourra avoir tendance à minimiser la gravité de la situation et/ou à surestimer ses propres ressources vis-à-vis de la situation stressante. Selon Scheier et Carver (1985), l'optimisme est associé à un faible stress perçu, à peu d'anxiété-trait mais également à peu d'affects dépressifs, à une estime de soi élevée, ainsi qu'à une meilleure qualité de vie. Une échelle d'évaluation de l'optimisme est proposée par Scheier et Carver (Life Orientation Test, LOT, 1985) ; ces auteurs ont démontré à travers de nombreuses études l'effet protecteur de l'optimisme par rapport à la santé. Selon Horowitz, Adler et Kegeles (1988) une nature optimiste peut amener les personnes à des stratégies plus efficaces face à des situations stressantes et par conséquent, réduire leurs risques de maladie mais également favoriser un meilleur ajustement face à la maladie.

c. Le sens de la cohérence

Antonovsky (1979) a développé le concept de sens de la cohérence qui regroupe un ensemble de caractéristiques comportementales et cognitives qui s'établissent durant l'enfance jusqu'à l'âge de jeune adulte. Le sens de la cohérence est décrit comme l'aptitude à percevoir le monde et les événements comme compréhensibles, maîtrisables et ayant un sens, une signification. C'est exactement l'opposé de la vision de Macbeth qui voit la vie comme « un conte dit par un idiot, plein de sons, de fureur et qui ne signifie rien ». La croyance personnelle en une maîtrise possible des événements est un point commun à différentes approches présentées précédemment. L'originalité du sens de la cohérence est d'inclure le besoin de compréhension des événements (nature, cause) et la recherche de sens afin de permettre un engagement personnel, une mobilisation des ressources pour faire face. Récemment, Surtees, Wainwright, Luben, Khaw et Day (2003) ont réalisé une étude prospective sur six ans concernant le lien existant entre le sens de la cohérence et la mortalité (toutes causes confondues) sur une population de 20 579 participants âgés de 41 à 80 ans. Ils démontrent qu'un sens de la cohérence fort est associé avec 30 % de réduction de la mortalité quelle que soit la maladie mais plus spécialement pour les maladies cardio-vasculaires. Par rapport aux maladies cancéreuses, il y a une réduction similaire de la mortalité chez les hommes mais pas chez les femmes. À cause de la grande taille de la population qui peut entraîner des liens significatifs systématiques, ces conclusions remarquables provoqueront certainement des discussions critiques et induiront de futures recherches.

d. La résilience

De façon très marquée, les recherches se sont longtemps intéressées uniquement aux facteurs de vulnérabilité, puis des écrits ont associé vulnérabilité et invulnérabilité, mais le terme d'invulnérabilité est devenu progressivement inadéquat et la notion de résilience est apparue. Selon l'approche psychosociale, entre autres de Rutter (1985), la résilience est la capacité pour les personnes placées dans des contextes défavorables, de réussir à s'en sortir et de mener malgré tout une vie satisfaisante. L'aptitude à faire face à un événement de vie majeur ou à un environnement défavorable correspond à la première phase de la résilience : la personne reçoit un choc ou survit dans un contexte contraignant et elle résiste à la désorganisation. Puis dans une deuxième phase ou parfois parallèlement, elle surmonte la situation par un processus de reconstruction, de réparation, voire de création grâce à ses ressources personnelles, à un « ressort invisible » (Fischer, 1994, 2003) mais également au transfert de ressources provenant d'autrui. La résilience est un processus dynamique et évolutif qui varie avec le temps ; elle serait associée à une meilleure résistance physique et psychique (Lighezzolo et De Tychey, 2004).

Bruchon-Schweitzer (2002) résume bien certaines caractéristiques communes semblant avoir un impact bénéfique sur la santé : 1 / le contrôle perçu, généralisé ou spécifique vis-à-vis des situations ou des événements de vie ; 2 / la coloration optimiste des évaluations concernant les événements, les anticipations ; 3 / le fait d'être agréable et chaleureux dans les relations avec autrui ; 4 / la cohérence perçue (le fait que sa propre vie, celle d'autrui, les événements aient un sens, une signification pour le sujet et l'impliquent).

D - ÉVÉNEMENTS DE VIE MAJEURS, TRACAS QUOTIDIENS ET SANTÉ

I - Événements de vie majeurs

Depuis longtemps, la croyance populaire associait la survenue d'événements de vie majeurs avec le risque d'apparition d'une maladie. En 1967, Holmes et Rahe ont proposé une évaluation quantitative des événements de vie majeurs. Ils ont listé 43 événements sélectionnés auprès de 5 000 personnes, puis réalisé une pondération en fonction de la difficulté d'adaptation qu'exigerait un événement s'il survenait. Ainsi les auteurs attribuaient 100 points à l'événement évalué comme le plus grave, le décès du conjoint et 50 points à un événement ayant un impact moyen comme le mariage. L'évaluation qu'ils ont développée s'appelle l'échelle de réajustement social (SRRS, Social Readjustement Rating Scale, Holmes et Rahe, 1967) ; c'est un outil qui a été très largement utilisé malgré les critiques qui lui ont été adressées. En particulier, un événement de vie n'a pas le même impact chez toutes les personnes ; par exemple, un divorce, peut être vécu de façon très différente selon les protagonistes et le contexte de sa réalisation. Mais également, le fait que très souvent les événements de vie sont rapportés de façon rétrospective, après que la maladie soit apparue entraîne un biais, l'état actuel des patients contaminant le rappel de l'événement. Afin de remédier à ce problème méthodologique des études prospectives ont été réalisées. D'après une méta-analyse de Petticrew, Fraser et Regan (1999) le lien entre les événements de vie et le développement d'un cancer n'est pas significatif même lorsque le stresseur est le décès du partenaire. Cousson-Gélie (2001) conclut qu'au regard des résultats de l'ensemble des travaux consultés, on ne peut pas affirmer que certains événements de vie (deuil, divorce) précipiteraient le développement d'une tumeur au sein mais, par contre, lorsque la maladie est déjà présente, l'impact des événements de vie stressants aurait un effet dommageable sur l'évolution de la maladie. En conclusion, les événements en eux-mêmes n'ont pas un effet direct sur la santé mais c'est l'ajustement mis en place face aux événements qui exposerait davantage les personnes. Dans le même ordre d'idée, la personne déjà malade aurait plus de difficulté à s'adapter aux changements majeurs survenant dans sa vie après son diagnostic. Actuellement, plus que l'impact des événements de vie majeurs c'est l'impact des stresseurs quotidiens sur la santé qui est investi dans les études.

II - Tracas quotidiens

Kanner, Coyne, Schaeffer et Lazarus (1981) définissent les stresseurs de la vie quotidienne comme des « événements ou problèmes irritants, frustrants ou anxiogènes qui caractérisent les transactions journalières avec l'environnement ». L'équipe de Lazarus pose comme hypothèse que les tracas quotidiens évalués de façon subjective par chaque individu, sous la pression de son environnement et dans le moment présent devraient être de meilleurs prédicteurs de la relation santé/maladie que les événements de vie majeurs évalués *a posteriori*, souvent bien après l'événement. Avec cette approche, ils présentent des résultats qui mettent en évidence un lien entre stresseurs de la vie quotidienne et problèmes de santé physique ou psychique supérieur à celui obtenu avec les événements de vie majeurs (DeLongis *et al.*, 1982). Dans une validation française d'une échelle de « stresseurs de la vie quotidienne », Badoux-Levy et Robin (2002) rapportent six dimensions associées aux tracas quotidiens : 1 / les préoccupations relatives à la sphère professionnelle ; 2 / les préoccupations relatives à l'environnement ; 3 / les préoccupations relatives à la sphère familiale ; 4 / la surcharge, l'hyperactivité ; 5 / les inquiétudes concernant le corps et son fonctionnement ; 6 / la gestion de la vie quotidienne. Les stresseurs quotidiens, les plus souvent cités appartiennent à la sphère professionnelle. Ainsi, chez les adultes, une des sources de variation de l'état de santé réside dans le fait d'avoir ou non un emploi ; de plus lorsque la personne a effectivement un emploi, les stresseurs quotidiens qui lui sont associés influencent également son état de santé. Karasek et Theorell (1990) présentent un modèle où sont soulignées deux caractéristiques communes à ces stresseurs : les exigences ou pressions de la sphère professionnelle et le faible contrôle – ou la faible latitude de décision – dont l'employé dispose. La latitude de décision inclut à la fois l'opportunité d'exercer ses compétences et celle de prendre des décisions. D'après Karasek « la tension apparaît quand les exigences du travail sont élevées et la latitude de prise de décision faible », pour plus de développement sur les liens entre travail et santé se reporter à Truchon et Fischer (2002).

Poursuivant les axes de recherches proposés par Lazarus, de nombreuses études ont confirmé que les stresseurs de la vie quotidienne augmentent, chez la personne qui s'y trouve confrontée, la susceptibilité à la maladie, en agissant principalement sur les défenses immunitaires. Biondi (2001) propose une revue de la littérature de plus de 50 études concernant les effets des stresseurs sur les fonctions immunitaires. En résumé, les changements immunologiques, rapportés en réponse à des stresseurs psychologiques aigus, se traduisent par des augmentations du nombre de cellules NK (Natural Killers) et de leur activité, une augmentation du nombre de lymphocytes T (CD8+) et une diminution ou, dans certains cas, une augmentation des lymphocytes T (CD4, auxiliaires) et des lymphocytes B. Les stresseurs de la vie quotidienne ont bien un retentissement sur le fonctionnement du système immunitaire mais le lien entre stress et altérations physiologiques n'est pas facile à apprécier, car très souvent il est médiatisé par des intermédiaires comportementaux ou cognitifs (diminution de l'hygiène de vie, altération de la perception des premiers symptômes dans un contexte stressant).

E - SOUTIEN SOCIAL ET SANTÉ

I - Différentes approches du soutien social

De nombreuses observations suggèrent des effets négatifs de l'isolement sur la santé. En fait, l'absence de relations sociales et de communications entraîne un état de stress qui peut être nuisible à la santé. Au contraire, la présence de soutien social a-t-elle un effet bénéfique sur la santé ?

Le soutien social est un concept pluridimensionnel. D'une part, Cobb (1976) distingue quatre dimensions : 1 / le soutien informatif inclut des connaissances, des conseils, des recommandations, des suggestions sur les diverses façons de faire face à la situation ; 2 / le soutien matériel, organisationnel apporte une solution à une situation délicate (par exemple, s'occuper des enfants lors d'une hospitalisation, aide financière, prêt d'objet) ; 3 / le soutien émotionnel contribue à un sentiment de sécurité, de protection pendant les moments difficiles, il permet un échange affectif (par exemple au moment du diagnostic d'une maladie, du décès d'un proche, d'un licenciement) ; 4 / le soutien d'estime permet de rassurer la personne à propos de ses compétences, de ses capacités (par exemple dans des périodes de doute, de perte d'estime de soi). L'aspect bénéfique du soutien dépend en partie de la personne qui propose ce type de soutien. Le soutien informationnel du médecin sera apprécié, ainsi que le soutien émotionnel du conjoint et le soutien organisationnel du voisin.

D'autre part, le soutien social peut être appréhendé selon plusieurs approches : 1 / comme un réseau social désignant l'ensemble des personnes qui entourent le sujet (couple, famille, amis, voisins, groupe de collègues au travail, groupe pratiquant le même loisir). Les évaluations de la densité, de la structure et de la taille du réseau social restent descriptives et quantitatives, la personne étant plus ou moins bien intégrée dans un réseau social. Plus récemment, Sarason, Levine, Basha et Sarason (1983) conçoivent le soutien social comme une ressource dont peut bénéficier la personne : soutien social reçu et perçu. Le soutien social reçu correspond au réseau relationnel qui se développe par rapport à une personne (nombre de personnes qui rendent visite au patient, disponibles pour le patient). Le soutien social perçu est une évaluation subjective qu'effectue la personne à propos du soutien qu'elle reçoit, elle peut être plus ou moins satisfaite de celui-ci. Ainsi, plus que le soutien réel dont dispose une personne, c'est la perception qu'elle en a dans les situations difficiles qui joue un rôle face aux événements stressants.

Très généralement, les travaux soulignent les effets positifs du soutien social sur la santé : Tarquinio, Costantini et Fischer (2002) nous résument bien ces effets qui peuvent être soit directs soit indirects. D'une part, le soutien social comme source d'épanouissement et de dynamisme a un effet direct quand, par exemple, les patients adoptent un style de vie sain qui les protège des maladies ou suivent scrupuleusement les recommandations de leur médecin. D'autre part, l'effet du soutien social sur la santé peut être considéré comme indirect (effet tampon) lorsqu'il permet soit d'interpréter moins dramatiquement une situation, celle-ci est perçue moins stressante et le sentiment de contrôle est renforcé grâce à l'entourage, soit de déployer des stratégies de coping plus efficaces car la personne s'estime soutenue. Ces différents effets peuvent exister conjointement ; ainsi lorsque la maladie apparaît, le patient peut à la fois, grâce au soutien de son médecin, bien respecter la prise de son traitement, et à la fois grâce à son entourage familial envisager de façon assez sereine sa maladie et y faire face. En conséquence, la maladie pose la question de la mobilisation de l'entourage afin de soutenir le malade ; la psychologie de la santé s'intéresse plus précisément à la satisfaction que le patient retire de ce soutien social, celui-ci restant un facteur important dans la lutte contre la maladie. Cerclé (2002) développe l'exemple de l'alcoolisme avec une approche interactionniste et développementale.

II - Partage social des émotions

Le partage social des émotions a été étudié de façon approfondie par B. Rimé (2005) ; c'est un phénomène très général (universel bien que des nuances culturelles puissent être apportées), ainsi ceux qui ont vécu un épisode émotionnel en reparlent à des personnes proches, dans les heures, les jours, les semaines qui suivent et de manière plus ou moins répétitive. Très généralement, le partage social des émotions s'observe dans 80 à 95 % des épisodes émotionnels, quelle que soit l'émotion dominante (même la honte) et dans toutes les cultures étudiées. Il se prolonge ensuite d'autant plus longtemps que l'épisode implique une émotion intense (Rimé *et al.*, 1998).

Pourquoi partageons-nous nos émotions ? Est-ce que parler d'une émotion soulage ? Selon B. Rimé (2005), le processus de partage social des émotions peut apporter une contribution précieuse à l'établissement, au maintien et au renforcement des liens socio-affectifs. Le processus de partage social activé par les expériences émotionnelles constitue donc un puissant outil d'intégration sociale. Mais puisque le partage social des émotions se manifeste souvent sous forme répétitive et que les répétitions du partage sont d'autant plus abondantes que l'épisode partagé est intense en émotions, quand une personne traverse un épisode émotionnellement chargé, ses proches peuvent être soumis à rude épreuve. Une telle situation entraîne souvent l'érosion de leur intérêt et débouche sur le refus d'écoute. Ainsi, des résistances se manifestent dans l'entourage lorsque le patient se risque à parler de ses souffrances ; l'entourage évitant ou limitant les échanges verbaux sur le thème de ces souffrances. Alors que le malade a particulièrement besoin d'un renforcement de ses liens socio-affectifs et d'une meilleure intégration sociale, paradoxalement, c'est donc l'inverse qui peut prévaloir. Le patient se heurte fréquemment au refus d'écoute. Pourtant, les expériences de la vie nous montrent également que lorsqu'un proche est touché, il est entouré par les siens, que les rangs se resserrent. Il y a donc une contradiction entre les observations communes (où l'on voit l'entourage se resserrer autour du patient) et les résultats empiriques qui montrent le contraire. Cependant cette contradiction s'estompe si l'on distingue les personnes auxquelles on est uni par un lien d'attachement. Dans l'espèce humaine, lorsque le lien d'attachement existe, il n'est pas besoin de démonstration pour se convaincre de la robustesse de celui-ci et de sa résistance à l'épreuve des affects négatifs et de la maladie. En revanche, lorsque ces liens d'attachement ne sont pas tissés ou mal tissés, alors le patient risque de se heurter au refus d'écoute et se trouve ainsi engagé d'une manière insidieuse dans la voie de l'exclusion sociale.

À qui parlons-nous de nos émotions ? Dans le partage social des émotions, le rôle du cercle familial et du cercle relationnel électif est primordial. Dans une méta-analyse sur les situations de confidence Collins et Miller (1994) montrent qu'une situation de partage social a des effets durables qui marqueront la relation. Cette revue établit très clairement que plus une personne se livre à des confidences intimes, plus la personne qui l'a écoutée exprime ensuite de l'affection pour elle. Et l'effet dans l'autre direction est tout aussi bien établi : ceux qui se livrent à des confidences sur eux-mêmes développent de l'affection pour ceux qui les écoutent (Rimé, 2005). En somme le processus de partage social des émotions apporte une contribution précieuse à l'établissement, au maintien et au renforcement des liens socio-affectifs. Le processus de partage social activé par les expériences émotionnelles constitue donc un puissant outil d'intégration sociale. Pour Rimé, parler de ses émotions, c'est faire beaucoup plus que parler de ses émotions. Les bénéfices potentiels du partage des émotions sont du point de vue individuel : 1 / le renforcement de l'attachement, des liens interpersonnels ; 2 / la reconnaissance et la validation sociale de l'expérience vécue (ici la maladie et le traitement) ; 3 / la reconstitution de son univers symbolique, la restauration du sens de sa propre vie ; 4 / l'assurance de l'intégration sociale ; et du point de vue du groupe : 1 / l'extension du savoir social sur les émotions ; 2 / la mise à jour du consensus social ; 3 / le renforcement de la cohésion sociale ; 4 / l'alimentation de la mémoire collective.

F - MODÈLES STRESS-COPING ET SANTÉ

La plupart des théories sur l'ajustement à la maladie chronique découlent de travaux conceptuels plus généraux sur l'ajustement aux situations stressantes et traumatisantes. L'une des plus reconnues parmi ces théories générales est celle proposée par Lazarus et Folkman (1984). Il sera également fait référence aux théories de Moos et Schaefer (1993) et Maes, Leventhal et De Ridder (1996).

I - La théorie cognitive du stress de Lazarus et Folkman

Pendant longtemps le stress a été considéré comme une simple réaction non spécifique de l'organisme à toute agression. Dans cette perspective, Selye a développé sa théorie du syndrome général d'adaptation. Mais de nombreuses études ont souligné que l'évaluation personnelle qui est faite de la situation stressante a plus d'impact sur l'organisme que les faits en eux-mêmes. Aujourd'hui, le concept de stress est bien éloigné des propositions originelles de Selye. Ainsi, Lazarus et Folkman (1984) sont les auteurs de référence avec leur théorie cognitive du stress et du coping. Pour eux, le stress est considéré comme « une transaction spécifique entre la personne et l'environnement qui est évaluée par la personne comme débordant ses ressources et pouvant mettre en danger son bien-être ». Cette définition se distingue d'autres approches théoriques dans lesquelles le stress est défini soit comme un stimulus (par ex : un examen, une opération chirurgicale), soit comme la production d'un conflit intra-psychique centré sur les besoins de la personne, ou encore comme une réponse physiologique ou une réponse de détresse émotionnelle. Dans la définition offerte par Lazarus, le stress est décrit comme un processus incluant les stimuli/stresseurs et les réponses engendrées mais également la relation entre la personne et l'environnement. Cette relation dynamique est en constant changement et bidirectionnelle entre la personne et l'environnement, chacun agissant sur l'autre. Cette relation est modulée par deux groupes de processus : les processus d'évaluation cognitive et les processus de coping.

a. Les processus d'évaluation cognitive

La signification de l'événement stressant est déterminée par les processus d'évaluation cognitive. Selon Lazarus et coll. (1984) il existe deux formes majeures d'évaluation : celle à travers laquelle la personne évalue l'impact de l'événement stressant pour le respect de son bien-être (stress perçu, Cohen, Kamarch et Mermelstein, 1983) et celle à travers laquelle la personne évalue ses capacités pour faire face à la situation et son contrôle sur celle-ci (contrôle perçu). Un même événement est évalué de façon différente selon les personnes : il peut être sans intérêt, simplement bénin ou alors franchement stressant. Lorsqu'il est évalué comme stressant, il peut s'agir d'une perte, d'une menace ou d'un défi. Les évaluations de perte ou de menace engendrent des émotions négatives : anxiété, colère, peur... Les évaluations de défi ou de challenge engendrent des émotions positives : ardeur, joie, exaltation... Conjointement à ce premier processus d'évaluation, un second se met en place en réponse à la question : Puis-je faire face à cette situation et comment ? Ainsi, l'appréciation par la personne de ses ressources pour faire face à la situation, de ses capacités à réduire la menace ou les pertes causées par l'événement, l'estimation du contrôle de la situation font partie intégrante de cette seconde évaluation. Celle-ci se réfère aussi bien aux jugements et croyances personnelles qu'aux possibilités réelles de contrôle sur la transaction spécifique.

b. Processus de faire-face (coping), stratégies d'adaptation

Le concept de coping fait référence à la façon de s'ajuster aux situations stressantes et la mise en place d'une réponse pour y faire face. Les stratégies d'ajustement ou coping désignent l'ensemble des processus qu'une personne interpose entre elle et la situation perçue comme menaçante, afin de maîtriser, tolérer ou diminuer l'impact de celle-ci sur son bien-être physique et psychologique (Lazarus et coll., 1984). Littéralement, le terme « coping » devrait être traduit par l'expression « faire face ». Néanmoins, des auteurs ont proposé d'autres traductions telles que stratégie d'ajustement ou stratégie d'adaptation pour parler d'une stratégie de coping mise en place par une personne face à un événement stressant. Bien que ces deux dernières expressions ne soient pas entièrement satisfaisantes[1], on les retrouve indifféremment utilisées dans la littérature française en même temps que les termes de coping ou de stratégies de coping.

La transaction stressante est complexe et bien qu'elle soit décrite selon une séquence linéaire, elle est une succession d'évaluations et de réévaluations au cours du temps. Si une stratégie de coping mise en place se révèle moins performante que prévu, il est possible que l'individu réévalue la menace ou bien s'interroge sur une réponse de

1. Elles laissent entendre qu'une stratégie de coping doit nécessairement amener un succès, ce qui va à l'encontre de la définition du coping. Schwarzer (1996) rappelle que le « coping n'a pas besoin d'être une action complètement couronnée de succès, mais qu'un effort doit être fait ».

coping plus appropriée. Ainsi, aucune stratégie de coping ne serait efficace en soi, indépendamment des caractéristiques de la personne et du problème à résoudre.

Dans le but d'étudier le processus de coping, plusieurs auteurs ont développé des instruments de mesure (cf. Parker et Endler, 1992, pour une revue de la littérature à ce sujet). Une des échelles de coping la plus utilisée est l'instrument appelé Ways of Coping Checklist (WCC, Folkman et Lazarus, 1980, révisé en 1985). Cet instrument se base sur une distinction entre deux types généraux de coping : le coping centré sur le problème, qui a pour but de résoudre le problème ou d'altérer la source de stress, et le coping centré sur l'émotion, dont le but est de réduire ou de gérer la détresse émotionnelle associée à la situation. Ces deux types de stratégies de coping ont été identifiés par de nombreux auteurs. Cependant, si cette distinction entre ces deux types de coping est reconnue, elle semble trop restrictive. Ainsi, certaines réponses de coping centré sur l'émotion impliqueraient le déni, d'autres la réinterprétation positive, d'autres encore correspondraient à la recherche de soutien social émotionnel. Il en est de même pour le coping centré sur le problème. Perçu au premier regard comme un processus unique, ce dernier pourrait impliquer plusieurs activités distinctes telles que la planification, l'action immédiate ou directe, la recherche d'assistance et parfois même la nécessité d'attendre avant d'agir. Pour étudier ces activités, il est nécessaire de pouvoir les mesurer séparément. En s'appuyant sur les bases théoriques du modèle du stress cognitif de Lazarus (1984), ainsi que sur son modèle d'autorégulation du comportement (Carver et Scheier, 1998) et après plusieurs années d'études empiriques sur un premier inventaire, Carver crée un inventaire bref d'évaluation des stratégies de coping : le Brief COPE (1997), cette version abrégée a été validée en français (Brief COPE, Muller et Spitz, 2003). Afin de permettre au lecteur d'appréhender un large éventail de stratégies de coping, nous nous proposons de présenter dans un contexte d'ajustement à la maladie, les 14 stratégies de coping répertoriées par Carver. 1 / Le coping actif est le processus par lequel l'individu essaie de supprimer la situation stressante ou de minimiser ses effets (par exemple : le patient fait en sorte que si un traitement thérapeutique est nécessaire, il soit cependant le moins pénible possible). Ce qui est appelé coping actif chez Carver et coll. (1989) est très proche du terme de coping centré sur le problème de Lazarus et coll. (1984). 2 / La planification est le fait de réfléchir à l'organisation d'un plan, aux étapes à suivre et à la meilleure manière de s'y prendre avec le problème (par exemple : le patient planifie son emploi du temps avec des moments d'activités, des moments pour les traitements et des moments de repos). 3 / La recherche du soutien social pour des raisons instrumentales correspond à la recherche de conseil, d'assistance ou d'informations (par exemple : le patient recherche des informations sur la maladie et le traitement préconisé). C'est une stratégie centrée sur le problème. 4 / La recherche du soutien social pour des raisons émotionnelles se rapporte à la recherche de soutien moral, de sympathie ou encore de compréhension. C'est une stratégie centrée sur l'émotion. Ces deux types de soutien social ont été différenciés car ils sont distincts conceptuellement ; en pratique, cependant, ils agissent souvent de pair. 5 / L'expression des sentiments, lorsque la personne a tendance à se centrer sur sa détresse émotionnelle et à exprimer ses sentiments, cette stratégie peut parfois être adaptée ; par exemple si la personne l'utilise au moment de l'annonce du diagnostic afin d'exprimer ses appréhensions sur ses perspectives d'avenir. Cependant le fait de se centrer sur ses sentiments, sur ses émotions (et en particulier pendant une longue période) peut entraver l'ajustement, éloignant la personne d'un effort de coping actif et d'une avancée au-delà de la détresse. 6 / Le désengagement comportemental qui correspond à la réduction des efforts du patient pour faire face à la maladie, à l'abandon de toute tentative d'atteindre les buts de vie sur lesquels interfèrent la maladie et le traitement. 7 / La distraction qui repose sur la mise en place d'activités diverses visant à distraire la personne des pensées liées à sa maladie. 8 / Le blâme ou les reproches que peut se faire une personne concernant sa maladie sont souvent associés à un sentiment de culpabilité et à un moindre ajustement. 9 / La réinterprétation positive a pour but de gérer la détresse émotionnelle (coping centré sur l'émotion) plutôt que de combattre le stresseur. Réinterpréter une situation déplaisante, de soins par exemple, en des termes positifs devrait intrinsèquement permettre à la personne de continuer son combat contre la maladie. 10 / L'humour peut être une façon de ne pas prendre au sérieux la situation, de s'en amuser, comme une mise à distance de la maladie. 11 / Le déni est envisagé comme le refus de croire que le stresseur existe, comme la tentative d'agir en pensant par exemple que la maladie n'est pas réelle. 12 / L'acceptation : c'est une réponse de coping fonctionnelle, dans le sens où une personne qui accepte la réalité de la situation est plus à même de s'engager dans le combat contre la maladie. 13 / La religion comme une réponse de coping. Une étude de McCrae et Costa (1986) suggère qu'une telle tactique de coping apparaît chez un certain nombre de personnes. En souhaitant incorporer cette stratégie, l'auteur du Brief COPE a été confronté au problème de définition de cette dimension à cause des nombreuses raisons qui peuvent conduire un individu à se tourner vers la religion (la religion peut servir de soutien émotionnel, de moteur à une réinterprétation positive...). 14 / La consommation de substance (alcool, tabac, psychotropes) qui permet par l'évitement de réduire les angoisses liées à une situation stressante : annonce du diagnostic, peur de la douleur...

Le praticien ou le chercheur qui souhaite mesurer le coping est forcément confronté à un choix entre approche interindividuelle et approche intra-individuelle. La plupart du temps ce choix est lié aux objectifs de la recherche. La première approche, interindividuelle ou dispositionnelle, concerne le rôle des différences individuelles dans le coping. Elle préconise l'existence de « styles » constants de coping. Selon ce point de vue, les individus n'aborderaient pas de façon nouvelle les situations stressantes, mais préféreraient mettre en place des styles de coping relativement stables dans le temps et selon les circonstances. La seconde approche, intra-individuelle ou situationnelle, étudie l'évolution des stratégies de coping mises en place par l'individu en fonction de situations stressantes spécifiques. Cette seconde approche est en adéquation avec la définition transactionnelle du stress de Folkman et coll. (1985). En effet, elle prend en compte la variabilité du coping chez un même individu et caractérise le coping comme un processus. Le débat entre ces différentes approches est toujours d'actualité et il semble qu'on se dirige aujourd'hui vers une conception état/trait du coping (Schwarzer et Schwarzer, 1996 ; Cousson et coll., 1996 ; Spitz, 1999). Le coping-trait correspondrait alors au style de coping stable mis en place par un individu face au stress de la vie de tous les jours, face aux tracas quotidiens. Dans le cadre de la prévention, son étude permettrait d'identifier les réponses de coping habituelles, qu'elles soient fonctionnelles ou dysfonctionnelles, et leurs possibles impacts sur la santé à long terme. Quant au coping-état, il ferait référence aux stratégies de coping qu'une personne utilise lorsqu'elle est confrontée à des situations particulières comme la maladie, la perte d'un être aimé, les catastrophes, etc. De sorte que, lorsque la maladie apparaît, l'étude du coping-état permettrait une meilleure compréhension de la gestion personnelle de la situation et la mise en place d'interventions afin de favoriser une réponse fonctionnelle[1] à la situation.

II - Modèle étendu du stress et du coping selon Moos et Schaefer

Moos et Schaefer (1993) introduisent différents groupes de facteurs modulant la transaction entre la personne et son environnement qui complètent les notions fondamentales de la théorie de Lazarus et Folkman. En conséquence, les évaluations cognitives de la situation ainsi que les efforts de coping sont modulés par les ressources et obstacles induits par les caractéristiques du contexte (événements de vie, soutien social, pression normative...). De plus, les processus de transaction sont également modulés par les ressources et failles provenant de la personne, caractéristiques biologiques (sexe, âge, patrimoine génétique) et physiologiques (constitution physique) ainsi que par des facteurs liés au style de vie et aux profils de personnalité.

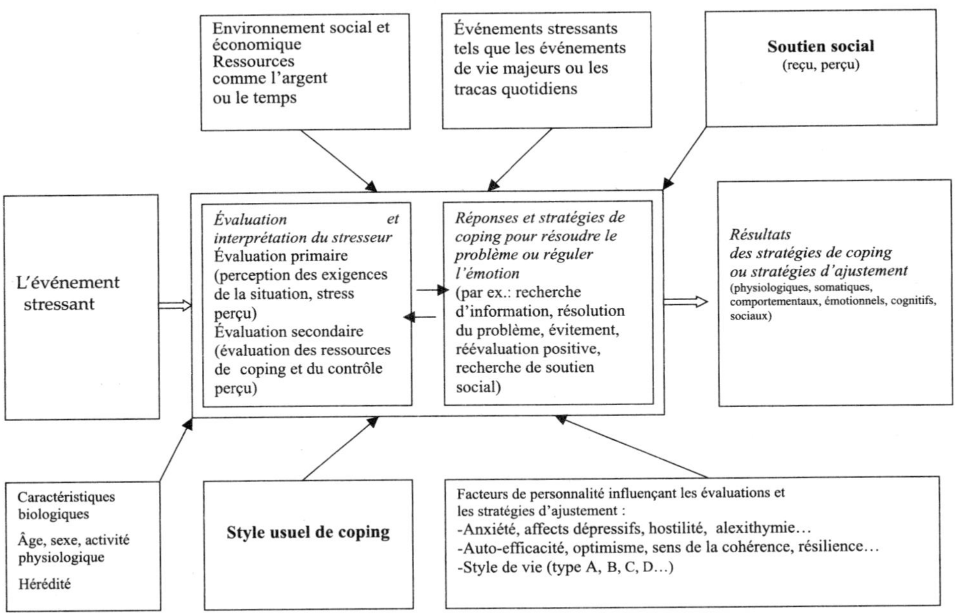

FIG. 2. — Un modèle stress-coping

Deux processus affectent la transaction entre l'environnement et la personne : les évaluations et le coping.

1. Une réponse est dite fonctionnelle lorsqu'elle permet l'ajustement de la personne à la situation et préserve une certaine qualité de vie.

III - Modèle d'ajustement à la maladie chronique de Maes, Leventhal et De Ridder

Tout en conservant les concepts de base du modèle de Lazarus et Folkman (1984) et en s'appuyant sur de nombreuses études empiriques, Maes, Leventhal et De Ridder (1996) ont proposé un modèle plus étendu en insistant sur la synergie des facteurs contextuels, des caractéristiques de la maladie et du traitement et des caractéristiques personnelles dans la détermination des stratégies d'ajustement face à la maladie chronique. De plus, selon leur modèle, d'autres événements primordiaux de vie indépendants de la maladie elle-même peuvent influencer la façon de réagir face à celle-ci. Par exemple, un patient qui se voit atteint d'insuffisance rénale va sûrement accueillir le diagnostic différemment s'il lui est donné juste après la perte de son emploi. Par ailleurs, les caractéristiques de la maladie et du traitement thérapeutique auront un impact majeur sur les processus d'évaluation et d'ajustement ; entre autres, le type de maladie (hypertension artérielle, diabète, cancer...), les symptômes spécifiques associés, la durée de la maladie, ses causes (génétique, infectieuse...), ses conséquences (douloureuses, fatales...) et les traitements associés (examens médicaux, chirurgie, chimiothérapie...).

L'évaluation d'un événement est non seulement déterminés par les caractéristiques de l'événement, mais aussi par des buts personnels de vie. De nombreux buts personnels ne sont pas nécessairement en accord avec les buts relatifs à la santé. Par exemple, un patient diabétique a des difficultés à respecter son régime car pour lui, il est plus important de faire plaisir à son hôte même au risque de faire une hyperglycémie. Plus il

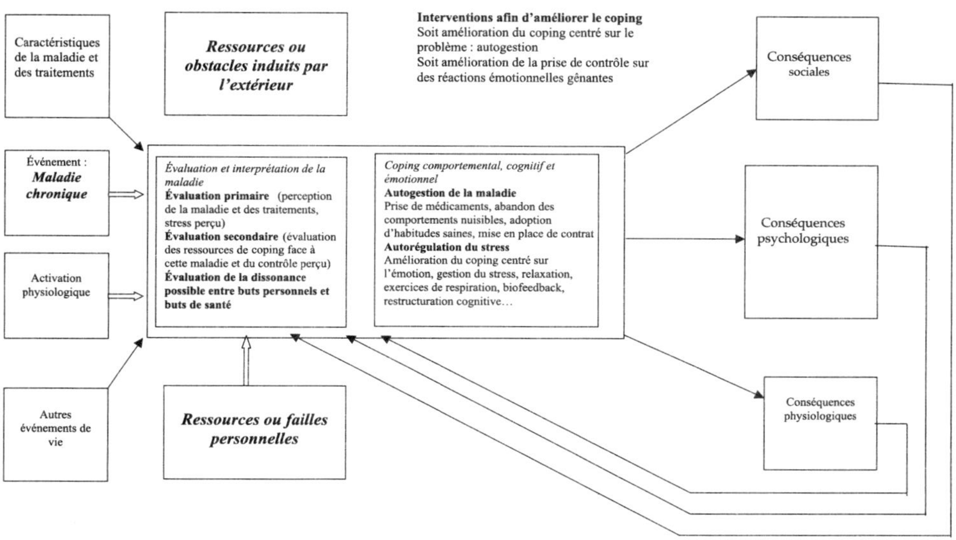

FIG. 3. — Un modèle sur les stratégies d'ajustement à une maladie chronique

y a de buts de vie personnels menacés par la maladie et l'observance du traitement, plus une dissonance risque d'apparaître engendrant une détresse émotionnelle et des tentatives infructueuses d'ajustement (Maes et Gebhardt, 2000). La figure 3 reprend les différentes connaissances et s'appuie sur le modèle de coping face à la maladie chronique proposé par Maes, Leventhal et De Ridder (1996), Spitz (2002).

G - MODÈLES DE SELF-REGULATION OU AUTORÉGULATION ET SANTÉ

Depuis une quinzaine d'année les études en psychologie de la santé s'intéressent de plus en plus aux processus mis en place lorsque la maladie apparaît. La problématique générale étant « quels processus sont associés à un meilleur ajustement à la maladie, un meilleur respect du traitement médical, à une meilleure qualité de vie du patient ».

Les modèles de self-regulation font une différenciation entre les contenus et les processus. Ces modèles envisagent la personne atteinte de maladie chronique comme une personne qui doit résoudre un problème et qui essaie de donner du sens à son expérience somatique, activant et évaluant les effets de ses actions et décrivant comment les efforts qu'elle fournit donnent un sens à son histoire avec la maladie. Ainsi les modèles de la self-regulation sont dynamiques et orientés encore plus vers la compréhension des processus (Carver et coll. 1998), ils requièrent une compréhension détaillée des émotions et des expériences affectives associées à la maladie. Par exemple, une maladie chronique comme le diabète n'est pas une entité fixe, c'est un trouble complexe avec une évolution constante entraînant des changements dans les processus d'autorégulation. Les modèles de self-regulation complètent le modèle biomédical par la description des perceptions des patients et des processus associés à la maladie. Cela fournit à l'équipe médicale un ensemble de concepts afin de comprendre l'expérience du patient et les comportements qui y sont associés, cela à travers la perspective du patient et non à travers la perspective de l'équipe soignante.

I - Représentations de la maladie, modèle du sens commun de Leventhal

Conformément aux modèles de self-regulation, le modèle proposé par Leventhal, Zimmerman et Gutmann (1984) comporte quatre processus : 1 / les représentations cognitives liées à la maladie ; 2 / les réponses émotionnelles liées à la maladie et au traitement ; 3 / les stratégies de coping découlant des représentations et 4 / l'évaluation effectuée par la personne quant au résultat de ses stratégies de coping. Dans la réalité, des personnes souffrant d'une même maladie chronique voient émerger un certain nombre de problèmes de santé, mais ces problèmes peuvent varier largement en fonction de chacune d'elles. Les patients, en essayant de comprendre leurs symptômes et leur maladie, se créent des représentations cognitives ou « perceptions de la maladie » qui leur sont propres. Les patients, à travers ces perceptions, donnent du sens aux symptômes, de la cohérence à leur maladie et en fonction de tous ces éléments, déterminent leurs actions (Weinman et Figueiras, 2002).

La représentation de la maladie est construite individuellement à partir de trois sources d'information de base (Leventhal et coll., 1984). La première source d'information est le fond commun de renseignements profanes assimilés précédemment par la personne à travers ses communications sociales antérieures et ses connaissances de la maladie liées à son appartenance culturelle. La seconde source d'information provient de ressources perçues comme faisant autorité dans le domaine telles que le médecin ou les parents. Enfin, la troisième source d'information vient de sa propre expérience en tant que malade, de son vécu des troubles somatiques et des symptômes mais également à la recherche dans sa mémoire d'indications abstraites liant ces symptômes avec des diagnostics possibles. Finalement, c'est la perception et l'interprétation des différentes sources d'information qui mènent à la construction de la représentation de la maladie à travers des processus symétriques (Leventhal *et al.*, 2003).

Le malade se construit une représentation de sa maladie qui s'ordonne selon différentes dimensions : 1 / l'identité de la menace correspond au nom ou à l'étiquette donnée par le patient (par exemple : l'asthme) et à la connaissance des symptômes associés (toux, respiration sifflante) ; 2 / l'évolution dans le temps ou durée représente la croyance du patient quant à la durée probable de sa maladie (crise aiguë, état chronique ou épisodique) ; 3 / les causes correspondent aux croyances qu'a la personne quant aux facteurs responsables de sa maladie ; en d'autres termes, quelles sont les idées personnelles du patient quant à l'étiologie de sa maladie. Différents types de causes ont été identifiées : les causes biologiques telles que les germes et les virus, ou environnementales comme la pollution ; les causes émotionnelles telles que le stress et la dépression ; les causes psychologiques telles que la personnalité, le surmenage (Moss-Morris *et al.*, 2002) ; 4 / les conséquences (réelles ou imaginaires) de la maladie dans la vie d'un individu renvoient aux croyances concernant la sévérité de la maladie et son impact sur sa qualité de vie ou ses capacités fonctionnelles (fonctionnement physique, social et psychologique) ; 5 / la guérison / le contrôle estime la croyance du patient dans la possibilité de réaliser les comportements d'ajustement le faisant progresser sur le chemin de la « guérison », ou de contrôler la maladie grâce à l'efficacité du traitement ; 6 / les émotions liées au vécu de la maladie. Ainsi, la représentation de la maladie ne comprend pas seulement les dimensions cognitives soulignées précédemment, mais également les représentations émotionnelles (Moss-Morris et coll., 2002). Ces représentations sont dépendantes du vécu du patient et peuvent changer avec la progression de la maladie, les symptômes qui apparaissent et la réponse au traitement. Dans une méta-analyse de 45 études adoptant le modèle du sens commun des représentations de la maladie comme cadre théorique, Haager et Orbell (2003) observent que les croyances sur les conséquences de la maladie, la durée et l'évolution dans le temps de celle-ci sont significativement liées avec la vitalité, le bien-être psychologique et le fonctionnement social du patient. De façon générale, tout comportement, toute cognition, toute émotion que présente une personne doit pouvoir être resitué dans le contexte de sa vie, des buts qu'elle désire atteindre dans le cadre ou non de la maladie.

L'intérêt pour la notion de buts personnels de vie est actuellement revalorisé par l'émergence de nouveaux modèles sur la compréhension des comportements de santé intégrant ce concept déjà connu (Carver et Scheier, 1999 ; Maes et Gebhardt, 2000). De nombreux auteurs (voir pour une revue de la littérature : Austin et Vancouver, 1996) introduisent l'idée selon laquelle les buts fournissent l'énergie nécessaire aux activités et les dirigent, donnant ainsi un sens à la vie. Selon Ford (1992), les motivations résultent conjointement des buts de vie, des émotions et des croyances personnelles concernant à la fois ses propres capacités et les ressources du contexte. Dans cette approche heuristique, l'accomplissement d'une personne est un processus fondé sur les motivations, les capacités personnelles physiques et psychologiques et les possibilités de l'environnement, qui facilitent la réalisation des buts.

II - Buts de vie, but de santé

Les buts personnels de vie désignent, à travers les représentations cognitives qui leur sont associées, une grande variété d'objectifs souhaités (ou à éviter). Plusieurs modèles traditionnels sur les comportements de santé se focalisent sur le contenu d'un but spécifique de santé. Même si la personne adopte cet objectif spécifique, celui-ci ne peut pas exister de façon isolée mais appartient à une structure plus complexe de buts de vie, d'espérances de vie, caractérisée par des niveaux variés. Dans le niveau le plus élevé, les buts représentent une philosophie de vie personnelle dans le cadre d'une optimisation du concept de soi. Ce niveau inclut les buts concernant le bien-être (par exemple : prendre plaisir à la vie), la santé (par exemple : être en bonne santé), le développement personnel (par exemple : déployer un talent personnel) et les buts sociaux (par exemple : être un bon partenaire). Ces buts de niveau élevé sont nécessairement poursuivis à travers des buts de niveau moindre, incluant des buts comportementaux (par exemple : aller à une visite dans le cadre de la médecine préventive, pratiquer son instrument de musique ou son sport favori, passer des examens de promotion interne...). Le but de niveau moindre fonctionne comme un objectif facilitant l'approche des buts de vie de niveau plus élevé (réduire sa consommation d'alcool est un exemple de but, relatif aux comportements de santé, qui facilite différents buts de niveau élevé : la santé, l'équilibre familial...). L'organisation hiérarchique des buts implique que la réalisation du but spécifique de niveau moindre est moins probable si ce but est en conflit avec un but de niveau élevé (par exemple : réduire sa consommation d'alcool peut entrer en conflit avec un but de niveau plus élevé d'intégration sociale, d'appartenance à un groupe). Ainsi, l'évolution vers certains comportements de santé peut créer d'importants conflits avec d'autres buts. Perdre du poids, réduire sa consommation d'alcool, arrêter de fumer sont tous des exemples de buts relatifs aux comportements de santé qui servent incontestablement les buts de santé, mais, par contre, ils peuvent être en conflit avec les buts de bien-être subjectif. Des conflits se produisent par manque d'énergie ou de temps : l'apparition d'un comportement peut limiter la réalisation d'autres comportements à cause de l'énergie réduite dont dispose la personne (par exemple : sur une période donnée, arrêter de fumer peut interférer avec réviser un examen). Cependant, il n'est pas possible de se fixer un but unique, de faire abstraction du contenu des autres buts et des rapports existant entre eux : un équilibre entre les différents buts est souhaitable. Ford (1992) parle également d'orientation des buts, distinguant les buts d'approche, qui entraînent un mouvement vers l'objectif désiré, et les buts d'évitement, caractérisés par un mouvement d'éloignement de l'objectif non désiré. Cette distinction est importante pour les comportements de santé, car certains d'entre eux ont un effet protecteur pour la santé et peuvent être définis comme des buts d'approche (par exemple : se relaxer, manger sainement, boire de l'eau régulièrement....), tandis que d'autres comportements sont potentiellement dommageables pour la santé et peuvent être retenus comme des buts d'évitement (éviter de fumer, éviter de grignoter entre les repas, éviter une consommation excessive d'alcool...).

III - Processus de régulation des buts

Les processus de régulation sous-jacents aux comportements sont rarement explicités. Carver et Scheier (1999) proposent une modélisation intéressante à travers les processus d'autorégulation. L'autorégulation est définie comme l'ensemble des processus volontaires destinés à atteindre les buts personnels de vie. Le principe fondamental des modèles d'autorégulation repose sur le fait que la motivation à changer de comportement apparaît lorsque la personne souhaite réduire la divergence perçue entre son état réel et un état désiré. Il existe des liens importants entre les buts de vie des personnes et leurs actions, mais comment expliciter ces liens ? Une partie de la réponse apparaît lorsque les buts sont utilisés comme référents dans les processus de feed-back. L'autorégulation « réussie » est un processus continu d'identification de buts, de leurs poursuites, de leurs réalisations et d'identification d'autres buts. Lorsque la personne est dans l'adversité, une étape supplémentaire est nécessaire impliquant l'évaluation des chances de réussite ; ainsi, une confiance suffisante permet de continuer à poursuivre le but. En revanche, si la confiance est faible, la personne peut envisager un but alternatif. Dans le cas où un but alternatif n'est pas envisageable, la personne pourra perdre toute motivation, se désengager complètement et quelquefois ressentir une grande détresse (Carver et Scheier, 1998). Cette proposition de modélisation cognitive, certes schématique, permet de saisir les diverses possibilités d'autorégulation montrant que l'action doit permettre d'atteindre le but, que les obstacles entravant l'atteinte du but induisent des séquences d'évaluation et de prise de décision, aboutissant soit à la poursuite du but, soit à la mise en place d'un but alternatif, soit au désengagement et à la détresse.

IV - Modèle des buts relatifs aux comportements de santé de Maes

Dans le modèle des buts relatifs aux comportements de santé (Health Behavior Goal Model, HBGM, Maes et Gebhardt, 2000 ; Spitz 2004) le changement de comportement est supposé être influencé par différents facteurs. En premier lieu, la progression vers le comportement de santé souhaité est plus probable si ce comportement est cohérent avec la structure de buts personnels. Le concept de « structure de buts personnels de vie » de Ford (1992) repris par Maes et Gebhardt (2000), donne une place centrale à ce que la personne veut réaliser dans sa vie ou avec sa vie. Si la personne a des buts de vie difficilement compatibles avec le comportement de santé souhaité, les progrès vers ce comportement seront peu probables.

Dans le HBGM, les conséquences attendues du comportement de santé se divisent en quatre catégories de concepts : 1 / coûts et bénéfices de santé perçus ; 2 / coûts et bénéfices émotionnels perçus ; 3 / influence sociale, et 4 / compétence perçue. La perception des coûts et bénéfices de santé 1 incluent tous les résultats de santé attendus ou craints à la suite de l'exécution du comportement ciblé (par exemple : l'exercice physique peut entraîner une augmentation des capacités cardiaques, mais également, un risque de malaise cardiaque). De façon similaire, les coûts et bénéfices émotionnels perçus 2 renvoient aux conséquences émotionnelles attendues ou appréhendées (par exemple : la croyance selon laquelle le sevrage alcoolique apportera des améliorations de l'état affectif à long terme mais pourra entraîner l'apparition de troubles anxieux à court terme). Toutes les conséquences anticipées relatives au bien-être de la personne sont exprimées dans ce concept. De façon spécifique, Maes et coll. (2000) font la distinction entre coûts et bénéfices de santé et coûts et bénéfices émotionnels. Cette distinction est essentielle dans une approche, la plus fine possible, de la personne, car les processus affectifs désignent une source importante de différences individuelles dans la poursuite des comportements de santé. Le concept d'influence sociale 3 représente une évaluation personnelle de la façon dont l'environnement social réagit face au comportement de santé souhaité et à son adoption. Par exemple, une personne pourrait attendre de son partenaire qu'il la soutienne dans ses efforts à suivre un régime. Dans le HBGM, l'influence sociale intègre la perception des normes et des pressions sociales au niveau du comportement mais également la perception du soutien social. La compétence perçue 4 renvoie à l'évaluation par la personne de ses capacités à réaliser le comportement, par exemple, à faire les efforts nécessaires pour s'abstenir de boire, de fumer. La compétence perçue inclut également l'estimation par la personne de ses propres processus d'autorégulation, mis en place pour surmonter les contraintes internes ou externes. En tant que tel le concept de compétence perçue se rapproche du concept de contrôle mais également du concept d'efficacité personnelle de Bandura (1997).

Le point de départ du processus est un comportement de santé initial, c'est le comportement habituel de la personne ; il pourrait être défini en termes spécifiques (par exemple la quantité d'alcool consommé ou le nombre de cigarettes fumées par jour). Le comportement de santé souhaité est le comportement qui, s'il devenait régulier, pourrait être bénéfique à la santé. Lorsque le comportement de santé initial n'est pas en conformité avec le comportement de santé souhaité, le processus de changement peut entraîner au moins 4 phases : la phase de préréflexion, la phase de réflexion, la phase de changement de comportement et la phase de maintien du comportement ciblé. Dans la phase de préréflexion, la personne n'envisage pas de changer son comportement (elle ne se pose pas de question sur sa consommation excessive de sel ou d'aliments gras). Dans la phase de réflexion, le comportement initial est toujours inchangé mais la personne est maintenant motivée pour progresser vers le comportement de santé souhaité. Durant la phase de changement de comportement, la personne commence à modifier son comportement dans le sens du comportement de santé souhaité. Enfin, la phase du maintien du comportement de santé doit se prolonger sur une longue période. Durant chacune de ces phases, la rechute est possible. Ces phases du modèle des buts relatifs aux comportements de santé sont comparables aux stades décrits précédemment par le modèle transthéorique de Prochaska et DiClement (1986, voir Godin, 2002). Selon ces auteurs, le cheminement d'une personne à travers les différents stades de changement n'est pas linéaire mais plutôt en spirale. Les moments d'entrée et de sortie de la spirale sont nombreux. À chaque étape du changement de comportement, la personne évalue l'intérêt de poursuivre son effort et ajuste son comportement en conséquence.

En résumé, le modèle des buts relatifs aux comportements de santé (HBGM, Maes et Gerhardt, 2000) a pour principales caractéristiques : 1 / d'intégrer la structure de buts personnels de vie ; 2 / d'inclure les phases de changement de comportement ; 3 / de se centrer sur les coûts et bénéfices de santé mais également sur les coûts et bénéfices émotionnels du changement de comportement ; 4 / de prendre en compte les croyances de la personne en ses propres capacités ainsi que celles sur l'influence du contexte ; et 5 / de reconnaître les sources de variations personnelles autant qu'environnementales.

Les modèles de self-regulation tentent de comprendre les facteurs prédictifs d'un changement effectif de comportement et pas simplement d'intentions. Ils étudient les processus en œuvre dans l'évolution des cognitions et des émotions associées au changement (Maes et Karoly, 2005). D'autre part, il existe des modélisations spécifiques à la psychologie clinique de la santé : Santiago-Delefosse (2002) développe un modèle corporo-psychosocial. À partir de l'ancrage corporel se dessine chez l'être humain deux manières de percevoir et de se situer dans le monde : l'une logique concernant le contrôle et la maîtrise des objets et du monde et l'autre émotionnelle concernant la relation affective au monde via le partage de l'ambiance. Les deux sont intégrées et interagissent sans cesse dans l'accordage au milieu. Dans ce modèle, les émotions, loin d'être des résidus perturbateurs, sont toujours supérieures et complexes dans leur fonction de lien à l'ambiance et à autrui.

H - L'OBSERVANCE THÉRAPEUTIQUE

Pendant longtemps, les médecins et les soignants n'ont pas envisagé que les patients ne suivent pas leurs prescriptions médicales et leurs recommandations. Dans les années 1970, la constatation du phénomène de non-observance a été interprétée comme le résultat direct de la personnalité du patient sans prise en compte de la compréhension ou non par le patient de la mise en place du traitement, ni d'autres facteurs associés. Les premières recherches ne sont pas parvenues à identifier des caractéristiques de personnalité qui distingueraient les patients observants des patients non observants (Leventhal et Cameron, 1987). De plus, la compréhension par le patient de l'enjeu d'un traitement a très vite été identifiée comme n'étant pas le seul facteur influant sur l'observance : en effet, les comportements d'observance n'étaient pas meilleurs parmi des patients, eux-mêmes médecins, que parmi des patients classiques (Blackwell, 1973). Durant les trente dernières années, la notion d'observance thérapeutique a évolué ainsi que les moyens d'investigations qui lui sont liés. Lorsque l'ordonnance prescrite par le médecin est apparue (comme son nom l'indique bien), le patient devait se soumettre aux prescriptions et aux dires du médecin ainsi que la prise de médicaments, le suivi du régime ou le changement d'habitudes de vie d'une personne devaient coïncider avec les conseils médicaux ou de santé (Haynes et coll., 1976). Souvent le terme de non-compliance était associé au patient qui ne voulait pas ou ne pouvait pas se soumettre aux prescriptions médicales. Dans ce contexte, le patient est placé dans une passivité manifeste. L'observance thérapeutique reste proche de cette description, elle désigne le degré avec lequel un patient suit les prescriptions et vient aux rendez-vous médicaux fixés, le degré de respect des recommandations concernant régime alimentaire, exercice physique, la non-consommation d'alcool et de tabac. L'étude de l'observance thérapeutique ne peut pas se réduire à l'étude de la non-conformité des patients, car celle-ci n'est pas indépendante de facteurs contextuels en particulier familiaux (par exemple : faire un régime réduisant les matières grasses dépend principalement de la personne qui réalise les repas). Ensuite, un peu plus tard, dans la définition de l'adhérence thérapeutique apparaît l'impact des aspects psychosociaux dans le respect des recommandations mais le patient continue à faire ce que le médecin dit, ce que le soignant dit, ce que l'autre dit. À partir des années 1990, le terme de self-management est employé ; lorsque les équipes soignantes proposent des programmes d'éducation au patient (diabétique, asthmatique) et que celui-ci devient acteur dans la gestion de leur maladie. Actuellement, le phénomène de non-observance est envisagé comme le résultat de plusieurs facteurs liés à la spécificité de la maladie et à son traitement, liés à la relation médecin/patient mais également aux ressources du patient. Pour plus de précision sur les terminologies et l'historique des différents travaux sur l'observance thérapeutique se reporter à Tarquinio et Fischer (2001) et Fischer et Tarquinio (2006).

Selon de nombreuses études, toutes pathologies confondues, un tiers des patients en moyenne peuvent être considérés comme non-observants. Les mesures de l'observance thérapeutique restent complexes, deux sortes d'évaluations sont préconisées : 1 / les mesures directes réalisées à partir de marqueurs biologiques présents dans l'organisme (par exemple, les lymphocytes CD4+ dans le cas du VIH) ; 2 / les mesures indirectes, plus facilement applicables dans la pratique clinique, sont les autoquestionnaires (Tarquinio *et al.*, 2000), l'entretien semi-directif, les techniques de comptage par pilulier avec mémorisation du nombre d'ouverture du boîtier pour la prise de pilules, de la durée d'ouverture, de sa fréquence et de sa régularité (Geletko *et al.*, 1996 ;

Andrejak *et al.*, 2000). Lorsqu'une faible observance ou une non-observance est détectée, ce qui reste essentiel c'est l'étude des facteurs déterminant cette non-observance thérapeutique.

I - Les déterminants liés à la maladie et au traitement

Ils sont tout à la fois : la sévérité des symptômes, la durée du traitement, le nombre de prises médicamenteuses, les effets indésirables du traitement. Ainsi, la persistance dans la prise du traitement varie en fonction des médicaments que prend la personne et cela s'explique partiellement par la manifestation d'effets secondaires (nausées, brûlures d'estomac...). Si les effets indésirables des médicaments sont jugés par la personne comme dégradant sa qualité de vie, son bien-être (c'est-à-dire si les bénéfices liés à l'administration du traitement sont inférieurs aux coûts liés aux effets secondaires), il est probable qu'elle envisage d'interrompre le traitement ou de modifier elle-même la posologie. Par ailleurs, la simplification du traitement médicamenteux constitue une étape importante dans l'observance de celui-ci, surtout s'il est possible de réduire le nombre de comprimés et la fréquence des prises.

II - Les déterminants liés à la relation médecin/patient

Ils sont analysés à travers le déroulement de la consultation, l'annonce diagnostique et la transmission d'informations mais également dans la dimension de la relation humaine qui s'établit entre le médecin et son patient. Le rôle du médecin est de poser un diagnostic, d'en informer son patient et de lui proposer une thérapeutique. Ce travail s'effectue par le biais de l'entretien médical souvent décrit dans la littérature comme ayant trois principales fonctions : 1 / le recueil d'informations pour comprendre le patient ; 2 / le développement d'une relation thérapeutique ; et 3 / le transfert des connaissances, l'éducation au patient et la gestion comportementale (Epstein *et al.*, 1993). Même si les études sur le contenu de l'entretien médical permettent de cibler un peu plus les attentes des patients et les effets des informations fournies, la principale conclusion préconise que le médecin doit être à même de personnaliser sa relation thérapeutique en ouvrant l'entretien et en permettant la discussion. Il s'agit donc de faire évoluer le patient d'un rôle passif à un rôle actif en favorisant une plus grande participation de sa part lors de l'entretien médical. Le fait que le traitement soit conduit en coopération avec le patient est décisif pour un bon degré d'observance thérapeutique, une satisfaction élevée et une bonne santé. Il faut noter que les qualités perçues du médecin (amabilité, ardeur, empathie, intérêt) entraînent non seulement à une plus grande observance des recommandations médicales, mais également à un taux élevé de présence aux rendez-vous de suivi. Bien évidemment, cette dimension affective unissant le patient à son médecin est autant due aux caractéristiques du patient que du médecin. Toutefois, même si l'amélioration des relations médecin/patient est aujourd'hui un thème central dans les théories sur l'éducation au patient, ce dernier reste l'acteur final de cette relation thérapeutique et c'est lui qui décidera ou non de suivre les recommandations de son médecin. Ainsi, les caractéristiques du patient ont fait l'objet de nombreuses recherches dans le domaine de l'observance thérapeutique.

III - Les déterminants relatifs au patient

Ils se regroupent selon deux types de facteurs : les facteurs sociodémographiques et les facteurs psychologiques. Les études sur les facteurs démographiques présentent souvent des résultats contradictoires. Ainsi, plusieurs études montrent que l'âge et le sexe ne permettent pas de prédire les comportements d'observance. Pourtant, certaines études font état d'un effet significatif de l'âge, elles observent une motivation plus saillante à suivre les traitements chez les populations les plus âgées, *a contrario* le respect strict des prescriptions médicamenteuses est moins bon chez la personne âgée (Salthouse, 1991). Cela peut être attribué à deux facteurs : d'une part, le déclin cognitif de la personne et d'autre part, la multiplication des médicaments à prendre liés aux diverses pathologies de la personne. En résumé, Myers et Midence (1998) concluent de façon générale qu'il n'y a pas de lien entre l'observance et l'âge (hors du contexte cité précédemment), le genre, le statut conjugal, le niveau de formation ou la classe sociale. En revanche, le système de croyance que le patient a sur ses capacités personnelles et les ressources qui l'environnent est essentiel dans la compréhension des comportements d'observances thérapeutiques. Des recherches réalisées dans le cadre du HBM montrent que ce sont les obstacles, voire les obstacles « nets » (les bénéfices moins les obstacles, par exemple les effets positifs du traitement moins les effets secondaires négatifs, nausées), qui prédisent partiellement l'adoption d'un comportement de prise médicamenteuse. Par ailleurs, d'autres études décrivent également le lien entre le sentiment d'efficacité personnelle et une meilleure observance comportementale. De plus, dans le SRM (Leventhal, 1984 ; Weimann et coll., 1996), les représentations que le patient a de sa maladie et de son traitement tiennent une place centrale pour prédire les comportements qu'il met en place dans le but de gérer sa maladie.

L'observance thérapeutique est un comportement complexe associé à des cognitions et à des états émotionnels, les facteurs qui la déterminent appartiennent à la fois à la composante personnelle du patient, à la relation médecin/patient, aux caractéristiques de la maladie et du traitement.

I - QUALITÉ DE VIE ET SANTÉ

Le concept de qualité de vie n'est pas nouveau. Les sociologues et les psychologues ont particulièrement exploré les composantes affectives et cognitives du bien-être et les facteurs susceptibles de les influencer, à savoir des facteurs externes (socio-économique, événements de vie, soutien social, Tap et Vasconcelos, 2004) et internes (notion de but et de sens de vie, sentiment d'efficacité personnelle, estime de soi, besoins, désirs, aspirations). Le concept de qualité de vie tel qu'il est étudié par les psychologues et les sociologues reste lié à la santé. Mais il permet une exploration du niveau de stress, des motivations, de la satisfaction des buts de vie, de la qualité des relations sociales et familiales. Dans un premier temps, l'approche médicale de la qualité de vie reposait principalement sur l'évaluation par l'équipe soignante de la santé physique du patient. En 1947, l'Organisation mondiale de la Santé (OMS) propose une définition de la santé qui se rapproche de celle du bien-être.

Une distinction doit être faite entre la qualité de vie d'un point de vue collectif ou individuel. Comme le souligne Régnier (1995), les auteurs s'accordent à penser que, collectivement, l'idée de qualité de vie est liée à l'environnement économique, social, politique ainsi qu'au milieu naturel dans lequel vit une personne. Mais individuellement, la qualité de vie c'est aussi l'idée qu'il existe, pour tout être humain qui poursuit son projet de vie, un jugement sur la qualité de sa vie. Il s'agit bien là de quelque chose de personnel et de subjectif. Donc, dans la notion de qualité de vie intervient l'évaluation subjective de la vie sous forme d'appréciation et de satisfaction ressenties par le sujet comparé à ce qu'il perçoit comme possible ou idéal. La qualité de vie implique donc une appréciation globale tenant compte du point de vue du sujet lui-même et une notion de référentiel. Mais cela peut être appréhendé selon deux approches distinctes. Soit la qualité de vie relève uniquement du sujet, et de ce fait, elle ne peut être investie qu'à travers son histoire, dans le cadre d'une relation duelle où l'inconscient joue un rôle prépondérant et ne permet donc pas de normaliser la qualité de vie. Soit la qualité de vie est définie par l'écart entre les idéaux, les objectifs du sujet et sa situation réelle, le sujet restant toujours le meilleur juge de sa propre qualité de vie (Pédinielli *et al.*, 1995). Cette dernière approche permet une quantification de la qualité de vie et une analyse grâce à l'utilisation d'évaluations psychométriques répondant aux critères de sensibilité et de validité. Il est important de souligner qu'actuellement, la mesure de la qualité de vie n'est pas concevable sans une référence à la subjectivité et donc à l'auto-évaluation. Les mesures subjectives de la qualité de vie renvoient aux items ou aux échelles qui ont pour objet de déterminer comment un individu évalue les répercussions de toute situation stressante sur son fonctionnement physique, social et/ou affectif, ou dans quelle mesure il est satisfait de ses différentes expériences de vie. Un instrument bien conçu devrait permettre d'évaluer au moins cinq aspects de la qualité de vie d'un individu : les dimensions biologique, psychologique, interpersonnelle, sociale et économique.

Définition de la qualité de vie

Ainsi, le concept de qualité de vie est un concept vaste qui peut être défini de nombreuses façons. En 1993, l'OMS définit la qualité de vie comme la perception qu'a une personne de sa place dans l'existence, dans le contexte de sa culture et de son propre système de valeurs, en relation avec ses objectifs, ses attentes, ses normes et ses inquiétudes. C'est un concept intégrant de manière complexe, la santé physique de la personne, son état psychologique, son niveau d'indépendance, ses croyances personnelles, ses relations sociales ainsi que sa relation aux éléments essentiels de son environnement. Une distinction apparaît entre qualité de vie et qualité de vie liée à la santé. Cette dernière renvoie aux aspects du fonctionnement tributaires de l'état de santé de la personne. Lorsque la maladie apparaît, la qualité de vie intègre le vécu quotidien de la maladie, c'est-à-dire qu'elle mesure le retentissement des satisfactions ou insatisfactions que la personne malade éprouve à propos de sa vie. Le champ à couvrir dépasse donc le champ somatique pour s'étendre à l'ensemble de ce que vit le malade. Pour résumer, la qualité de vie liée à la santé peut être regardée comme la perception subjective qu'a un individu de son état physique (fonctionnement organique), émotionnel (état mental, psychique) et social (aptitude à engager des relations normales avec autrui) après avoir pris en considération les effets de la maladie et de son traitement (séquelles, handicaps) (Rizzo et Spitz, 2002).

Il existe de nombreuses échelles mesurant la qualité de vie liée à la santé : certaines sont dites génériques, d'autres spécifiques. Les échelles génériques présentent l'avantage de pouvoir être utilisées quelle que soit la pathologie pour tout type de patient. Les échelles spécifiques, comme leur nom l'indique, sont adaptées à une pathologie particulière. Aujourd'hui, à travers le monde, le questionnaire générique le plus utilisé est le questionnaire de santé SF-36 (Short Form-36 health survey questionnary, Ware, 1993), mais il est dommage que l'aspect psychologique de la qualité de vie y soit peu abordé. L'appréciation de la qualité de vie étant fortement empreinte de valeurs culturelles, nous citerons deux évaluations construites par des équipes françaises : le « Profil de qualité de vie subjective » qui propose des items modulables en fonction des situations (PQVS, Gérin *et al.*, 1989 ; 1991) et le « Tableau d'évaluation de la qualité de vie » (TEAQV, 1996) crée par Grabot, Martin, Auriacombe et Tignol (1996) afin de standardiser le recueil rétrospectif et prospectif de la satisfaction des patients dans un objectif de suivi. Malgré les progrès dans l'évaluation, l'interprétation des mesures de qualité de vie reste souvent problématique, car l'évaluation subjective par une personne de son bien-être est très difficilement comparable à celle d'autres personnes. Mais deux solutions s'offrent aux praticiens et aux chercheurs : soit une évaluation longitudinale lors du suivi d'un patient (comparaison intrasujet dans le temps), soit l'utilisation d'une évaluation spécifique à une pathologie, à un groupe d'âge.

Qualité de vie dans diverses pathologies

Comme le soulignent Schraub, Mercier et Arveux (1996), le mot qualité de vie a été largement employé en cancérologie depuis une quinzaine d'années. Cependant son évaluation se restreignait le plus souvent à évaluer l'absence de toxicité médicamenteuse. D'autres auteurs ont assimilé la qualité de vie à la durée de survie sans toxicité thérapeutique ou sans rechute de la maladie cancéreuse (Temps sans symptôme ou rechute : Time Without Symptom and Toxicity (TWIST)) (Golderisch *et al.*, 1989). Cette dernière mesure est apparue rapidement pratique et assez objective, par contre, elle était difficilement applicable en dehors des essais thérapeutiques et ne mesurait qu'une partie du concept de qualité de vie. De fait, l'intérêt de développer des questionnaires spécifiques aux malades cancéreux ne doit pas faire oublier l'importance des différentes dimensions de la qualité de vie, physique mais aussi psychique et sociale. Le questionnaire de l'EORTC (European Organization for Research and Treatment of Cancer, Aaronson et coll., 1991) est spécifique aux patients cancéreux et comprend neuf dimensions (état physique, limitation des activités, état cognitif, état émotionnel, relations sociales, nausées, fatigue, douleurs et état de santé général) afin d'appréhender la qualité de vie avec un large spectre (pour plus d'informations se référer au livre *Psycho-oncologie* de Razavi et Delvaux, 1998).

Dans le domaine des affections cardiaques, l'insuffisance cardiaque ou l'infarctus du myocarde ont un impact majeur sur la qualité de vie. Cela se manifeste notamment sous forme de douleurs ou de malaises chroniques, de diminution des activités, d'effets secondaires des médicaments, de réactions psychologiques, d'effets sur la dynamique familiale et sur la vie sociale. Chez l'insuffisant cardiaque, plus la maladie est symptomatique, plus le fonctionnement physique et social est compromis, plus l'humeur est altérée, et par conséquent plus la qualité de vie s'en trouve affectée. Parmi les échelles évaluant la qualité de vie liée à la santé, Hillers, Guyatt, Oldridge, Crowe, Willan, Griffith et Feeny (1994) proposent un instrument de mesure spécifique à la qualité de vie après un infarctus du myocarde (QLMI, Quality of Life after Myocardial Infarctus). Cette échelle évalue cinq domaines : les symptômes physiques, la restriction des activités, la confiance en soi, l'estime de soi et l'émotivité. Dans une étude auprès de patients ayant subi une opération cardiaque, Schwarzer et Schröder (1997) s'intéressent au patient opéré mais également à son partenaire et montrent que les ressources du partenaire (optimisme, intégration sociale) ont une influence positive sur la qualité de vie perçue par le patient. Les auteurs discutent les résultats en termes de « transfert de ressources » entre les deux partenaires au moment d'événements stressants (Schröder et Schwarzer, 2001). Dans les différents domaines de la cardiologie, des évaluations de la qualité de vie liée à la santé sont utilisées afin de permettre une meilleure compréhension du vécu subjectif du patient cardiaque et ainsi améliorer les services et les interventions.

En rhumatologie, la plupart des affections rencontrées ont une évolution chronique entraînant souvent des incapacités fonctionnelles. Mais au-delà de celles-ci le retentissement de la maladie sur la vie du patient s'évalue plus largement en termes de douleur, de troubles de l'humeur, de retrait vis-à-vis des activités sociales. Parmi les instruments de qualité de vie spécifiquement développés pour les affections rhumatologiques, l'AIMS (Arthritis Impact Measurement Scale) a fait l'objet d'un travail de traduction et d'adaptation en français par Pouchot, Guillemin, Coste, Brégeon, Sany et le groupe « qualité de vie en Rhumatologie » (1996).

Dans les affections respiratoires, l'asthme est une maladie chronique qui tend à se prolonger pendant toute la vie du patient, obligeant ce dernier à suivre un traitement de longue durée et parfois à changer son style de vie afin de mieux contrôler sa maladie et le traitement qui lui est associé. Juniper, Guyatt, Ferrie et Griffith (1993) ont développé un questionnaire spécifique à la qualité de vie des asthmatiques permettant d'évaluer les changements à long terme chez un patient. Quatre domaines principaux sont évalués : les symptômes, la limitation des activités, l'exposition aux stimuli extérieurs et le domaine émotionnel. Bien que selon les pathologies la qualité de vie ne recouvre pas exactement les mêmes dimensions, un consensus s'établit à savoir que le concept de qualité de vie ne peut pas être une expression d'exclusion, mais doit s'appliquer à tous les êtres humains.

Tout au long de ce chapitre, il est apparu que la santé ne peut pas être étudiée en dehors d'un contexte social, économique et culturel qui dépasse largement le cadre de la psychologie de la santé. L'environnement, dans son plus large spectre, a un impact majeur sur la santé à travers les conditions économiques, les croyances culturelles, les contextes de travail, le soutien social ou les événements de vie. La promotion de la santé avec l'apport des théories sociales cognitives, de l'empowerment et de l'approche de santé collective devrait permettre la mise en place d'actions afin de préserver le potentiel santé des groupes et des individus. Plus que les liens entre personnalité et santé, c'est l'étude des processus reliant les émotions, les cognitions, les comportements à la santé qui devient le challenge de la psychologie et en particulier de la psychologie de la santé. L'apport des sciences humaines dans le domaine de la santé a permis de reconceptualiser entre autres les termes d'observance thérapeutique et de qualité de vie. Les prises en charge dans le domaine de la psychologie de la santé n'ont pas été développées dans ce chapitre (voir Fischer et Tarquinio, 2006), elles s'appuient sur des alternatives thérapeutiques prometteuses dont il faudra évaluer l'efficacité avec une méthodologie rigoureuse.

La psychologie de la santé se donne des enjeux ambitieux : à la fois produire une recherche de qualité et également permettre une pratique clinique renouvelée. La recherche est essentielle à la dynamique d'une nouvelle discipline, un des objectifs actuels étant de mieux comprendre les processus conduisant une personne à adopter des comportements protecteurs pour la santé ou au contraire à préférer des comportements à risque.

La psychologie de la santé présente un atout majeur par son caractère non dogmatique, car elle œuvre sur un objet « la santé » et ses corollaires, avec des approches multiples permettant d'engendrer une connaissance la plus holistique possible. Son objectif ultime doit rester l'application pratique des connaissances théoriques et empiriques au service des interventions de prise en charge afin de soulager la souffrance.

LECTURES CONSEILLÉES

Fischer, G. N. (2002). *Traité de psychologie de la santé.* Paris : Dunod.

Fischer, G. N., & Tarquinio, C. (2006). *Les concepts fondamentaux de la psychologie de la santé.* Paris : Dunod.

Bruchon-Schweitzer, M. L., & Quintard, B. (2001). *Personnalité et maladies. Stress, coping et ajustement.* Paris : Dunod.

Bruchon-Schweitzer, M. L. (2002). *Psychologie de la santé. Modèles, concepts et méthodes.* Paris : Dunod.

Sutton, S., Baum, A., & Johnston, M. (2004). *The SAGE Handbook of Health Psychology.* London : SAGE Publications Ltd.

Marks, D. F., Murray, M., Evans, B., Willig, C., Woodall, C., & Sykes, C., M. (2005). *Health Psychology. Theory, Research & Practice.* London : SAGE Publications.

cinquième partie

LA PROFESSION

10 les stages

PAR MARIE-JOSÉE MOURAS

Introduction

Se confronter aux pratiques du terrain, les observer, y participer sous le statut d'étudiant stagiaire ; élaborer ensuite les expériences vécues sous forme de comptes rendus sont des tâches personnelles qui incombent aux étudiants de manière obligatoire dès la troisième année d'étude, et bien avant s'il s'agit d'un stage de sensibilisation, non obligatoire.

L'expérience d'un stage en milieu professionnel est fortement recommandée dès les premières années d'études, et intégrée au cursus obligatoire dès l'année de L3.

Cette expérience est souvent déterminante pour les étudiants, car elle leur permet de prendre connaissance des cadres d'exercice et des questionnements auxquels les professionnels sont confrontés, ce que les enseignements théoriques n'amènent pas toujours à imaginer facilement.

Cette démarche s'élabore en plusieurs étapes.

1 / Préparer le stage : définir, puis trouver le lieu professionnel susceptible de recevoir un(e) stagiaire étudiant(e) se spécialisant en psychologie clinique et pathologique, en fonction d'objectifs fixés à l'avance. Cela implique plusieurs démarches consécutives : se documenter sur les structures existantes ; effectuer les démarches relatives à la prise de contact, puis établir un protocole d'accord avec le terrain professionnel d'accueil en fonction des objectifs fixés.

2 / Effectuer le stage selon les modalités administratives et pédagogiques établies par avance.

3 / Enfin, mettre en écriture l'expérience vécue selon des modes qui dépendent du niveau d'études de l'étudiant : en L3 : rapport de stage descriptif, ou répondant à des objectifs fixés par avance ; rapport s'apparentant plus à un mémoire professionnel en M1 et surtout M2.

Ce chapitre donne quelques repères pour accomplir les étapes successives de cette expérience personnelle, et permettre d'y réfléchir après coup.

En parallèle, un questionnement s'impose autour de la spécificité des stages en psychopathologie et en psychologie clinique, en regard de l'ensemble des stages dans les différents domaines de la psychologie.

Préparer le stage

A - LA SPÉCIFICITÉ DES STAGES EN PSYCHOPATHOLOGIE ET EN PSYCHOLOGIE CLINIQUE

I - Le titre de psychologue

Il est à l'heure actuelle un titre généraliste désignant de droit tout étudiant ayant satisfait aux examens sanctionnant par un diplôme professionnel la fin du cursus des études universitaires de psychologie (DESS ou M2 professionnel, ou M2 recherche, ancien DEA, à condition d'avoir, en parallèle, effectué un stage sur un « terrain », validé ensuite par une commission de spécialistes).

Mais tous les étudiants ne réalisent pas le même cursus universitaire : les universités proposent des spécialités, les Master professionnels, et des parcours variés, qui permettent à certains étudiants de devenir spécialistes en psychologie du travail, d'autres en ergonomie, d'autres encore en psychologie sociale, ou en psychologie de l'éducation, du développement, du vieillissement, en psychologie cognitive ou tout autre domaine du champ de la psychologie.

C'est, par conséquent, la spécificité de sa formation qui caractérise un psychologue spécialisé en psychologie clinique et psychopathologie.

II - Spécificité des stages en psychopathologie ou en psychologie clinique

La caractéristique de tels stages est, avant une définition par le lieu d'exercice, le fait d'être encadré par un psychologue lui-même spécialisé en psychologie clinique et pathologique, et qui travaille par conséquent dans une optique clinique.

Il semblerait un peu hâtif de définir les terrains de stages en psychologie clinique et pathologique uniquement par des lieux de soins, par opposition aux autres lieux d'exercice de la psychologie.

On peut cependant, d'une manière générale, dire que les services qui offrent des soins ou un accompagnement à des personnes présentant des pathologies par ailleurs très diverses, constituent le principal terrain des stages *en psychopathologie,* c'est-à-dire le secteur dit « de la santé ».

En ce qui concerne *la psychologie clinique,* les choses se présentent de manière un peu plus complexe : en effet, la psychologie clinique s'intéresse à la clinique du pathologique, certes, mais aussi du « normal », c'est-à-dire à la clinique du développement, de l'involution, à la psychopathologie dite « quotidienne » à tous les âges de la vie, et dans des situations qui peuvent être très diverses. Les terrains de stages « cliniques » englobent, par conséquent, toutes les institutions qui relèvent de la santé, et sont concernées par l'accompagnement et le traitement des psychopathologies, quelles qu'elles soient. Ils s'adressent aussi, en outre, à toutes celles qui relèvent de la clinique quotidienne (crèches, maternités, écoles, foyers, maisons de retraites, et tout autres lieux de vie divers, y compris des lieux de travail (Centres d'aide par le travail par exemple), s'adressant à des publics variés quant à l'âge, la culture, les conditions de vie, la santé physique et mentale). Ce qui différencie la position du clinicien de celle des autres spécialistes de l'exercice de la psychologie, c'est la définition du mot « clinique », qui signifie de manière littérale : « au lit du malade ». Il s'agit pour le clinicien d'être au service de la demande du sujet, qu'il place au centre de son intérêt professionnel, non pas en tant que travailleur ou écolier ou résident d'un lieu, mais comme personne, dans toutes ses composantes, ayant besoin d'un accompagnement éventuel.

B - OÙ TRAVAILLENT LES PSYCHOLOGUES CLINICIENS ?

Les grands domaines où s'exerce actuellement la psychologie clinique et pathologique sont : Santé avant tout, puis Aide sociale à l'enfance, et aussi Éducation, Travail, Justice, ainsi que certains services de l'Armée, Police, et Recherche. Bien que la plupart des stages validés en psychologie clinique et pathologique se situent dans le domaine de la santé, nous présenterons donc aussi, mais très brièvement, les autres champs d'interventions pouvant amener un clinicien à y exercer et à y recevoir des étudiants stagiaires.

I - Le domaine de la Santé

a. Les cadres institutionnels

Les psychologues cliniciens travaillant dans le domaine de la santé exercent leurs fonctions dans des cadres institutionnels très variés, et souvent en collaboration étroite avec les médecins et autres professionnels, dans un esprit d'interdisciplinarité et de complémentarité défini de manière singulière au sein de chaque service.

Nous citerons principalement les établissements suivants :

— hôpitaux publics ou privés, hôpitaux psychiatriques, auxquels sont souvent rattachés par la voie du secteur : des dispensaires d'hygiène mentale, des dispensaires de lutte anti-alcoolique, des hôpitaux de jour, des centres d'aide par le travail, des CATTP[1], des foyers de postcures, des centres de convalescence, logements à caractère thérapeutique après hospitalisation et tout autre établissement ayant pour mission de veiller, de manière ambulatoire ou non, à la santé mentale des personnes.

Un certain nombre d'associations diverses travaillent en outre en relation parfois étroite avec ces services ;

— instituts médico-pédagogiques et médico-professionnels : mère enfant, crèches, foyers maternels, pouponnières, CAMPS[2], départements de pédopsychiatrie des hôpitaux... ;
— instituts de rééducation pour enfants porteurs de divers handicaps (infirmité motrice cérébrale, handicaps visuels, auditifs, moteurs, autisme) ;
— établissements inclus dans le cadre de la politique de la santé de la petite enfance et de la périnatalité : certains services tels que le planning familial, les consultations pré- ou post-IVG, les services des hôpitaux spécialisés dans l'aide médicale à la procréation et le traitement de certaines stérilités ou hypofertilités, les maternités, services de réanimation néo-natale des hôpitaux dans le cadre de la grande prématurité par exemple, les PMI (Protection maternelle et infantile), services d'hospitalisation conjointe.

b. Santé et santé mentale

On peut constater, au vu de cette description sommaire, que, si le champ de la psychiatrie constitue un secteur d'intervention privilégié pour les psychologues cliniciens, il faut pour autant préciser qu'un certain nombre de psychologues cliniciens travaillent dans des services « non psychiatriques », en particulier pour accompagner des patients, enfants ou adultes, confrontés à une maladie ou un accident, afin d'évaluer, de prévenir, voire de diminuer la dimension traumatique que peut engendrer une atteinte dans leur corps. Ils interviennent auprès des personnes et des groupes dans les différents lieux de soin où les problèmes psychiques consécutifs aux blessures physiques (maladies, accidents, agressions) sont reconnus, pris en compte, et font l'objet de soins spécifiques auprès des patients, et parfois du personnel soignant soumis, dans certaines circonstances, à une souffrance professionnelle intense. Nous citerons pour exemples les services suivants :

— Centres de brûlés, centres de prévention du sida, services de cancérologie, de chirurgie adulte et infantile, de dermato-psychiatrie et de chirurgie plastique, de gérontologie, de gynécologie-obstétrique, d'hématologie, services des maladies métaboliques et endocriniennes, de médecine psychosomatique, de neurochirurgie, d'orthopédie infantile, de pédiatrie, de réanimation et de rééducation fonctionnelle, de soins palliatifs.

1. Centre d'accompagnement thérapeutique à temps partiel : ces établissements reçoivent des patients présentant des pathologies diverses pour des ateliers variés au cours de la journée. Les patients n'y séjournent donc pas à temps complet.
2. Centre d'aide médicopsychologique et sociale précoce.

Dans ces services, la psychiatrie n'est pas au premier plan. Il s'agit plutôt d'un travail de prévention et d'accompagnement de l'angoisse consécutive à la situation potentiellement traumatique due à l'effraction du corps, que rencontrent les patients : douleur, et anxiété due aux fantasmes liés aux interventions chirurgicales et à l'organisation des soins hospitaliers.

II - L'Aide sociale à l'enfance et l'éducation

— L'ASE : chaque conseil général organise le service d'Aide sociale à l'enfance dont il a la charge. L'ASE veille à la protection des mineurs rencontrant des difficultés spécifiques au sein de leur famille, et mène, à ce titre, différents types d'actions : évaluation, c'est-à-dire repérage des troubles et souffrances éventuels au sein des familles ; placements ou aides spécifiques éventuels ; suivis des enfants placés et contribution à l'accompagnement des professionnels que constituent les familles d'accueil.

— L'éducation :

Les crèches : le *JO* n° 1208 définit les crèches et leurs missions. La population concernée est celle de tous jeunes enfants pris en charge dans la journée. La directrice est généralement une puéricultrice. Le personnel est composé de professionnels de l'éducation des jeunes enfants (auxiliaires de puériculture, éducatrices ou éducateurs de jeunes enfants). Lorsqu'elle en ressent le besoin, l'équipe s'adjoint la collaboration de techniciens qualifiés, et notamment de psychologues. Les psychologues travaillant dans ces établissements y sont rarement à temps complet. Il importe donc de se renseigner sur leurs horaires et leur participation avant d'y effectuer un stage.

Les établissements scolaires : la majorité des psychologues de l'éducation du domaine public sont des psychologues scolaires et exercent leur activité dans un Réseau d'aide spécialisée aux élèves en difficulté, au sein d'un ou plusieurs groupes scolaires. Certains travaillent aussi dans des établissements spécialisés, ou directement auprès des inspecteurs départementaux de l'éducation nationale. Ils sont recrutés de manière quasi exclusive parmi les professeurs d'école ayant au moins trois ans d'ancienneté dans cette profession, et doivent par ailleurs être titulaires d'une licence de psychologie pour être admis en stage spécifique de formation à l'université, qui, à l'issue d'une année d'étude supplémentaire, leur délivre, après examen final, le DEPS (diplôme d'études en psychologie scolaire). Le psychologue scolaire assure, entre autres tâches (*BO* du 19 avril 1990) les examens cliniques et psychométriques des enfants scolarisés, dans le cadre de l'aide aux enfants en difficulté et de la prévention de l'échec scolaire. Un stage en établissement scolaire peut être extrêmement enrichissant pour un étudiant désirant se spécialiser en psychologie clinique et psychopathologie. En effet, le psychologue scolaire occupe une position d'observation privilégiée de l'enfant écolier et des adultes qui l'entourent : il travaille avec des partenaires nombreux : l'école, mais aussi les structures de soin du secteur, et les autorités ayant pouvoir de décision sur les placements, décisions d'orientation, etc. Il est donc au centre de tout un réseau, et ses techniques d'intervention sont extrêmement variées : évaluations et suivis individuels, réunions de synthèse, rencontres et travail avec les familles, les structures de soin, aide à l'orientation. Pour un étudiant stagiaire, il s'agit d'une formation précieuse, qui comprend l'apprentissage des techniques du bilan psychologique (tests psychométriques et épreuves projectives), mais aussi d'autres techniques telles que l'animation de différents groupes.

Pour autant, certaines universités sont réticentes à envoyer dans de telles structures des étudiants désireux de se spécialiser en psychologie clinique et pathologique, et cela pour deux raisons : la première est que tous les psychologues scolaires ne sont pas forcément spécialisés en psychologie clinique et pathologique, même si l'immense majorité d'entre eux a choisi ce parcours. La seconde est que, comme souligné plus haut, les psychologues scolaires sont, à l'heure actuelle, uniquement recrutés de manière interne à l'intérieur du corps des enseignants : un étudiant en psychologie, sauf s'il est lui-même déjà enseignant, ne sera jamais nommé par la suite à un tel poste. La situation de stagiaire dans un RASED peut donc comporter pour lui un aspect un peu frustrant dans la mesure où il ne pourra pas s'identifier à son tuteur, ni aux situations auxquelles ce dernier sera confronté. Pour un premier stage dit « de sensibilisation », ou dans des contextes bien particuliers, une telle expérience peut cependant comprendre une formidable dimension de formation. Citons quelques éventualités pouvant décider à accomplir un tel stage :

- réalisation, en parallèle, d'un mémoire de recherche sur tout thème ayant pour cadre les acteurs et contenus du système scolaire ;
- sensibilisation à la passation de bilans psychologiques d'enfants, ou plus simplement, à l'apprentissage de la situation de testing ;
- sensibilisation aux pratiques spécifiques à l'approche multiculturelle de certains psychologues de l'Éducation nationale.

Par ailleurs, il existe de nombreuses autres structures, à caractère privé ou semi-privé, qui emploient des psychologues cliniciens dans le domaine de l'éducation, et peuvent recevoir des étudiants en stage.

III - L'intervention en milieu judiciaire

Les psychologues exerçant dans le milieu judiciaire y effectuent des missions d'évaluation et d'accompagnement des personnes (adultes, adolescents et enfants) à différents niveaux de leur confrontation avec l'appareil juridique.

— La protection judiciaire de la jeunesse (PJJ) : les psychologues recrutés, par concours, dans un tel cadre, sont confrontés à des enfants et adolescents sous le coup d'une mesure judiciaire, visant à leur protection ou à celle d'autrui, et auprès desquels ils réalisent un accompagnement psychique. Un stage dans une telle structure exige d'avoir des bases en psychopathologie de l'enfant et de l'adolescent, et d'être ouvert à la connaissance du droit et de ses applications.

— Le psychologue expert réalise des expertises psychologiques ayant parfois un impact décisif sur les conclusions et décisions de la justice. Son apport est spécifique, car c'est à l'appareil judiciaire qu'il rend des comptes sur son travail et ses conclusions, ce qui le place dans une position parfois délicate envers son « client ».

— La criminologie : elle attire beaucoup d'étudiants dès le début de leur cursus, en proposant une approche spécifique de certains phénomènes psychopathologiques. Ce type de stage peut être intéressant pour certains étudiants qui suivent, en parallèle de leurs études de psychologie, un DU de criminologie.

— La victimologie

Il s'agit d'une spécialité en plein développement dans la société actuelle, spécialisée dans l'approche spécifique de l'accueil et de l'aide aux victimes. La population concernée est vaste, de l'accompagnement d'un traumatisme collectif (catastrophe naturelle, attentat, séquelles de guerres) à celui d'un traumatisme individuel (agression, accident).

IV - Le psychologue clinicien dans l'entreprise

Chargé du bilan de compétence

La loi du 31 décembre 1991 autorise les salariés ayant cinq ans d'ancienneté, dont un dans l'entreprise, à demander un congé pour effectuer un bilan de compétences. Parmi les professionnels conduisant ces bilans, se trouve un certain nombre de psychologues cliniciens.

Animateur de groupes de parole

Il peut aussi être demandé à un psychologue clinicien spécialiste de la conduite des groupes de venir animer, au sein d'une entreprise, des groupes de réflexion des Professionnels (groupes de parole de type Balint), ou des séances de groupes à caractère thérapeutique au sens large, avec médiation parfois (art thérapie).

V - Le psychologue clinicien travaillant au sein d'associations

— La médiation familiale :

Le clinicien exerçant un emploi de médiateur familial travaille le plus souvent au sein d'une association mandatée par le juge aux affaires familiales.

— Le conseil conjugal et le planning familial :

Le psychologue est souvent un clinicien ayant par ailleurs suivi une formation complémentaire à la thérapie de couple et familiale. Il assure une fonction clinique d'aide psychologique.

— Les associations d'aide et d'écoute téléphoniques :

Chacune d'elles s'adresse à un public précis et correspond à des missions bien définies (soutien, prévention, signalement, information). Ces associations travaillent avec de nombreux bénévoles. Les stagiaires psychologues y sont en général bien accueillis, car ils répondent à un réel besoin de ces associations. Mais les enseignants et responsables des stages obligatoires à l'université ne valident pas toujours de tels terrains, sous le motif que l'étudiant stagiaire n'a, dans ce cadre, ni la proximité physique ni le contact visuel avec les personnes qu'il écoute. Malgré tout, ce type de stage peut, lui aussi, être très formateur dans le cadre d'un stage non obligatoire.

— Les associations multiples et extrêmement diverses qui existent dans toutes les grandes villes :

Dans le domaine de l'interculturel en particulier, de très nombreuses associations, financées par les communes ou les conseils de régions, interviennent dans l'accueil, le soutien, l'information, le soin, les aides diverses aux personnes d'origine culturelle extra-occidentale, et cela dans des contextes extrêmement variés qui peuvent aller de l'aide aux familles, à celle des femmes, des enfants (soutien scolaire). Citons l'association « Afrique Conseil » qui reçoit régulièrement en stages des étudiants de différentes universités parisiennes, et leur donne une formation souvent très complémentaire de celle dispensée à l'université.

Il faut cependant faire preuve d'une certaine vigilance : toutes les associations ne présentent pas la même validité pour un(e) étudiant(e) candidat(e) à un stage : certaines existent depuis fort longtemps, et représentent une véritable institution de réputation nationale, voire internationale : citons l'exemple de l'association de santé mentale du 13e arrondissement de Paris (ASM 13) dont le Centre Alfred-Binet constitue l'un des piliers, association fondée par R. Diatkine et S. Lebovici, lieu de soin, mais aussi d'enseignement et de formation permanente actif et réputé.

Par contre, certaines associations, très jeunes ou quelquefois pourtant déjà anciennes, ne répondent pas aux critères de garantie pour former des étudiants de manière solide, et leur assurer une certaine protection : soit elles n'apportent pas un modèle de fonctionnement suffisamment riche ou structuré pour former l'étudiant de manière constructive, soit elles utilisent les stagiaires comme des professionnels « gratuits » en leur demandant des tâches qui dépassent parfois de loin leurs capacités. De tels modes de fonctionnement, s'ils peuvent être bénéfiques pour de jeunes débutants, en quête d'un travail, et qui désirent ne pas « perdre la main » avant de trouver un emploi, peuvent par contre « exposer » des étudiants n'ayant pas encore une formation suffisante pour s'atteler à de telles responsabilités. Il faut donc être très prudent avant d'accepter un stage dans une association, et se renseigner de manière rigoureuse et précise sur le mode de fonctionnement, l'encadrement qui sera proposé, les tâches qui seront demandées, bref, les termes du contrat entre l'étudiant et le terrain de stage.

VI - Les stages au sein de la police et de l'armée

L'offre est moins importante que dans les domaines développés plus haut, mais des occasions de stages intéressantes s'y développent de plus en plus. Il s'agit de répondre aux demandes de formation des personnels (groupes de parole, de réflexion sur la pratique, de prévention). Il peut s'agir d'accompagnement à apporter à certaines catégories de professionnels après une situation particulièrement éprouvante, par exemple, et pour laquelle le psychologue clinicien trouvera l'utilité d'être lui-même accompagné d'un stagiaire pour coanimer des séances de groupes de réflexion sur certains aspects du travail (réflexion sur les stratégies spécifiques à l'audition de personnes, notamment de mineur(e)s abusés sexuellement ou suspecté(e)s de maltraitance, de jeunes aux conduites violentes ou aux propos agressifs, sous forme de jeux de rôles, par exemple).

C - LES DIFFÉRENTS STATUTS DES STAGES : STAGES OBLIGATOIRES ET STAGES « LIBRES »

Les étudiant(e)s sont amené(e)s, au cours de leurs études, à effectuer deux types de stages :

a / des (ou un) stage(s) dit(s) libre(s) ou de perfectionnement d'une part, c'est-à-dire une ou des expériences faites à leur propre initiative, pour s'exercer à s'immerger dans le milieu professionnel, et

b / des stages obligatoires, inclus dans certains modules préprofessionnels du cursus universitaire, évalués de manière quantitative par l'université, et répondant à des critères pédagogiques précis.

Ces deux formules obéissent à des objectifs différents, et spécifiques à chacune d'elles. Décrivons-les brièvement.

I - Les stages libres appelés aussi « stages de perfectionnement »

L'expérience qui consiste à effectuer un stage en milieu professionnel n'est pas officiellement obligatoire au cours des premières années du cursus dans un certain nombre d'universités. Elle est cependant fortement recommandée, et « incontournable », semble-t-il, pour un étudiant en psychologie. Elle permet de s'immerger dans le milieu professionnel, d'observer les pratiques, de s'y confronter. Elle permet aussi de mesurer la complémentarité, mais aussi la distance entre les enseignements théoriques universitaires, et la réalité du terrain vécue au quotidien. Enfin, elle permet parfois de s'orienter de manière efficace pour la suite des études, voire de se réorienter après la prise de conscience de l'écart entre l'idée que l'étudiant se faisait du métier de psychologue, et la réalité perçue sur le terrain. Certaines expériences sont parfois déterminantes pour les choix professionnels futurs.

Ces stages, qui relèvent de la seule initiative de l'étudiant, peuvent prendre des aspects extrêmement divers.

Il peut s'agir d'une expérience de travail au sein d'une association, telles qu'elles existent au sein des municipalités, dans le secteur socio-éducatif, de la santé, ou tout autre domaine (accompagnement d'enfants présentant des handicaps, soutien psychopédagogique, aide aux exclus, encadrement d'ateliers pour personnes âgées, encadrement de loisirs pour les personnes hospitalisées). Ce travail bénévole, parfois indemnisé, peut, à certains égards, être considéré comme une expérience de terrain, même s'il n'est ni suivi ni encadré par un professionnel ou un enseignant, ni évalué par l'université.

Il peut aussi s'agir d'un stage beaucoup plus structuré, avec un référent psychologue clinicien, dans une institution précise, et s'apparentant plus, quant au cadre et au contenu, aux exigences des stages obligatoires inclus dans le cursus.

Quoiqu'il en soit, ces stages, non obligatoires, ne sont pas encadrés par l'université, ni évalués quantitativement. Pour certains d'entre eux, les étudiants bénéficient parfois d'un encadrement sur le terrain (présence d'un « référent », ou tuteur de stage, qui accepte la responsabilité pédagogique de l'encadrement de l'étudiant). Mais ce n'est pas toujours le cas. Même si ces stages « libres » ne sont pas obligatoires, ni pris en compte de manière quantitative par l'université, plus l'étudiant en réalise, plus variée et riche devient son expérience.... Et son dossier préprofessionnel se nourrit.

Il va de soi que dans le cas de ces stages « libres », le seul contrat « moral » est celui passé entre l'étudiant et l'institution qui l'accueille (temps de présence, type de participation demandé, modalités de présence). Néanmoins, malgré l'absence de toute évaluation universitaire, ils répondent aux mêmes exigences éthiques et déontologiques que les stages obligatoires inclus dans les modules, en particulier l'exigence de respect du secret professionnel, partagé ou non avec d'autres membres des équipes du terrain.

Il est fortement conseillé aux étudiants qui effectuent de telles expériences de toujours demander, à la fin du stage, une attestation écrite relatant de manière la plus précise possible l'activité du stagiaire, le temps passé dans l'institution, etc. Ces attestations sont précieuses et indispensables pour éviter que l'on ait à croire « sur parole » l'étudiant(e) (ou le(a) jeune diplômé(e)) présentant un dossier concernant son expérience professionnelle.

II - Les stages obligatoires

Si les règles d'éthique et de déontologie auxquelles l'étudiant(e) doit se soumettre sont identiques, quelque soit le type de stage, les stages obligatoires ont cependant une spécificité : ils sont inclus dans les modules eux-mêmes obligatoires qui émaillent le cursus, et répondent, de ce fait, à des critères différents en termes d'encadrement et de contrôles.

À quelles finalités peuvent-ils répondre ?

Nous en citerons deux principales :

— La première : le stage comme support d'une activité de recherche en relation avec des éléments théoriques : en vue de l'écriture d'un mémoire de recherche, en M1 par exemple (cet exercice est généralement appelé TER (travail d'étude et de recherche). Il peut aussi, plus simplement, s'agir d'une note d'observation inclue dans un module, dont les critères ont été définis à l'université : observer différents moments de la journée dans une maison de retraite, une crèche, ou tout autre lieu de vie.

— La seconde : l'immersion de l'étudiant dans le monde de la profession, sans être pour autant relié directement à une élaboration théorique de la part de ce dernier. L'enjeu, dans ce second cas, est avant tout l'appréhension par l'étudiant :

— du cadre institutionnel qui constitue le lieu du stage ;
— du public qui y intervient : encadrants (appelés consultants, personnel soignant, ou autres, selon les contextes) et usagers (appelés également « patients », « résidents », « consultants », ce terme pouvant désigner les deux protagonistes de la situation de consultation : l'usager ou le professionnel), et aussi
— des techniques, outils, dispositifs utilisés par ces derniers.

L'essentiel est dans ce cas de pouvoir partager pendant un certain temps « la vie d'un service ».

D - LA PRÉPARATION DU STAGE

I - Le choix du terrain

Il s'agit, rappelons-le, de se documenter sur les structures existantes, de prendre des contacts en fonction des objectifs visés, puis de finaliser le contrat par un protocole d'accord.

Documentation et contacts :

Suivant la finalité du stage (support d'une recherche théorique ou non), documentation et contacts suivront une procédure bien évidemment différente.

Première éventualité : il s'agit d'un support d'un travail théorique. Une recherche sur la périnatalité exigera de l'étudiant qu'il recherche et contacte les structures existant dans ce domaine : services spécialisés des hôpitaux tels que néo-natalogie, spécialisation en Aide médicale à la procréation, mais aussi maternités, crèches éventuellement, PMI et structures associées, services d'hospitalisation mères bébés... S'il est inscrit à un séminaire de recherche sur le vieillissement, il devra s'orienter vers les services de gériatrie, de gérontologie, les maisons de retraite, les clubs de loisirs du 3e âge, etc. S'il compte travailler sur les groupes à médiation, il se documentera au sujet des ateliers d'art thérapie ou autres médiations à l'intérieur des hôpitaux psychiatriques par exemple, au sein des CATTP, ou des CMPP (ateliers « contes » ou autres), ou de toute structure éventuellement concernée par un tel dispositif.

La recherche d'un lieu de stage est un exercice assez difficile, surtout dans les grandes villes universitaires où pullulent les demandes. Cette recherche est en soi formatrice ; aussi, il est souvent demandé aux étudiants de l'assumer seuls, même si l'université établit des listes de lieux de stages éventuels et peut ainsi offrir quelques pistes.

À qui s'adresser ? Dans certaines universités, il existe un « bureau des stages ». Dans d'autres, certains enseignants et/ou personnels administratifs sont spécialisés dans l'accueil et le conseil des étudiants.

À cet effet, rappelons qu'il est certainement plus facile de trouver un lieu de stage lorsqu'on a un objectif précis étayé par une demande de la part de l'université. Certains lieux de stage exigent d'ailleurs que le stage de l'étudiant soit couplé avec un tel travail théorique, et que les professionnels soient associés à ce travail : exemplaire du mémoire de recherche déposé dans l'institution de manière obligatoire, par exemple, voire participation du référent de stage au jury de la soutenance orale de ce travail à l'université. Il peut par ailleurs être demandé au stagiaire de s'engager à s'insérer dans une recherche dont les professionnels de la structure sont les partenaires.

Seconde éventualité : celle où la finalité du stage est l'immersion sur le terrain professionnel, pas forcément assortie d'une recherche théorique. Il s'agit, dans cette seconde éventualité, de trouver un endroit le plus formateur possible pour l'étudiant. C'est donc en fonction des critères que l'étudiant retient en priorité que sa recherche s'effectuera.

Soit en fonction du public auquel s'adresse la structure : choix par âges, pathologies, types d'institution. Soit par réputation pédagogique des institutions concernant l'encadrement des stagiaires, voire par prestige.

Ce peut être, par ailleurs, un choix moins « noble », mais qui a son importance : la proximité du lieu d'habitation par exemple.

Quoiqu'il en soit, un stage obligatoire est toujours inclus dans un projet pédagogique de l'université. À ce titre, il a donc été organisé par les enseignants et, en général, l'un d'eux est chargé de l'encadrer administrativement et pédagogiquement. Les modalités en sont alors fixées :

— répartition dans le temps (nombre de jours, de demi-journées, d'heures ; répartition au cours de l'année universitaire) ;
— présence d'un référent obligatoire ou non : il peut s'agir d'un psychologue spécialisé en psychologie clinique et pathologique ; ce peut être parfois un médecin psychiatre, ayant par ailleurs une ouverture psychologique ;
— lieux conseillés, exigés, déconseillés, ou non autorisés (par exemple, certains lieux intéressant la clinique du normal, du développement, comme les crèches, peuvent être tout à fait valides pour un stage en psychologie clinique, mais déconseillés en psychopathologie. Par ailleurs, certaines universités déconseillent les lieux d'écoute téléphonique pour un stage obligatoire, argumentant que l'étudiant(e) n'y a pas un contact direct, physique, avec les patients ;
— objectifs pédagogiques ;

— activités de l'étudiant(e) au cours du stage (stage de sensibilisation, comportant peu de participation active, et centré sur l'observation ; ou bien stage de participation active où le(a) stagiaire occupe déjà la position d'un(e) professionnel(le) en menant lui (elle)-même certaines activités ;
— modalités de contrôle de l'activité pendant le stage. En général, des séances de régulation, souvent hebdomadaires ou bimensuelles, ont lieu à l'université en petits groupes de TD, et se nomment « supervision de stage ». Elles ont lieu soit tout au long de l'année universitaire, ou parfois pendant un semestre. Mais certaines universités n'ont pas les moyens d'organiser de tels groupes de contrôle ;
— modalités de contrôle après le stage : rapport écrit ou non, avec ou non-soutenance orale, mode d'évaluation et pondération parmi les autres modules.

II - La stratégie de recherche

Il n'existe pas de technique particulière pour la recherche d'un lieu de stage. Cependant, on peut distinguer deux stratégies opposées : 1 / La voie ascendante, qui consiste à se mettre d'accord avec un(e) professionnel(le) du terrain acceptant d'être référent(e) pédagogique de l'étudiant(e). Ce professionnel accomplit ensuite les démarches nécessaires à la régulation administrative de la situation de l'étudiant : prévenir l'équipe, la hiérarchie ou les autorités compétentes avec lesquelles il travaille. 2 / La voie descendante, qui consiste à s'adresser d'abord aux autorités compétentes : service municipal, Direction des interventions sanitaires et sociales, chefs de service des hôpitaux, etc. Lorsque l'autorisation est donnée, se présenter alors aux établissements conseillés par la hiérarchie.

L'expérience montre que la voie ascendante est souvent plus conviviale et plus efficace au final.

L'exemple le plus frappant, quoiqu'un peu extrémiste, est celui qui consiste à obtenir une autorisation dans un service hospitalier par exemple par l'intermédiaire d'un médecin chef connu du stagiaire (membre de sa famille ou relation amicale). Dans une telle situation, le psychologue du service peut se sentir contraint, en quelque sorte, d'être le référent d'un étudiant pour le stage duquel il n'y a pas eu cooptation entre les deux protagonistes. La situation est parfois délicate, et il arrive que des étudiants aient ensuite à effectuer tout un travail de communication pour que le professionnel du terrain s'approprie progressivement le choix de l'accepter comme stagiaire.

Quoiqu'il en soit, diplomatie et courtoisie sont de rigueur dans toute demande. La qualité de la forme, écrite et/ou orale, mais aussi l'apport d'un projet tiennent une place prépondérante.

Il s'agit de trouver la « juste distance » vis-à-vis de l'interlocuteur : montrer que l'on a des projets, des idées, mais que, par ailleurs, on est tout à fait prêt à apprendre, constitue une position dynamique et facilement identifiable comme une attitude positive, entraînant l'envie d'intégrer l'étudiant pour un véritable échange.

Néanmoins, le contrat passé entre l'étudiant et le référent du terrain doit être le plus clair possible, pour éviter déceptions et malentendus éventuels.

Il est impérieux de bien faire préciser à la personne qui deviendra l'interlocuteur du terrain ce qui est attendu de la part du futur stagiaire, ce qu'il n'aura pas l'autorisation de faire (par exemple : effectuer seul des entretiens, ou même simplement assister à certains), quelles seront ses contraintes et ses devoirs vis-à-vis de l'institution (assister aux réunions de synthèse, venir pendant tout l'été suivant l'année universitaire pour la coanimation d'un groupe à médiation, même si le quota d'heures minimum exigé par l'université est dépassé dès le mois de mai, et cela par souci de ne pas casser l'homogénéité du groupe formé, effectuer obligatoirement l'accompagnement lors de plusieurs WE thérapeutiques avec des jeunes psychotiques). Plus les termes du contrat sont clairs, meilleure sera la collaboration, car chacun saura quels sont ses droits, ses devoirs, ses possibilités.

III - Quelques éléments de logistique

Si l'étudiant utilise le courrier postal, il peut être nécessaire, avec un léger décalage dans le temps, de doubler ce courrier par un appel téléphonique : cela permet ainsi à l'interlocuteur de « mettre une voix » sur le courrier reçu, et montre par ailleurs la motivation, la détermination du futur stagiaire.

Le courrier électronique devient le mode de communication efficace et rapide. Mais tous les services ne l'utilisent pas forcément de manière systématique. Il peut paraître courtois d'adresser un courrier traditionnel, en spécifiant par ailleurs son adresse e-mail. Cette stratégie laisse ainsi le choix à l'interlocuteur d'utiliser le mode de communication qui lui semble le plus adéquat.

Le contenu du courrier doit être à la fois synthétique et précis : lettre de motivation en termes explicites ; informations sur le parcours de l'étudiant permettant d'obtenir tous les éléments nécessaires à la prise de décision à son sujet.

Il faut essayer, dans le courrier, d'insister sur sa singularité par rapport aux autres étudiants : usage d'une langue rare par exemple, sensibilisation à telle institution par expérience professionnelle antérieure, habitude d'un type de public : mettre en valeur, à juste titre, bien sûr, ce qui différencie sa propre candidature d'une autre. C'est souvent ce genre de détail qui fait la différence, et amène à ce qu'une candidature l'emporte sur les autres.

Les stages en psychologie clinique et psychopathologie sont difficiles à trouver dans les grandes villes universitaires : ils sont en général pris d'assaut par les étudiants déjà spécialisés des différentes universités, écoles médicales et paramédicales. Quelques précautions sont donc de rigueur :

1 / s'y prendre très tôt (écrire, téléphoner, prendre contact pour « réserver sa place », en quelque sorte, et ne pas craindre de prendre de nombreux contacts, mais bien ciblés) ;

2 / ne pas craindre de se décentrer géographiquement : il est quelquefois économique – dans tous les sens du terme – de chercher un stage dans une large périphérie, ou même dans une ville moyenne non universitaire, bien desservie au niveau des transports, plutôt que dans une grande ville universitaire où les professionnels n'ont que l'« embarras du choix » des stagiaires. En effet, les grands centres hospitalo-

universitaires, à la réputation prestigieuse, sont extrêmement sollicités. L'étudiant(e) qui s'adresse à de telles structures risque fort, s'il (elle) n'a pas d'appui particulier, et même s'il ou elle s'y prend tôt, d'attendre longtemps, pour finalement apprendre que sa candidature n'est pas retenue. Il ou elle aura perdu un temps précieux et des occasions de stages se seront fermées dans l'intervalle.

Ces établissements attractifs à la réputation prestigieuse ont une grande habitude des sollicitations multiples de stagiaires ; ils peuvent donc se permettre d'être extrêmement sélectifs et hautement exigeants envers les étudiants qu'ils décident de recevoir.

Il importe donc d'être inventif, et parfois, de « susciter la demande d'accueillir un(e) stagiaire » en exposant ses projets à certaines structures modestes, certes, mais qui seront intéressées à l'idée de recevoir un stagiaire : avoir la possibilité de donner son avis, d'exercer certaines responsabilités, de communiquer ses points de vue, se sentir membre actif d'une équipe à part entière, constitue un challenge stimulant et gratifiant pour l' « ego » de l'étudiant(e), et une expérience hautement formatrice.

IV - Dernière étape : la régularisation administrative par la convention de stage

Dès que l'étudiant(e) reçoit un engagement d'accueil, oral ou écrit, de la part d'une institution, s'engage alors une procédure : la définition administrative des modalités du stage, consignée dans un document : la convention de stage.

Cette convention est un document administratif obligatoire pour toute présence prolongée de l'étudiant dans un lieu autre que l'université, même s'il s'agit d'un stage non obligatoire à son initiative. Elle est établie en trois exemplaires et signée par les trois protagonistes : l'étudiant, le responsable de l'établissement d'accueil, le président de l'université.

Lorsqu'il s'agit d'un stage libre, non obligatoire, ce document est réduit aux aspects administratifs (couverture sociale, responsabilité civile).

Lorsqu'il s'agit d'un stage obligatoire, inclus dans un module d'enseignement, différents paramètres y sont précisés : dates du début et de la fin du stage, durée totale, répartition dans le temps, obligations et engagements du stagiaire et de l'établissement, coordonnées du responsable pédagogique de l'institution (qui n'est pas, d'ordinaire, le responsable de l'établissement, mais le psychologue tuteur du stage). Ce document est hautement important, car c'est lui qui fixe par écrit les modalités du stage et atteste de la légitimité des activités diverses de l'étudiant dans l'institution. Ce document écrit a pour objectif de préciser les rapports entre les personnes et institutions concernées : il s'agit des modalités du déroulement d'un partenariat.

Un exemplaire restera à la disposition des responsables sur le lieu du stage, un second sera remis à l'étudiant, et le troisième sera destiné à l'université, conservé par le personnel du bureau des stages, ou le secrétariat général.

Attention : sauf arrangement à l'amiable et difficultés dues aux lenteurs administratives, un étudiant ne peut commencer son stage que lorsque les trois exemplaires de ce document ont été dûment remplis, signés, et remis à chacun des protagonistes. Dans le cas contraire, il y va de la responsabilité de l'étudiant en cas d'incident, même mineur (accident de travail bénin, par exemple) : ce dernier risque alors de ne pas être « couvert » par son assurance personnelle.

Voici, à titre d'exemple, des extraits d'une convention de stage obligatoire, inclus dans le cursus pédagogique :

Article 1 : La présente convention concerne le stage prévu en vue de la délivrance du diplôme

L'entreprise* s'engage à accueillir l'étudiant(e)* afin de lui permettre d'accomplir le stage obligatoire prescrit par la réglementation applicable en vue de l'obtention du diplôme* (*nommés ci-dessus).

Article 2 : Le stage est fixé pour les dates suivantes

Les horaires sont ceux de l'organisme. Toutefois, l'étudiant stagiaire peut être autorisé à revenir à l'université pendant la durée du stage, pour y suivre certains cours dont la date est portée à la connaissance du responsable de l'organisme, avant le commencement du stage.

Article 3 :

Le stage a pour objet essentiel l'application pratique de l'enseignement dispensé à l'université.

L'objectif du stage est établi par l'organisme en accord avec le responsable de la formation suivie par l'étudiant, en fonction du programme général des études et de la spécialisation de l'étudiant.

Le responsable de l'organisme s'engage en conséquence à ne faire exécuter à l'étudiant, compte tenu de ses études, que des travaux qui concourent à sa formation professionnelle. Les difficultés qui pourraient être rencontrées à l'occasion de l'exécution de ces travaux devront être aussitôt portées à la connaissance du responsable de la formation, spécialement si elles mettent en cause l'aptitude de l'étudiant à tirer bénéfice de la formation dispensée.

Article 4 :

Le stagiaire, pendant la durée de son séjour dans l'organisme, demeure étudiant de l'université.

Dans l'organisme, le maître de stage, chargé du suivi des travaux du stagiaire est :

À l'université, le responsable de la formation ou son représentant, chargé du suivi du stagiaire est :

Article 5 :

Le stagiaire est soumis aux règles de discipline et aux obligations du règlement intérieur de l'organisme.

Il est soumis au secret professionnel.

L'étudiant stagiaire prend l'engagement de n'utiliser en aucun cas, les informations recueillies par lui en vue de son rapport de stage pour en faire communication à des tiers ou en susciter la publication, sauf accord avec l'organisme.

En cas de comportement fautif du stagiaire, le chef de l'entreprise peut mettre fin au stage, après avoir averti le directeur de l'établissement universitaire.

Article 9 :

À l'issue du stage, le responsable de l'organisme ou son représentant délivre une attestation comprenant notamment son appréciation sur le travail et les aptitudes générales du stagiaire.

Effectuer le stage

A - LES DIFFÉRENTES ACTIVITÉS EN STAGE « LIBRE » OU « CIBLÉ » SERVANT DE SUPPORT À UN TRAVAIL DE RECHERCHE

Elles dépendent à la fois du niveau d'études de l'étudiant, des objectifs du stage, des traditions de l'institution accueillante.

Il existe globalement deux niveaux d'implication : *sensibilisation-observation* et *participation active.*

I - Les activités en stages libres des premières années d'études

Il s'agit souvent pour l'étudiant d'un premier contact avec le terrain, d'un moment de sensibilisation à une profession jusqu'alors inconnue.

— Ce peut être l'observation d'un service, de la répartition des tâches des uns et des autres, des usagers du service.

— Il peut lui être demandé par ailleurs d'accomplir des tâches qui ne relèvent pas directement de celles qui incombent traditionnellement à un psychologue : accompagner des enfants à la piscine, aider les puéricultrices d'une crèche, déjeuner avec des pensionnaires d'un hôpital de jour, ou bien observer des moments particuliers : déroulement d'un atelier par exemple, ou encore prendre des notes sur une situation à laquelle l'étudiant ne participe que comme observateur. Même si ces tâches paraissent anodines et loin de l'idée que l'étudiant s'est faite de la pratique d'un psychologue, elles sont d'une importance capitale, car elles lui permettent une véritable immersion dans le lieu d'exercice.

II - Les stages « ciblés » servant de support à un travail d'enquête et/ou de recherche

Il se peut que soient requises de l'étudiant des consignes de tâches spécifiques dans un terrain précis : observer les enfants d'une institution à différents moments de la journée, ou les patients d'un service d'hôpital, par exemple. Si tel est le cas, ce stage intervient dans un module distinct, et sert de support à un travail précis d'enquête et d'observation, avec une grille déterminée à l'avance par l'enseignant responsable. L'étudiant est alors placé dans une position d'enquêteur, d'apprentissage de l'attitude de recherche.

D'une manière un peu analogue, mais plus loin dans son cursus, l'étudiant peut être amené à faire un stage pour trouver une population dans un but de recherche déjà déterminée (mémoire de recherche de M1) : ce type de stage peut aussi être assimilé à un stage libre, et l'étudiant vient alors dans l'institution dans un but précis, celui de recueil d'informations. Il occupe alors une position de chercheur.

Nous voudrions rapidement aborder ici la question difficile d'occuper une double position : celle de chercheur, et celle de stagiaire, lorsque l'étudiant effectue son travail de recherche (mémoire) sur le lieu de son stage obligatoire de M1 ou M2.

Nous pensons que le poids de l'imaginaire concernant l'évaluation du mémoire peut venir, dans certaines situations, polluer le travail clinique qui place l'étudiant devant certaines responsabilités vis-à-vis des usagers de l'institution dans laquelle il est en stage. Il est des situations ou s'avère difficile de mêler sa demande d'étudiant-chercheur et celle des usagers. Lorsqu'il est en position de chercheur, le stagiaire, à notre avis, ne peut être entièrement au service de la parole de l'autre, puisqu'il est lui-même en demande, ne serait-ce que celle de passer en revue, lors d'un entretien de recherche, tous les thèmes de la grille d'entretien établie par avance en fonction des hypothèses. Les usagers de l'institution sont ses objets d'étude. Nous pensons par conséquent que, dans ce contexte, les moments de formation clinique à l'écoute et la compréhension de l'autre (entretien clinique, participation à des groupes de paroles ou à médiations variées, à des réunions de synthèse), et les moments de recherche, doivent être clairement dissociés. L'étudiant ne peut, au même moment, être en situation de recueil des données, et partie prenante de cette situation, justement à cause de la spécificité de sa situation d'étudiant.

Ces remarques doivent, par contre, être modulées si les deux temps – participation clinique et recherche – peuvent être artificiellement séparés, par un enregistrement vidéo par exemple, qui permet ensuite de retravailler sur le matériel comme observateur, dans une position de chercheur. Dans certains services d'hospitalisation conjointe mère enfant, certains moments privilégiés (allaitement par exemple) sont filmés de manière systématique, sauf avis contraire des mères hospitalisées. Il est donc possible, pour un(e) stagiaire, de réfléchir après coup sur ce matériel tout en gardant son attention aux mères pendant le temps réel de l'allaitement. Dans ce dernier cas, il sera, par contre, nécessaire que les « observé(e)s » aient une connaissance claire des différents paramètres de la situation, et soient consentant(e)s. Si les choses ne sont pas clarifiées au départ, ni élaborées pendant le séminaire de recherche à l'université et avec le référent sur le terrain, l'étudiant(e) risque éventuellement d'être confronté(e) à certaines angoisses renvoyant à une perception floue de son identité sur son lieu de stage. Peuvent alors émerger, et cela à juste titre, de vagues sentiments de culpabilité après coup, par exemple, d'avoir abordé au cours d'un entretien des thèmes qui ne l'auraient peut-être pas été sans la perspective de la recherche, et d'une utilité directe contestable pour la personne concernée. Irons-nous jusqu'à dire que certaines investigations peuvent même en arriver à « frôler » le non-respect des défenses du sujet ? réciproquement, l'entretien de recherche peut sembler incomplet, ou mal centré parce que le sujet – l'usager de l'institution, en l'occurrence – avait une demande autre, et que le stagiaire a pensé, à juste titre, devoir faire passer cette demande en priorité.

C'est pourquoi, dans certains contextes, et quelquefois sur demande même du psychologue référent, il peut s'avérer utile de scinder les rôles : l'étudiant, après avoir averti les usagers de l'institution de son objet de recherche, leur demande la permission d'assister à l'entretien mené par le psychologue du service dans le cadre de sa fonction ; ainsi, le stagiaire peut, lui, occuper pleinement la sienne d'observateur, et se centrer sur le recueil des données : son collègue est là pour occuper celle d'interlocuteur contenant. Lorsque ce dernier est lui-même intéressé par la recherche de l'étudiant, ce qui est presque toujours le cas, il peut d'ailleurs jouer pour lui un rôle précieux d'étayage.

Une autre éventualité pour bien séparer les deux fonctions que l'étudiant est appelé à occuper pendant son stage (recherche et formation à la relation clinique) peut être le « partage des lieux et/ou du temps » : certains étudiants, en hôpital par exemple, interviennent à un pavillon pour certaines prises en charge, et à un autre pour leur recherche : cette solution leur permet d'occuper alternativement chacune des deux fonctions. Nous pensons que cette répartition peut préserver à la fois l'intégrité psychique de l'étudiant, celle du responsable du stage, et bien sûr et surtout, celle des usagers de l'institution, en éliminant l'éventualité que, par la confusion des rôles, ces derniers perdent leur statut de sujets au profit de celui d' « objets de la science ». Bien sûr, tout dépend des contextes, et, d'une certaine manière, les choses seraient peut-être plus simples si les étudiants se bornaient à utiliser pour leurs recherches des instruments standardisés, comme les échelles destinées à mesurer des « grandeurs transnosographiques » par exemple. Mais, comme l'écrit O. Bourguignon (1995) : « La recherche en clinique ne s'identifie pas à une recherche faite sur et à partir de tels instruments d'évaluation parce qu'ils ne donnent aucune indication sur le caractère dynamique, processuel et signifiant des conduites, qui sont au cœur de la recherche clinique. »

Une dernière éventualité consiste à recruter la population en dehors d'un lieu de stage, et à compléter après coup les résultats obtenus par ailleurs par les observations naturelles qui ont pu être relevées sur le lieu de stage, dans une sorte d'illustration, ou de confirmation/infirmation. C'est quelquefois la situation qui convient le mieux.

B - LES DIFFÉRENTES ACTIVITÉS EN STAGE OBLIGATOIRE DE PRÉPROFESSIONNALISATION

Ces types de stages sont requis dès le niveau L3, mais surtout en M1 et 2, et occupent une fonction différente de ceux répertoriés plus haut : l'objectif est l'immersion de l'étudiant dans le milieu professionnel. Ils répondent à des exigences précises :

- de disponibilité : de deux cents à trois cents heures en moyenne, réparties au long de l'année universitaire, quelquefois davantage ;
- de lieux : dans des institutions reconnues valides par l'université pour ce type de stage ;
- d'encadrement, par *a)* un référent psychologue sur le terrain, responsable pédagogique de l'étudiant sur son lieu de stage ; *b)* un enseignant de l'université qui, dans les cas les plus courants, assure de manière hebdomadaire ou bimensuelle des séminaires de regroupement des étudiants en groupes restreints de régulation (ou supervision) de stage.

Les activités du stagiaire :

— elles sont nombreuses et variées ;
— elles dépendent avant tout des habitudes de l'institution accueillante ;
— elles comprennent :

I - Entretiens

En relation duelle ou groupale (entretiens familiaux par exemple). Ces entretiens peuvent d'ailleurs se situer à différents niveaux d'implication des usagers concernés : entretien d'arrivée (en service d'hôpital, en CATTP), entretien d'« observation continue » de patients, entretien avec les familles des usagers de l'institution (pensionnaires de maisons de retraite, parents d'enfants suivis dans le service), entretiens s'apparentant à un « suivi ».

Ces entretiens peuvent par ailleurs être menés selon différentes stratégies qui se déclinent selon le continuum suivant, avec toutes les positions intermédiaires :

— par le psychologue référent en présence du stagiaire, qui se tient alors en retrait et se contente d'observer et écouter ;
— de façon plus conjointe, par le référent et le stagiaire, ce dernier étant alors présenté au patient comme un collègue stagiaire ;
— par le stagiaire, seul ou en présence de son référent.

On remarque souvent une progression pendant le déroulement du stage, qui suit cette description. À cette progression est associé un « changement de position dans l'espace » du stagiaire :

Dans le premier cas, il se situe en retrait, quelquefois carrément hors de la vue du patient ou de l'usager, pour être le plus transparent possible, et éviter d'interférer avec la dynamique intersubjective qui s'installe entre le psychologue et le sujet.

Dans le second, il est en général à côté du référent, le sujet ayant en quelque sorte deux interlocuteurs, dont l'un est l'interlocuteur privilégié.

Dans le troisième, c'est le stagiaire qui devient l'interlocuteur privilégié ; quelquefois même, il opère seul avec l'usager.

Lorsqu'il s'agit d'entretiens à caractère plus thérapeutique au sens large (« suivis » de patients, c'est-à-dire rendez-vous réguliers et répétés programmés à l'avance par assentiment réciproque entre le psychologue et l'usager), il est souvent beaucoup plus délicat, et même très peu souhaitable d'introduire la présence d'une tierce personne, et donc pratiquement impossible pour les stagiaires d'assister à de tels entretiens. Par contre, certains services demandent à leurs stagiaires, surtout en fin d'études et s'ils ont par ailleurs une expérience personnelle de travail sur soi, de mener eux-mêmes certains « suivis ». Tâche qui peut être ressentie très gratifiante pour le (la) stagiaire, mais engageant par ailleurs plusieurs questionnements, et beaucoup de précautions préalables.

Tout d'abord, la difficile question de la formation professionnelle de l'étudiant, et donc des limites à l'investigation psychologique ou au traitement psychique d'une personne par un étudiant en stage : là intervient l'appréciation du psychologue référent, et sa propre responsabilité dans la décision de confier un patient au stagiaire. Cependant, dans de tels cas, les psychologues référents, on le remarque lors des séances de supervision de stage à l'université, sont en général très prudents, très vigilants et très disponibles pour « superviser » le travail de leur stagiaire.

Un autre questionnement est celui qui concerne le caractère temporaire de la présence de l'étudiant sur le lieu de stage : se pose alors la question des liens transférentiels créés par cette relation : que va-t-il se passer après le stage, à la fois pour l'étudiant et le sujet « suivi » ? Comment peuvent-ils, l'un et l'autre, gérer au mieux cette rupture, élaborer ce deuil sans dommages ? Cette problématique est presque toujours abordée et élaborée en séances de régulation à l'université et sur les lieux de stages, mais il nous semble essentiel de rappeler ici quelques précautions quant aux attitudes à adopter en cours de stage :

— avant de s'engager dans un suivi, quel qu'il soit, essayer d'en avoir mesuré et analysé au mieux les enjeux, et explicité les objectifs, et s'efforcer ensuite de les suivre de manière scrupuleuse ;
— s'assurer de la permanence d'une personne ressource (le tuteur de stage, en général) pour prendre le relais après le stage et exercer un contrôle pendant la durée de la prise en charge ;
— prévenir la personne suivie, largement avant la fin du stage, du moment du départ, et lui rappeler votre statut de stagiaire, donc de non-permanence ;
— introduire le référent de façon répétée dans le discours : c'est lui le professionnel permanent qui prendra le relais éventuel après le départ du stagiaire ;
— il est aussi possible de présenter, bien avant la fin du stage, un stagiaire successeur, et de ménager une période de transition « à trois » pour passer progressivement le relais.

Voici une courte vignette clinique qui illustre ce dernier point :

Il y a quelques années, une jeune étudiante en dernière année d'études effectue un stage libre, de « perfectionnement » dans un service de gérontologie d'un hôpital parisien.

La chef de service, elle-même très occupée par de multiples tâches, lui confie le suivi d'un homme âgé de 94 ans, qui, depuis quelques temps, semble s'enfermer dans un mutisme qui prend de plus en plus d'ampleur. Ce monsieur est faible physiquement, donc constamment alité, et seul au point de vue social et familial (ce qui n'est pas étonnant, vu son âge), mais tout à fait lucide et sain d'esprit. Ses propos font penser à un état quelque peu dépressif : il se demande pourquoi il continue de vivre, ses deux enfants et son épouse étant eux-mêmes décédés, et son petit-fils établi dans un pays lointain avec ses arrière-petits-enfants. Il est décidé que la stagiaire s'entretiendra avec lui toutes les semaines, l'objectif étant que ce monsieur garde une certaine communication, un certain lien, avec son entourage immédiat ; en outre, parler l'amènera à réfléchir et à mettre des mots sur sa pensée. L'idée est d'essayer de lui proposer des « éléments de revitalisation ».

La médecin du service, dans un premier entretien, explique à ce monsieur, après la lui avoir présentée, que cette jeune fille, s'il le veut bien, viendra parler avec lui régulièrement toutes les semaines, à jour et heure fixes. Il accepte, mais sans empressement, et en montrant une certaine moue dubitative.

Les premiers temps de la prise en charge, le questionnement anxieux de la stagiaire s'organise autour de deux points : tout d'abord, l'appréhension, chaque semaine nouvelle, qu'on lui fasse part du décès de son patient depuis le dernier entretien. D'autre part, tout en gérant au mieux cette arrière-pensée, comment amener progressivement ce monsieur à retrouver goût à communiquer ?

Et plus les semaines passent, plus la dynamique intersubjective entre les protagonistes se déploie de manière positive, à tel point que l'amélioration de la santé (mentale et physique) de ce vieil homme se révèle spectaculaire ; l'étudiante se sent gratifiée par ce patient, et beaucoup plus assurée, d'une semaine à l'autre, de retrouver son interlocuteur vivant et prêt à s'entretenir avec elle. Simultanément, un attachement de plus en plus fort envers ce monsieur semble se faire jour.

La seconde partie de l'année universitaire déjà bien entamée, l'étudiante se questionne à présent sur la problématique liée à leur séparation : elle qui s'était efforcée de travailler la perspective du deuil éventuel de ce monsieur pendant l'année, vu son grand âge, se retrouve en avril avec un interlocuteur ayant repris goût à la vie, et beaucoup plus solide physiquement. Or, le stage se termine mi-juin...

On peut aisément imaginer les sentiments de culpabilité qui ont pu agiter cette jeune stagiaire devant la perspective d'avoir à « abandonner » son patient un mois et demi plus tard. Or, il n'y avait pas de référent psychologue (il s'agissait d'un stage libre). Heureusement : cette étudiante avait pris la précaution de venir « en auditrice libre » assister aux séminaires hebdomadaires de supervision des stages obligatoires. Elle a pu y être entendue et soutenue par le groupe dans ses interrogations anxieuses, élaborer les éléments de la situation dans une atmosphère « contenante » pour les symboliser progressivement, et finalement trouver, avec l'aide de ses collègues du petit groupe, la solution suivante : faire passer une annonce à l'université au sujet de ce lieu de stage, et sélectionner elle-même, aidée de sa chef de service, la personne volontaire qui lui semblait la plus appropriée pour continuer le travail avec ce monsieur. Elles ont organisé une période de transition, à trois, après que le vieil homme ait donné son acceptation à son interlocutrice, puis elle a pu, très progressivement, passer le relais à celle qui lui a succédé : ainsi, elle a pu protéger à la fois son interlocuteur et elle-même de cette séparation difficile s'apparentant à un deuil, et par ailleurs, s'aménager une réparation tout à fait acceptable : au sentiment de culpabilité qui l'avait assaillie à l'idée d' « abandonner » son interlocuteur, et donc de détruire éventuellement le travail de revitalisation qu'elle avait effectué avec lui, elle a pu répondre par l'offre d'un nouvel objet d'investissement potentiel, dont son interlocuteur s'est d'ailleurs saisi, puisque c'était elle qui le lui avait proposé, un peu comme son « prolongement ».

À travers cette vignette, il est facile de comprendre à quel point certaines situations peuvent parfois exposer les stagiaires et leurs interlocuteurs. D'où la nécessité impérieuse d'un lieu de supervision, qui peut se situer sur le terrain, à l'université, ou en privé.

II - Bilans psychologiques

Le bilan psychologique est, avec l'entretien, une des techniques essentielles du psychologue.

Cependant, il n'est pas utilisé dans toutes les institutions, et certains étudiants terminent parfois leurs études sans avoir jamais assisté à une telle expérience, juste parce que l'occasion ne leur en a pas été donnée. Ils pensent qu'ils apprendront « sur le tas », quand le besoin sera là.

Or, il me semble indispensable de dire que cette occasion doit être *provoquée.* Il paraît impensable qu'un étudiant diplômé de fin d'études en psychologie clinique et pathologique ne sache rien de cette expérience clinique. Certes, l'université enseigne la méthode des tests, la clinique de l'examen psychologique, avec des enfants, des adultes, des personnes âgées. Mais l'expérience pratique de la situation de testing est quelque chose d'irremplaçable par la théorie :

— Tout d'abord la dynamique du bilan, le glissement des rapports intersubjectifs tout au long de la rencontre, faisant passer les protagonistes, progressivement, d'une situation asymétrique, où le praticien occupe une position symbolique de toute puissance, à une situation d'alliance due au caractère ludique des tests ; la reconnaissance de ce qui est engagé émotionnellement au cours d'une telle situation ; la « clôture positive du transfert » ; tous ces éléments sont, je crois, d'une importance capitale. Que peuvent éprouver : – une personne âgée devant la perspective d'un bilan destiné à tester ses capacités mnémoniques, surtout si ce bilan est à l'initiative de quelqu'un d'autre qu'elle ? – Un enfant dont les parents pensent (et surtout espèrent) qu'il est « précoce », et qui sent qu'il peut, éventuellement, les décevoir dans leurs attentes ? – Un adulte en souffrance à qui il est demandé d'élaborer au sujet d'images des tests de Rorschach ou du TAT ? C'est toute la question de l'appropriation de la demande qui est posée à chaque situation de bilan.

— Les stratégies pendant la passation et la familiarisation avec le matériel : utilisation de certaines techniques plutôt que d'autres (ex : cacher le chrono, ou rendre sa présence discrète, par exemple, pour certains sujets particulièrement anxieux, ou au contraire s'en servir comme d'un matériel stimulant pour certains sujets ayant le goût de la compétition). Observer ce qui se passe entre le matériel de test et le sujet.

— La familiarisation avec l'élaboration du compte rendu, depuis l'évaluation chiffrée jusqu'à l'interprétation en termes de pathologie et clinique.

Cette expérience est d'une extrême richesse. Où se la procurer ?

En ce qui concerne la passation des bilans d'enfants, un stage auprès d'un psychologue scolaire est, bien sûr, un poste d'observation d'une richesse considérable. Même si, comme mentionné plus haut, certaines universités ne reconnaissent pas, pour des raisons administratives, la validité des stages auprès des psychologues scolaires pour les stages obligatoires de préprofessionnalisation, il peut être extrêmement précieux d'effectuer un tel stage de manière libre.

Par ailleurs, de nombreux établissements (hôpitaux, CMPP, PMI, services de pédopsychiatrie, expertises judiciaires) utilisent de tels instruments. Pouvoir y être initié en stage me semble un bagage indispensable.

III - Participation à des ateliers « à médiation » ou des activités collectives

Médiation par la parole, l'écriture, le dessin, l'art plastique, la danse, la musique, l'expression théâtrale, la photographie, le bricolage, la relaxation, la sophrologie : la liste est longue, voire infinie : ce sont les ateliers où sont mises en valeur la création et l'expression personnelle. Ils existent dans des lieux extrêmement variés et s'adressent à des publics de tous âges et présentant des pathologies très diverses. (À ce propos, nous pensons qu'il est nécessaire pour un étudiant d'avoir, au cours de ses études, été sensibilisé à différents publics, par l'âge et le type de pathologie : avoir travaillé avec des personnes névrosées, mais aussi des psychotiques ; avec des enfants, des adolescents, des adultes. Cette « vue d'ensemble » nous paraît indispensable pour que l'étudiant sache avec quel public il se sent le plus à l'aise, ou au contraire le moins, et qu'il puisse ainsi être renseigné sur ses propres résistances.)

Ces ateliers sont souvent un lieu de prédilection pour les étudiants en psychologie : ils y occupent des positions d'observateurs plus ou moins participants, de coanimateurs, voire d'animateurs, seuls ou avec d'autres professionnels, psychologues ou non. Ces ateliers divers constituent un poste d'observation et de formation très enrichissant. Néanmoins, là aussi peuvent se révéler certaines difficultés avec lesquelles les stagiaires sont parfois aux prises.

La question de la « juste distance » et de la fluctuation de l'identité professionnelle

Il arrive à certains stagiaires, surtout en début de stage, d'être un peu déconcertés par une vision floue de la position qu'ils pensent devoir occuper. Cela est particulièrement repérable dans les ateliers à médiation créative (atelier d'art plastique par exemple) avec des adultes présentant une organisation psychique plutôt psychotique : il s'agit de situations où l'étudiant est parfois pris à parti par un patient le prenant pour un autre patient, et non un membre de l'équipe d'encadrement, ou s'adressant à lui (ou à elle !) d'une manière intrusive. Quelle attitude adopter ? Doit-on prendre part aux activités, c'est-à-dire, dans cet exemple, se mettre aussi à dessiner, avec toute l'implication personnelle que cela entraîne : livrer aux autres sa propre création, se situer comme « pair », ou bien se contenter d'observer, ce qui peut être mal vécu (attitude qui peut être ressentie comme un peu voyeuriste, ou « distante ») ? Faut-il rester immobile ou passer auprès de chacun des participants ? Fréquemment, les stagiaires sont assez mal à l'aise au début du déroulement de ces ateliers, le temps pour eux de trouver leur place. C'est là où vient jouer la qualité, la « contenance » de l'encadrement de l'étudiant par le référent et l'équipe soignante.

Plusieurs précautions peuvent diminuer ce malaise. On peut les résumer ainsi :

a / Avant la première séance :

- position et objectifs des animateurs permanents bien identifiés et mis en lumière ;
- objectifs et position bien identifiés concernant la participation de l'étudiant à cet atelier.

b / Au début de la première séance : présentation claire, auprès des patients, de l'étudiant comme professionnel stagiaire.

Si ces précautions ne sont pas prises, l'étudiant peut se sentir identifié de manière floue, voire pas du tout, par les patients, et être ainsi renvoyé à une perception peu claire de son identité professionnelle.

Ainsi cette étudiante, à qui la référente avait donné rendez-vous devant un pavillon de l'hôpital. Elle s'y rend à l'heure indiquée, et se retrouve avec quelques jeunes à peu près de son âge, lui demandant si elle est une nouvelle participante. L'un d'eux lui adresse des compliments sur son physique, et l'invite à aller, après l'atelier, boire un verre en sa compagnie. La référente, en retard, n'est arrivée que plusieurs dizaines de minutes plus tard. Cette étudiante a expliqué en petit groupe de supervision à quel point cette situation l'avait déstabilisée : en effet, plus elle essayait de dire qu'elle était en stage préprofessionnel, plus ce patient, et les autres aussi, l'interrogeaient sur ses études, leurs difficultés – à tous – pour trouver du travail, la plaçant ainsi dans une relation de « paire » vis-à-vis d'eux, position qui l'empêchait ainsi de trouver une « juste distance » vis-à-vis du groupe des usagers de l'atelier.

Cette difficulté se rencontre fréquemment lorsqu'une étudiante jeune commence un stage où les patients sont constitués d'adultes d'âge sensiblement égal, avec des pathologies faisant appel à des mouvements d'ordre psychotique (intrusion, en particulier). Comment, dans ces cas, garder la distance nécessaire, mais en même temps trouver l'attitude contenante et bienveillante, permettant au patient de ne pas se sentir rejeté, jugé, voire méprisé ?

Une étudiante, placée dans une telle situation, a rapporté en petit groupe de supervision avoir répondu au jeune homme qui lui faisait des avances, la phrase suivante : « Si nous nous étions rencontrés dans d'autres circonstances, les choses se seraient peut être passées différemment. Mais, en l'occurrence, ici, je fais partie de l'équipe d'encadrement, et vous, vous êtes usager de l'institution. J'ai donc une position claire à respecter, qui m'impose, entre autres, un devoir de réserve, et de bien respecter les positions et rôles de chacun de nous. Nos rapports seront donc d'ordre professionnel, mais cela n'exclut pas que je puisse "entendre" ce que vous éprouvez. » Ce jeune homme est ensuite passé par une période où il était très agressif vis-à-vis d'elle. Puis, voyant que son attitude n'empêchait pas cette stagiaire de garder pour lui toute son empathie, il a été confronté au professionnalisme de cette jeune femme, et a pu ainsi éprouver : d'une part, les limites de ce qui est permis ou non dans un cadre précis, et la non-confusion des rôles et des positions (référence à la différence des sexes et des générations, ce qui était, d'ailleurs, une des problématiques majeures de l'histoire personnelle de ce patient) ; d'autre part, la permanence de la sollicitude de cette jeune femme, malgré ses attaques du cadre, puis de sa personne même. Il a lui-même adopté par la suite une attitude de « juste distance », respectueuse mais cordiale, témoignant de la dimension structurante de cette expérience pour son propre fonctionnement psychique.

D'autres difficultés peuvent aussi se faire jour, d'ordre plus institutionnel, cette fois :

Il s'agit des participations à des activités dirigées ou animées par des professionnels non psychologues : art thérapeutes, infirmiers psychiatriques, éducateurs...

Il arrive que le psychologue référent demande au stagiaire de participer à de telles activités alors que lui, ou elle, n'y participe absolument pas. En parallèle, il ne l'autorise pas à participer aux siennes (entretiens individuels par exemple) : cette situation est parfois vécue par l'étudiant(e) de manière un peu douloureuse : on lui demande d'adopter une position de psychologue, mais sans qu'il(elle) puisse s'identifier à son référent.

C'est le cas d'une étudiante en stage dans une crèche, à laquelle il avait été demandé d'observer les temps d'activité des bébés avec les auxiliaires de puériculture : elle devait rester dans une attitude d' « observation » : ne pas prendre part directement à l'activité, ne pas interagir avec les enfants qui la sollicitaient pourtant, résister aux invitations des encadrantes puéricultrices qui allaient aussi dans ce sens. Mais par ailleurs, elle n'était pas autorisée à assister aux entretiens que sa référente pouvait avoir avec les parents des jeunes enfants, la raison en étant que des éléments confidentiels pouvaient apparaître pendant ces entretiens. Cette étudiante ressentait (de manière un peu légitime, je pense), sa position comme très inconfortable, car elle était ainsi placée dans un rôle qui l'isolait, et lui renvoyait, là encore, une identité floue. Elle a finalement choisi de faire de « l'observation participante », c'est-à-dire de s'autoriser à interagir avec les encadrantes et les enfants, mais en occupant une position décalée, où elle participait sans rien diriger, laissant aux puéricultrices le rôle d'animatrices. Elle a terminé son stage en étant très bien insérée auprès des encadrantes, occupant même une position privilégiée auprès d'elles, beaucoup plus proche que celle occupée par sa référente. Elle est devenue une sorte de « médiateur » entre les membres du personnel, les parents, et la psychologue, occupant un peu la place d'une psy avec laquelle il était possible d'échanger de manière informelle et plus banalisée qu'avec la titulaire...

IV - Les groupes de parole

Ils peuvent être de deux ordres : *a)* destinés aux usagers de l'institution (patients) : ce sont les groupes de réflexion que l'on rencontre dans de nombreuses institutions : PMI[1], CATTP, hôpitaux de jour, CMP, etc. Les paramètres du cadre qui les compose peuvent varier à l'infini : groupes ouverts ou fermés, à thème ou non, à fréquence plus ou moins régulière, etc. Citons un exemple : une PMI de la région parisienne a mis en place un groupe de réflexion où se rend tout parent dont un enfant est suivi à la PMI, et qui éprouve quelques difficultés ou se pose certaines questions concernant des problèmes d'éducation (apprentissage de la propreté par exemple) : ce groupe se réunit une fois par semaine, en temps et lieu établi de manière stable, et est animé par un pédopsychiatre, une puéricultrice, et une stagiaire psychologue, chacun des animateurs ayant un rôle particulier et défini à l'avance. Souvent, dans de tels groupes, le stagiaire a pour mission d'observer et de noter ce qui se passe : il est la mémoire du travail du groupe.

Ces groupes « de parole » ou de « réflexion » comportent un aspect thérapeutique (ou de prévention) au sens large du terme. Ils constituent une prise en charge plus légère qu'une aide individualisée, et quelquefois aident au mûrissement d'une demande d'accompagnement plus précise. Les étudiants tirent en général un grand profit de cette expérience.

b) Ils peuvent aussi être destinés aux professionnels d'un service ou d'une institution : il s'agit alors de groupes de réflexion sur la pratique (groupe dits « Balint »), dans un but de compréhension réciproque des points de vue et difficultés des uns et des autres : groupes de soignants, d'éducateurs, de personnels pratiquant l'aide au domicile de personnes âgées ou malades ou à l'autonomie restreinte.

Il y a beaucoup à faire dans le domaine de la « souffrance professionnelle », et ces groupes présentent en général un grand intérêt pour les stagiaires, leur permettant ainsi d'appréhender les points de vue et difficultés des différents intervenants.

1. Protection maternelle et infantile.

V - Réunions de synthèse

Tous les stagiaires participent en général à la réunion de synthèse souvent hebdomadaire de l'institution les recevant : il s'agit d'un moment clé dans la vie de l'établissement, qui leur donne une vue d'ensemble sur la vie institutionnelle du service qui les reçoit. Par ailleurs, c'est l'occasion pour le ou la stagiaire d'être présenté, et identifié par les membres de l'équipe comme faisant partie de l'encadrement.

VI - Autres activités possibles

Nous en énumérons ici quelques-unes, extrêmement formatrices pour les étudiants en stage, mais que nous ne pouvons développer, faute de place : ce sont :

- Les visites médiatisées ;
- L'observation et/ou intervention à domicile ;
- Les accompagnements thérapeutiques* ;
- La participation :
  - à des groupes à caractère thérapeutique (soutien scolaire en particulier) ;
  - à des consultations groupales* (ethnopsychologie, ethnopsychiatrie, thérapies familiales*) ;
  - à des recherches dans le domaine de la santé publique (sur la douleur par exemple, son identification et son traitement) ;
  - à des séances de psychodrame*, collectif ou individuel.

Nous évoquerons uniquement de manière brève une situation de « visite médiatisée », activité qui constitue une expérience très formatrice, mais également assez éprouvante pour un(e) étudiant(e) stagiaire.

Une jeune étudiante avait pour mission d'accompagner (être la personne médiatrice) les parents et enfants d'une famille pour leurs moments de rencontre institutionnalisés par les services de la PJJ. Il s'agissait des rencontres d'une durée de deux heures environ, entre la mère et les trois filles, placées en familles d'accueil, d'un couple dont le père était incarcéré suite à l'agression à caractère sexuel sur la personne de l'aînée des trois filles. Pour les deux plus jeunes, tout se passait à peu près convenablement. Par contre, la plus âgée, qui avait été la victime, et par laquelle « le scandale était arrivé », était en proie aux attaques constantes de cette mère qui la rendait responsable de la dislocation de la famille. La situation était difficilement supportable pour cette jeune stagiaire qui s'identifiait à la souffrance de cette adolescente, et avait beaucoup de mal à dépasser cette position pour en occuper une plus neutre et plus « accueillante » pour le fonctionnement de la mère et des deux autres fillettes, qui, elles, communiquaient de manière positive entre elles.

On imagine aisément que, dans une telle situation, il était indispensable que l'étudiante puisse trouver un cadre où élaborer ce qu'elle ressentait, y mettre des mots, pour symboliser au mieux les éléments de cette situation clinique, même si, sur le terrain, elle seule était présente physiquement pendant les rencontres. Son stage lui a semblé éprouvant au début, mais elle était extrêmement soutenue, épaulée, bénéficiant d'un étayage constant sous la forme de différents niveaux de supervision ; au terme de ses études, elle a souhaité continuer dans ce secteur de la PJJ[1], où finalement ce stage, et ceux qu'elle avait déjà accomplis auparavant, l'avaient formée de manière assez magistrale.

On peut, par contre, imaginer aussi que, sans cette qualité exceptionnelle d'étayage, une telle situation aurait pu prendre une dimension traumatogène, autant pour les membres de la famille, que pour l'encadrante. D'où l'importance capitale de l'encadrement sur le lieu de stage, afin que l'étudiant ne se trouve pas exposé de manière excessive à des situations dépassant ses capacités d'élaboration.

1. Protection judiciaire de la jeunesse.

De manière opposée, il arrive que l'étudiant stagiaire psychologue se sente parfois « réduit » à un rôle d'animateur, d'éducateur, d'aide-soignant. D'où l'utilité d'un dialogue constant avec les responsables du terrain qui, quelquefois, ne mesurent pas toujours les difficultés, questionnements, de leurs stagiaires, ni l'écart entre les attentes de ces derniers et la réalité du terrain, dans toutes ses composantes. N'oublions pas que nos collègues du terrain ne sont absolument pas rémunérés pour cette tâche supplémentaire, parfois très lourde, et qu'ils sont souvent simultanément aux prises avec de multiples autres missions. Il est donc toujours important de dialoguer, de clarifier les situations difficiles. Les travaux dirigés de supervision de stage en groupes restreints constituent par ailleurs un cadre où les choses peuvent être dites, élaborées, souvent dédramatisées, et certaines solutions éventuellement trouvées par le partage des questionnements entre les membres du petit groupe. Ce peut être, tout simplement, le conseil de demander un entretien à son référent, ou même, simplement, la reconnaissance par les autres que telle situation est effectivement délicate, et difficile à supporter, la possibilité de retrouver une identité qui était un peu fluctuante. « On peut, dans un service d'hôpital, pousser un balai ou passer une serpillière en ayant des yeux et des oreilles de psychologue », disait R. Zazzo, grand clinicien, aujourd'hui disparu. Je crois qu'il avait raison : il ne s'agit pas d'accepter n'importe quoi, mais de se dire que même les tâches qui ne sont pas celles traditionnelles d'un psychologue peuvent être accomplies avec « cette troisième oreille » qui est celle du clinicien.

En outre, le terme « les stagiaires psychologues » est un terme générique, qui recouvre des personnes tout à fait différentes quant à leur âge, leur niveau de formation, leur expérience clinique préalable, leurs aspirations... Être tuteur de stage est une tâche complexe, difficile, qui demande des qualités humaines indéniables, assorties d'une capacité à se décentrer, à accepter le regard extérieur de quelqu'un qui est là pour apprendre, certes, mais qui peut aussi juger les pratiques, mettre en question ce qui est établi. Cela requiert d'avoir acquis une sécurité interne suffisante quant à ses capacités professionnelles pour pouvoir accepter l'œil extérieur que représente le stagiaire, et les « vagues » que son arrivée peut provoquer, dans l'institution, et dans son propre psychisme. Je profite de l'occasion qui m'est donnée ici pour remercier chaleureusement tous les collègues psychologues qui acceptent de recevoir des étudiants des universités. Sans leur concours, ces derniers ne recevraient qu'une information théorique, et il leur manquerait cette dimension essentielle : le contact avec la réalité professionnelle. Être tuteur ou référent de stage est une tâche difficile qui requiert beaucoup de temps et d'énergie, et met à l'épreuve les capacités à remettre en question ses convictions personnelles et à accepter l'autre dans ses différences de fonctionnement. Elle exige par ailleurs un sens aigu des responsabilités, beaucoup de rigueur, mais aussi de la diplomatie, voire de l'humour. Merci à tous nos collègues du terrain de concourir à une formation de qualité des étudiants.

C - LE SUIVI DE STAGE À L'UNIVERSITÉ

I - Supervision sur le terrain de stage

Sur le terrain d'un stage obligatoire, c'est le référent qui supervise le travail du stagiaire. Pour les stages libres, il n'y a pas de règle générale puisque l'initiative revient à l'étudiant et que l'université n'offre qu'une garantie administrative. Il s'agit donc, dans ce dernier cas, d'une sorte de contrat entre l'étudiant et l'équipe de l'institution qui le reçoit. Les règles d'éthique et de déontologie auxquelles l'étudiant doit se soumettre de manière scrupuleuse sont cependant strictement les mêmes que celles pour les stages obligatoires, que nous abordons ci-dessous.

II - Supervision à l'université

Dans l'éventualité d'un stage obligatoire inclus dans un module, le suivi s'effectue, comme déjà mentionné plus haut, à l'université, sous forme de travaux dirigés hebdomadaires ou bimensuels en groupes restreints (15 étudiants max.) lorsque le budget de l'université le permet, et moins fréquents, lorsque les conditions matérielles ne permettent pas un tel confort. Les animateurs de ces groupes sont en général des enseignants de l'université, qui incluent ces groupes dans leur service d'enseignement, mais ont aussi (ou ont eu largement) l'expérience d'être eux-mêmes praticiens cliniciens en institution. Ainsi, ils offrent la double garantie de connaître le travail du terrain (certains accueillent d'ailleurs eux-mêmes des stagiaires dans leurs propres services), et d'être des « pédagogues de la transmission clinique ».

À quoi servent ces séances de travaux dirigés ? essentiellement à réguler les activités de l'étudiant sur le terrain. C'est là que réside toute l'importance de l'enseignement lié au stage : l'insertion dans un groupe restreint de supervision de stage constitue pour l'étudiant l'occasion de confronter son expérience à celle des autres, de dédramatiser certaines situations, d'y réfléchir, d'élaborer de nouvelles stratégies.

Il s'agit d'un enseignement non directif, où sont décrites, discutées, élaborées les expériences vécues par les uns et les autres sur les différents terrains de stages.

Ce cadre présente trois caractéristiques permettant aux étudiants de bénéficier d'une véritable supervision :

— *faiblesse* de l'effectif, mais aussi *constance* ;
— *souplesse* du fonctionnement (groupes ou la parole circule librement) associée à :
— *régularité et fréquence* des réunions (toutes les semaines, toute l'année).

En outre, les enseignants intervenant dans ces modules ont tous une longue pratique du terrain et de la formation personnelle. Cette expérience paraît indispensable pour que ce lieu soit un cadre capable de « contenir » véritablement les étudiants, se situant à l'interface de l'enseignement et de la formation clinique. Il arrive que des situations critiques, ou en passe de le devenir, soient évoquées, désamorcées, mieux comprises, voire redressées. C'est toute l'élaboration collective autour de ces situations qui constitue la formation des étudiants.

En début d'année universitaire, il s'agit plutôt, pour chaque étudiant, de confronter son début d'expérience à celle des autres, et de trouver progressivement sa place dans l'équipe où il est inséré. Le groupe intervient parfois pour rassurer, banaliser, désamorcer certaines situations qui risquent de devenir problématiques. C'est plutôt une sorte de régulation de la situation institutionnelle de l'étudiant.

Au fur et à mesure de l'avancement de l'année, les étudiants parlent davantage de leurs rapports avec les usagers de l'institution (les patients, les résidents) et de leurs différentes activités cliniques. Le travail s'inscrit dans la durée. Les activités sont déployées, l'emploi du temps devient stable sur le terrain ; le stagiaire fait partie intégrante de l'équipe.

Lorsque les paramètres d'une situation ne peuvent être suffisamment élaborés sur le terrain (temps pas toujours suffisant, difficulté spécifique du stagiaire peu évoquée ou peu prise en compte sur le terrain parce que parfois sous-estimée), le groupe de supervision peut alors pleinement jouer son rôle en accompagnant ce dernier dans l'élaboration des composantes émotionnelles, conscientes et inconscientes, de la situation, l'aidant ainsi à se protéger et à se décentrer par rapport à son ressenti personnel. En retour, son élaboration permet de questionner autrement l'institution, qui se trouve elle-même enrichie. Il s'agit donc d'un constant va-et-vient, d'un lien entre l'étudiant, son lieu de stage, et l'université, qui se « nourrissent » mutuellement tout au long de l'année. À la fin du stage, il s'agit plutôt d'accompagner l'étudiant dans sa gestion des séparations (de ses patients au sens large, de ses collègues du terrain, de l'institution elle-même). Il doit faire « le deuil » de son stage. Pour certains, c'est un mouvement relativement aisé à accomplir, pour d'autres, beaucoup moins.

Le groupe sert aussi de « sas » à ce moment de l'année.

D - LES RÈGLES D'ÉTHIQUE ET DE DÉONTOLOGIE INHÉRENTES À LA PROFESSION DE PSYCHOLOGUE CLINICIEN

La supervision de stage sert aussi, et c'est là peut-être un de ses principaux rôles, en coresponsabilité avec le tuteur du stage, à veiller à ce que l'étudiant respecte scrupuleusement les règles d'éthique et de déontologie inhérentes à la profession de psychologue clinicien (nous invitons le lecteur à se reporter au Code de déontologie de la profession). Veiller au respect du secret professionnel, au respect de l'intérêt des personnes, de l'anonymat, au respect de l'Autre, comme sujet d'intérêt et non objet de science ou de curiosité, respect de la vie privée, de la liberté.

L'exemple suivant nous semble éloquent : dans certains services, un grand nombre d'étudiants stagiaires assistent en même temps à des consultations dites « d'ethnopsychologie » ou « interculturelles ». Dans ces consultations, il y a un « thérapeute principal », des thérapeutes « adjoints » en quelque sorte, dont les stagiaires, et d'autres personnes du terrain (enseignant de l'enfant, assistante sociale de l'école, traducteur...) qui entourent la famille ou le patient. Parfois, certains étudiants se retrouvent placés – de fait – dans une position qu'ils ressentent quelque peu « voyeuriste », car ils ne sont pas vraiment préparés à être acteurs de la situation. Certains s'en accommodent très bien – trop bien, peut-être, et se complaisent un peu dans une sorte de fascination exotique, arguant qu'ils sont là « pour apprendre ». D'autres, peut-être plus matures, se sentent un peu en porte à faux par rapport aux patients qui viennent consulter, et considèrent que leur place n'est peut-être pas là, s'ils n'ont rien à apporter. Le thérapeute principal du terrain n'a pas toujours le temps d'expliquer aux étudiants l'importance du groupe pour ce type de consultation, de bien évaluer les positions des uns et des autres, et il se peut que certains patients, en miroir en quelque sorte, se sentent au final un peu « cobayes » de la situation. C'est aussi dans les groupes de supervision, à l'université, que ces éléments peuvent être évoqués, et que l'utilité de ces techniques peut être mieux explicitée et acceptée ensuite par l'étudiant(e).

Le Code de déontologie, et tous les arrêtés récents concernant la profession constituent le document de référence. Les étudiants doivent s'y reporter scrupuleusement tout au long de leur activité sur le terrain.

Au cours d'un stage, tout étudiant peut être amené à connaître des détails ou éléments de la vie des personnes qui consultent. Ces informations revêtent un caractère confidentiel et ne doivent être divulguées sous aucun prétexte. Sa position de stagiaire dans le service le lie, comme son référent et les autres membres de l'équipe, au « secret professionnel partagé » le plus strict. Ce secret s'étend également à tout document écrit, en particulier au compte rendu de stage comportant une éventuelle étude de cas. Il va de soi que tout élément, même anodin, permettant d'identifier le sujet doit être strictement proscrit, sous peine de poursuites. Il est demandé à tout étudiant en stage de se soumettre scrupuleusement aux règles d'éthique et de déontologie de la profession.

Extraits du Code de déontologie des psychologues :

I : Principes généraux
1 : Respect des droits de la personne

« Le psychologue réfère son exercice aux principes édictés par les législations nationale, européenne et internationale sur le respect des droits fondamentaux des personnes, et spécialement de leur dignité, de leur liberté et de leur protection. Il n'intervient qu'avec le consentement libre et éclairé des personnes concernées. Réciproquement, toute personne doit pouvoir s'adresser directement et librement à un psychologue. Le psychologue préserve la vie privée des personnes en garantissant le respect du secret professionnel, y compris entre collègues. Il respecte le principe fondamental que nul n'est tenu de révéler quoi que ce soit sur lui-même. »

II : L'exercice professionnel
1 : Le titre de psychologue et la définition de la profession
Article 9 :

« Avant toute intervention, le psychologue s'assure du consentement de ceux qui le consultent ou participent à une évaluation, une recherche ou une expertise. Il les informe des modalités, des objectifs et des limites de son intervention. Les avis du psychologue peuvent concerner des dossiers ou des situations qui lui sont rapportés, mais son évaluation ne peut porter que sur des personnes ou des situations qu'il a pu examiner lui-même. Dans toutes les situations d'évaluation, quel que soit le demandeur, le psychologue rappelle aux personnes concernées leur droit de demander une contre-évaluation. Dans les situations de recherche, il les informe de leur droit de s'en retirer à tout moment. »

E - LA FIN DU STAGE

Il est de bon usage, lorsque le stage est terminé, de remercier par écrit l'équipe d'accueil. Cette courtoise initiative aidera les prochains stagiaires à trouver, eux aussi, un terrain prêt à les accueillir quand ce sera leur tour. En effet, de l'attitude du ou de la stagiaire avant, pendant et après son stage dépendent les possibilités d'accueil futures. D'anciens lieux de stage deviennent parfois hermétiques après la maladresse, voire le comportement discourtois de certains étudiants ; d'autres, au contraire, choisissent de renouveler, voire d'élargir l'expérience lorsqu'ils l'ont trouvée particulièrement enrichissante et agréable.

Il reste encore, ensuite, au stagiaire, à écrire son rapport de stage afin de réfléchir sur son expérience.

La mise en écriture de l'expérience

A - OBJECTIF DU COMPTE RENDU DE STAGE

I - L'objectif

Fixer par écrit l'expérience vécue sur le terrain de stage. Cet exercice permet d'y réfléchir après coup et de clarifier sa pensée en élaborant une « représentation » de l'expérience qui restera par l'écriture.

II - Le rapport de stage

Il permet à l'enseignant, outre les séances de supervision de stage pendant l'année, de contrôler l'activité de l'étudiant.

Il peut éventuellement faire l'objet d'échanges lors d'une éventuelle soutenance à laquelle le référent est souvent invité. Il est d'usage d'en remettre un exemplaire, en fin de stage, à l'institution accueillante. Ce peut d'ailleurs être l'occasion d'échanges fructueux au cours d'une réunion de travail de l'équipe.

S'il est nécessaire aux enseignants pour leur permettre d'évaluer l'enseignement dans lequel le stage est intégré, le rapport de stage est aussi indispensable pour l'étudiant. Il lui permet, dans un premier temps, de mettre en écriture de manière immédiate l'expérience qu'il vient de vivre, c'est-à-dire d'en laisser de suite une trace qui servira de mémoire, en quelque sorte. Plus tard, il lui sera certainement utile de relire, dans un après-coup moins immédiat, ce qui a été sa perception juste après la fin de l'expérience. Et plus tard, dans un après-coup encore plus lointain, lorsque l'étudiant sera devenu éventuellement à son tour psychologue, il lui sera toujours utile et agréable de se pencher sur ce qu'il a écrit à propos de ses premières perceptions du métier, un peu comme on retrouve avec plaisir un journal de bord de son adolescence.

En cas de stage à l'initiative de l'étudiant, il nous semble important de ne pas hésiter à en rédiger un pour soi : réfléchir sur sa pratique, se remettre en question, constituent le fondement de la formation professionnelle du psychologue, de l'enseignant, du chercheur.

B - CONTENU ET FORME

I - La forme

Un rapport de stage n'est ni un journal de bord ni une monographie ni une plaquette consacrée à la description de l'institution accueillante.

Pendant le stage, il est intéressant de noter, au jour le jour, ses impressions sur le vif, et les activités auxquelles on s'est consacré. Cela constitue un aide-mémoire très utile d'une part, et d'autre part, permet une réflexion rétrospective d'un grand intérêt pour soi-même.

Cependant, un rapport de stage est un document structuré, aux objectifs précis énoncés auparavant, qui se doit d'être rédigé dans un langage clair, rigoureux, respectant les normes de présentation des travaux universitaires.

II - Le contenu

Il dépend des consignes données au départ, du niveau d'études de l'étudiant, du type de stage effectué.

** Pour un stage type, correspondant à un stage obligatoire d'immersion sur le terrain, il comprend en général trois chapitres :*

Après les remerciements d'usage aux personnes qui, à titres divers, ont apporté de l'aide ou accompagné l'étudiant dans sa démarche, une courte introduction, puis les parties traditionnelles :

1 / description du cadre institutionnel ;
2 / activités ;
3 / réflexions personnelles.

— La première partie comprend, si cela semble utile pour comprendre le fonctionnement actuel de l'institution, un court historique de l'établissement (ce qu'il était à l'origine, par qui, comment, et pourquoi il a été fondé) suivi d'une description du cadre dans toutes ses composantes : description et caractéristiques du service, du public concerné (usagers) et des encadrants, projet thérapeutique et/ou éducatif, activités dispensées dans l'institution, stratégies diverses des intervenants.

— La seconde partie décrit plus particulièrement les activités des psychologues de l'institution, du référent, les objectifs visés par l'étudiant stagiaire, et les activités qui en ont découlé.

— La troisième partie est la partie la plus « personnelle » du rapport de stage : elle est constituée des réflexions personnelles de l'étudiant sur les éléments transférentiels rencontrés, par exemple à l'occasion d'un suivi, d'une situation clinique précise, etc. Elle peut contenir une étude de cas, ou l'analyse d'une situation particulière, ou toute autre réflexion personnelle à propos d'un élément clinique. Cette partie comporte une critique personnelle et institutionnelle constructive.

Concernant la « critique » : il ne s'agit pas, bien sûr, d'attendre le rapport de stage pour écrire ce que l'on n'a pas pu dire, ou faire pendant le stage, mais de faire preuve d'un esprit critique envers soi-même et l'institution dans une réflexion amenant à une évolution positive, en prenant en considération l'ensemble des contraintes qui ont été repérées. Cette partie, si la réflexion est bien menée, doit être un outil de travail à la fois pour l'étudiant et pour l'institution.

Cet argument est d'ailleurs souvent avancé par les référents de stages : ils disent ou écrivent que l'expérience d'un(e) stagiaire est bénéfique, car elle permet un renouvellement du regard et la mise en chantier de nouvelles problématiques. Elle doit provoquer un enrichissement mutuel dans le respect du fonctionnement des uns et des autres.

Une brève conclusion précède ensuite la bibliographie.

• Dans le cas d'un stage, les annexes sont assez spécifiques :

— adresses des institutions utiles ;
— documents administratifs utiles (avec l'accord du référent) et Code de déontologie de la profession ;

— feuilles de protocoles de tests (ne pas les photocopier : ils sont protégés par la loi) en prenant soin d'effacer toute trace permettant d'identifier le sujet qui y a été soumis ;
— textes législatifs éventuels, etc.

Attention : les règles d'éthique et de déontologie évoquées plus haut trouvent ici leur application : tout détail sur les personnes (date de naissance, nom, adresse, prénom, etc.) devra être strictement proscrit ainsi que, d'une manière générale, toute information, jugement et autre élément pouvant porter atteinte à leur dignité ou leur vie privée. Les nouvelles lois sont très strictes en ce sens. Ne pas y obéir donne lieu à des poursuites.

• Lorsqu'il s'agit d'un travail de fin d'études en M2 par exemple, le rapport de stage s'apparente plus à un mémoire professionnel qu'à un simple rapport de stage. Outre les différentes parties évoquées plus haut, il comporte une théorisation sur un aspect clinique rencontré au cours du stage et mis à l'étude, dans un mouvement d'interrogation réciproque, de va-et-vient entre les éléments théoriques et l'expérience clinique.

• À titre d'exemple, voici un plan de « mémoire professionnel » d'une étudiante de M2 intitulé : *Les spécificités de l'intervention du psychologue au sein d'un placement familial socio-éducatif.*

Introduction

I. Le placement familial

1. Présentation
2. Population accueillie
3. Objectifs poursuivis

II. Mes activités en tant que stagiaire

1. Les visites médiatisées
2. Les entretiens avec la psychologue
3. Les réunions de synthèse

III. Les spécificités de l'intervention du psychologue dans un placement familial à caractère socio-éducatif

1. Le cadre des entretiens
2. Une démarche qui se veut systémique
3. Un travail en complémentarité avec le reste de l'équipe
4. La notion de tiers symbolique

IV. Préoccupations éthiques et déontologiques : le secret professionnel partagé

V. Auto-évaluation

VI. Conclusion

III - La présentation d'un travail universitaire

Rappelons-le : le rapport de stage, quelque soit le niveau de l'étudiant, est un travail universitaire. Il répond donc à des normes correspondant à la présentation de tels travaux.

Pour tout dossier, on doit donc trouver :

— une page de couverture avec :
  - l'appellation de l'université,
  - le niveau d'enseignement, module, et responsable pédagogique,
  - le titre du travail,
  - le nom de l'étudiant,
  - l'année universitaire ;
— une page de remerciements aux membres de l'institution ayant autorisé le déroulement du travail ;
— une page « sommaire » faisant apparaître plan et pagination ;
— pour le rapport de stage, il convient d'ajouter l'attestation du référent ou du responsable du service stipulant que l'étudiant a rempli ses obligations (assiduité, temps global en heures, etc.) assortie d'un rapport éventuel sur la description des activités de l'étudiant, la qualité du travail fourni, etc. Cette attestation doit être rédigée sur un papier à en tête de l'institution et comporter toutes les signatures et sceaux utiles qui valident le stage aux yeux de l'université. Il est d'ailleurs important que l'étudiant en garde précieusement une photocopie pour les dossiers de candidatures futures qu'il aura à fournir lors de son arrivée sur le marché du travail.

Nous voudrions, en conclusion, redire à quel point ces expériences que constituent les stages sont des moments importants, structurants, parfois difficiles, voire douloureux, mais toujours moteurs dans la formation professionnelle des étudiants en psychologie clinique et psychopathologie. Dire aussi quelques mots sur les rapports réels et souhaitables entre les universités et les institutions accueillantes.

L'idéal serait des rencontres régulières entre les deux instances. Lorsque cela est réalisable, les échanges sont d'un intérêt majeur, et très agréables et constructifs pour tous. Ils permettent un partenariat éclairé avec compréhension réciproque des points de vue et des objectifs.

Mais cet idéal est de plus en plus difficile à réaliser, car les étudiants sont de plus en plus nombreux et de plus en plus dispersés au niveau géographique. Dès lors, les échanges se trouvent réduits à quelques échanges épistolaires, ou circulent uniquement par la voie de la transmission des informations par les stagiaires. Situation frustrante pour tous. Un ou deux enseignants, déchargés de certaines tâches, devrai(en)t pouvoir consacrer du temps à ces rencontres et se déplacer sur les lieux de stages pour effectuer un réel travail de liaison.

En l'absence de ces possibilités de rencontres, ce sont les étudiants en stages qui font le lien entre l'université et les collègues du terrain : leur tâche est aussi de veiller à bien transmettre les informations importantes, pour préserver au mieux ces liens avec les institutions qui sont nos précieux partenaires pour leur formation.

LECTURES CONSEILLÉES

Castro, D. (2000). *Pratique du mémoire de recherche en psychologie,* Guides Psycho, L'Esprit du Temps, pp. 13-61.

Castro, D. et coll. (2000). *Les écrits en psychologie, rapports, expertises, bilans,* Guides Psycho, L'Esprit du Temps.

Mareau, C., Vanek-Dreyfus, A. (2004). *Les métiers de la psychologie,* Jeunes Éditions, Studyrama, 3e éd. : partie II : « Une grande diversité de métiers », p. 92. Partie IV : « L'entrée dans la vie professionnelle », pp. 165-182. Annexes : *Code de déontologie des psychologues,* pp. 184-192.

Mouras, M. J. (1997). Faire un stage, une étude, un dossier, in *Les méthodes en psychologie,* ouvrage collectif sous la direction d'A. Weil-Barais, éd. Bréal, coll. « Grand Amphi » : chap. 9, pp. 291-302 et 308-317 : partie A : « Effectuer un stage ».

Mouras, M. J. (2001) : « L'encadrement des mémoires de recherche en psychologie clinique : réflexions méthodologiques à partir de travaux effectués dans le champ de la périnatalité », *Revue de psychologie clinique et projective,* vol. 7, 2001, article hors thème, pp. 221-227 : « Méthodes de recueil des données : questions relatives à l'éthique et la déontologie ».

11 la profession de psychologue clinicien

PAR SILKE SCHAUDER

Afin de rendre compte de la complexité de la pratique, nous aborderons la profession du psychologue clinicien sous cinq aspects. Successivement, nous nous intéresserons aux éléments de construction de l'identité professionnelle, aux compétences institutionnelles du psychologue, à la réflexion sur ses méthodes, à l'articulation entre elles de la pratique professionnelle, de l'éthique et de la déontologie et, enfin, aux différents moyens d'actualisation des connaissances en psychologie. Le chapitre sera illustré par trois vignettes explicitant plus en avant les problèmes spécifiques auxquels le psychologue clinicien est confronté dans l'exercice de sa profession. Ces mises en situation visent à stimuler, à l'aide d'exemples précis, la réflexion sur des problèmes de terrain concrets. En conclusion, des conseils de documentation seront regroupés, permettant d'approfondir les différents points exposés.

A - LES ÉLÉMENTS DE CONSTRUCTION DE L'IDENTITÉ PROFESSIONNELLE

Voyons d'abord quels textes ministériels ont participé à la construction de l'identité professionnelle. Dans un bref rappel historique, il convient de mentionner ces textes qui fondent et définissent la profession du psychologue dont la loi n° 85-772 du 25 juillet 1985. En protégeant l'usage du titre qui est soumis à l'obtention d'un Master 2 professionnel[1], cette loi a offert un ancrage officiel à l'identité professionnelle du psychologue et à son action[2]. Différents textes clarifient de manière plus spécifique les

1. Avant la réforme LMD, ce diplôme était dénommé DESS, validant l'acquisition des savoirs professionnels de base tels que le diagnostic, le bilan et la conduite de l'entretien clinique.
2. Voir, pour une discussion plus ample E. Garcin (1997). Le statut du psychologue, in D. Fua (dir., 1997), *Le métier de psychologue clinicien*, Paris, Nathan, p. 175-183.

missions du psychologue dont l'exercice peut dépendre, entre autres, de la fonction territoriale (cf. le décret n° 92-853 du 28 août 1992) ou de la fonction hospitalière (circulaire DH/8D/85 du 24 mai 1985, décret n° 91-129 du 31 janvier 1991 et loi du 31 juillet 1991 n° 91-748)[1]. Selon le rapport de synthèse élaboré par Camus (2002) pour le Syndicat national des psychologues, 30 000 psychologues ont été recensés, tous lieux d'exercice confondus. En quoi leurs pratiques consistent-elles ?

De nombreux auteurs ont contribué à formaliser les attributions du psychologue, à définir ses missions et à délimiter son champ d'intervention par rapport à celui des autres professionnels du soin (Guillec, 1992 et 2001 ; Touati, 1993 ; Cohen et Rieu (dir., 2e éd., 1994) ; Reuchlin et Huteau (1997) ; Reuchlin, 1998). Dans son ouvrage *Le métier de psychologue clinicien*, Fua (dir., 1997 et 2002) propose une réflexion sur les différents champs d'exercice du psychologue dont la chirurgie, la victimologie et l'ASE (Aide sociale à l'enfance). Perron (dir., 1997) réunit dans *La pratique de la psychologie clinique* des contributions ouvrant au débat sur l'exercice professionnel du psychologue, l'utilisation des tests, la formation initiale et continue et l'application constante de la déontologie sur le terrain. Régulièrement remis à jour et édité par le *Journal des psychologues*, *L'Annuaire-Guide de la psychologie* (Duval et Estivill, dir., 6e éd., 1998) regroupe, quant à lui, un vaste panorama des domaines professionnels où intervient le psychologue, un guide des universités et des formations, ainsi qu'un annuaire de la psychologie comprenant, entre autres, les adresses des revues et éditeurs spécialisés en Sciences humaines. Ghiglione (1998), dans *Les métiers de la psychologie*, fait le point sur les aspects historiques de la psychologie pour présenter ensuite la psychologie du travail, la psychologie scolaire, la formation et l'orientation. Enfin, soulignons le travail de longue haleine mené par le SNP (Syndicat national des psychologues) pour préciser les missions du psychologue en vue de constituer des fiches métier pouvant servir de référence aux praticiens. Ainsi, le SNP (2004) rappelle « les savoir-faire requis du métier du psychologue (qui) sont :

- construire le dispositif le plus adapté pour répondre aux problèmes à résoudre ;
- observer, écouter, analyser la situation, le discours des personnes rencontrées ;
- mettre en forme et transmettre ses hypothèses de travail, son savoir professionnel ;
- situer son activité dans celle de l'établissement ;
- conduire, animer des groupes ;
- rédiger des notes cliniques, un rapport d'activité »[2].

Actuellement, l'amendement Accoyer-Mattei-Dubernard concernant l'article 18 *quater* de la loi de santé publique et le débat sur la protection du titre de psychothérapeute modifient à nouveau le paysage de l'exercice professionnel du psychologue. Soulignons que celui-ci comprend notamment l'examen psychologique, le bilan à l'aide d'outils évaluatifs et la psychothérapie[3].

1. Notons que le psychologue clinicien peut consulter, de manière ciblée et en fonction de ses besoins spécifiques, les textes ministériels (lois, décrets, circulaires) sur www.legifrance.gouv.fr et sur www.sante.gouv.fr en vue de disposer des informations les plus récentes sur ses missions et l'organisation des soins.
2. SNP (J. Maillard), Collège des psychologues du CHRU de Strasbourg (2004). Fiche métier 3 : Psychologue, in Psychologues et psychologies, *Bulletin du SNP*, n° 173, 2004, p. 56.
3. Pour s'informer sur le débat au sein de la profession, voir par exemple les sites www.snppsy.org, www.forum.psy.org, www.spp.assp.fr, www.psychologue.fr et www.freud-lacan.com.

En résumé, l'identité du psychologue clinicien fait l'objet de nombreux débats. Compte tenu de la diversité des lieux d'exercice, comment intégrer dans la réflexion les nouveaux types de situations cliniques auxquels le psychologue clinicien est confronté ? La vignette suivante tente d'apporter des éléments de réponse à l'aide d'un exemple pratique.

Vignette n° 1 : *L'engagement professionnel sur le terrain*

M. B..., un psychologue clinicien nouvellement diplômé d'un Master 2 professionnel *Psychologie clinique, Psychopathologie et Psychothérapies*[1], se destine à travailler dans un CSST (Centre spécialisé de soins aux toxicomanes). Comment va-t-il pouvoir concrétiser son projet professionnel ?

Situons d'abord la structure dans laquelle l'intervention future de M. B... va s'inscrire. Il existe 263 CSST en France, leur mission consistant à assurer, en ambulatoire, une prise en charge médico-sociale et une prise en charge sociale et éducative (aide à la réinsertion) des sujets toxicomanes. Une équipe pluridisciplinaire composée de médecins, d'éducateurs, d'infirmiers, d'assistantes sociales et de psychologues est chargée de favoriser la réinsertion des sujets toxicomanes et de veiller à la mise en place et au maintien de leur abstinence.

De manière globale, la mission du psychologue clinicien s'organise autour de trois axes lesquels sont :

- les interventions sur le plan clinique (auprès des usagers et éventuellement auprès de la famille) ;
- les interventions sur le plan institutionnel (auprès de l'équipe du CSST et auprès d'autres institutions avec lesquelles le CSST travaille en réseau)[2] ;
- le temps FIR (Formation, Information, Recherche)[3].

La fonction clinique auprès des usagers

Généralement, la fonction clinique englobe l'évaluation, l'examen psychologique à visée de diagnostic et la psychothérapie. La mission auprès des usagers d'un CSST a ceci de particulier qu'elle est avant tout préventive et s'inscrit dans un contexte *a priori* non psychopathologique. La principale difficulté qui en découle pour le psychologue clinicien est de se faire accepter au sein d'une structure qui n'est pas initialement vouée à la psychologie. Comment construire, comment proposer des interventions recevables par les usagers sans provoquer une levée de bouclier face au psychologue dont l'image peut encore être associée à la prise en charge exclusive des « fous » ? M. B... s'attachera à préparer, en amont, des rencontres de type informel, à faible seuil d'exigence et dans

1. C'est la formation universitaire de haut niveau (Bac + 5) qui permet d'user du titre de psychologue.
2. Cf. C. Antoine et N. Duriez (2004), *Le psychologue clinicien et les addictions*. Fig. 4.1 – Organigramme du dispositif sociosanitaire spécialisé, in Schauder (dir., 2004), *Pratiquer la psychologie clinique aujourd'hui*, Paris, Dunod, p. 175.
3. Le temps FIR relève de la fonction publique, le temps DIRES du secteur régi par des conventions collectives.

un cadre relativement « ouvert », qui permettra aux anciens toxicomanes de franchir le pas. Il lui faut tenir compte du fait qu'ils viennent au CSST surtout dans un but médical (faire surveiller par ex. leur traitement de substitution – *Subutex* ou *Méthadone*) ou social (obtenir un séjour pour résoudre leur problème de logement et de précarité). Le psychologue aménagera un espace d'accueil qui favorisera les rencontres informelles. Par ailleurs, il réfléchira avec l'équipe sur les indications et les modalités pour orienter les usagers nécessitant une prise en charge plus approfondie et individualisée, vers un cadre plus « fermé ». Une des difficultés consistant à aménager le cadre psychothérapeutique en cas d'injonction des soins, pour que le sujet toxicomane puisse, dans un deuxième temps, s'approprier la demande et accéder aux soins en son nom propre.

Par une brochure d'information, des affiches ou des dépliants, l'institution sensibilisera les usagers aux services de type psychologique qui leur sont offertes et organisera, par exemple, un après-midi d'information et de rencontre. Ces rencontres seront destinées à offrir des partages d'expériences socialisantes et à renforcer la nouvelle identité des anciens toxicomanes désireux de maintenir leur abstinence. Par ailleurs, ces rencontres auront une fonction contenante, favorisé par le soutien du groupe et l'étayage réciproque que les usagers peuvent s'apporter. Les échanges en groupe pourront contribuer :

- à réduire le sentiment d'isolement dont se plaignent fréquemment les anciens toxicomanes, coupés du réseau de consommation de drogues qui auparavant leur assurait une identité sociale ;
- à les inscrire dans un nouveau groupe d'appartenance ;
- à stimuler de nouvelles capacités sociales. Ces groupes seront propices à l'échange de leur vécu d'ancien toxicomane et à l'émulation, par l'effet narcissisant du groupe, de la capacité à rester abstinent, etc. Le rôle du psychologue sera essentiellement de contenir ces échanges et d'en favoriser le déroulement.

M. B... sera conscient du fait que les anciens toxicomanes, en cours de sevrage, sont très fragilisés. Leur état est induit, entre autres, par la perte de l'objet « drogue » et les réaménagements identificatoires que leur nouvelle situation provoque. Le psychologue les rencontre dans un moment de vulnérabilité et de mobilité psychique extrême. Il s'agit d'un temps sensible, qui peut permettre soit la sortie, soit l'installation dans un fonctionnement pathologique durable. Par conséquent, le praticien doit être attentif au transfert* de ses patients et repérer les anciens toxicomanes en difficultés, lesquelles peuvent prendre la forme de somatisations, de troubles du sommeil et de l'alimentation, de dépressions suite à l'objet « drogue » perdu, de retards ou d'absence aux rendez-vous, d'attaques du cadre, etc.

En fonction des situations, M. B... assurera, en concertation avec l'assistante sociale et l'équipe pluridisciplinaire, l'orientation des sujets vers des structures qui travaillent en réseau avec le CSST (appartements thérapeutiques, foyers, établissement de postcure, séjours de rupture, etc.). Par ailleurs, il évaluera la nécessité d'une prise en charge psychothérapeutique en ville et cherchera à jouer pleinement son rôle d'intermédiaire dans la chaîne des soins allant de la prévention des troubles à leur traitement. Enfin, il inscrira l'ensemble de son action dans le Code de déontologie des psychologues (1996) qui sous-tend constamment sa pratique et sa réflexion.

La fonction institutionnelle

Celle-ci comporte deux versants, intra- et interinstitutionnels :

La fonction intra-institutionnelle. Afin de faire connaissance avec la structure dans laquelle M. B... sera amené à intervenir, il s'informera auprès des différents intervenants de son histoire. Par ailleurs, il se documentera en demandant le profil de son poste, le projet d'établissement, la lettre de mission du directeur, le rapport annuel d'activité et les brochures d'information provenant des autres acteurs du réseau. Dans les réunions institutionnelles, il mènera avec ses collègues une réflexion sur la répartition et la gestion des tâches, sur la qualité de l'accueil des anciens toxicomanes, sur le partage des informations, sur la mise en commun des pratiques, sur la manière de consigner les actions menées, etc. Il s'intéressera surtout à la manière dont circule l'information tant externe qu'interne et proposera, le cas échéant, des modifications de sa gestion – car le manque, la déperdition, le surcroît ou la mauvaise qualité de l'information sont parmi les causes majeures des « ratés » institutionnels. Il proposera son soutien à l'équipe dans l'exécution de ses missions souvent difficiles. Il leur proposera d'élaborer sur la souffrance à laquelle l'équipe peut être exposée auprès des usagers dont les rechutes fréquentes et le non-respect des règles peuvent attaquer gravement l'idéal professionnel des soignants. Afin d'optimiser le fonctionnement de l'équipe, il l'aidera à élaborer la souffrance provoquée par la confrontation avec la problématique toxicomane, les traitements de substitution et les conflits institutionnels qui peuvent entraver les prises en charge et en compromettre l'efficacité à moyen et à long terme. Conscient du fait qu'il est impossible d'être juge et partie à la fois – c'est-à-dire de dénouer des situations institutionnelles dans lesquelles M. B... est lui-même impliqué – il sensibilisera la direction et l'équipe à l'intérêt d'une supervision assuré par un professionnel externe[1].

La fonction interinstitutionnelle. M. B..., en concertation avec l'assistante sociale, se constituera un carnet d'adresses professionnelles comprenant les institutions avec lesquelles il sera amené à travailler en réseau, à savoir, en amont du CSST, les Points Écoute, des services hospitaliers organisant des sevrages et, en aval, des dispensaires, des associations de réinsertion, les responsables des appartements thérapeutiques, l'ANPE (Agence nationale pour l'emploi), les médecins et psychologues exerçant en cabinet, etc. Il se fera connaître dans ces différents contextes professionnels, s'informera sur l'existence des réunions intra-institutionnelles et réfléchira à de nouveaux modes de collaboration avec ses collègues. Il se présentera notamment à ses homologues dans les différentes structures concernées et tentera de les mobiliser pour mettre leurs connaissances et savoir-faire en commun. Il pourra également intervenir, à titre de formateur, auprès d'autres professionnels en donnant, par exemple, des cours sur les conduites addictives aux infirmiers ou travailleurs sociaux.

Le temps FIR

Dans son tiers temps consacré à la formation, la recherche et l'information, M. B... se constituera une documentation spécialisée qui prolonge et complète les réfé-

1. Ainsi, il importe notamment de veiller à la compatibilité des missions (cf. *Code de déontologie des psychologues*, 1996).

rences accumulées lors de ses études. Il s'informera sur la tenue de colloques et de journées d'études portant sur son champ professionnel spécifique. Il recensera des revues spécialisées et les textes et circulaires ministériels traitant de la toxicomanie. Il cherchera à bénéficier d'une supervision par un clinicien expérimenté et à s'affilier à un groupe professionnel de son choix permettant de lutter contre le *burn out** et l'isolement professionnel. Il prolongera sa formation universitaire par une formation continue lui permettant de renouveler et de diversifier ses acquis. L'inscription dans un Diplôme universitaire, par exemple en Addictologie, ou un travail de recherche de type Master Recherche ou Thèse pourront également dynamiser sa pratique.

B - LA CONNAISSANCE INSTITUTIONNELLE

Sur le terrain, nous assistons actuellement à une diversification de la demande, à une multiplication des institutions et à une ramification toujours plus complexe des systèmes de soins publics, conventionné, associatif et privé. De ce fait, la pratique professionnelle du psychologue clinicien est caractérisée par une très grande variété rendant nécessairement incomplète la présentation de ses différents environnements professionnels. Toutefois, plusieurs repères existent. George et Tourne (1994) présentent dans *Le secteur psychiatrique* l'organisation de la santé mentale en France et donnent des éléments de compréhension concernant les différentes institutions et modalités de soins existantes. Samacher (1995) détaille le secteur de la santé et offre un panorama intéressant des institutions au sein desquelles travaille le psychologue clinicien. Cet auteur divise les lieux d'exercice en six grands groupes lesquels sont constitués de la fonction publique hospitalière, de la fonction publique territoriale, de la fonction publique État, du secteur privé ou conventionné, de la pratique libérale, et, enfin, des nouveaux lieux d'exercice, en émergence, dont les maisons vertes ou le travail *in situ* auprès de populations extrêmement marginalisées (cf. tableau I. Les secteurs de la psychologie clinique). Schauder (dir., 2004 ; 2006 *a* et *b*), quant à elle, décrit dans *Pratiquer la psychologie clinique aujourd'hui*[1] 20 situations de terrain y compris le travail du psychologue clinicien à l'ASE, en maternité, à l'hôpital général, en libéral et en soins palliatifs.

Tableau I. — *Les secteurs de la psychologie clinique* (d'après Samacher, 1995)

A. Secteur public

I. Fonction publique hospitalière

1.1. Centres hospitaliers spécialisés en secteurs psychiatriques

Hôpitaux de jour
Foyers
Appartements thérapeutiques

1. Le tome 1 étant consacré au travail du psychologue clinicien auprès d'enfants et adolescents, le tome 2 à celui auprès des adultes et personnes âgées.

Centres de crise
Centres d'activité thérapeutique à temps partiel

1.2. Hôpitaux généraux et CHU

Service de psychiatrie
Service de pédiatrie
Service de maternité
Service de chirurgie
Service de gériatrie, de gérontologie, maison de retraite
Service d'alcoologie et plus généralement de toxicomanie

II. La fonction publique territoriale

2.1. Aide sociale à l'enfance

Agences
Pouponnières
Foyers
Maisons et hôtels maternels

2.2. Protection maternelle infantile (PMI)

Dispensaires de consultations pédiatriques
Centres spécialisés d'action médico-sociale précoce
Crèches

III. Fonction publique d'État

3.1. Justice

Protection judiciaire de la jeunesse (PJJ)
Milieu carcéral, expertise, psychologie légale

3.2. Ministère du travail, COTOREP

B. Secteur privé et secteur conventionné

4.1. Externats et internats médico-pédagogiques et professionnels (EMP, IMP, EMPro, IMPro) prenant en charge des enfants et des adolescents, catégorisés par types de troubles et/ou handicaps

4.2. Centres d'aide par le travail accueillant des adultes (plus de 20 ans) pour fournir un travail assisté

4.3. Centres médico-psychopédagogiques (CMPP) accueillant des enfants et des adolescents dans le cadre de consultations ambulatoires

C. Pratique libérale

Cabinet créé par un psychologue pour l'exercice libéral de la thérapie

D. Divers et en émergence

« Boutique verte » de F. Dolto pour la petite enfance
Aides « thérapeutiques » aux chômeurs, aux sidéens, aux malades atteints de maladies graves, aux post-traumatiques, aux mourants.

Concernant une analyse fine de l'environnement professionnel, les avancées théoriques de la psychopathologie institutionnelle sont d'un recours précieux (Kaës *et al.*, 1996 ; Fustier, 1999). Aussi Navelet et Guérin-Carnelle (1998) apportent-elles dans *Psychologues aux risques de l'institution – les enjeux d'un métier* des éléments de réflexion fondamentaux pour mieux situer la pratique du psychologue dans le contexte social, afin de sensibiliser les professionnels aux dysfonctionnements institutionnels. Les auteures invitent à inscrire la pratique professionnelle dans le champ de la déontologie pour faire respecter les fondements et les limites de l'intervention du psychologue clinicien. À partir d'une analyse concrète des problèmes de terrain, elles préconisent de construire un cadre de travail solide, de mettre en place des relations sûres avec l'extérieur et d'élaborer et de débattre des méthodes professionnelles de chacun[1]. Savoir analyser les trajets institutionnels, anticiper sur les circuits de soins des usagers, articuler son action à celle des autres acteurs du soin, en un mot, connaître son environnement professionnel s'avère essentiel pour le psychologue clinicien. La vignette suivante en propose une illustration concrète.

Vignette n° 2 : *La construction de l'intervention institutionnelle*

Revenons à M. B..., qui est candidat à un poste de psychologue clinicien dans un CSST (Centre spécialisé de soins aux toxicomanes). Voici les questions qu'il se pose pour élaborer plus en avant son projet professionnel et de construire son intervention sur le plan institutionnel et clinique :

- *Comment fonctionne l'institution ?*

Afin de répondre à cette question, l'organigramme est, dans un premier temps, un moyen d'information intéressant en ce qu'il permet de visualiser et de spatialiser l'organisation de l'institution en question. Qui finance les soins ? Auprès de quels organismes de tutelle le CSST doit-il rendre compte de ses actes ? Son organisation est-elle pyramidale ? Le style de management est-il autoritaire, démocratique, participatif ? L'institution reproduit-elle un modèle familial – virtuellement pathologique – avec un père plus ou moins absent et une mère plus ou moins toute-puissante ?

M. B... étudiera la manière dont circule l'information au sein de l'institution et à l'extérieur. Y a-t-il par exemple des réunions interinstitutionnelles qui permettent la mise en commun des représentations que l'institution a construites de ses patients et des soins qu'elle leur a prodigués ? De même, M. B... s'intéressera aux liens au sein du CSST. Quelles réunions sont organisées et avec quel objectif ? Les réunions induisent-elles des clivages* au sein de l'équipe ou participent-elles à fédérer l'équipe autour d'un objectif commun ? Une réunion de type supervision permet-elle aux soignants d'élaborer leurs mouvements contre-transférentiels* vis-à-vis des patients ?

- *Quel est le champ de compétences de chaque intervenant de l'équipe ?*

M. B... cherchera à connaître le projet de service. Les compétences de chaque membre de l'équipe sont-elles clairement délimitées ? Y a-t-il une réponse claire à la fameuse question : *Qui fait quoi, quand, comment et pourquoi ?* Ou règne-t-il une confusion – latente ou manifeste – qui induit des dysfonctionnements tant au sein de l'équipe qu'auprès des usagers ? Si oui, quels en sont les bénéfices secondaires et pour qui ?

1. C'est le fameux « Qui fait quoi ? » qui devait être complété, dans le contexte du soin, par la question du « Comment, pourquoi, où et quand » ?

• ***Quel est le circuit des usagers ?***

Afin de pouvoir situer sa propre intervention, M. B... cherchera à savoir comment les patients/usagers sont admis au CSST. Qui décide de leur admission ? Qui les accueille en premier ? Y a-t-il un protocole d'admission ? Si oui, quel dispositif de soin ce protocole contribue-t-il à créer ? Quel type d'information le service diffuse-t-il, par exemple sous forme de livret d'accueil, auprès des usagers et auprès de l'équipe ? En un mot, comment le service définit-il son identité ?

Aussi, il lui importe de savoir qui décide de la prise en charge psychologique et à partir de quels critères. À quel moment les patients sont-ils orientés vers le psychologue ou vers d'autres structures ? Enfin, quel type d'information est transmis par l'institution aux partenaires du réseau ?

• ***Quelles sont les fonctions et missions du psychologue ?***

M. B... veillera tout particulièrement à la définition de ses missions auprès des usagers. Y a-t-il une feuille de poste le concernant ? Ses missions sont-elles connues à la fois par les membres de l'équipe et par les usagers ? Comment le psychologue va-t-il participer à la vie institutionnelle ? Il clarifiera ses missions au niveau intra- et interinstitutionnel et rendra explicite le contenu de son tiers temps FIR (Formation, Information, Recherche).

• ***Quelle place le psychologue occupe-t-il dans l'institution ?***[1]

M. B... devra, en analysant sa future implication dans l'institution, être à même d'identifier les enjeux latents et manifestes des conflits institutionnels. En utilisant son statut privilégié de nouvel arrivé, à la fois en dedans et en dehors de l'institution, il s'efforcera de comprendre sa propre participation au fonctionnement institutionnel lequel conditionnera pour une bonne partie la qualité de ses prises en charge. En prenant le recul nécessaire, il essayera d'être conscient des alliances et clivages institutionnels qui ont préexisté à sa venue. Ainsi, la place du psychologue n'est-elle jamais vide – même en cas de création de poste et, *a fortiori*, quand M. B... succédera à un psychologue qui est parti. Il lui importe alors de s'intéresser aux raisons de départ de son collègue. Un conflit institutionnel s'est-il « soldé » par la rupture ? Son collègue faisait-il l'objet de projections haineuses ou d'une idéalisation* passéiste par l'équipe en place ? En vue d'une continuité des soins, il serait souhaitable que M. B... puisse prendre contact avec son prédécesseur pour pouvoir organiser une réelle « passation de pouvoir ». Depuis les travaux essentiels de Kaës *et al.* (1996), nous savons à quel point il est nécessaire de s'intéresser au passé de l'institution, lequel a un impact non négligeable sur le fonctionnement institutionnel. Mais pour le psychologue qui arrive sur les lieux, il peut être tout aussi important de s'intéresser plus en détail à ses prédécesseurs : comment le psychologue précédent travaillait-il ? Quelles résistances son travail a-t-il pu rencontrer ? Qu'a-t-il pu mettre en place,

1. Cette place n'a rien de statique – elle est bien entendu fonction de la manière dont le psychologue saura se l'approprier, la négocier, la défendre, l'habiter...

qu'est-ce qui a échoué ? Quels « nœuds » a-t-il défaits ou noués ? L'opinion qu'avaient les soignants de son prédécesseur participera à la façon dont le nouveau psychologue sera lui-même perçu et accueilli. Ces éléments ne peuvent être négligés, tant pour comprendre le fonctionnement et les enjeux institutionnels, que pour s'intégrer, en s'appropriant l'histoire institutionnelle. Enfin, sachant que la confrontation quotidienne avec la souffrance mobilise des affects forts, le psychologue réfléchira sur les moyens de maintenir vivante, à moyen et long terme, sa capacité de soigner notamment à travers la sublimation (Ionescu *et al.,* 1997). Aussi la supervision de sa pratique par un pair expérimenté et l'engagement dans une formation continue lui permettra de prévenir l'enlisement de sa pratique dans la routine potentiellement mortifère.

C - LA RÉFLEXION SUR LES MÉTHODES DU PSYCHOLOGUE CLINICIEN

Une connaissance précise des méthodes et savoirs scientifiques de base est un préalable à toute activité en psychologie clinique. Pouvoir choisir et justifier ses méthodes, indiquer tel ou tel outil évaluatif pour apprécier finement la nature d'une situation clinique, débattre des apports et des limites d'un outil sont autant d'éléments de la démarche professionnelle du psychologue. Parmi les méthodes, citons l'entretien clinique dont l'entretien à visée diagnostique, l'entretien d'exploration, l'entretien de soutien, l'entretien à but thérapeutique, et les tests évaluatifs.

Concernant la pratique de l'entretien, citons les apports fondamentaux de Chiland (dir., 1983) qui dans un ouvrage collectif, *L'entretien clinique,* pose l'intérêt, les enjeux et les difficultés de cet outil. Poussin, dans *La pratique de l'entretien clinique* (1992, 3e éd., 2003) répertorie les caractéristiques générales de l'entretien clinique, ses principales difficultés et son adaptation auprès de populations spécifiques (enfants, familles, personnes âgées). Jacobi (1995) pointe, dans *Cent mots pour l'entretien clinique* les phénomènes clés de l'entretien dont *attente, demande* et *oubli.* Perron (dir., 1997), dans *La pratique de la psychologie clinique* engage les praticiens à élaborer une réflexion sur l'usage du référentiel psychanalytique. Gilliéron (1997), dans *Le premier entretien en psychothérapie* étudie plus en détail le moment fondateur du premier entretien. Cyssau (dir., 1998, 2e éd., 2003), quant à elle, étudie dans *L'entretien en clinique* les entretiens d'investigation et les entretiens à visée thérapeutique tout en en différenciant leurs référentiels théoriques. L'ensemble des auteurs attire l'attention sur la nécessité première de prendre conscience, grâce à l'élaboration *in situ,* à la supervision et à l'analyse de la pratique, de l'impact du référentiel théorique choisi et des enjeux contre-transférentiels que comporte l'entretien. La capacité à discerner son implication personnelle dans la prise en charge d'autrui sera tributaire en grande partie de la qualité du travail psychothérapeutique personnel que le psychologue clinicien aura effectué auprès d'un pair expérimenté[1].

1. Pour la discussion de ce point essentiel, voir A. Boyer, Formation et postformation, in Perron (dir., 1997, *op. cit.*), pp. 239-260.

Concernant l'utilisation raisonnée des outils évaluatifs, celle-ci apparaît comme un des domaines réservés et spécifiques de l'intervention du psychologue clinicien lequel doit se positionner par rapport aux bénéfices et risques d'une approche quantificative. Sa démarche s'inscrit alors dans une perspective d'objectivation des dimensions de la personnalité et de recherche d'expertise du diagnostic. Toutefois, l'approche psychométrique n'a de sens que si elle resitue, dans leur contexte de production, les réponses du sujet. Le psychologue ne peut s'en tenir aux seuls résultats chiffrés des tests lesquels devront nécessairement être intégrés dans une réflexion clinique plus globale. Comme dans tous les autres domaines de sa pratique, son positionnement éthique sera fondamental. L'utilisation des outils psychométriques sera nécessairement étayée et encadrée par le *Code de déontologie des psychologues* (1996)[1]. De même, avant tout choix d'outil dont l'indication devra être posée avec discernement, le psychologue analysera finement la nature de la demande d'évaluation[2]. Qui demande l'évaluation ? Pour quoi faire ? La passation de tel ou tel test ne saurait avoir lieu de manière automatique, mais devra s'intégrer dans un projet de prise en charge élaboré et adapté au plus près des besoins du sujet et des professionnels responsables du suivi.

D - L'ARTICULATION DE LA PRATIQUE À L'ÉTHIQUE ET À LA DÉONTOLOGIE

Dans un contexte professionnel et sociétal en pleine mutation, il est fondamental pour le psychologue clinicien de référer sa pratique au *Code de déontologie des psychologues* (1996). Ce Code a été signé conjointement, le 22 juin 1996, par la SFP (Société française de psychologie), l'ANOP (Association nationale des organisations des psychologues) et l'AEPU (Association des enseignants en psychologie des universités). Aussi, compte tenu de la complexité des situations professionnelles et de son implication nécessairement subjective, le psychologue clinicien se doit-il de fonder sa démarche sur l'éthique qui l'engage pleinement auprès des patients.

Plusieurs publications récentes ont jalonné la réflexion dans ce domaine spécifique dont Bourguignon (1997, 2003, 2005) qui pose les questions fondamentales que soulèvent la pratique et la recherche en psychologie clinique. Par ailleurs, le n° 445 du *Bulletin de psychologie* (2000) a été consacré sous sa direction à *L'éthique en psychologie et à la déontologie des psychologues*, regroupant des réflexions sur la déontologie dans la pratique clinique, dans la recherche, dans l'enseignement et en milieu scolaire et juridique. À travers une étude juridique rigoureuse, Durmarque (2001, 2003) examine les contradictions du statut du psychologue qui en fragilisent la pratique. En donnant des références tangibles et concrètes pour l'exercice professionnel, Castro et Santiago-Delefosse (dir., 2001), quant à elles, débattent dans un ouvrage collectif des *Pratiques déontologiques en psychologie*. Enfin, signalons, toujours dans le but d'articuler la pratique aux principes de

1. Se reporter aux annexes qui reproduisent le *Code de déontologie des psychologues* (1996), *in extenso*.
2. Cf. A. Sanzana, Méthodes et techniques, in Perron (dir., 1997, *op. cit.*), pp. 119-154.

déontologie, le travail extrêmement utile de la CNCDP (Commission nationale consultative de déontologie des psychologues). Celle-ci a été créée en 1997 par la CIR (Commission interorganisationnelle représentative) pour émettre des avis sur les problèmes déontologiques présentés par les usagers, les psychologues ou les institutions[1]. Ses avis sont consultables sur le site officiel de la Société française de psychologie (www.sfpsy.org) et constituent, par leur diversité et par la représentativité des situations analysées, un cadre de référence solide pour le travail du psychologue clinicien. Toutefois, il convient de souligner qu'en l'absence d'un Ordre des psychologues, le Code n'a pas de valeur juridique. À l'heure actuelle, il constitue avant tout un outil d'éthique. La vignette suivante montre l'intérêt de fonder la pratique sur les principes de déontologie qui peuvent aider à résoudre, de manière constructive, bon nombre de problèmes institutionnels et cliniques.

Vignette n° 3 :
Une réunion de synthèse dans une maison de retraite médicalisée

Lors d'une réunion de synthèse dans une maison de retraite médicalisée est évoqué, le cas de M. D..., âgé de 84 ans. Il est accueilli depuis un an au sein de l'établissement. Il s'est plaint récemment auprès d'une aide-soignante des agissements de sa fille à son égard qui, lorsqu'elle le reçoit un week-end par mois chez elle, l'attacherait à sa chaise, le priverait de manger et tiendrait des propos injurieux à son égard.

Le médecin chef dit : « Honnêtement, je pense que M. D... fabule. Ce genre d'histoire est liée à la phase d'adaptation qui pour beaucoup de résidents reste un cap difficile à passer... » L'aide-soignante insiste en rappelant que M. D... est présent dans l'établissement depuis un an. Le médecin chef lui rétorque : « Écoutez, je ne veux pas d'histoires dans mon établissement. Déjà, vous êtes jeune et n'avez pas beaucoup d'expérience professionnelle, alors, pour distinguer le vrai du faux... Et puis, le papy, il devrait être heureux que sa fille vienne le chercher, non ? ! » La discussion part sur un autre sujet et la réunion se termine sans que le cas de M. D... ne soit évoqué à nouveau.

• *Comment analyser les éléments qui posent problème ?*

Il convient d'identifier les différents niveaux du problème qui concernent tant la déontologie que la situation institutionnelle. Différencions, pour plus de clarté, l'implication de chacun :

— Le *médecin chef* cherche à asseoir son autorité en critiquant l'aide-soignante pour son manque d'expérience. Visiblement dépassé par la situation et angoissé par l'interruption éventuelle des visites, le médecin décharge sa responsabilité sur

1. La procédure de saisine est simple. Toute personne peut la consulter sur simple demande écrite : CNCDP/BP 76/75261 Paris Cedex 06.

l'équipe. En niant l'existence du problème, le médecin chef bloque le processus d'élaboration collective susceptible de produire une solution adéquate. Le fait qu'il exige le silence pose de nombreuses questions. Imposer le silence sur une question aussi grave revient à manquer aux devoirs déontologiques les plus élémentaires. Dans les deux cas de figure, la stratégie n'est pas la bonne. Si les mauvais traitements sont réels, étouffer l'affaire et couvrir la fille de M. D... pervertit la fonction première de l'institution qui est de protéger les personnes âgées. Par contre, si les faits sont non avérés, il est bon de le faire savoir aussi. Il faut donc que cette affaire soit tirée au clair. Rappelons qu'il n'appartient pas à l'institution d'établir la matérialité des faits, mais qu'elle doit effectuer un signalement sur suspicion. Sinon, cette ambiguïté fera partie du refoulé institutionnel dont le fort potentiel pathogène pourra entraver lourdement son fonctionnement ultérieur[1].

— L'*aide-soignante* est disqualifiée et niée dans sa compétence par le médecin chef qui refuse de prendre en compte les informations qu'elle a recueillies auprès de M. D...
— Le *psychologue* n'est ni consulté sur la situation dans son ensemble, ni sur la tendance ou non de M. D... de fabuler.
— L'*équipe* est mise en difficulté par le médecin chef qui lui enjoigne un « interdit de penser » portant sur la suspicion de mauvais traitements de M. D... par sa fille.
— Le *patient, M. D...* voit ses dires non suivis d'effet, comme si sa plainte n'avait aucune valeur et n'était guère crédible.
— La *fille de M. D...* peut, lors d'une révélation malencontreuse des suspicions, se sentir abusée par l'équipe soignante.

• ***Comment le psychologue peut-il articuler les problèmes identifiés au contenu du Code de déontologie des psychologues (1996) ?***

Compte tenu du fait que ce Code ne s'applique qu'aux psychologues et qu'il n'a pas encore de valeur légale, nous n'abordons ici que les problèmes relevant de la conduite du psychologue. Pour plusieurs raisons, celui-ci devra prendre position :

— le fait de ne pas signaler les éventuels mauvais traitements que subit le patient relève de l'article 13, portant sur la non-assistance à personne en danger ;
— en ce qui concerne l'attitude professionnelle à avoir vis-à-vis de son patient, il peut se référer au titre II, art. 3, qui définit la mission centrale de tout psychologue laquelle est « de faire reconnaître et respecter la personne dans sa dimension psychique » ;
— le psychologue doit préserver son indépendance nécessaire au bon exercice de sa profession (7e alinéa des *Principes généraux*) ;
— face à la situation de l'aide-soignante qui se trouve en position inconfortable, il consultera avec profit l'article 21 et suivants portant sur les liens entre le psychologue et ses collègues.

1. Cf. les travaux majeurs de l'école de Lyon dont Kaës *et al.* (1996), *Souffrance et psychopathologie des liens institutionnels*, Paris, Dunod.

• *Que peut faire le psychologue ?*

En analysant la situation, le psychologue se doit de rappeler, de manière recevable, trois faits essentiels. Le premier porte sur les modalités et le sens d'un signalement, le deuxième sur le type de collaboration entre collègues et le troisième sur son indépendance professionnelle. En ce qui concerne le premier et le deuxième fait, il peut s'adresser au groupe dans son ensemble. En ce qui concerne le troisième qui porte plus spécifiquement sur sa déontologie professionnelle, il aura deux options au choix : s'adresser au groupe ou parler au médecin seul.

Premièrement, il rappelle, en réunion, les conditions d'un signalement et s'engage à le préparer avec l'équipe et auprès de M. D... Il précise qu'il existe un protocole pour le signalement, dont les principes devraient être connus par le médecin. Idéalement, il appartient à lui en tant que médecin chef de l'assumer. Par contre, il revient au psychologue d'accompagner M. D... dans la compréhension du sens et de l'intérêt d'une telle démarche. Le but principal étant de préserver, dans la mesure du possible, M. D... et de lui éviter une souffrance supplémentaire due au « choc » du signalement.

Deuxièmement, il rappelle les principes d'un travail en équipe pluridisciplinaire, ce type de collaboration nécessitant la mise en commun des informations émanant de chaque membre de l'équipe, indépendamment de sa position dans la hiérarchie. De ce fait, les observations de l'aide-soignante sont à prendre au sérieux et doivent faire l'objet d'une réflexion commune.

Troisièmement, le psychologue doit rappeler au médecin le fait qu'en tant que psychologue, il n'est pas soumis à la hiérarchie médicale. Il doit préserver son indépendance nécessaire au bon exercice de sa profession (7e alinéa des Principes généraux du Code de déontologie des psychologues). Compte tenu des enjeux narcissiques évidents de la situation qui risque de dégénérer en lutte de pouvoir, le psychologue a le choix entre deux possibilités dont chacune comporte des avantages et des inconvénients :

- soit, il reprend la discussion individuellement avec le médecin chef, avec l'inconvénient de priver l'équipe d'une clarification importante. L'avantage de ce dispositif étant de représenter une moindre menace narcissique pour le médecin ;
- soit, il communique au groupe entier son avis – avec le risque de déstabiliser l'autorité du médecin. L'avantage étant de redéfinir, en collaboration avec tous les intéressés, les missions et les tâches qui incombent à chacun dans le service, notamment lors d'un signalement.

E - LES MOYENS D'ACTUALISATION DES CONNAISSANCES

Compte tenu de l'évolution extrêmement rapide des connaissances en ce domaine, le psychologue clinicien se doit de les actualiser régulièrement[1]. Quels sont les moyens

1. Pour s'informer sur les modalités d'accès à la documentation spécialisée en psychologie voir le dossier pratique préparé par Annefieke Willaime, in S. Schauder (dir., 2004), *op. cit.*, pp. 13-14 et M. Santiago-Delefosse (1999), *Répertoire des revues francophones de psychologie*, SFP, Revigny-sur-Ornain, Hommes et perspectives.

dont il dispose ? La documentation, la formation continue, l'affiliation à une association professionnelle ou à un groupe de réflexion sur la pratique et, enfin, la supervision lui permettront de tenir à jour ses connaissances, de les mettre en commun avec des collègues et de lutter contre le stress inhérent à l'exercice de sa profession. Voici, à titre d'exemple, quelques adresses de sites utiles regroupant des organismes et sociétés professionnelles[1] :

- Association française des psychologues cliniciens
  www.psychologues-cliniciens.org

Il s'agit d'un site très complet contenant des textes législatifs concernant les psychologues cliniciens, et de nombreux liens utiles.

- Carnetpsy
  www.carnetpsy.com

Carnetpsy offre aux psychiatres, psychologues, psychanalystes et tous les acteurs de la santé mentale francophone une agora vivante. Il propose entre autres un Agenda des manifestations, colloques, journées d'étude.

- Centre national de documentation audiovisuelle en santé mentale (CNASM)
  www.cnasm.prd.fr

C'est un lieu ressource pour tous les acteurs de promotion de la santé, professionnels et grand public. L'on y trouve une documentation très riche sur les différents tableaux cliniques, des initiatives de soins et des entretiens avec de grands cliniciens.

- Éditions du Centre de psychologie appliquée
  www.ecpa.fr

Les ECPA offrent aux professionnels de l'évaluation une gamme d'outils et de services couvrant les secteurs de l'éducation, de la santé et des ressources humaines. Elles regroupent près de 200 tests psychométriques standardisés et scientifiquement validés.

- Perfectionnement.info – Agenda, Formations, Psychologie
  www.perfectionnement.info

Perfectionnement.info recense les activités francophones de formation continue ainsi que les événements internationaux majeurs (Congrès, Colloques) en psychologie.

- Psychoressources
  www.psycho-ressources.com

C'est le bottin francophone des professionnels de la psychologie, proposé par un psychologue canadien offrant de nombreux services en ligne : une bibliothèque de textes abordant diverses thématiques et rédigés par des professionnels, des forums de discussion spécialisés, un « chat ».

1. Pour un relevé plus exhaustif, se reporter à Rioux et Saint-Hilaire (2002), *Guide de la psychologie branchée*, Québec, Éditions Option Santé.

- Psychology Virtual Library
  www.clas.ufl.edu/users/gthursby/psi/

Il s'agit d'un ensemble de ressources très complet sur les différentes branches de la psychologie, dont une partie consacrée aux revues et aux bibliothèques de psychologie en ligne.

- Société française de psychologie (SFP)
  www.sfpsy.org

La SFP contribue à la visibilité nationale et internationale de la psychologie française dans ses aspects scientifiques : elle est membre de l'Union internationale de psychologie scientifique et assure la représentation de la France aux forums internationaux. Les avis de la CNCDP sont téléchargeables à partir de ce site.

- Système universitaire de documentation
  corail.sudoc.abes.fr

Le catalogue du Sudoc permet d'effectuer des recherches bibliographiques sur les collections des bibliothèques universitaires françaises et autres établissements de l'enseignement supérieur, ainsi que sur les collections de périodiques d'environ 2 400 autres centres documentaires.

- Syndicat national des psychologues (SNP)
  www.psychologues.org

Premier syndicat de psychologues en France, fondé en 1950 par des professionnels diplômés d'Université, le Syndicat national des psychologues s'est donné pour mission de faire reconnaître la profession dans la société. Il édite des guides pratiques dont *L'exercice libéral de la psychologie ; Non-titulaires et vacataires du secteur public ; Psychologue de la fonction publique hospitalière ; Psychologue du secteur des conventions collectives dans le domaine de l'action sanitaire et médico-sociale ; Travailler aujourd'hui* et *Psychologue dans l'Éducation nationale.*

Conclusion

La profession de psychologue clinicien est un métier passionnant, riche en défis, remises en question et découvertes. En même temps, c'est un métier à risque dont il importe de mesurer le stress potentiellement pathogène : conflits institutionnels, abus de pouvoir, surcharge de travail, usure quotidienne, complexité des situations cliniques sont autant de facteurs qui mettent à l'épreuve la motivation et l'engagement du psychologue sur le terrain. Pour renouveler sa pratique, un travail perpétuel d'élaboration, de réflexion et de formation est nécessaire. À travers ce chapitre, nous espérons avoir contribué à offrir des éléments de décision pour un choix professionnel éclairé et pleinement assumé.

LECTURES CONSEILLÉES

Castro, D., & Santiago-Delefosse, M. (dir., 2001). *Pratiques déontologiques en psychologie.* Revigny-sur-Ornain : Hommes et Perspectives.

Cyssau, C. (dir., 1998). *L'entretien en clinique.* Paris : In Press Éditions.

Kaës, R. *et al.* (1996). *Souffrance et psychopathologie des liens institutionnels.* Paris : Dunod.

Navelet, C., & Guérin-Carnelle, B. (1997). *Psychologues aux risques de l'institution. Les enjeux d'un métier.* Paris : Éditions Frison-Roche, coll. « Psychologie vivante ».

Perron, R. (dir., 1997). *La pratique de la psychologie clinique.* Paris : Dunod.

Schauder, S. (dir., 2006 *a*). *Pratiquer la psychologie clinique aujourd'hui.* T. 1 : *Enfants et adolescents.* Paris : Éditions Dunod (refonte de la première édition, revue et augmentée).

Schauder, S. (dir., 2006 *b*). *Pratiquer la psychologie clinique aujourd'hui.* T. 2 : *Adultes et personnes âgées.* Paris : Éditions Dunod (refonte de la première édition, revue et augmentée).

références bibliographiques

Aaronson, N. K. (1991). Methodologic issues in assessing the quality of life of cancer patients. *Cancer, 67* (3), 844-850.

Achenbach, T. M. (1991). *Manual for the Child Behavior Checklist / 4-18 and 1991 Profile.* Burlinton : University of Vermont, Department of Psychiatry.

Ackerman, B. P., Izard, C. E., Schoff, K., Youngstom, E. A., & Kogos, J. (1999). Contextual risk, caregiver emotionality, and the problem behaviors of six- and seven-year-old children from economically disadvantaged families. *Child Development, 70,* 1415-1427.

Ader, R., Felten, L. F., & Cohen, N. (2001). *Psychoneuroimmunology,* vol. 1 et 2, San Diego : Academic Press, 3e éd.

Ajuriaguerra, J. de, & Marcelli, D. (1982). *Psychopathologie de l'enfant.* Paris : Masson.

Ajzen, I. (1985). From intentions to action : A theory of planned behavior. In J. Kuhl & J. Beckmann (Eds.), *Action-control : From cognition to behavior.* New York : Springer-Verlag.

Ajzen, I. (2002). Perceived behavioural control, self-efficacy, locus of control, and the theory of planned behaviour. *Journal of Applied Social Psychology, 32* (4), 665-683.

American Association on Mental Retardation (1994). *Retard mental : définition, classification et systèmes de soutien* (9e éd.). Montréal : Edisem-Maloine (traduction de l'ouvrage original paru en anglais en 1992).

American Psychiatric Association (1994). *Diagnostic and Statistical Manual of Mental Disorders* (4e éd.). Washington DC : Author. Trad. franç. par J.-D. Guelfi *et al.* (2000, 4e éd.). *Manuel diagnostique et statistique des troubles mentaux.* Paris : Masson.

American Psychiatric Association (2000-2003). *DSM-IV-TR. Manuel diagnostique et statistique des troubles mentaux.* Paris : Masson.

American Psychiatric Association (2005). *Mini DSM-IV-TR : Critères diagnostiques.* Trad. franç. par Julien-Daniel Guelfi. Paris : Masson.

Andrejak, M., Genes, N., Vaur, L., Poncelet, P., Clerson, P., & Carre, A. (2000). Electronic pillboxes in the evaluation of antihypertensive treatment compliance : Comparison of once daily versus twice daily regimen. *American Journal of Hypertension, 13* (2), 184-190.

Anthony, E. J. (1978-1982). Un nouveau domaine scientifique à explorer. In E. J. Anthony, C. Chilland et C. Koupernik (Eds.), *L'enfant vulnérable.* Paris : PUF, coll. « Le Fil rouge », pp. 21-35.

Anthony, E. J. (1987). Risk, vulnerability and resilience : An overview. In E. J. Anthony & B. J. Cohler (Eds.), *The invulnerable child.* New York : The Guilford Press, pp. 3-48.

Antonovsky, A. (1979). *Health, stress, and coping.* San Francisco : Jossey-Bass.

Antonovsky, A. (1987). *Unraveling the mistery of health. How people manage stress and stay well.* San Francisco : Jossey-Bass Publishers.

Anzieu, D. (1983). Possibilités et limites du recours aux points de vue psychanalytiques par le psychologue clinicien. *Connexions, 40,* 31-37.

Appleyard, K., Egeland, B., van Dulmen, M., & Sroufe, L. A. (2005). When more is not better : The role of cumulative risk in child behavior outcomes. *Journal of Child Psychology and Psychiatry, 46,* 235-245.

Åsberg, M. (1987). Biologie des comportements suicidaires. In J. Mendlewicz (Ed.). *Manuel de psychiatrie biologique.* Paris : Masson, pp. 83-89.

Åsberg, M., Träskman, L., & Thoren, P. (1976). 5-HIAA in cerebrospinal fluid : A biochemical suicide predictor ? *Archives of General Psychiatry, 33,* 1193-1997.

Aunos, M., Pidgeon, C., Méthot, S., & Berthiaume, C. (2002). La sclérose tubéreuse de Bourneville. *Revue francophone de la déficience intellectuelle, 13* (1), 37-44.

Austin J. L. (1970). *Quand dire c'est faire.* Trad. de G. Lane, Paris : Le Seuil.

Austin, T. A., & Vancouver, J. B. (1996). Goal constructs in psychology : Structure, process and content. *Psychological Bulletin, 120* (3), 338-375.

Baddeley, A. (1993). *La mémoire humaine : théorie et pratique.* Grenoble, Presses Universitaires de Grenoble.

Badoux-Levy A., & Robin M. (2002). Analyse multidimensionnelle d'une échelle de « stresseurs de la vie quotidienne » : version française révisée de l'Hassless scale. *Les Cahiers internationaux de psychologie sociale, 56,* 64-73.

Baldwin, A. L., Baldwin, C. P., Kasser, T., Zax, M., Sameroff, A., & Seifer, R. (1993). Contextual risk and resiliency during late adolescence. *Development and Psychopathology, 5* (4), 741-761.

Bandura, A. (1977). Self-efficacy : Toward a unifying theory of behavioral change, *Psychological Review, 84* (2), 191-215.

Bandura, A. (1986). *Social fondation of thought and action : A social cognitive theory.* Englewood Cliffs (NJ) : Prentice-Hall.

Bandura, A. (1997). *Self-efficacy : The exercice of control.* New York, Freeman.

Barat, C. (1996). *L'enfant déficient mental polyhandicapé : quelle réalité, quels projets ?* Paris : ESF.

Bardin, L. (1991). *L'analyse de contenu.* Paris : PUF.

Baron-Cohen, S. (1998). *La cécité mentale. Un essai sur l'autisme et la théorie de l'esprit.* Grenoble : Presses Universitaires de Grenoble.

Bateson, G. (1977 et 1980). *Vers une écologie de l'esprit,* t. 1 et 2. Paris : Le Seuil.

Batson, C. D., O'Quinn, K. & Pych, V. (1982). An attribution theory analysis of trained helpers' inferences about clients needs. In T. A. Will (Ed.), *Basic processes in helping relationships.* New York : Academic Press, pp. 59-80.

Bazin, E., Lebeau, J.-L., & Azorin, J.-M. (1993). Le syndrome de Ganser. Revue critique de la littérature et approche psychopathologique. *L'Évolution psychiatrique, 58* (2), 311-327.

Bear, M. F., Connors, B. W., & Paradiso, M. A. (1997). *Neurosciences : à la découverte du cerveau.* Paris : Pradel.

Beauchesne, H. (1978). *Psychopathologie de l'enfant et de l'adolescent.* Paris : PUF.

Beck, A. T. (1976). *Cognitive therapy and the emotional disorders.* New York : International Universities Press.

Beck, A., & Valin, S. (1953). Psychotic depressive reaction in soldiers who accidentally killed their buddies. *American Journal of Psychiatry, 110,* 347-353.

Benoit, J.-C. (1980). Entretiens collectifs familiaux en psychiatrie d'adultes. *Encyclopédie médico-chirurgicale psychiatrie, 37,* 819D, 10-12.

Bénony, H. (2002). *L'examen psychologique et clinique de l'adolescent.* Paris : A. Colin.

Bénony, H., & Chahraoui, K. (1999). *L'entretien clinique.* Paris : Dunod.

Benton, A. L., Varney, N. R., & Hamsher, K. (1978). Visuospatial judgement : A clinical test. *Archives of Neurology, 35,* 364-367.

Ben Yishay, Y., & Daniels-Zide, E. (2000). Diller lecture : Outcomes after holistic rehabilitation. *Rehabilitation Psychology, 2,* 112-129.

Bergeret, J. (1974). *La personnalité normale et pathologique.* Paris : Dunod.

Bergeret, J. (dir.) (1995). *Psychologie pathologique. Théorie et clinique.* Paris : Masson.

Bergeret, J. (Ed.) (2004). *Psychologie pathologique* (9e éd.). Paris : Masson.

Bernazzani, O. (2001). Transmission intergénérationnelle des problèmes psychologiques liés à la victimisation au cours de l'enfance : facteurs de risque et de protection. *Revue québécoise de psychologie, 22* (1), 117-133.

Bettelheim, B. (1988). *Pour être des parents acceptables.* Paris : Robert Laffont.

Binet, A., & Simon, Th. (1908). Le développement de l'intelligence chez les enfants. *L'Année psychologique, 14,* 1-94.

Biondi, M. (2001). Effects of stress on immune functions : A overview. In R. Ader, L. F. Felten, & N. Cohen, *Psychoneuroimmunology.* London : Academic Press, pp. 189-226.

Blackwell, B. (1973). Drug therapy : Patient compliance. *The New England Journal of Medicine, 289* (5), 249-252.

Blanchet, A. (1988). L'entretien : la co-construction du sens. In C. Revault d'Allonnes *et al., La démarche clinique en sciences humaines.* Paris : Dunod, pp. 87-102.

Blanchet, A. (1991). *Dire et faire dire : l'entretien.* Paris : Armand Colin.

Blanchet, A. (1998). L'interaction thérapeutique. In T. Nathan, A. Blanchet, S. Ionescu, & N. Zadje (Ed.), *Psychothérapies* (pp. 99-154). Paris : Odile Jacob.

Blanchet, A., & Castillo, M.-C. (1998). Affinités et effets pragmatiques des connecteurs dans le discours. *L'Encéphale, 13* (6), 13-16.

Bleuler, E. (1993). *Dementia praecox ou groupe des schizophrénies* (A. Viallard, trad.). Paris-Clichy : EPEL-GREC (œuvre originale publiée en 1911).

Bouchard, M.-A., Brueckmann, G., & Lecomte, C. (1987). Développement d'une grille d'analyse des inférences communiquées en psychothérapie. *Revue de psychologie appliquée, 37,* 3 : 215-233.

Botez-Marquard, T., & Boller, F. (2005). *Neuropsychologie clinique et neurologie du comportement.* Montréal : Les Presses de l'Université de Montréal.

Bourguignon, A. (1994). *L'homme fou. Histoire naturelle de l'homme,* 2. Paris : PUF.

Bourguignon, O. (1995). Le processus de recherche. In O. Bourguignon et M. Bydlowski (sous la dir. de), *La recherche clinique en psychopathologie. Perspectives critiques.* Paris : PUF, coll. « Le Fil rouge », pp. 35-51.

Bourguignon, O. (1997). Questions éthiques et déontologiques. In R. Perron, *La pratique de la psychologie clinique.* Paris : Dunod, pp. 205-260.

Bourguignon, O. (2003). *Questions éthiques en psychologie.* Sprimont (Belgique) : Mardaga, coll. « Psychologie et sciences humaines ».

Bourguignon, O. (2005). *La déontologie des psychologues.* Paris : Armand Colin, « Collection 128 ».

Bouvard, M., & Cottraux, J. (1996). *Protocoles et échelles d'évaluation en psychiatrie et en psychologie.* Paris : Masson.

Bowen, M. (1984). *La différenciation du soi.* Paris : ESF.

Bowlby, J. (1978). *Attachement et perte,* t. 1, 2, 3. Paris : PUF.

Braddock, J., Royster, D., Winfield, L., & Hawkins, R. (1991). Bouncing back : Sports and academic resilience among African-American males. *Education and Urban Society, 24,* 113-131.

Breton, A. (1924, 1963). *Manifeste du surréalisme.* Paris : Gallimard, coll. « Idées ».

Bruchon-Schweitzer, M.-L. (1993). *Le manuel du STAI-Y* de C. D. Spielberger, adaptation française. Paris : ECPA.

Bruchon-Schweitzer, M.-L. (2002). *Psychologie de la santé. Modèles, concepts et méthodes.* Paris : Dunod.

Bruchon-Schweitzer, M.-L., Cousson-Gélie, F., Tastet, S., & Bourgeois, M. (1998). Dépression et cancers. L'approche de la psychologie de la santé, *L'Encéphale, 2,* 2-14.

Bruchon-Schweitzer, M.-L., & Quintard, B. (2001). *Personnalité et maladies. Stress, coping et ajustement.* Paris : Dunod.

Brun, A., & Scelles, R. (2002). Carl Rogers. La résilience. *Pratiques psychologiques, 1,* 85-88.

Bruner, J. (1991). *Car la culture donne forme à l'esprit,* Paris : Eshel.

Bulletin du Syndicat national des psychologues, *Psychologues et psychologies,* n° 141, « Les psychologues et les institutions », janvier-février 1998.

Bulletin du Syndicat national des psychologues, *Psychologues et psychologies,* n° 173, janvier-février 2004.

Bulletin de psychologie, t. 53 (1), n° 445 (dirigé par O. Bourguignon), « Éthique en psychologie et déontologie des psychologues », janvier-février 2000.

Burke, L. E., Dunbar-Jacob, J. M., & Hill, M. N. (1997). Compliance with cardiovascular disease prevention strategies : A review of the research. *Annals of Behavioral Medicine, 19* (3), 239-263.

Buttny, R., & Syracuse, U. (1996). Clients' and therapist's joint construction of the client's problems. *Research on Language and Social Interaction, 29* (2), 125-153.

Bydlowski, M. (1995). Le chercheur : vocation, engagement, formation. In O. Bourguignon et M. Bydlowski (sous la dir. de), *La recherche clinique en psychopathologie. Perspectives critiques.* Paris : PUF, coll. « Le Fil rouge », pp. 53-66.

Cambier, J., Masson, M., & Dehen, H. (2000). *Neurologie* (10e éd.). Paris : Abrégés Masson.

Camus, A. (1957). *L'Étranger.* Paris : Gallimard.

Camus, J.-F. (2002). Rapport de synthèse sur la situation des psychologues et de la psychologie, consultable sur le site www.psychologues.org.

Canguilhem, G. (1966). Qu'est-ce que la psychologie ? *Cahiers pour l'analyse, 1-2,* 79-93.

Carver, C. S. (1997). You want to measure coping but protocole's too long : Consider the Brief COPE. *International Journal of Behavioral Medicine, 4* (1), 92-100.

Carver, C. S., & Scheier, M. F. (1998). *On the self-regulation of behavior.* New York : Cambridge University Press.

Carver, C. S., & Scheier, M. F. (1999). Stress, coping and self-regulatory processes. In L. A. Pervin & O. P. John (Eds.), *Handbook of personality : Theory and research.* New York : The Guilford Press.

Carver, C. S., Weintraub, J. K., & Scheier, M. F. (1989). Assessing coping strategies : A theorical based approach. *Journal of Personality and Social Psychology, 56* (2), 267-283.

Castillo M.-C. (2004). Le délire en questions. Étude des relances dans des entretiens de sujets délirants. *Bulletin de psychologie, 57* (4), n° 472, 363-370.

Castro, D., & Santiago-Delefosse, M. (dir.) (2001). *Pratiques déontologiques en psychologie.* Revigny-sur-Ornain : Hommes et perspectives.

Castro, D. (2000). *Pratique du mémoire de recherche en psychologie.* Le Bouscat : L'Esprit du temps, coll. « Guides Psycho ».

Castro, D. *et al.* (2000). *Les écrits en psychologie. Rapports, expertises, bilans.* Le Bouscat : L'Esprit du temps, coll. « Guides Psycho ».

Cerclé, A. (2002). L'approche interactionniste et développementale des facteurs de risque étiologiques : l'exemple de l'alcoolisme. In G.-N. Fischer (Ed.), *Traité de psychologie de la santé,* Paris : Dunod, 347-374.

Chabert, C. (2004). Préface. In M. Emmanuelli (Ed.), *L'examen psychologique en clinique. Situations, méthodes et études de cas.* Paris : Dunod, pp. XIII-XIV.

Chahraoui, K., & Bénony, H. (2003). *Méthodes, évaluation et recherches en psychologie clinique.* Paris : Dunod.

Chiland, C. (1983 ; 8e éd., 2003). *L'entretien clinique.* Paris : PUF.

Cicchetti, D. (1990). A historical perspective on the discipline of developmental psychopathology. In J. Rolf, A. Masten, D. Cicchetti, K. Nuechterlein, & S. Weintraub (Eds.). *Risk and protective factors in the development of psychopathology* (pp. 2-28). New York : Cambridge University Press.

Cicchetti, D. (1994). Integrating developmental risk factors : Perspectives from developmental psychopathology. In C. A. Nelson (Ed.), *Threats to optimal development : Integrating biological, psychological, and social risk factors. The Minnesota Symposia on Child Psychology.* Hillsdale (NJ) : Lawrence Erlbaum Associates, pp. 285-325.

Cicchetti, D., & Lynch, M. (1993). Toward an ecologic-transactional model of community violence and child maltreatment : Consequences for children's development. *Psychiatry, 56,* 96-118.

Cicchetti, D., Rogosch, F. A., Lynch, M., & Holt, K. D. (1993). Resilience in maltreated children : Process leading to adaptive outcome. *Development and Psychopathology, 5,* 629-647.

Ciccone, A. (1998). *L'observation clinique.* Paris : Dunod.

Clark, N. M., & Dodge, J. A. (1999). Exploring self-efficacy as a predictor of disease management. *Health Education and Behavior, 26* (1), 72-89.
Cloutier, R. (1989). *La petite fille qui ne parlait pas.* Montréal : Libre expression.
Cobb, S. (1976). Social support as a moderator of life stress, *Psychosomatic Medicine, 38,* 300-314.
Cohen, J. (1969). *Statistical power analyses for the behavioral sciences.* New York : Academic Press.
Cohen, J. (1992). A power primer. *Psychological Bulletin, 112,* 155-159.
Cohen, S., Kamarck, T., & Mermelstein, R. (1983). A global measure of perceived stress. *Journal of Health and Social Behavior, 24,* 385-396.
Cohen, P., & Rieu, J. P. (Ed., 1994). Les psychologues. Où sont-ils ? Que font-ils ? *Bulletin du Syndicat national des psychologues,* numéro hors série, « Psychologues et Psychologies ».
Collins, N. L., & Miller, L. C. (1994). Self-disclosure and liking : A meta-analytic review, *Psychological Bulletin, 116,* 457-475.
Consumer Reports (1995). *Mental health : Does therapy help ?,* 734-739.
Contrada, R. J., & Guyll, M. (2001). On who gets sick and why : The role of personality, stress, and disease. In A. Baum, T. A. Revenson, & J. E. Singer (Eds.), *Handbook of health psychology.* Hillsdale (NJ) : Erlbaum, pp. 59-81.
Contrada, R. J., Leventhal, H., & O'Leary, A. (1990). Personality and health. In L. A. Pervin (Ed.), *Handbook of personality. Theory and research,* New York : Guilford, chap. 24, pp. 638-669.
Courtois, G. (1991). *Neurologie.* Montréal : Les Presses de l'Université de Montréal.
Cousson, F., Bruchon-Schweitzer, M., Quintard, B. *et al.* (1996). Analyse multidimensionnelle d'une échelle de coping : validation française de la WCC (ways of coping checklist). *Psychologie française, 41* (2), 155-164.
Cousson-Gélie, F. (2001). Rôle des facteurs psychosociaux dans la genèse et l'évolution des cancers du sein, Dans M.-L. Bruchon-Schweitzer, & B. Quintard, *Personnalité et maladies. Stress, coping et ajustement.* Paris : Dunod.
Cowan, P. A., & Pape Cowan, C. (2006). Developmental psychopathology from family systems and family risk factors perspectives : Implications for family research, practice, and policy. In D. Cicchetti et D. J. Cohen (Eds.), *Developmental psychopathology.* Second edition. Volume one : *Theory and method* (pp. 530-587). Hoboken : John Wiley & Sons.
Cyrulnic, B. (1999). *Un merveilleux malheur.* Paris : Odile Jacob.
Cyssau, C. (dir.), (1998). *L'entretien en clinique.* Paris, In Press.
Damasio, A. R. (1995). *L'erreur de Descartes. La raison des émotions* (1re éd.). Paris : Odile Jacob Sciences.
Damasio, A. R. (2003). *Spinoza avait raison.* Paris : Odile Jacob.
Dantzer, R. (2001). Personnalité et maladies : l'apport de la psychoneuroimmunologie, dans M.-L. Bruchon-Schweitzer, & B. Quintard, *Personnalité et maladies.* Paris : Dunod, pp. 259-281.
Debray-Ritzen, P., & Melekian, B. (1970). *La dyslexie de l'enfant,* Paris : Casterman.
Decety, J. (2004). L'empathie est-elle une simulation mentale de la subjectivité d'autrui ? In A. Berthoz, & G. Jorland, *L'empathie.* Paris : Odile Jacob, pp. 53-88.
Delis, D. C., Kramer, J. H., Kaplan, E., & Ober, B. A. (2000). *California Verbal Learning Test-Second Ed. (CVLT-II).* San Antonio (TX) : Psychological Corporation.
DeLongis, A., Coyne, J. C., Dakof, G., Folkman, S., & Lazarus, R. S. (1982). Relationship of daily hassles, uplifts and major life events to health status, *Health Psychology, 1,* 119-136.
Dennett, D. (1990). *La stratégie de l'interprète.* Paris : Gallimard.
Depue, R. A., & Zald, D. (1993). Biological and environmental processes in nonpsychoticpsychopathology : A neurobehavioral system perspective. In C. Costello (Ed.), *Basic issues in psychopathology.* New York : Guilford Press.
De Schoenen, S., & Livet, M.-O. (1999). Neurosciences du développement cognitif. In J.-A. Rondal et E. Espéret (Eds.), *Manuel de psychologie de l'enfant* (pp. 101-154). Liège : Mardaga.
Doron, J. (2001). *La méthode du cas en psychologie clinique et en psychopathologie.* Paris : Dunod.
Doron, J. (2003). La méthode du cas et la psychologie clinique : entre nostalgie et renouvellement. In M.-C. Mietkiewicz, & S. Bouyer (Ed.), *Où en est la psychologie clinique ?* Paris : L'Harmattan, pp. 101-109.

Doron, J., & Swendsen, J. (2001). Quelques réflexions sur l'anxiété et ses troubles associés : un débat entre l'approche cognitivo-comportementale et psychodynamique, *L'Évolution psychiatrique*. Paris : Elsevier.

Doron, R., & Parot, F. (1991, 1998). *Dictionnaire de psychologie*. Paris : PUF.

Dumas, J.-E. (2002). *Psychopathologie de l'enfant et de l'adolescent*. Bruxelles : De Boeck - Larcier.

Dumet, N., & Ménéchal, J. (2005). *Quinze cas cliniques en psychopathologie de l'adulte*, Paris : Dunod.

Dunst, C., & Paget, K. D. (1991). Parent-professional partnership and family empowerment. In M. J. Fine (Ed.), *Collaboration with parents of exceptional children*. Brandon : Center for parent/professional collaboration.

Dunst, C., Trivette, C., & Deal, A. (1988). *Enabling and empowering families*. Cambridge : Brookline Books.

Durmarque, Y. (2001). *Les psychologues, un statut juridique à la croisée des chemins*. Paris, Londres-New York : Tec et Doc.

Durmarque, Y. (2003). L'évolution du statut du psychologue : une succession d'actes manqués ? *Pratiques psychologiques*, n° 4, 2003, 65-73.

Duval, P., & Estivill, M.-T. (1998). *Annuaire-guide de la psychologie*. Revigny-sur-Ornain : Hommes et perspectives, coll. « Le Journal des psychologues ».

Dwyer, S. B., Nicholson, J. M., & Battistutta, D. (2003). Population level assessment of the family risk factors related to the onset or persistence of children's mental health problems. *Journal of Child Psychology and Psychiatry and Allied Disciplines, 44* (5), 699-711.

Egeland, B., Bosquet, M., & Chung, A. L. (2002). Continuities and discontinuities in the intergenerational transmission of child maltreatment : Implications for breaking the cycle of abuse. In K. D. Browne, H. Hanks, P. Stratton, & C. Hamilton (Eds.), *Early prediction and prevention of child abuse. A handbook*. West Sussex : John Wiley & Sons, pp. 217-232.

Egeland, B., Carlson, E., & Sroufe, E. L. A. (1993). Resilience as process. *Development and Psychopathology, 5*, 517-530.

Eggly, S. (2002). Physician-patient co-construction of illness narratives in the medical interview. *Health Communication, 14* (3), 339-360.

Ellis, A. (1962). *Reason and emotion in psychotherapy*. New York : Lyle Stuart.

Emmanuelli, M. (2004). *L'examen psychologique en clinique*. Paris : Dunod.

Engel, G. L. (1977). The need for a new medical model : A challege for biomedicine, *Science, 196*, 129-136.

Epstein, R. M., Campell, T. L., Cohen-Cole, S. A., McWhinney, I. R., & Smilkstein, G. (1993). Perspectives on patient-doctor communication. *The Journal of Family Practice, 37* (4), 377-388.

Eustache, F., & Agniel, A. (1995). *Neuropsychologie des démences : évaluations et prise en charge*. Marseille : Solal.

Favez-Boutonier, J. (1959, 1962). *La psychologie clinique : objet, méthodes, problèmes*. Paris : Les Cours de la Sorbonne (Bibliothèque de Censier, Paris VII).

Fernandez, L., & Pedinielli, J.-L. (2005). *L'observation clinique et l'étude de cas*. Paris : Nathan, « Collection 128 ».

Fischer, G.-N. (1994). *Le ressort invisible. Vivre l'extrême*. Paris : Le Seuil.

Fischer, G.-N. (2003). *Les blessures psychiques. La force de vivre*. Paris : Odile Jacob.

Fischer, G. N., & Tarquinio, C. (2006). *Les concepts fondamentaux de la psychologie de la santé*. Paris : Dunod.

Fishbein, M., & Ajzen, I. (1975). *Belief, attitude, intention and behavior : An introduction to theory and research*. Reading (Mass.) : Addison-Wesley.

Fishbein, M., Hennessy, M., Yzer, M., & Douglas, J. (2003). Can we explain why some people do and some people do not act on their intentions ? *Psychology, Health and Medicine, 8* (1), 3-18.

Flieller, A. (2003). Psychologie du singulier et recherche clinique. In M.-C. Mietkiewicz, & S. Bouyer (Ed.), *Où en est la psychologie clinique ?* Paris : L'Harmattan, pp. 317-323.

Flores, E., Cicchetti, D., & Rogosch, F. (2005). Predictors of resilience in maltreated and nonmaltreated Latino children. *Developmental Psychology, 41*, 338-351.

Folkman, S., & Lazarus, R. S. (1980). An analyses of coping in middle-aged community sample. *Journal of Health and Social Behavior, 21,* 219-239.
Folkman, S., & Lazarus, R. S. (1985). If it changes it must be a process : A study of emotion and coping during three stages of a college examination. *Journal of Personality and Social Psychology, 48,* 150-170.
Fombonne, E. (2001). Is there an epidemic of autism ? *Pediatrics, 107,* 411-413.
Fonagy, P. (1989). On tolerating mental states : Theory of mind in borderline patients. *Bulletin of the Anna-Freud Centre, 12,* 91-115.
Ford, M. E. (1992). *Motivatings humans : Goals, emotions and personal agency beliefs.* Newbury Park : Sage Publications.
Foucault, M. (1972). *Naissance de la clinique.* Paris : PUF.
Freud, S. (1996). Deuil et mélancolie. In *Métapsychologie* (J. Laplanche & J.-B. Pontalis, trad., pp. 145-171). Paris : Gallimard. (Œuvre originale publiée en 1917.)
Friedman, M., & Rosenman, R. H. (1974). *Type A Behavior and your Heart,* New York : Harper & Row.
Frith, U. (1989). *L'énigme de l'autisme.* Paris : Odile Jacob
Fröhlich, W. D. (1997). *Dictionnaire de la psychologie.* Paris : Librairie générale française, coll. « La Pochothèque ».
Fua, D. (dir.) (1997 et 2002). *Le métier du psychologue clinicien.* Paris : Nathan Université, coll. « Fac. Psychologie ».
Fustier, P. (1999). *Le travail d'équipe en institution.* Paris : Dunod.
Gagey J. (1980). La psychologie clinique. *Encyclopédie médico-chirurgicale,* 37302 A17. Paris, pp. 1-8.
Gall, F. J. (1822-1825). *Sur les fonctions du cerveau : et sur celles de chacune de ses parties, avec des observations sur la possibilité de reconnaître les instincts, les penchans, les talens, ou les dispositions morales et intellectuelles des hommes et des animaux, par la configuration de leur cerveau et de leur tête.* Paris, chez l'auteur Boucher *et al.* Ouvrage conservé à la bibliothèque Charcot, hôpital de la Salpêtrière, Paris.
Gainotti, G., Erme, P. d', & Bonis, C. de (1989). Aspects cliniques et mécanismes de la négligence visuo-spatiale. *Revue neurologique, 145,* 8-9, 626-634.
Garmezy, N. (1985). Stress resistant children : The search for protective factors. In J. Stevenson (Ed.), *Recent research in developmenlal psychopathology.* Oxford : Pergamon Press (a book supplement to the *Journal of Child Psychology and Psychiatry,* Number 4), pp. 213-233.
Garmezy, N. (1994). Foreword. In C. A. Nelson (Ed.), *Threats to optimal development : Integrating biological, psychological, and social risk factors. The Minnesota Symposia on Child Psychology.* Hillsdale (NJ) : Lawrence Erlbaum Associates, pp. VII-XI.
Geletko, S. M., Segarra, M., & Mayer, K. H. (1996). Electronic compliance assessment of antifungal prolaxis for human immunodefiency virus-infected women, *Antimicrob. Agents Chemother, 40,* 1338-1341.
George, M.-C., & Tourne, Y. (1994). *Le secteur psychiatrique.* Paris : PUF, coll. « Que sais-je ? ».
Gérin, P., Dazord, A. Boissel, J.-P., Hanauer, M.-T., Moleur, P., & Chauvin, F. (1989). L'évaluation de la qualité de vie dans les essais thérapeutiques. *Thérapie, 44,* 355-364.
Gérin, P., Dazord, A., Cialdella, P., Leizorovicz, A., & Boissel, J.-P. (1991). Le questionnaire « Profil de la qualité de vie subjective » (PQVS). *Thérapie, 46,* 131-138.
Ghiglione, R. (1986). *L'homme communiquant.* Paris : Armand Colin.
Ghiglione, R. (1998). *Les métiers de la psychologie.* Paris : Dunod, coll. « Les Topos ».
Ghiglione, R., Landre, A., Bromberg, M., & Molette, P. (1998). *L'analyse automatique des contenus.* Paris : Dunod.
Gil, R. (1996, 1re éd. ; 2006, 4e éd.). *Neuropsychologie.* Paris : Abrégés Masson.
Gilliéron, E. (1994). *Le premier entretien en psychothérapie.* Paris : Dunod.
Godin, G. (2002). Le changement des comportements de santé. In G.-N. Fischer (Ed.), *Traité de psychologie de la santé,* Paris : Dunod.
Golderisch, A., Gelberg, R. D., Simes, R. J., Glasziou, P., & Coates, A. (1989). Costs and benefits of adjuvant therapy in breast cancer : A quality-adjusted survival analysis. *Journal of Clinical Oncology, 7,* 36-44.

Grabot, D., Martin, C., Auriacombe, M., & Tignol, J. (1996). Tableau d'évaluation assisté de la qualité de vie (TEAQV), *Encéphale,* XXII, 181-185.

Greenberg, L. S., Elliott, R. K., & Lietaer, G. (1994). Research on experiential psychotherapies. In A. E. Bergin & S. L. Garfield (Eds.), *Handbook of psychotherapy and behavior change* (4th ed.) (pp. 509-539). New York : John Wiley & Sons.

Greer, S., Morris, T., Pettingale, K. W., & Haybittle, J. L. (1990). Psychological response to breast cancer and 15 years outcome, *The Lancet,* I, 49-50.

Grossarth-Maticek, R., & Eysenck, H. J. (1990). Personality, stress and disease. Description and validation of a new inventory, *Psychological Reports, 66,* 355-373.

Guillaumin, J. (1977). *La dynamique de l'examen psychologique.* Paris : Dunod (2e éd.).

Guillec, G. (1992). *Faire psycho. Pourquoi ? Comment ?* Paris : L'Harmattan.

Guillec, G. (2001). *Les psychologues : contribution à une méta-mémoire professionnelle. Éléments de bibliographie avec des propositions de classification et de commentaire.* Vol. I : *Identité professionnelle des psychologues (histoire, organisation et formation).* Vol. II : *Les domaines d'intervention des psychologues : santé, éducation, formation, insertion, justice, travail, organisation et recherche.* Montpellier : Université de Montpellier III.

Guillec, G. (2001). *Les psychologues : contribution à une métamémoire professionnelle,* vol. 2, Montpellier III : Presses de l'Université.

Guiraud, P. (1971). *La sémiologie.* Paris : PUF.

Habib, M. (2004). Bases neurobiologiques de la dyslexie. In M.-N. Metz-Lutz, E. Demont, C. Seegmuller, M. De Agostini, N. Bruneau (Eds.), *Développement cognitif et troubles d'apprentissage : évaluer, comprendre, rééduquer et prendre en charge.* Marseille : Solal, pp. 219-244.

Hagger, M. S., & Orbell, S. (2003). A meta-analytic review of the common-sense model of illness representations. *Psychology and Health, 18,* 2, 141-184.

Halstead, W. C. (1947). *Brain and intelligence.* Chicago : University of Chicago Press.

Harrison, J. A., Mullen, P. D., & Green, L. W. (1992). A meta-analysis of studies of the health belief model with adults. *Health Education Research, 7* (1), 107-116.

Haynes, R. B., Sackett, D. L., Gibson, E. S., Taylor, D. W., Hackett, B. C., Roberts, R. S., & Johnson, A. L. (1976). Improvement of medication compliance in uncontrolled hypertension. *The Lancet, 1* (1972), 1265-1268.

Hecaen, H. (1972). *Introduction à la neuropsychologie.* Paris, Larousse.

Heim, S., & Benasich, A. A. (2006). Developmental disorders of language. In D. Cicchetti et D. J. Cohen (Eds.), *Developmental psychopathology* (2nd ed.), Volume three : *Risk, disorder, and adaptation* (pp. 268-316). Hoboken : John Wiley & Sons.

Herrenkohl, E. C., Herrenkohl, R. C., Egolf, B. (1994). Resilient early school-age children from maltreating homes : Outcomes in late adolescence. *American Journal of Orthopsychiatry, 64,* 301-309.

Herrenkohl, E. C., Herrenkohl, R. C., Egolf, B., Wu, P. (1991). The developmental consequences of child abuse : The Lehigh longitudinal study. In R. H. Starr & D. A. Wolfe (Eds.), *The effects of child abuse and neglect : Issues and research.* New York : Guilford Press, pp. 57-81.

Herren, H., & Herren, M.-P. (1980). *La stimulation psychomotrice du nourrisson.* Paris : Masson.

Hillers T. K., Guyatt G. H., Oldridge N., Crowe J., Willan A., Griffith L., & Feeny D. (1994). Quality of life after myocardial infarction, *Journal Clinical Epidemiology, 47,* 11, 1287-1296.

Holdwick, D. J., & Wingenfeld, S. A. (1999). The subjective experience of PASAT testing : Does PASAT induce negative mood ? *Archives of Clinical Neuropsychology, 14,* 273-284.

Hollon, S. D., & Cobb, R. (1993). Relapse and recurrence in psychopathological disorders. In C. G. Costello (Ed.), *Basic issues in psychopathology.* New York : Guilford Press, pp. 377-402.

Hollon, S. D., DeRubeis, R. J., & Evans, M. D. (1990). Combined cognitive therapy and pharmacotherapy in the treatment of depression. In D. W. Manning, & A. J. Frances (Eds.), *Combined pharmacotherapy and psychotherapy for depression.* Washington (DC) : American Psychiatric Association, pp. 37-64.

Holmes, T. H., & Rahe, R. H. (1967). The social reajustment rating scale. *Journal of Psychosomatic Research, 11,* 213-218.

Hommet, C., Jambaqué, I., Billard, C. & Gillet, P. (dir.) (2005). *Neuropsychologie de l'enfant et troubles du développement.* Marseille : Solal.

Hook D. (2001). Therapeutic discourse, co-construction, interpellation, role-induction : Psychotherapy as iatrogenic treatment modality ? *International Journal of Psychotherapy, 6* (1), 47-66.

Horowitz, M., Adler, N., & Kegeles, S. (1988). A scale for measuring the occurrence of positive states of mind : A preliminary report, *Psychosomatic Medicine, 50,* 5, 477-483.

Houdé, O., Mazoyer, B., & Tzourio-Mazoyer, N. (2002). *Cerveau et psychologie.* Paris : PUF.

Howieson, D. B., & Lezak, M. D. (2002). Separating memory from other cognitive problems. In A. Baddeley *et al.* (Eds.), *Handbook of memory disorder* (2nd ed.). Chischester (UK) : Wiley.

Huber, W. (1987). *La psychologie clinique aujourd'hui.* Bruxelles : Pierre Mardaga.

Huber, W. *et al.* (1997). *L'homme psychopathologique et la psychologie clinique.* Paris, PUF.

Huberman, M. A., & Milles, M. B. (1991). *Analyse des données qualitatives. Recueil de nouvelles méthodes,* Paris-Bruxelles : De Boeck Université.

Hunter, R. S., & Kilstrom, N. (1979). Breaking the cycle in abusive families. *American Journal of Psychiatry, 136* (10), 1320-1322.

Ingram, R. E., & Price, J. M. (Eds.) (2001). *Vulnerability to psychopathology : Risk across the lifespan.* New York : Guilford Press.

Inizan, A., *Le temps d'apprendre à lire* (2000). Paris : Éditions et applications psychologiques.

International Molecular Genetic Study of Autism Consortium (IMGSAC) (2001). A genomewide screen for autism : Strong evidence for linkage to chromosomes 2q, 7q, and 16p. *American Journal of Human Genetic, 69* (3), 570-581.

Ionescu, S., Jourdan-Ionescu, C. (1989). La peur du sida : faits établis sur différents échantillons de population et nouvelles recherches. *Psychologie française, 34* (2-3), 153-170.

Ionescu, S. (1987). Introduction. In S. Ionescu (Ed.), *L'intervention en déficience mentale,* vol. 1 : *Problèmes généraux. Méthodes médicales et psychologiques.* Bruxelles : Mardaga, pp. 21-43.

Ionescu, S. (1993). Bases de la psychopathologie. In R. Ghiglione, & J.-F. Richard (Eds.), *Cours de psychologie.* II : *Bases, méthodes, épistémologie.* Paris : Dunod, pp. 227-263.

Ionescu, S. (1995, 3e éd.). *Quatorze approches de la psychopathologie.* Paris : Armand Colin.

Ionescu, S. (1995). L'évaluation des psychothérapies. In T. Nathan, A. Blanchet, S. Ionescu, & N. Zajde, *Psychothérapies.* Paris : Odile Jacob, pp. 165-222.

Ionescu, S. (2004). Préface. In J. Lecomte (Ed.), *Guérir de son enfance.* Paris : Odile Jacob, pp. 11-16.

Ionescu, S. (2006). Pour une approche intégrative de la résilience. In B. Cyrulnik et P. Duval (Eds.), *Psychanalyse et résilience.* Paris : Odile Jacob, pp. 27-44.

Ionescu, S. (2006, 3e éd.). *Quatorze approches de la psychopathologie.* Paris : Armand Colin.

Ionescu, S., Lhote, C., & Jacquet, M.-M. (1997, 2001). *Les mécanismes de défense. Théorie et clinique.* Paris : Nathan.

Jacobi, B. (1995). *Cents mots pour l'entretien clinique.* Ramonville-Saint-Agne : Érès.

Jakobi, J.-M., Blanchet, A., & Grossir-Le Nouvel, B. (1990). Quatre formes d'interrogation propositionnelle dans l'entretien de recherche. *Psychologie française,* 35-3, 207-215.

Jakobson, R. (1968). *Essais de linguistique générale,* t. 1, Paris : Payot.

Jakobson, R. (1970). *Essais de linguistique générale,* t. 2, Paris : Payot.

Janet, P. (1926-1928, 1980). *De l'angoisse à l'extase.* Paris : Payot.

Jaspers K. (1955-1956). *De la psychothérapie. Étude critique.* Paris : PUF.

Jones, D. J., Forehand, R., Brody, G., & Armistead, L. (2002). Psychosocial adjustment of African-American children in single-mother families : A test of three risk models. *Journal of Marriage and Family, 64* (1), 105-115.

Jourdan-Ionescu, C., & Desaulniers, R. (1999). Le concept d'intervention famille soutien. *Revue québécoise de psychologie, 20* (1), 157-171.

Jourdan-Ionescu, C., Palacio-Quintin, E., Desaulniers, R., & Couture, G. (1998). *Étude de l'interaction des facteurs de risque et de protection chez de jeunes enfants fréquentant un service d'intervention précoce.* Rapport de recherche présenté au Conseil québécois de la recherche sociale. Trois-Rivières : GREDEF, 146 p.

Jourdan-Ionescu, C. (2003). L'intervention précoce et les programmes de prévention. In M.-J. Tassé, & D. Morin (Eds.), *La déficience intellectuelle*. Boucherville : Gaëtan Morin, pp. 159-181.

Juniper, E. F., Guyatt, G. H., Ferrie, P. J., & Griffith, L. E. (1993). Measuring quality of life in asthma, *American Review of Respiratory Disease, 147,* 832-838.

Kadesjoe, B., Gillberg, C., & Hagberg, B. (1999). Autism and Asperger syndrome in seven-year-old children : A total population study. *Journal of Autism and Developmental Disorders, 29* (4), 327-331.

Kaës, R. *et al.* (1996). *Souffrance et psychopathologie des liens institutionnels.* Paris : Dunod.

Kanner, A. D., Coyne, J. C., Schaeffer, C., & Lazarus, R. S. (1981). Comparison of two modes of stress measurement : Daily hassless and uplifts versus major life events. *Journal of Behavioral Medicine, 4,* 1-39.

Kaufman, J., Cook, A., Arny, L., Jones, B., & Pittinsky, T. (1994). Problems defining resiliency : Illustrations from the study of maltreated children. *Development and Psychopathology, 6,* 215-229.

Karasek, R., & Theorell, T. (1990). *Healthy work : Stress, productivity, and the reconstruction of working life.* New York : Basic Books.

Kazdin, A. E. (1994). Methodology, design, and evaluation in psychotherapy research. In A. E. Bergin & S. L. Garfield (Eds.), *Handbook of psychotherapy and behavior change* (4th ed.) (pp. 19-71). New York : John Wiley & Sons.

Kimchi, J., & Schaffner, B. (1990). Childhood protective factors and stress risk. In L. E. Arnold (Ed.), *Childhood stress.* New York : John Wiley & Sons Inc.

Kobasa, S. C. (1977). Stress, personality and health : A study of an overlooked possibility. *Dissertation Abstracts International, 38 (5-B),* 2430.

Kobasa, S. C. (1979). Stressful life events, personality and health : An inquiry into hardiness. *Journal of Personality and Social Psychology, 37,* 1-11.

Kobasa, S. C., & Pucetti, M. C. (1983). Personality and social resources in stress resistance. *Journal of Personality and Social Psychology, 45,* 839-850.

Köhler, W. (1964). *La psychologie de la forme.* Paris : Gallimard.

Kraemer, H. C., & Thiemann, S. (1987). *How many subjects ? Statistical power analysis in research.* Newbury Park : Sage.

Kraemer, H. C., Kazdin, A. E., Offord, D. R., Kessler, R. C., Jensen, P. S., & Kupfer, D. J. (1997). Coming to terms with the terms of risk. *Archives of General Psychiatry, 54,* 337-343.

Kraemer, H. C., Stice, E., Kazdin, A., Offord, D., & Kupfer, D. (2001). How do risk factors work together ? Mediators, moderators, and independent, overlapping, and proxy risk factors. *American Journal of Psychiatry, 158,* 848-856.

Kuhn, T. S. (1983). *La structure des révolutions scientifiques.* Paris : Flammarion « Champs ».

Labov, W., & Fanshel, D. (1977). *Therapeutic discourse.* New York : Academic Press.

Lachapelle, Y., & Wehmeyer, M.-L. (2003). L'autodétermination. In M.-J. Tassé & D. Morin (Eds.), *La déficience intellectuelle.* Boucherville : Gaëtan Morin, pp. 203-214.

Lagache, D. (1949). *L'unité de la psychologie.* Paris : PUF.

Lagache, D. (1949). *Psychologie clinique et méthode clinique.* In D. Lagache, *Œuvres complètes* (t. II). Paris : PUF, 1979.

Lagache, D. (1949). *Sur la formation du psychologue clinicien.* In D. Lagache, *Œuvres complètes* (t. II). Paris : PUF, 1979.

Lagache, D. (1956). *Psychanalyse et psychologie.* In D. Lagache, *Œuvres complètes* (t. III). Paris : PUF, 1980.

Larrabee, G. J., & Crook, T. H. (1996). Computers and memory. In I. Grant & K. M. Adams (Eds.), *Neuropsychological assessment of neuropsychiatric disorders* (2nd ed.). New York : Oxford University Press.

Last, J. M. (2001-2004). *Dictionnaire d'épidémiologie.* Acton Vale : Québec-Paris : Edisem-Maloine.

Lautrey, J. (1980). *Classes sociales, milieu familial et développement cognitif.* Paris : PUF.

Lazarus, R. S., & Folkman, S. (1984). *Stress appraisal and coping.* New York : Springer.

Le Breton, D. (2002). *Conduites à risque. Des jeux de mort au jeu de vivre.* Paris : PUF, coll. « Quadrige ».

Lecanuet, J.-P., Granier-Deferre, C., de Casper, A.-J., Maugeais, R., Andrieu, A.-J., & Busnel, M.-C. (1987). Perception et discrimination fœtale de stimuli langagiers mises en évidence à partir de la réactivité cardiaque ; résultats préliminaires. *Comptes rendus de l'Académie des sciences de Paris,* 305, série III, 161-164.

Lechevalier, B., Eustache, F., & Viader, F. (1995). *Perceptions et agnosies.* Bruxelles : De Boeck Université.

Lecomte, C., & Alain, M. (1990). Les facteurs communs dans les entretiens psychothérapiques. *Psychologie française,* 35-3, 185-193.

Lecomte, J. (2004). *Guérir de son enfance.* Paris : Odile Jacob.

Lécuyer, R., Pêcheux, M.-G., & Stréri, A. (1994 et 1996). *Le développement cognitif du nourrisson,* t. 1 et 2. Paris : Nathan.

Legrand, M. (1993). *L'approche biographique.* Marseille : Hommes et perspectives.

Lemay, M. (1999). Les troubles du langage. In E. Habimana, L. S. Éthier, D. Petot, & M. Tousignant (Eds.), *Psychopathologie de l'enfant et de l'adolescent. Approche intégrative.* Montréal : Gaëtan Morin, pp. 367-387.

Leslie, A. M. (1985). Does the autistic child have a « theory of mind » ? *Cognition, 21,* 37-46.

Leslie, A. M. (1987). Pretense and representations : The origins of « Theory of Mind ». *Psychological Review, 94* (4), 412-426.

Leventhal, H., Brissette, I., & Leventhal, E. A. (2003). The common-sense model of self-regulation of health and illness. In L. D. Cameron, & H. Leventhal (Eds.), *The self-regulation of health and illness behaviour.* New York : Routledge-Taylor & Francis Group.

Leventhal, H., & Cameron, L. (1987). Behavioral theories and the problem of compliance. *Patient Education and Counseling, 10* (2), 117-138.

Leventhal, H., Zimmerman, R., & Gutmann, M. (1984). Compliance : A self-regulation perspective. In D. Gentry (Ed.). *Handbook of Behavioral Medicine.* New York : Pergamon Press.

Lezak, M. D., Howienson, D. B., & Loring, D. W. (2004). *Neuropsychological assessment.* New York : Oxford University Press.

Lighezzolo, J., & De Tychey C. (2004). *La résilience. Se (re)construire après le traumatisme,* In Press.

Livret, M.-O. (1990). Neuro-ectodermoses : sclérose tubéreuse de Bourneville. *Neurologie pédiatrique.* Paris : Flammarion, pp. 50-54.

Luminet, O. (2002). *Psychologie des émotions,* Bruxelles : De Boeck.

Luria, A.-R. (1978). *Les fonctions corticales supérieures de l'homme.* Paris : PUF.

Montreuil, M., & North, P. (2002). Neuropsychologie et psychopathologie. *Encyclopédie médico-chirurgicale. Psychiatrie,* 37-031-C-20, 5 p.

Luthar, S., D'Avanzo, K., & Hites, S. (2003). Maternal drug abuse versus other psychological disturbances : Risks and resilience among children. In S. Luthar (Ed.), *Resilience and vulnerability : Adaptation in the context of childhood adversities.* Cambridge (UK) : Cambridge University Press, pp. 104-129.

Luthar, S., & Zigler, E. (1991). Vulnerability and competence : A review of research on resilience. *American Journal of Orthopsychiatry, 61* (2), 6-22.

Mac Graw, D. (2005). *Les spécificités de l'intervention du psychologue au sein d'un placement familial socio-éducatif,* mémoire professionnel de fin d'études (M2), dir. M.-J. Mouras, Université de Paris V - René-Descartes, non publié.

Macintosh, K. E., & Dissanayake, C. (2004). Annotation : The similarities and differences between autistic disorder and Asperger's disorder : A review of the empirical evidence. *Journal of Child Psychology and Psychiatry, 45* (3), 421-434.

Maddi, S. R. (1967). The existential neurosis. *Journal of Abnormal Psychology, 72,* 311-325.

Maes, S., & Gebhardt, W. (2000). Self-regulation and health behavior : The health behavior goal model. In M. Boekaerts, P. Pintrich, & M. Zeidner (Eds.), *Handbook of self-regulation.* San Diego : Academic Press, 343-368.

Maes, S., & Karoly, P. (2005). Self-regulation assessment and intervention in physical health and illness : A review. *Applied Psychology, 54,* 2, 267-299.

Maes, S., Leventhal, H., & De Ridder, D. T. D. (1996). « Coping with chronic diseases », in M. Zeidner, & N. Endler (Eds.), *Handbook of coping : Theory, research, applications,* New York : Wiley, 221-251.

Marcelli, A., & Catheline, N. (1999). Construction de la personnalité. In J.-A. Rondal et E. Espéret (Eds.), *Manuel de psychologie de l'enfant* (pp. 595-626). Liège : Mardaga.

Mareau, C., & Vanek-Dreyfus, A. (2004, 3e éd.). *Les métiers de la psychologie.* Paris : Jeunes Éditions.

Marty, F., Marie-Grimaldi, H. (2004). Introduction. In F. Marty *et al., L'aventure de la recherche en psychologie clinique et psychopathologie.* Rouen : Publications de l'Université de Rouen, pp. 5-13.

Maslow, A. H. (1954). *Motivation and personality.* New York : Harper & Row.

Masse, L. (2003). Niveau d'expertise et inférences thérapeutiques. *Psychologie de l'interaction,* 15-16 : 37-69.

Masten, A. S. (1994). Resilience in individual development : Successful adaptation despite risk and adversity. In M. C. Wang, E. W. Gordon (Eds.), *Educational resilience in inner-city America.* Hillsdale (NJ) : Erlbaum, pp. 3-25.

Masten, A. S., & Coatsworth, J. D. (1995). Competence, resilience and psychopathology. In D. Cicchetti & D. J. Cohen (Eds.), *Developmental psychopathology,* vol. 2 : *Risk, disorder, and adaptation.* New York : John Wiley & Sons, 715-752.

Maurois, A. (1952). *Lélia ou la vie de George Sand.* Paris : Hachette.

May, R. (1981). *Existential psychology.* New York : Random House.

Mazeau, M. (2004). *Conduite du bilan chez l'enfant.* Paris : Masson.

Mazeau, M. (2005). *Neuropsychologie et troubles des apprentissages, du symptôme à la rééducation.* Paris : Masson.

McCrae, R. R., & Costa, P. T. (1986). Personality, coping and coping effectiveness in an adult sample. *Journal of Personality, 54,* 385-405.

McGee, R., Williams, S., & Elwood, M. (1994). Depression and the development of cancer : A meta-analysis, *Social Sciences and Medicine, 38,* 1, 187-197.

Meehl, P. E. (1962). Schizotaxia, schizotypy, schizophrenia. *American Psychologist, 17,* 827-838.

Mehler, J., & Dupoux, E. (1988). De la psychologie à la science cognitive, *Le Débat, 47,* 65-87.

Meltzoff, J. (2003). *Critical thinking about research.* Washington (DC) : American Psychological Association.

Miller, T. Q., Smith, T. W., Turner, C. W., Guijarro, M. L., & Hallet, A. J. (1996). A meta-analytic review of research on hostility and physical health, *Psychological Bulletin, 119,* 322-348.

Milner, B. (1963). Effects of different brain lesions on card sorting. *Archives of Neurology, 9,* 90-100.

Mirabel-Sarron, C., & Vera, L. (1995). *L'entretien en thérapie comportementale et cognitive,* Paris : Dunod.

Misès, R., & Quemada, N. (2002, 4e éd.). *Classification française des troubles mentaux de l'enfant et de l'adolescent – R-2000.* Paris : Éd. du CTNERHI.

Moeschler, J. (1988). Pragmatique conversationnelle et pragmatique de la pertinence. *Cahiers de linguistique française, 9,* 65-85.

Molfese, D. L., « Predicting dyslexia at 8 years of age using neonatal brain responses ». In *Brain and Language, 72* (31), 2000, 238-245.

Montreuil, M. (2005). Psychopathologie et affections neurologiques de l'adulte. *Pratiques psychologiques, 11,* 303-305.

Moore, H., West, A. R., & Grace, A. A. (1999). The regulation of forebrain dopamine transmission : Relevance to the pathophysiology and psychopathology of schizophrenia. *Biological Psychiatry, 46 (1),* 40-55.

Morais, J. (1994). *L'art de lire.* Paris : Odile Jacob.

Morin, M. (2004). *Parcours de santé.* Paris : Armand Colin.

Morin, M., & Apostolidis, T. (2002). Contexte social et santé. In G.-N. Fischer (Ed.), *Traité de psychologie de la santé.* Paris : Dunod, pp. 463-490.

Mottron, L. (1998). L'hypothèse perceptive visuelle dans l'autisme. *Psychologie française, 43* (2), 135-145.

Mounier, E. (1962). *Introduction aux existentialismes.* Paris : Gallimard.

Mouras, M.-J. (1983). Les psychologues et l'éducation : que font, à quoi servent les psychologues dans le champ de l'éducation ?, *Psychologie française,* 2861, 60-63.

Mouras, M.-J. (2003) *Psychologue dans le champ de la périnatalité : un travail « vitalisant »,* chap. 2, pp. 36-40. In M.-J. Mouras *et al, La périnatalité,* ouvrage collectif. Paris : Bréal, coll. « Amphi Psychologie ».

Mouras, M.-J. (1997). Faire un stage, une étude, un dossier. In *Les méthodes en psychologie,* ouvrage collectif sous la direction d'A. Weil-Barais. Paris : Bréal, coll. « Grand Amphi », chap. 9, pp. 291-302 et 308-317.

Mouras, M.-J. (1999). *100 fiches pour connaître la psychologie,* ouvrage collectif sous la direction d'A. Weil-Barais et D. Cupa. Partie 2 : « Les différents âges de la vie ».

Mouras, M.-J. (2001). « L'encadrement des mémoires de recherche en psychologie clinique : réflexions méthodologiques à partir de travaux effectués dans le champ de la périnatalité », *Revue de psychologie clinique et projective,* vol. 7, article hors thème.

Mouras, M.-J. (2002, 2e éd.). *Le métier de psychologue clinicien,* ouvrage collectif sous la direction de D. Fua. Paris : Nathan, coll. « Fac », chap. 10 : « Psychologue dans le champ de la périnatalité ».

Moos, R. H., & Schaefer, J. A. (1993). Coping resources and processes : Current concepts and measures. In L. Goldberger, & S. Breznitz (Eds.), *Handbook of stress : Theoretical and clinical aspects.* New York : The Free Press, 234-257.

Moss-Morris, R., Weinman, J., Petrie, K. J., Horne, R., Cameron, L. D., & Buick, L. (2002). The revised illness perception questionnaire (IPQ-R). *Psychology and Health, 17,* 1-16.

Mowrer, O. H. (1947). On the dual nature of learning. A reinterpretation of « conditioning » and « problem-solving ». *Harvard Educational Review, 17,* 102-148.

Mucchielli, J.-L. (1996). *Dictionnaire des méthodes qualitatives en sciences humaines et sociales.* Paris : A. Colin.

Mucchielli, R. (1998). *L'analyse de contenu.* Paris : ESF.

Muller, L., & Spitz, E. (2003). Évaluation multidimensionnelle du coping : validation du brief COPE sur une population française, *L'Encéphale,* XXIX, 507-518.

Myers, L. B., & Midence, K. (1998). *Adherence to treatment in medical conditions.* Amsterdam : Harwood Academic Publishers.

Nadel, J. (1986). *Imitation et communication entre jeunes enfants.* Paris : PUF.

Navelet, C., & et Guérin-Carnelle, B. (1997). *Psychologues aux risques de l'institution. Les enjeux d'un métier.* Paris : A.-M. Frison-Roche, coll. « Psychologie vivante ».

O'Leary, K. D., & Wilson, G. T. (1987, 2e éd.). *Behavior therapy : Application and outcome.* Englewood Cliffs (NJ) : Prentice-Hall.

O'Leary, V. E., & Ickovics, J. R. (1995). Resilience and thriving in response to challenge : An opportunity for a paradigm shift in women's health. *Women's Health : Research on Gender, Behavior, and Policy, 1,* 121-142.

Oppenheim, L. A. (1977). *Ancient Mesopotamia. Portrait of a dead civilisation.* Chicago : University of Chicago Press.

Oppenheimer, A. (1996). *Kohut et la psychologie du self.* Paris : PUF.

Organisation mondiale de la santé (1992-1993). *Classification internationale des maladies.* 10e révision. Chap. V (F) : *Troubles mentaux et troubles du comportement. Descriptions cliniques et directives pour le diagnostic.* Genève-Paris : OMS-Masson.

Organisation mondiale de la santé (1993). *Classification internationale des troubles mentaux et des troubles du comportement* (C. B. Pull *et al.,* trad., 10e éd.). Paris : Masson.

Osterrieth, P. A. (1944). Le test de copie d'une figure complexe. *Archives de psychologie, 30,* 206-356.

Owens, E., & Shaw, D. (2003). Poverty and early childhood adjustement. In S. Luthar (Ed.), *Resilience and vulnerability : Adaptation in the context of childhood adversities.* Cambridge (UK) : Cambridge University Press, pp. 267-292.

Palacio-Quintin, E., Ethier, L. S., Jourdan-Ionescu, C., & Lacharité, C. (1991). *L'intervention auprès de familles négligentes présentant ou non des comportements violents.* Projet de subvention présenté au

Programme de recherche de santé. Santé et bien-être social Canada. Trois-Rivières : GREDEF.
Palacio-Quintin, E., Ethier, L. S., Jourdan-Ionescu, C., Lacharité, C. (1995). L'intervention auprès de familles négligentes. In J.-P. Pourtois (Ed.), *Blessure d'enfant. La maltraitance : théorie, pratique et intervention.* Bruxelles : De Boeck.
Panagopoulou, E., Kersbergen, B., & Maes, S. (2002). The effects of emotional (non-)expression in chronic disease : A meta-analytic review. *Psychology and Health, 17,* 5, 529-546.
Parker, J. D. A., & Endler, N. S. (1992). Coping with coping assessment : A critical review. *European Journal of Personality, 6,* 321-344.
Pedinielli, J.-L. (1992). *Psychosomatique et alexithymie.* Paris : PUF.
Pedinielli, J.-L. (1994). *Introduction à la psychologie clinique.* Paris : Nathan.
Pedinielli, J.-L., & Fernandez, L. (2005). *L'observation clinique et l'étude de cas.* Paris : Armand Colin.
Pedinielli, J.-L. (2005). *Introduction à la psychologie clinique.* Paris : A. Colin.
Pedinielli, J.-L., Rouan, G., & Giminez, G. (1995). Qualité de vie et modifications des conceptions du sujet. *Pratiques psychologiques, 2,* 3-10.
Perls, F. (1969). *Gestalt therapy verbatim.* Lafayette (CA) : Real People Press.
Perron, R., & Perron-Borelli, M. (1970). *L'examen psychologique de l'enfant.* Paris : PUF.
Perron, R. (dir.) (1997). *La pratique de la psychologie clinique.* Paris : Dunod.
Peterson, L., R. & Peterson, M. J. (1959). Short-term retention of individual verbal items. *Journal of Experimental Psychology, 58,* 193-198.
Petot, D. (2003). *L'évaluation clinique en psychopathologie de l'enfant.* Paris : Dunod.
Petticrew, M., Fraser, J. M., & Regan, M. F. (1999). Adverse life-events and risk of breast cancer : A meta-analysis, *Bristish Journal of Health Psychology, 4,* 1-17.
Philippot, P. (2000). Du problème de recherche à l'hypothèse. In R. J. Vallerand et U. Hess (Eds.), *Méthodes de recherche en psychologie.* Montréal-Paris : G. Morin, pp. 57-90.
Plagnol, A. (2003). Le tragique en psychopathologie. *L'Évolution psychiatrique, 68,* 658-668.
Plagnol, A. (2004). *Espaces de représentation : théorie élémentaire et psychopathologie.* Paris : Éd. du CNRS.
Plaza, M. (1989). La psychologie clinique : les enjeux d'une discipline. In C. Revault d'Allones *et al.* (Eds.), *La démarche clinique en sciences humaines.* Paris : Dunod, pp. 3-16.
Plaza, M. (1990). La souffrance et le mal. *Psychologie clinique, 4,* 49-59.
Plaza, M. (1993). Dyslexie dysphonétique et voie sémantique. *La Psychiatrie de l'enfant,* XXXVI, 2, 433-453.
Plaza, M. (1995). Évolution de la lecture chez une petite fille dyslexique. Des défaillances modulaires à l'expérience de l'enfant. *Glossa, 48,* 18-28.
Plaza, M. (1996). Dyslexies de développement : perspective clinique, investigations expérimentales. *ANAE, 36,* 17-22.
Plaza, M. (1999). Les troubles d'apprentissage chez l'enfant, un problème de santé publique. *Actualité et dossier en santé publique, 26,* 33-34.
Plaza, M. (2001). Pour un modèle intégratif des dyslexies de l'enfant. *Psychologie et éducation, 47,* 79-92.
Plaza, M., & Guitton, C. (1996). Troubles de la Gestalt chez un enfant de 12 ans. Approche cognitive et psychopathologique. *Neuropsychiatrie de l'enfance et de l'adolescence, 44* (5), 188-196.
Plaza, M., Rigoard, M.-T., Chevrie-Muller, C., Cohen, H., & Picard, A. (2001). Short term memory impairment and unilateral dichotic listening extinction in a child with Landau-Kleffner syndrome : Auditory or phonological disorder. *Brain and Cognition,* 235-240.
Poirier-Littre, M.-F. (1990). Implication du métabolisme de la sérotonine dans la dépression. *Psychiatrie et psychobiologie, 5* (3), 179-185.
Poppelreuter, W. (1990). *Disturbances of lower and higher visual capacities caused by occipital damage.* Oxford (UK) : Clarendon (trad. J. Zihl, L. Weiskrantz, de *Die psychischen Schädigungeng durch Kopfschuss im Kriege 1914-1916.* Leipzig : Voss, 1917).
Pouchot J., Guillemin, F., Coste, J., Brégeon, C., Sany, J., et le groupe « Qualité de vie en rhumatologie » (1996). « Validation de l'échelle de mesure de l'impact de la polyarthrite rhu-

matoïde (EMIR) : un instrument de mesure de qualité de vie spécifique des affections rhumatismales », dans J.-P. Moatti, *Recherche clinique et qualité de vie*. Paris : Flammarion.

Poussin, G. (1992 ; 3e éd. revue et augmentée, 2003). *La pratique de l'entretien clinique*. Paris : Dunod.

Poussin, G. (2003 ; 3e éd.). *La pratique de l'entretien clinique*. Paris : Dunod.

Prévost, C. (1973). *Janet, Freud et la psychologie clinique*. Paris : Payot.

Prévost, C. (2006, 5e éd.). *La psychologie clinique*. Paris : PUF, coll. « Que sais-je ? ».

Prochaska, J. O., & DiClemente, C. C. (1986). Toward a comprehensive model of change. In W. R. Miller, & N. Heather (Eds.). *Treating addictive behaviors*. New York : Plenum.

Psychologie française 2000, centenaire Parot Bonnet.

Quintard, B. (2001). Le syndrome de l'intestin irritable : un trouble fonctionnel digestif d'origine psychologique ? In M.-L. Bruchon-Schweitzer, & B. Quintard, *Personnalité et maladies. Stress, coping et ajustement*. Paris : Dunod.

Rainville, M.-C., & Volle, M. (1998). Adaptation francophone du Test de Boder sur les processus de lecture-écriture. *Revue québécoise de psychologie, 19* (1), 19-40.

Raven, J. C. (1996). *Raven's progressive matrices : A perceptual test of intelligence*. Oxford (UK) : Oxford Psychology Press.

Razavi, D., & Delvaux, N. (1998). *Psycho-oncologie*. Paris : Masson.

Reb, V., & Trognon, A. (1986). L'adhérence au discours de l'autre. Analyse pragmatique d'une conversation avec un psychotique. *Perspectives psychiatriques, 25* (1), 33-39.

Regnier, F. (1995). Santé et qualité de vie : l'évaluer, c'est aussi évoluer. *Pratiques psychologiques, 2*, 11-16.

Reitan, R. M. (1958). Validity of the trail making test as an indicator of organic brain damage. *Perceptual and Motor Skills, 8*, 271-276.

Reuchlin, M. (1990). *Les différences individuelles dans le développement conatif de l'enfant*. Paris : PUF.

Reuchlin, M. (1998). *Psychologie*. Paris, PUF.

Reuchlin, M. (2006, 19e éd.). *Histoire de la psychologie*. Paris : PUF, coll. « Que sais-je ? ».

Reuchlin, M., & Huteau, M. (1997). *Guide de l'étudiant en psychologie*. Paris, PUF.

Revault d'Allonnes, C. *et al.* (1992). *La démarche clinique en sciences humaines*. Paris : Dunod.

Revault d'Allonnes, C. (1999). Psychologie clinique et démarche clinique. In C. Revault d'Allonnes *et al.*, *La démarche clinique en sciences humaines*. Paris : Dunod, pp. 17-33.

Rey, A. (1941). L'examen psychologique dans les cas d'encéphalopathie traumatique. *Archives de Psychologie, 28*, 286-340.

Rey, A. (1964). *L'examen clinique en psychologie*. Paris : PUF.

Reynolds, W. (1992). *Internalizing disorders in children and adolescents*. New York : John Wiley.

Ricard, M., Cossette, L., & Gouin-Decarie, T. (1999). Développement social et affectif. In J.-A. Rondal et E. Espéret (Eds.), *Manuel de psychologie de l'enfant* (pp. 215-260). Liège : Mardaga.

Richard, J.-F. (1990). *Les activités mentales*. Paris : Armand Colin.

Richelle, M. (1998, 2e éd.). Construct. In R. Doron et F. Parot (Eds.), *Dictionnaire de psychologie*, Paris : PUF, p. 154.

Richelle, M., Parot, I. (2004). *Introduction à la psychologie. Histoire et méthodes*. Paris, PUF.

Rigaux, J. (1993). *La psychologie dans la formation*. Revigny-sur-Ornain : Hommes et perspectives, coll. « Le Journal des psychologues / Devenir et exercice ».

Rimé, B. (2005). *Le partage social des émotions*. Paris : PUF, coll. « Psychologie sociale ».

Rimé, B., Finkenauer, C., Luminet, O., Zech, E. & Philippot, P. (1998). Social sharing of emotion / New evidence and new questions. In W. Stroebe, & M. Hewstone (Eds.), *European Review of Social Psychology*, vol. 9, 145-189. Chichester : Wiley.

Ringard, C. (2000). *À propos de l'enfant « dysphasique » et de l'enfant « dyslexique »*, Rapport à Mme la Ministre déléguée chargée de l'Enseignement scolaire.

Rioux, A., & Saint-Hilaire, F. (2002). *Guide de la psychologie br@nchée*. Québec : Éd. Option Santé.

Rizzo, L., & Spitz, E. (2002). Qualité de vie, santé et maladie. In G. N. Fischer (dir.), Dans *Traité de psychologie de la santé*. Paris : Dunod, pp. 283-299.

Robert, M. (1988, 3e éd.). Validité, variables et contrôle. In M. Robert (Ed.), *Fondements et étapes de la recherche scientifique en psychologie.* Saint-Hyacinthe - Paris : Édisem-Maloine, pp. 79-118.
Robert-Tissot, C. (1997). Pratique et recherche. In R. Perron, *La pratique de la psychologie clinique.* Paris : Dunod, pp. 261-312.
Rogé, B. (2003). L'autisme et la déficience intellectuelle. In M.-J. Tassé, & D. Morin (Eds.), *La déficience intellectuelle* (pp. 23-37). Boucherville : Gaëtan Morin.
Rogé, B., & Chabrol, H. (2003). *Psychopathologie de l'enfant et de l'adolescent.* Paris : Belin.
Rogers, C. (1942). *La relation d'aide et la psychothérapie.* Paris : ESF.
Rogers, C. R. (1957). The necessary and sufficient conditions of therapeutic personality change. *Journal of Consulting Psychology, 21,* 95-103.
Rogers, C. R. (1961). *On becoming a person.* Boston : Houghton Mifflin.
Rogers, C. (1963). La relation thérapeutique : les bases de son efficacité. *Bulletin de psychologie, 17,* 12-14.
Rohkamm, R. (2005). *Atlas de poche de neurologie.* Paris, Flammarion, « Médecine-Sciences ».
Rosenstock, I. M. (1974). The health belief model and preventive health behavior. *Health Education Monographs, 2* (4), 354-386.
Rotter, J. B. (1966). Generalized expectancies for internal versus external control of reinforcement. *Psychological Monographs, 80* (1), *Ensemble,* n° 609.
Roudinesco, E. (1982). *La bataille de cent ans. Histoire de la psychanalyse en France,* t. 1 et 2. Paris : Ramsay.
Rutter, M. (1979). Protective factors in children's responses to stress and disadvantage. In W. M. Kent, & J. E. Rolf (Eds.), *Primary prevention of psychopathology : Social competence in children,* vol. 3. Hanover : University Press of New England, pp. 49-74.
Rutter, M. (1987). Psychosocial resilience and protective mechanisms. *American Journal of Orthopsychiatry, 57,* 316-331.
Rutter, M., Quinton, D., Hill, J. (1990). Adult outcome of institution reared children. In L. Robins, & M. Rutter (Eds.), *Straight and devious pathways from childhood to adulthood.* Cambridge : Cambridge University Press.
Rutter, M. (1985). Resilience in the face of adversity. Protective factors and resistance to psychiatric disorder, *British Journal of Psychiatry, 147,* 598-611.
Sabourin, M., & Bélanger, D. (1988, 3e éd.). Règles de déontologies en recherche. In M. Robert (Ed.). *Fondements et étapes de la recherche scientifique en psychologie.* Saint-Hyacinthe - Paris : Édisem-Maloine, pp. 367-392.
Sabtiago-Delefosse, M. (2002). *Psychologie de la santé. Perspectives qualitatives et cliniques,* Sprimont (Belgique) : Pierre Mardaga.
Salazar-Orvig, A. (1987). Remarques sur la construction de l'espace discursif. L'exemple d'un entretien clinique, *Modèles linguistiques, 9,* 1 : 53-63.
Samacher, R. (1995). La santé. In M.-C. Lambotte (dir.) (1995). *La psychologie et ses applications pratiques. Spécialités et professions : leur histoire et leur statut. Filières et formations. Déontologie. Débouchés et perspectives.* Paris : Éd. de Fallois, Le Livre de poche, coll. « Références », pp. 21-76.
Sandifer, M. G., Hordern, A., & Green, L. (1970). The psychiatric interview : The impact of the first three minutes. *American Journal of Psychiatry, 126,* 968-973.
Sanzana, A. (1997). « Méthodes et techniques ». In R. Perron (dir.) (1997). *La pratique de la psychologie clinique.* Paris : Dunod, pp. 119-154.
Salthouse, T. A. (1991). *Theorical perspectives in cognitive aging.* Hillsdale (NJ) : Lawrence Erlbaum.
Sarason, I. G., Levine, H. M., Basha, R. B., & Sarason, R. (1983). Assessing social support : The social support questionnaire. *Journal of Personality and Social Psychology, 44,* 1, 127-139.
Schauder, S. (dir.) (2004). *Pratiquer la psychologie clinique aujourd'hui.* Paris : Dunod.
Schauder, S. (dir.) (2006 *a*). *Pratiquer la psychologie clinique aujourd'hui,* t. 1 : *Enfants et adolescents.* Paris : Dunod (refonte de la 1re éd., revue et augmentée).
Schauder, S. (dir.) (2006 *b*). *Pratiquer la psychologie clinique aujourd'hui,* t. 2 : *Adultes et personnes âgées.* Paris : Dunod (refonte de la 1re éd., revue et augmentée).
Scheier, M. F., & Carver, C. S. (1985). Optimism, coping, and health : Assessment and implications of generalized outcome expectancies. *Health Psychology, 4,* 219-247.

Shekelle, R. B., Hulley, S. B., Neaton, J. D., Billings, J. H., Borhani, N. O., Gerace, T. A., Jacobs, D. R., Lasser, N. L., Mittlemark, M. B., & Stamler, J. (1985). The MRFIT behavior pattern study. II. Type A behavior and incidence of coronary heart disease. *American Journal of Epidemiology, 122* (4), 559-570.

Schmid-Kitsikis, E. (1999). *Pour introduire la psychologie clinique.* Paris : Dunod.

Schmidt, M. (1996). *Rey auditory and verbal learning test. A handbook.* Los Angeles : Western Psychological Services.

Schraub, S., Mercier, M., & Arveux, P. (1996). Point de vue pour l'évaluation de la qualité de vie en cancérologie. In J. P. Moatti (Ed.), *Recherche clinique et qualité de vie.* Paris : Flammarion, coll. « Médecine-Sciences », pp. 87-90.

Schröder, K. E. E., & Schwarzer, R. (2001). « Do partners' personality resources add to the prediction of patients' coping and quality of life ? », *Psychology and Health, 16,* 2, 139-159.

Schwarzer, R., & Schwarzer, C. (1996). A critical survey of coping instrument. In M. Zeidner et N. S. Endler (Eds.), *Handbook of coping : Theory, research and applications.* New York : Wiley, pp. 107-132.

Schwarzer, R., & Schröder, K. E. E. (1997). Social and personal coping resources as predictors of quality of life in cardiac patients, *Revue européenne de psychologie appliquée, 47,* 2, 131-135.

Scott, S. (1999). Fragmented selves in late modernity : Making sociological sense of multiple personalities. *Sociological Review : Keele, 47* (3), 432-460.

Scoville, M. C. (1942). Wartime tasks of psychiatric social workers in Great Britain. *American Journal of Psychiatry, 99,* 358-363.

Séchaud, E. *et al.* (1999). *Psychologie clinique. Approche psychanalytique.* Paris : Dunod.

Seligman, M. E. P. (1995). The effectiveness of psychotherapy : The *Consumer Reports* study. *American Psychologist, 50,* 965-974.

Seltzer, A. (1994). Multiple personality : A psychiatric misadventure. *Canadian Journal of Psychiatry, 39* (7), 442-445.

Serafica, F. C., & Vargas, L. A. (2006). Cultural diversity in the development of child psychopathology. In D. Cicchetti & D. J. Cohen (Eds.), *Developmental psychopathology.* Second edition. Vol. one : *Theory and method* (pp. 588-626). Hoboken : Wiley & sons.

Seron, X., & Jeannerod, M. (1994). *Neuropsychologie humaine.* Liège : Mardaga.

Seron, X., & Van der Linden, M. (2000). L'anamnèse et l'évaluation neuropsychologique de base. In X. Seron, & M. Van der Linden (Eds.), *Traité de neuropsychologie clinique* (pp. 79-94). Marseille : Solal.

Shore, S. (2003). My life with Asperger Syndrome. In R. W. DuCharme et T. P. Gullotta (Eds.), *Asperger Syndrome. A guide for professionals and families.* New York : Kluwer Academic.

Sifneos, P. E. (1973). The prelavence of alexithymic characteristics in psychosomatic patients, *Psychotherapy and Psychosomatics, 22,* 255-262.

Signoret, J. L., & Hauw, J. J. (1991). *Maladie d'Alzheimer et autres démences.* Paris : Flammarion, coll. « Médecine-Sciences ».

Simpson, J. A., Weiner, E. S. C. (Eds.) (1989). *The Oxford English Dictionary,* vol. XIII (2e éd.). Oxford : Clarendon Press.

Skinner, B. F. (1953). *Science and human behavior.* New York : Macmillan.

Smith, A. (1962). Psychodiagnosis of patients with brain tumors. *Journal of Nervous and Mental Disease, 135,* 311-326.

Spearman, C. (1904). « General intelligence » objectively determined and measured. *American Journal of Psychology, 15,* 201-293.

Spielberger, C. D., Gorsuch, R., & Lushene, R. (1970). *Manuel fort he state-trait anxiety inventory.* Palo Alto (CA) : Consulting Psychologists Press.

Spitz, E. (1999). Les questionnaires dans l'approche quantitative en psychologie de la santé, *Pratiques psychologiques, 4,* 77-97.

Spitz, E. (2002). Les stratégies d'adaptation face à la maladie. In G.-N. Fischer (Ed.), *Traité de psychologie de la santé.* Paris : Dunod, pp. 261-282.

Spitz, E. (2004). Modèle des buts relatifs aux comportements de santé. Processus d'autorégulation. *Psychologie française, 48,* 3, 19-28.

Stern, D. (1989). *Le monde interpersonnel du nourrisson.* Paris : PUF.
Stern, D. (2000). Accordage affectif. In D. Houzel, M. Emmanuelli, F. Moggio (Eds.), *Dictionnaire de psychopathologie de l'enfant.* Paris : PUF.
Stoller, R. (1984). La perversion et le désir de faire mal. *Nouvelle Revue de psychanalyse, 29,* 164-172.
Stréri, A. (1999). Développement des perceptions. In J.-A. Rondal et E. Espéret (Eds.), *Manuel de psychologie de l'enfant.* Liège : Mardaga, pp. 261-308.
Stroop, J. R. (1935). Studies of interference in serial verbal reactions. *Journal of Experimental Psychology, 18,* 643-662.
Sultan, S. (2004). *Le diagnostic psychologique.* Paris : A.-M. Frison-Roche.
Surtees, P., Wainwright, N., Luben, R., Khaw, K.-T., & Day, N. (2003). Sens of coherence and mortality in men and women in the EPIC-Norfolk United Kingdom prospective cohort study. *American Journal of Epidemiology,* 158 : 1202-1209.
Sutton, S. (1998). Predicting and explaining intentions and behaviour : How well are we doing ? *Journal of Applied Social Psychology, 28* (15), 1317-1338.
Sutton, S., Baum, A., & Johnston, M. (2004). *The SAGE Handbook of Health Psychology.* London : SAGE Publications Ltd.
Swendsen, J., & Bourgeois, M. (1999). Les observations de cas cliniques : leçons pour des recherches empiriques. *L'Encéphale, XXV,* 16-20.
Tallal, P., Miller, S. L., Bedi, G., Byma, G., Wang, X., Nagarajan, S., Schreiner, C., Jenkins, W., & Merzenich, M. (1996). Language comprehension in language-learning impaired children improved with acoustically modified speech. In *Science, 271,* 81-83.
Tap, P., & Vasconcelos, M.-L. (2004). *Précarité et vulnérabilité psychologique.* Fundaçao Bissaya Barreto, Ramonville-Saint-Agne, Érès.
Tarquinio, C., & Fischer, G.-N. (2001). Therapeutic compliance methodologies in HIV-infection treatment : A comparative study. *Swiss Journal of Psychology, 60* (3), 136-160.
Tarquinio, C., Fischer, G.-N., & Barracho, C. (2002). Le patient face aux traitements : compliance et relation médecin-patient. In G.-N. Fischer (Ed.), *Traité de psychologie de la santé,* Paris : Dunod.
Tarquinio, C., Costantini, M. L., & Fischer, G.-N. (2002). Soutien social et prise en charge psychologique. In G.-N. Fischer (Ed.), *Traité de psychologie de la santé.* Paris : Dunod.
Tarquinio, C., Fischer, G. N., & Grégoire, A. (2000). La compliance chez des patients atteints par le VIH : validation d'une échelle française et mesure de variables psychosociales. *Revue internationale de psychologie sociale, 13* (2), 61-91.
Tassé, M.-J., & Morin, D. (2003). L'étiologie. In M.-J. Tassé, & D. Morin (Eds.), *La déficience intellectuelle.* Boucherville : Gaëtan Morin, pp. 23-37.
Taylor, G. J., Ryan, D. P., & Bagby, R. M. (1985). Toward the development of a new self-report alexithymia scale. *Psychotherapy and Psychosomatics, 44,* 191-199.
Temoshok, L. (1990). On attempting to articulate the biopsychosocial model : Psychological-physiological homeostasis. In H. S. Friedman (Ed.), *Personality and Disease,* chap. 9. New York : Wiley, pp. 203-225.
Teuber, H.-L. (1948). Neuropsychology. In M. R. Harrower (Ed.). *Recent advances in diagnostic psychological testing.* Springfield (Ill.) : R. Thomas.
Tomes, R. (1857). *The Americans in Japan. An abridgement of the government narrative of the United States expedition to Japan under Commodore Perry.* New York : D. Appleton & Co.
Touati, A. (dir.) (1984). *Les psychologues et la société,* numéro hors série du *Journal des psychologues,* Actes du 2e Forum professionnel des psychologues du 22 au 24 juin 1984. Éd. Psychologie et Avenir.
Touati, A. (1993, 2e éd.). *Devenir psychologue,* Revigny-sur-Ornain, Hommes et perspectives, coll. « Le Journal des psychologues / Devenir et exercice ».
Tourrette, C., & Guidetti, M. (1994). *Introduction à la psychologie du développement : du bébé à l'adolescent.* Paris : Armand Colin.
Trimpop, R. M. (1994). *The psychology of the risk taking behavior.* Amsterdam : North-Holland.
Trognon, A. (1987). Débrayages conversationnels. *DRLAV-Revue de linguistique, 36-37,* 105-122.

Trognon, A. (1992). L'approche pragmatique en psychopathologie cognitive. *Psychologie française, 37,* 3-4, 191.

Truchon, D., & Fischer, G. N. (2002). Santé et travail. In G.-N. Fischer (Ed.), *Traité de psychologie de la santé,* Paris : Dunod, pp. 513-532.

Truelle, J.-L., Marinescu, M., & Rusina, R. (2004). A fast clinical screening of higher functions : From MMSE to BNIS. *Barrow Quarterly, 20,* 2, 19-26.

Tulving, E. (1983). *Elements of episodic memory.* New York : Oxford University Press.

Turk, D. C., & Salovey, P. (1988). *Reasoning, inference and judgment in clinical psychology.* New York : The Free Press.

Turkle, Sherry (1978). *La France freudienne.* Paris : Grasset.

Van Grunderbeeck, N. (1999). Les troubles d'apprentissage. In E. Habimana, L. S. Éthier, D. Petot et M. Tousignant (Eds.), *Psychopathologie de l'enfant et de l'adolescent. Approche intégrative.* Montréal : Gaëtan Morin, pp. 349-365.

Van der Linden, M., Danion, J.-M. & Agniel A. (2000). *La psychopathologie : une approche cognitive et neuropsychologique.* Marseille : Solal.

Wallon, H. (1941). *L'évolution psychologique de l'enfant.* Paris : Armand Colin.

Wallston, K. A. (2001). Conceptualization and operationalization of perceived control. In A. Baum, T. A. Revenson, & J. E. Singer (Eds.), *Handbook of health psychology* (pp. 49-58). Mahwah (NJ) : Erlbaum.

Ware, J. E. (1993). Measuring patients' view : The optimum outcome measure. *British Medical Journal, 306,* 1429-1430.

Watson, J. B., & Rayner, R. (1920). Conditioned emotional reactions. *Journal of Experimental Psychology, 3,* 1-14.

Watzlawick, P., Beavin, J., & Jackson, D. (1972). *Une logique de la communication.* Paris : Le Seuil.

Wechsler, D. (1944, 3rd ed.). *The measurement of adult intelligence.* Baltimore (MD) : Williams & Wilkins.

Wechsler, D. A. (1997, 3e éd.). *Échelle clinique de mémoire de Wechsler.* Paris : Les Éditions du Centre de psychologie appliquée.

Widlöcher, D., & Hardy-Baylé, M.-C. (1990). L'entretien psychanalytique. *Psychologie française,* 35-3 : 175-183.

Weinman, J., Petrie, K. J., Moss-Morris, R., & Horne, R. (1996). The illness perception questionnaire : A new method for assessing the cognitive representation of illness. *Psychology and Health, 11* (3), 431-445.

Weinman, J. & Figueiras, M.-J. (2002). La perception de la santé et de la maladie. In G.-N. Fischer (Ed.), *Traité de psychologie de la santé,* Paris : Dunod, pp. 117-133.

Wenar, C., Kerig, P. (2000, 4e éd.). *Developmental psychopathology. From infancy through adolescence.* Boston : McGraw-Hill.

Werner, E. (2000). Protective factors and individual resilience. In J. P. Shonkoff et S. J. Meiseils (Eds.), *Handbook of early childhood intervention* (second edition). Cambridge : Cambridge University Press.

Widlöcher, D. (1990). Le cas au singulier. *Nouvelle Revue de psychanalyse, 42,* 285-302.

Wiens, A. N., Fuller, K. H., & Crossen, J. R. (1997). Paced auditory serial addition tests : Adult norms and moderator variables. *Journal of Clinical and Experimental Neuropsychology, 19,* 473-483.

Wilson, B. A., Clare, L., Baddeley, A. D. *et al.* (1999). *The Rivermead Behavioural Memory Test Extended Version.* Bury St. Edmunds (UK) : Thames Valley Test.

Wilson Dallas, M. E., & Baron, R. S. (1985). Do psychotherapists use a confirmatory strategy during interviewing ? *Journal of Social and Clinical Psychology, 3* : 106-122.

Winnicott, D. W. (1975). *Jeu et réalité.* Paris : Gallimard.

Zahn-Waxler, C., Crick, N. R., Shirtcliff, E. A., & Woods, K. E. (2006). The origins and development of psychopathology in females and males. In D. Cicchetti, & D. J. Cohen (Eds.), *Developmental psychopathology,* 2nd edition, Volume one : *Theory and method.* Hoboken : John Wiley & Sons, pp. 76-138.

lexique

Accompagnement thérapeutique : on désigne par cette expression le moment où un professionnel accompagne un enfant ou un adulte présentant une pathologie vers un lieu de soins ou d'éducation.

Burn out : épuisement professionnel. Sous la pression du stress, le soignant développe une image de soi négative et subit une perte d'intérêt pour le patient, ce processus ne lui permettant plus de remplir sa mission première.

Clivage (référentiel psychanalytique) : « Mécanisme décrit par Melanie Klein et considéré par elle comme la défense la plus primitive contre l'angoisse : l'objet (...) est scindé en un "bon" et un "mauvais" objet (...) » (Laplanche et Pontalis, *Vocabulaire de la psychanalyse,* Paris, PUF, 1967, p. 67).

Consultations groupales : utilisées dans le cadre des consultations d'ethnopsychologie ou d'ethnopsychiatrie, elles permettent aux patients de cultures traditionnelles extra-occidentales de retrouver un peu de l'atmosphère des prises en charge par tout le groupe social (parents, amis, voisins) des problématiques personnelles et pathologies individuelles qui ont lieu dans leur culture d'origine. Elles fonctionnent avec plusieurs co-thérapeutes et un thérapeute principal qui est l'interlocuteur privilégié de la personne ou de la famille. La présence d'un traducteur permet parfois, en outre, que la consultation puisse se dérouler dans la langue maternelle de la personne qui consulte.

Contre-transfert (référentiel psychanalytique) : « Ensemble des réactions inconscientes de l'analyste à la personne de l'analysé et plus particulièrement au transfert de celui-ci » (Laplanche et Pontalis, *Vocabulaire de la psychanalyse,* Paris, PUF, 1967, p. 103).

Groupe Balint : c'est un groupe de travail (groupe restreint de participants) destiné aux professionnels, organisé autour d'une réflexion sur la pratique. Ces groupes fonctionnent de manière ahiérarchique et la parole de chacun circule librement. Un animateur de groupe ayant une formation spécifique pour la conduite de tels groupes assure la fonction de « contenant » des points de vue exprimés, et veille à la distribution adéquate de la parole.

Idéalisation (référentiel psychanalytique) : « Processus psychique par lequel les qualités et la valeur de l'objet sont portés à la perfection » (Laplanche et Pontalis, *Vocabulaire de la psychanalyse,* Paris, PUF, 1967, p. 186).

Séance de psychodrame : ce dispositif met en scène un patient, quelquefois plusieurs, et des thérapeutes partenaires dans le jeu dramatique. Le « meneur de jeu » est un thérapeute qui ne joue pas et, comme l'indique son nom, mène le jeu. Le psychodrame d'inspiration psychanalytique est utilisé, entre autres méthodes, pour permettre aux tendances profondes de s'exprimer, sous forme de jeu théâtral, libérant ainsi les sujets de leur *agressivité* ou de leurs *angoisses.*

Thérapies familiales : technique psychothérapeutique qui inscrit les troubles du sujet dans le cadre de son entourage familial, lui aussi convié à la cure.

Il est très souvent fondamental d'avoir une vue élargie du problème psychologique d'un patient. En conviant celui-ci avec sa *famille* et en laissant tous les membres s'exprimer librement, le thérapeute a ainsi accès à une sorte de théâtralisation des scènes familiales courantes.

Celles-ci peuvent alors être analysées avec les outils psychanalytiques ou expliquées par les théories de la *communication.*

Transfert (référentiel psychanalytique) : « Désigne, en psychanalyse, le processus par lequel les désirs inconscients s'actualisent sur certains objets dans le cadre d'un certain type de relation établi avec eux et éminemment dans le cadre de la relation analytique. Il s'agit là d'une répétition de prototypes infantiles vécue avec un sentiment d'actualité marquée » (Laplanche et Pontalis, *Vocabulaire de la psychanalyse,* Paris, PUF, 1967, p. 492).

Visite médiatisée : il s'agit d'un dispositif destiné à permettre à des parents dont les enfants sont placés sous tutelle par décision de justice de les rencontrer dans un cadre spécifique et en présence d'un professionnel, en général psychologue.

Index thématique

Index des auteurs cités

table des matières

TROISIÈME PARTIE

Méthodologie

CINQUIÈME PARTIE

La profession

Cet ouvrage a été mis en pages
par Vendôme Impressions
Groupe Landais
41100 Vendôme

Imprimé en France
par France Quercy
Z.A. des Grands Camps
46090 Mercuès

Numéro d'impression : 62927D
Dépôt légal : novembre 2006